Anleitung

zur

Anfertigung

von

Referaten, wissenschaftlichen Arbeiten, Anklageschriften und Akten-Auszügen in Begnadigungssachen

mit einer Sammlung von Beispielen

herausgegeben

von

Schering,
Geh. Ober-Justizrath.

Berlin.
Verlag von J. Guttentag.
1860.

Vorrede.

Die Geschäfts-Uebersichten der Immediat-Justiz-Examinations-Kommission, welche alljährlich durch das Justiz-Ministerialblatt veröffentlicht werden, ergeben, daß eine große Anzahl von Kandidaten, welche die dritte juristische Prüfung zurücklegen, den an sie gemachten Anforderungen nicht entspricht, und daß das Mißlingen der Prüfung in den meisten Fällen den Mängeln der schriftlichen Probearbeiten beizumessen ist. Der Grund dieser Erscheinung liegt weniger in einem Mangel an Kenntnissen, Umsicht oder Sorgfalt, welche die Kandidaten auf ihre Arbeiten verwenden, als vielmehr darin, daß es ihnen an der nöthigen Uebung, an einer entsprechenden Anleitung und an guten Vorbildern fehlt.

Nachdem das frühere schriftliche Instruktionsverfahren der Allg. Gerichtsordnung und die Inquisitions-Maxime der Kriminalordnung durch die neuere Gesetzgebung beseitigt und ein öffentliches mündliches Verfahren an deren Stelle getreten ist, kommen die jüngeren Juristen nur noch selten in die Lage, größere schriftliche Ausarbeitungen machen zu müssen. Die vortrefflichen Anweisungen, welche die Gerichtsordnung und die Kriminalordnung über die Anfertigung der Relationen in Prozeß- und Strafsachen enthalten, haben im Wesentlichen ihre Bedeutung verloren; andere Vorschriften über die Ausarbeitung der jetzt erforderlichen Referate sind nicht ergangen; zum Referiren in Revisions- und Nichtigkeitsbeschwerdesachen haben die Referendarien keine Gelegenheit, und wissenschaftliche Aufsätze zu machen, keine Veranlassung. Es ist daher nicht zu verkennen, daß sie bei Anfertigung der schriftlichen Probearbeiten sich in einer mißlichen Lage befinden.

Wollen sie sich auf diesem Gebiete eine größere Befähigung und Gewandtheit aneignen, so müssen sie fleißig die Erkenntnisse des Ober-Tribunals lesen, und gediegene wissenschaftliche Erörterungen, an denen die juristische Literatur so reich ist, mit Aufmerksamkeit studiren, insbesondere aber alle schriftlichen Arbeiten, zu denen sich ihnen in ihrer praktischen Laufbahn Gelegenheit darbietet, mit der möglichsten Sorgsamkeit anfertigen, damit sie lernen, ihre Gedanken logisch zu ordnen, sie klar und zusammenhängend niederzuschreiben, und Schärfe des Ausdrucks mit Kürze der Darstellung zu verbinden.

Ihnen dazu eine entsprechende Anleitung zu geben, ist der Zweck des vorliegenden Werkes. Dasselbe beschränkt sich deshalb nicht auf die beiden Gattungen von schriftlichen Probearbeiten, welche bei der dritten juristischen Prüfung anzufertigen sind, — Referate in Civilsachen und wissenschaftliche Aufsätze — sondern umfaßt auch andere schriftliche Darstellungen, welche in der Praxis häufig vorkommen und den jüngeren Juristen in der Regel manichfache Schwierigkeiten darbieten, nämlich Anklageschriften, Referate in Strafsachen, und Aktenauszüge in Gnadensachen. Den Anleitungen, wie diese Schriftsätze am zweckmäßigsten anzufertigen, sind überall entsprechende Beispiele hinzugefügt, und namentlich zu den Referaten in Civilprozessen und zu der wissenschaftlichen Arbeit solche gewählt, welche von der Immediat-Justiz-Examinations-Kommission als besonders gelungen bezeichnet worden sind. Angehende Juristen werden aus solchen guten Vorbildern am besten lernen, ihre Arbeiten mit gleichem Geschick und gleicher Umsicht einzurichten.

Das Werk ist hervorgegangen aus dem Wunsche, den jüngeren Justizbeamten die Schwierigkeiten zu ebenen, mit denen sie bei ihren schriftlichen Arbeiten zu kämpfen haben, so wie aus der Ueberzeugung, daß diesem Zwecke auf dem bezeichneten Wege am besten entsprochen werden dürfte. Der Verfasser hat sich dabei der bereitwilligen Unterstützung anerkannt tüchtiger und erfahrener Praktiker zu erfreuen gehabt, und fühlt sich verpflichtet, namentlich dem Stadtgerichtsrath Wollny, dem Staatsanwalt von Schelling und dem Gerichtsassessor und Privatdozenten an der hiesigen Universität Dr. Baron seinen Dank hiermit auszudrücken.

Berlin, den 6. Juni 1860.

Inhalt.

I.

Anleitung

zur

Abfassung der Referate, Vota und Erkenntnisse

in

Civilprozeß-Sachen.

I. Einleitung.

In allen Fällen, in welchen ein Richter-Kollegium über Rechtsstreitigkeiten zu entscheiden hat, muß der Abfassung des Erkenntnisses oder Beschlusses ein Vortrag des Referenten vorangehen, welcher dazu bestimmt ist, das Kollegium mit dem Gegenstande des Prozesses, den Erklärungen der Parteien und dem Resultat der Beweisaufnahme bekannt zu machen und dasselbe in den Stand zu setzen, ein sachgemäßes Urtheil über den Rechtsstreit fällen zu können.

Nach den Bestimmungen der Allg. Gerichtsordnung sollte dieser Vortrag in geheimer Sitzung des Gerichts erfolgen, sobald die Instruktion beendigt und die Akten geschlossen waren.*)

Durch die neuere Gesetzgebung, namentlich durch die Verordnung vom 1. Juni 1833 über den Mandats-, summarischen und Bagatell-Prozeß (Ges. Samml. von 1833 S. 37 ff.) und durch die Verordnung vom 21. Juli 1846 (Ges. Samml. S. 291 ff.), welche das summarische Prozeßverfahren für alle Rechtsstreitigkeiten zur Regel erhob, ist dagegen angeordnet worden, daß vor der Entscheidung eine öffentliche mündliche Verhandlung vor dem erkennenden Gericht statt finden soll, bei welcher die Parteien mit ihren Erklärungen zu hören sind.

---

*) Dies Verfahren findet jetzt nur noch in vormundschaftlichen Prozessen, Todeserklärungs-, Blödsinnigkeits- und Prodigalitäts-Erklärungen, Subhastationen und Aufgebotssachen für die erste Instanz Anwendung; für die ferneren Instanzen gelten dagegen auch hier die neueren Bestimmungen (Verordnung v. 21. Juli 1846. §. 29. Ges. Samml. S. 300).

Die mündliche Verhandlung bildet indeß nur den Abschluß des Verfahrens, nicht die alleinige Grundlage der Entscheidung; vielmehr ist bei dieser der gesammte Inhalt der schriftlichen Verhandlungen, auch soweit die Parteien in ihren mündlichen Vorträgen nicht darauf zurückkommen, zu berücksichtigen.

In dem neueren Prozeßverfahren ist hiernach eben so, wie es in dem älteren der Fall war, so oft die Functionen des erkennenden Gerichts von einem Kollegium zu üben sind, die Nothwendigkeit einer vorgängigen Berichterstattung aus den Acten von selbst gegeben.

Das Kollegium bedarf, da nicht jedes einzelne Mitglied die schriftlichen Vorverhandlungen selbst lesen und zum Gegenstande seines Studiums machen kann, einer Mittelsperson, welche den Inhalt der Akten vorzutragen, das Resultat ihrer Prüfung näher darzulegen und die von dem Kollegium zu treffende Entscheidung vorzubereiten hat.

Bei der Wichtigkeit dieser Vorträge und bei dem Einflusse, welchen sie auf den Ausfall der Entscheidung auszuüben geeignet sind, hat es nicht fehlen können, daß darüber besondere gesetzliche Anordnungen ergangen sind. Dergleichen Vorschriften sind namentlich in der Gerichtsordnung Einleitung §. 55; ferner Th. I. Tit. 10. §§. 29—32; Th. I. Tit. 13. §§. 1 ff. und Th. III. Tit. 3. §§. 51—60 enthalten.

Nach §. 1. Th. I. Tit. 13 sollte zur Abfassung des Erkenntnisses erster Instanz von dem Vorgesetzten des Gerichts ein Referent bestellt, auch in sehr wichtigen und weitläuftigen Sachen demselben ein Correferent beigegeben werden.

Dem Referenten sollte es obliegen, zunächst zu prüfen, ob der ganze Prozeß zum Definitiv-Erkenntnisse hinlänglich eingeleitet sei (§. 3 l. c.), wenn erhebliche Mängel vorhanden waren, sollte er dieselben dem Kollegium anzeigen und deren Abhülfe veranlassen (§. 4), wenn sich bei der Instruktion nichts zu erinnern fand, sollte er die Hauptsache dem Kollegium gehörig vortragen (§. 5).

Dieser Vortrag sollte in der Regel durch eine schriftlich abzufassende Relation geschehen, und nur in klaren Schuld- oder anderen summarischen Sachen nach der Bestimmung des Vorsitzenden ein blos mündlicher Vortrag zugelassen, jedoch auch dann wenigstens ein schriftliches Votum mit Beifügung der Zweifels- und Entscheidungsgründe abgegeben werden. (§. 6. Th. I. Tit. 13, §§. 53 und 55. Th. III. Tit. 3 der A. G. O.)

Ueber die Methode zu referiren enthält der §. 7. Th. I. Tit. 13 der A. G. O. einige nähere Anweisungen:

Die Absicht einer Relation ist, so heißt es dort, dem Kollegium die in den Akten enthaltenen Behauptungen der Parteien nebst den zur Unterstützung oder Widerlegung derselben angeführten Gründen getreu, deutlich und vollständig und in einer natürlichen Ordnung vorzutragen; zu zeigen, was davon an Thatsachen wahr oder falsch sei, und was aus diesen Thatsachen nach den Gesetzen folge, richtig herzuleiten, dadurch aber das Kollegium in den Stand zu setzen, daß es die ganze Sache gehörig übersehen und jedes Mitglied darin sein Votum mit Gründlichkeit und Ueberzeugung abgeben könne.

Weiterhin werden die Contenta einer Relation dahin angegeben:

In dieser muß die species facti, so wie sie in den Akten wirklich liegt, und von den Parteien nicht widersprochen ist, vorausgeschickt, es müssen aber in dieselbe keine von einer oder der andern Partei noch bestrittene Thatsachen aufgenommen, oder wenn dieses des Zusammenhanges wegen nicht gänzlich zu vermeiden ist, allemal dabei, daß ein solcher Umstand noch streitig sei, sorgfältig bemerkt werden. Sodann muß der Referent dem Kollegio die streitig gebliebenen Thatsachen Punkt für Punkt vortragen, das Anführen der Parteien dabei, den Inhalt der Beweismittel, das, was gegen die Zulässigkeit und Beweiskraft derselben etwa erinnert worden ist, getreulich angeben, in sofern es bei der Sache auf Rechtsfragen ankommt, das Wesentliche, was die Parteien darüber aus den Gesetzen oder deren Analogie zur Unterstützung ihrer Meinungen angeführt haben, bemerken, sodann sein Votum über die Entscheidung der Sache abgeben und dasselbe mit Gründen gehörig unterstützen.

Nach einigen sich hieran knüpfenden Anweisungen über die Ausarbeitung der Gründe heißt es schließlich:

Bestimmtere Vorschriften über die Abfassung der Relationen und die dabei zu beobachtende Methode und Ordnung können nach der Natur der Sache nicht ertheilt werden, da die vernünftige Erwägung der eigenthümlichen Beschaffenheit einer jeden vorliegenden Sache einem aufmerksamen Referenten diejenige Methode, wie bei dieser Sache der vorbestimmte Zweck einer jeden Relation am nächsten und sichersten erreicht werden könne, von selbst an die Hand geben wird.

Dasselbe findet sich im §. 52. Th. III. Tit. 3 der A. G. O. mit den Worten angedeutet:

> Bestimmtere Vorschriften über die Methode zu referiren, (als die im §. 7. Th. I. Tit. 13 enthaltenen), können nicht gegeben werden, weil es dabei zu sehr auf die speciellen Umstände jeder vorliegenden Sache ankommt.

Für die Appellations-Instanz bestimmte der §. 66. Th. I. Tit. 14 der A. G. O., daß der Regel nach zwei Referenten bestellt werden sollten, und später die Verordnung vom 14. December 1833 (Ges. Samml. S. 307) im §. 23, daß jedesmal von zwei Referenten ein schriftlicher Vortrag zu halten sei. Es war jedoch nachgegeben, daß der zweite Referent in dieser, wie in der ersten Instanz, statt einer förmlichen Relation ein bloßes schriftliches Votum mit Zweifels- und Entscheidungsgründen ausarbeitete. (§. 56. Th. III. Tit. 3 der A. G. O.)

In der Revisions-Instanz mußten stets von zwei Referenten vollständige Relationen ausgearbeitet werden. Ergab sich beim Vortrage, daß beide Referenten auf die Abänderung zweier gleichförmigen Erkenntnisse antrugen, oder wurde beim Vortrage eine solche Abänderung beschlossen, so waren die Akten noch zweien anderen Mitgliedern zur nochmaligen Re- und Correlation zuzutheilen. — Allg. Gerichtsordnung Th. I. Tit. 15. §. 7; Allerh. Cab. Ord. vom 10. Mai 1826 (Ges. Samml. S. 43) und Allerh. Cab. Ord. vom 19. Juli 1832 §. 7 (Ges. Samml. S. 192).

In Nichtigkeitsbeschwerde-Sachen sollte allemal von zwei Referenten schriftlicher Vortrag erstattet werden (Verordn. vom 14. December 1833. §. 16. Ges. Samml. S. 306).

In allen Fällen, wo mehrere Referenten ernannt waren, durften dieselben weder ihre Relationen einander mittheilen, noch über ihr Votum sich verabreden. (Allg. Gerichtsordnung Th. III. Tit. 3. §. 57 und Instr. v. 7. April 1839. Nr. 44. Ges. Samml. S. 150.)

Die Verordnungen vom 1. Juni 1833 (§. 49) und vom 21. Juli 1846 (§§. 19 und 23) haben an diesen älteren Bestimmungen zunächst das geändert, daß in jeder Instanz für die mündliche Verhandlung nur ein Referent zu bestellen ist. Außerdem sind auch über die Verrichtungen des Referenten zum Theil abändernde Vorschriften erlassen.

Nach §. 32 der Instr. vom 24. Juli 1833 hat der Deputirte, sobald das mündliche Verfahren in erster Instanz eintreten soll, aus der Klage und Klagebeantwortung (jetzt auch der Replik und Duplik, falls solche erfordert worden sind), eine vollständige Geschichtserzählung und Darstellung des Rechtsstreites in gedrängter Kürze zu entwerfen. Diese Ausarbeitung, für welche die Bezeichnung Referat eingeführt ist, hat derselbe, oder der an seiner Stelle ernannte Referent, seinem mündlichen Vortrage, durch welchen die mündliche Verhandlung eingeleitet wird (§. 26 der Verordn. vom 1. Juni 1833), zum Grunde zu legen. Wenn sodann nach beendigter Verhandlung das Kollegium zur Berathung zusammentritt, hat der Referent den Vortrag wiederaufzunehmen und einen mit Gründen abgefaßten Entwurf zum Resolut oder Urtel (gemeinhin Votum genannt) vorzulegen, worüber sodann die kollegialische Beschlußfassung stattfindet (§. 38 der Instr. v. 24. Juli 1833). Für die höheren Instanzen ist außerdem vorgeschrieben, daß der Referent in der Sitzung dem Vortrage der Parteien eine schriftliche Darstellung der bisherigen Verhandlungen voranzuschicken hat (§. 49 der Verordn. v. 1. Juni 1833; §. 23 der Verordn. vom 21. Juli 1846), was jedoch durch §. 32 der Verordn. vom 2. Januar 1849 (Ges. Samml. S. 11) dahin modificirt worden ist, daß der Vortrag, wenngleich vorher eine schriftliche Darstellung des Sachverhältnisses abgefaßt werden muß, auch mündlich gehalten werden kann.

In dem neueren Verfahren ist es hiernach, übereinstimmend mit den Vorschriften der Allg. Gerichtsordnung, die Obliegenheit des Referenten:

> dem Kollegium die Lage der Sache und des Rechtsstreites aktenmäßig vorzuführen und daran sein motivirtes Gutachten über die zu treffende Entscheidung anzureihen.

Die Verschiedenheit der Prozeßform ist indessen auf die Einrichtung der Arbeit von maaßgebendem Einfluß. Während nämlich früher dem Kollegium ein zusammenhangender Vortrag, welcher sowohl den ganzen Lauf des Prozesses als auch das Votum des Referenten zu umfassen hatte, zu erstatten war, wird jetzt die geschichtliche Darstellung des Rechtsstreites für die öffentliche Gerichtssitzung durch die demnächst eintretende mündliche Verhandlung von dem für das Collegium allein bestimmten gutachtlichen

Vortrage geschieden. Diese äußerliche Theilung bedingt zugleich eine durchgreifende Sonderung des Materials und macht es namentlich unzulässig,

einerseits den Vortrag der Beweisresultate, welche als ein Theil des Inhalts der Akten in das Referat gehören, erst in das Votum aufzunehmen, wie dies bei den früheren Relationen in der Regel als sachgemäß zu erachten war, (Jahrb. Bd. 47. Seite 468 und 469) — andrerseits die geschichtliche Darstellung durch theilweise Einschaltung des Votums, was früher besonders in Punktensachen geschah, zu unterbrechen.

Abgesehen von diesen mehr formellen Abweichungen muß indessen beim Mangel jeder sonstigen gesetzlichen oder reglementarischen Vorschrift über die Abfassung der Referate und Vota noch jetzt auf die für das ältere Verfahren gegebenen Bestimmungen zurückgegangen werden.

Diese Bestimmungen, so weit sie sich in dem den Sitz der Materie bildenden §. 7. Th. I. Tit. 13 der A. G. O. finden, sind im Wesentlichen bereits oben mitgetheilt worden. Außerdem gehören nur noch die §§. 29 bis 32 und 36. Tit. 10 l. c. hierher, welche in Beziehung auf die Geschichtserzählung und Aussonderung der Streitpunkte verschiedene von dem Instruenten bei der Regulirung des status caussae et controversiae wie von dem Referenten bei Ausarbeitung der Relation (nach §. 29) gleichergestalt zu beobachtende Vorschriften enthalten. Auch hinsichtlich dieser heißt es jedoch im §. 38. b.:

daß der Darstellende an dieselben keinesweges schlechterdings gebunden sei, vielmehr mit vernünftiger Beurtheilung und reiflicher Ueberlegung diejenige Methode wählen könne und müsse, die nach der Natur und Beschaffenheit eines jeden vorliegenden Falles ihn am kürzesten und sichersten zum Zwecke führen könne.

Indem die Gerichtsordnung wiederholentlich hervorhebt, daß die Methode des Referirens hauptsächlich durch den Zweck des Vortrages: das Kollegium zur gründlichen Entscheidung der vorliegenden Streitsache in den Stand zu setzen, bestimmt werde, hat sie zugleich den Grund dargelegt, weshalb in das Einzelne gehende Regeln darüber von der Gesetzgebung nicht zu erwarten sind. Was zur Erreichung des angegebenen Zweckes nothwendig beobachtet werden müsse oder am leichtesten und sichersten dahin führe, kann nur im Wege logischer Entwickelung gefunden, oder durch Uebung und Erfahrung an die Hand gegeben werden; die darüber aufzustellenden Regeln fallen mithin nicht in den Bereich der Rechtsbestimmung, sondern der praktischen Rechtswissenschaft. Demgemäß haben auch die von der Gerichtsordnung gegebenen Anweisungen nicht sowohl einen dispositiven, als vielmehr einen blos doctrinären Charakter, und die neuere Prozeßgesetzgebung hat in strengerer Sonderung des legislativen und des wissenschaftlichen Gebiets überhaupt jede Regel über die Einrichtung der Vorträge bei Seite gelassen.

Eine Anleitung zum Referiren, sowohl nach den Vorschriften der Gerichtsordnung, als der neueren Prozeßgesetze, geben verschiedene Schriften, namentlich auch amtliche Aufsätze und Instructionen aus Veranlassung der bei den Referenten häufig wahrgenommenen Mängel. Am verbreitetsten sind darunter folgende:

Frhrr. v. Trützschler, an die Herren Kammergerichts-Referendarien. Ueber die Methode zu referiren. Berlin, den 28. November 1817.

Koch, Anleitung zum Referiren bei Preußischen Gerichtshöfen. Marienwerder 1832 (2. Ausgabe 1836).

Ueber die bei den Civil-Relationen für die dritte juristische Prüfung häufig wahrgenommenen Mängel. Ein Aufsatz der Königl. Immediat-Justiz-Examinations-Commission vom 12. Mai 1835 (Jahrb., Bd. 47. Seite 451 bis 480).

Anweisung zur Anfertigung der Referate, Vota und Erkenntnisse in Civilprozeßsachen erster und zweiter Instanz, erlassen vom Präsidium des Königl. Appellationsgerichts zu Naumburg unterm 14. November 1852 (Justiz-Min. Bl. für 1853, Seite 72 bis 80).

Reusch, Anleitung zum Instruiren, Dekretiren, Referiren im Preußischen Civilprozeß für angehende Juristen, Königsberg 1854.

Thümmel, das Referirgeschäft im Preußischen Civil- und Criminal-Prozesse. Halle 1858.

In der gegenwärtigen Schrift soll eine Zusammenstellung derjenigen Grundsätze, welche für die Anfertigung der Referate und Vota in dem nach der Verordnung vom 21. Juli 1846 jetzt die Regel bildenden Prozeßverfahren, so wie für die Abfassung der Erkenntnisse, als bewährt zu erachten sind, in derjenigen Folgeordnung, wie die praktische Anwendung sie erfordert, gegeben werden. Dabei ist insbesondere beabsichtigt worden, angehenden Juristen, welchen der Anhalt eigener Erfahrung abgeht, möglichst positive Regeln in anschaulicher Weise zu ertheilen, und sie durch Aufstellung allgemeiner Gesichtspunkte zu einem selbstständigen Urtheil auch über abweichende Regeln, wo ihnen solche entgegentreten, so wie über die Anwendbarkeit jeder Regel nach den obwaltenden individuellen Verhältnissen zü befähigen. Um ferner das Verständniß und die Aneignung der gegebenen Regeln zu erleichtern, ist dieser Anleitung eine Auswahl mehrerer als mustergültig anerkannter Referate und Vota beigefügt. Dieselben werden angehenden Praktikern besonders in Bezug auf die formelle Einrichtung und die Anordnung von Nutzen sein; es kann jedoch nicht genugsam empfohlen werden, daneben die Arbeiten tüchtiger Referenten nebst den vollständigen Akten, in denen sie gefertigt sind, zum Gegenstande aufmerksamen Studiums zu machen, da nur durch Vergleichung der Akten selbst die Art der Sichtung und Verarbeitung des Stoffes erkannt werden kann.

II. Die Aufgabe des Referenten.

1. Das Referat, oder die geschichtliche Darstellung des Rechtsstreites soll dem Kollegium eine so genaue Kenntniß von dem Inhalte der Akten verschaffen, als ob jedes Mitglied diese selbst gelesen hätte. Zu diesem Zweck darf aber der Referent keinen bloßen Aktenauszug nach der Folgeordnung der Prozeßhandlungen liefern, indem dadurch die Auffassung des Zusammenhanges auf das Aeußerste erschwert werden würde; der Vortrag muß vielmehr so geordnet sein, daß der Hörer ohne besondere Anstrengung die gesammte Sachlage klar zu übersehen und dieselbe festzuhalten im Stande ist. In Betreff der Form hat also der Referent dahin zu streben, daß ihm die Aufmerksamkeit seiner Zuhörer ungeschmälert erhalten bleibe, und daß ein deutliches Bild des Sach-

und Streitverhältnisses sich mit festen Zügen ihrem Gedächtnisse einpräge.

Da ferner der Referent nur den Inhalt der Akten wiederzugeben hat, so muß seine Darstellung völlig farblos sein; er darf sein eigenes Urtheil weder einmischen noch irgendwie durchblicken lassen. Das Referat hat nicht den Zweck, das Kollegium im Sinne irgend einer Entscheidung zu disponiren, sondern den, dasselbe zu einer unbefangenen Entscheidung vorzubereiten. Demnach haben auch die Parteien den wohlbegründeten Anspruch, alles, was sie zur Unterstützung ihrer Rechte und zur Widerlegung des Gegners vorgebracht, in eben dem Sinne, den sie selbst damit verbunden haben, in das Referat aufgenommen zu sehen; jede von ihnen muß sich nach Anhörung des Vortrages durch die Vorführung ihrer eigenen Erklärungen und der des Gegentheils durchaus befriedigt finden. In materieller Hinsicht muß also das Referat vollständig, getreu und unparteiisch gehalten sein.

2. Was sodann das Votum des Referenten betrifft, so soll dasselbe eine richtige und allseitige Beurtheilung des Rechtsstreites durch das Kollegium sicher stellen. Der Referent hat deshalb eine bestimmte (definitive oder interlokutorische) Entscheidung vorzuschlagen, und dieselbe so zu begründen, daß im Anschluß an seine Ausführung jedes Mitglied sich sein eigenes zustimmendes oder abweichendes Urtheil zu bilden im Stande ist. Dazu gehört in formeller Hinsicht eine Anordnung, welche dem Hörer Schritt für Schritt die Prüfung der Folgerichtigkeit gestattet, in der Sache selbst aber eine erschöpfende Erörterung des Rechtspunktes so wie aller derjenigen thatsächlichen Verhältnisse, durch welche die Entscheidung nach der einen oder andern Seite hin bestimmt werden kann.

III. Vorbereitung zur Ausarbeitung.

Um zu einer befriedigenden Lösung dieser Aufgabe zu gelangen, hat der Referent, ehe er die Arbeit selbst beginnt, derselben eine gründliche Vorbereitung zu widmen, d. h. den Stoff zu sammeln, welchen er zu bearbeiten hat, ihn zu ordnen und einen bestimmten Plan für die schriftliche Darstellung zu entwerfen.

1. Das Sammeln des Stoffes muß vor Allem auf Erlangung einer vollständigen Kenntniß von dem Inhalt der Akten gerichtet sein. Zu diesem Behuf hat der Referent die Akten, sobald sie ihm zugestellt werden, aufmerksam durchzulesen (§. 3. Th. I. Tit. 13 der A. G. O.) und dies nöthigenfalls so oft zu wiederholen, bis er des gesammten darin enthaltenen Materials mit voller Sicherheit Meister ist. Nicht zweckmäßig ist es hierbei, die Akten zuerst nur cursorisch oder von hinten nach vorn zu lesen, was mitunter deshalb angerathen wird, weil man so die Lage der Sache und die noch zur Entscheidung stehenden oder bereits beseitigten und daher nicht weiter zu beachtenden Punkte am schnellsten zu übersehen im Stande sei. Ob hierdurch überhaupt Zeit erspart werde, ist immer ungewiß, meistens aber wird es nicht der Fall sein, weil beim ersten Lesen Vieles unverstanden bleibt, und dann über dem Suchen in den Akten nur um so mehr Zeit verloren geht; zudem aber darf der angehende Praktiker sich die in der einen oder andern Hinsicht immer lohnende Mühe des sorgfältigen Aktenlesens, wenn er auch dabei manches für den vorliegenden Fall Entbehrliche mitaufzunehmen hat, niemals verdrießen lassen. Hat man sich einmal gewöhnt, die Akten mit voller Aufmerksamkeit zu lesen und sich überall den Sinn und Zusammenhang zu verdeutlichen, so wird man bald ein wiederholtes Lesen nicht mehr nöthig haben. Daneben ist Anfängern auch die das Lesen begleitende Anlegung von Auszügen in verwickelteren Sachen zu empfehlen, zumal in der Form, daß der Inhalt der einzelnen Schriftsätze, als Klage, Klagebeantwortung u. s. w., in neben einander stehende Kolonnen gebracht wird, und innerhalb derselben diejenigen Anführungen, welche sich auf frühere Erklärungen des Gegners beziehen, dicht neben letztere gesetzt werden; mittelst einer solchen Uebersicht wird man sich den Gesammtinhalt der von den Parteien abgegebenen Erklärungen jederzeit auf dem kürzesten Wege vergegenwärtigen.

2. Sobald der Referent des thatsächlichen Materials Herr geworden ist, hat er sich mit den gesetzlichen Bestimmungen, nach welchen der vorliegende Rechtsfall zu entscheiden ist, vertraut zu machen. Niemals darf er sich hierbei auf die von den Parteien in Bezug genommenen oder vielleicht nur dem ersten Eindrucke nach Anwendung findenden Vorschriften beschränken; vielmehr ist es unerläßlich, die einschlagenden Rechtsmaterien im Zusammenhange von Grund aus durchzustudiren und sich im Wege

selbstständiger Forschung davon, welche Bestimmungen auf den vorliegenden Fall anwendbar und durchgreifend sind, zu vergewissern. Auf diese Weise wird der Referent einerseits es vermeiden, von den Parteien, welche oft mit großer Sicherheit Gesetze heranziehen, die nur scheinbar passen, irre geleitet zu werden, oder vermöge eigener Rechtsunsicherheit fehl zu gehen, und andrerseits den Nutzen haben, seine Rechtskenntnisse in umfassendem Maaße bleibend zu erweitern, da erfahrungsmäßig das theoretisch Erlernte sich dem Verstande und dem Gedächtnisse am festesten einprägt, wenn man es sich aus Veranlassung eines praktischen Falles zu eigen gemacht hat. Uebrigens wird ein derartiges Studium stets um so fruchtbarer sein, wenn der Referent zunächst den Text des Gesetzes selbst zum Gegenstande seiner Forschung nimmt, auf Kommentare aber und Präjudizien, welche gewissenhaft zu Rathe zu ziehen sind, erst übergeht, nachdem er sich über die Auslegung des Gesetzes ein eigenes Urtheil zu bilden gesucht hat.

3. Mit dem Lesen der Akten und der Aneignung der gesetzlichen Bestimmungen muß die reflectirende Thätigkeit des Referenten Hand in Hand gehen, zunächst in der Art, daß er die rechtliche Bedeutung, welche die Parteien ihren thatsächlichen Anführungen haben geben wollen, sich veranschaulicht. Der Referent hat zunächst den Syllogismen der Parteien nachzugehen, indem er sich klar macht, welche Folgerungen jede aus den vorgebrachten Thatsachen herleitet, sei es dadurch, daß sie diese letzteren ausdrücklich unter gewisse Rechtssätze subsumirt, oder die Rechtssätze, welche gewisse Folgerungen begründen sollen, stillschweigend (per enthymema) voraussetzt. Demnächst, wenn der Referent die Rechtsmaterie vollständig durchdrungen, hat er den rechtlichen Werth der angeführten Thatsachen selbstständig zu ermessen, die Syllogismen der Parteien sowohl in ihren Ober- als Untersätzen zu prüfen, d. h. sowohl die Begründung der von ihnen angenommenen Rechtssätze als auch die Zulänglichkeit der angeführten Thatsachen und wo diese streitig sind, des darüber angetretenen oder bereits aufgenommenen Beweises zu erwägen, und endlich seinen eigenen Syllogismus aufzustellen, d. h. durch Anwendung der von ihm als durchgreifend erkannten Rechtsregeln auf das Thatsächliche den Schluß zu ziehen, wie der Rechtsstreit zu entscheiden, oder von welchen Feststellungen noch die Definitiv-Entscheidung abhängig zu machen sei.

Ist der Referent hierbei überall mit gewissenhafter Ueberlegung zu Werke gegangen, so wird sein schließliches Urtheil auch für ihn die Kraft der vollen Ueberzeugung mit sich führen; auf diesem Punkt angelangt, wird er das Material für seine schriftliche Ausarbeitung vollständig in Händen haben.

Eine nicht zu empfehlende Regel, welche gleichwohl nicht selten ertheilt wird, ist die, sich zuerst zu fragen, wie man den Rechtsstreit nach seinem gesunden Menschenverstande entscheiden würde, und dann erst die gesetzlichen Beläge für diese Entscheidung aufzusuchen. Es würde dies auf nichts Anderes hinauslaufen, als das Rechts- und Billigkeitsgefühl zum Leiter des juristischen Urtheils zu erheben, während eine dem Gefühle widersprechende Entscheidung höchstens die Aufforderung abgeben kann die gezogenen Schlußfolgerungen einer nochmaligen sorgfältigen Prüfung zur Sicherung gegen etwanige Trugschlüsse zu unterwerfen.

4. Ist der Referent, wie zu 3 angegeben, mit sich in's Reine gelangt, so ist es nunmehr an der Zeit, den gesammelten Stoff zu ordnen und eine Disposition für die schriftliche Ausarbeitung zu entwerfen. Auch zur Disposition für den blos geschichtlichen Theil des Vortrages — für das Referat — darf er sich vor der Feststellung seines Votums in der Regel nicht für ausreichend vorbereitet erachten. Die Frage nämlich, welche Stelle den einzelnen Thatsachen und Erklärungen anzuweisen sei, hängt wesentlich von der Beziehung derselben zum Rechtspunkte, z. B. von ihrer größeren oder geringeren Erheblichkeit für die Motivirung des Klagefundaments oder eines Einwandes, von der verschiedenen Tragweite der einzelnen Einreden und dergleichen, ab; sie erfordert also bereits die kritische Thätigkeit des Referenten, besonders wenn die Parteien, wie es häufig geschieht, ihre Anträge unmittelbar an die Darstellung der Thatsachen anreihen, und die Aufsuchung der Rechtsregel, welche den Antrag begründen soll, dem Richter überlassen. Der Referent könnte also, wenn er an das Referat gehen wollte, bevor er über das Votum mit sich einig geworden, seine gewählte Anordnung späterhin leicht als irrthümlich erkennen, und würde dann seine Arbeit von Neuem beginnen müssen.

In Bezug auf die Anordnung selbst sind die für die Ausarbeitung des Referats und Votums in den Abschnitten IV. bis VIII. gegebenen Regeln in Betracht zu ziehen.

5. Eine sehr zweckdienliche Probe, ob der Referent in seiner Disposition das Richtige getroffen hat, wird ihm in allen Fällen

die Haltung eines mündlichen Vortrags, bevor er mit dem Niederschreiben beginnt, gewähren. Es wird ihm hierbei am besten klar werden, ob er die Hauptsache von Nebenpunkten, das Erhebliche vom Unerheblichen gesondert habe, ob seine Erzählung klar und verständlich, oder ob sie lückenhaft und ermüdend, ob seine Ausführung folgerichtig und überzeugend, oder ob und in welchen Punkten eine nähere Motivirung nöthig ist. Es wird ihm dann um so leichter sein, seine Gedanken in ununterbrochener Folge zu Papier zu bringen und das klar Gedachte auch in klarer und erschöpfender Weise niederzuschreiben. Kann der Referent diesen mündlichen Vortrag in Gegenwart anderer Fachgenossen halten, so ist der Nutzen um so größer; er wird dann durch die Fragen und Bemerkungen seiner Kollegen aufmerksam gemacht werden, in welchen Beziehungen seine Erzählung mangelhaft oder unverständlich, und in wiefern eine nähere Begründung seines Gutachtens wünschenswerth ist. Sind keine Fachgenossen zur Hand, so möge er nicht versäumen, sich den Vortrag selber laut zu halten und dann erst, nachdem er mit sich vollständig im Klaren ist, die Arbeit niederzuschreiben.

IV. Allgemeine Regeln für die Ausarbeitung der Referate und Vota.

1. Die Aufgabe des Referenten findet ihre Begrenzung in dem, was Gegenstand der Entscheidung werden soll; über diese Grenzen darf mithin der Vortrag nicht ausgedehnt werden. Daraus folgt, daß dasjenige, worüber es keiner Entscheidung mehr bedarf, ebenso wie das, worüber noch nicht zu entscheiden ist, außer Betracht bleiben muß. Es ist also

a. die Zurücknahme eines Klageantrages, bei welcher es im Erkenntnisse lediglich zu belassen ist, und welche ihren Einfluß nur dahin äußert, daß der Kläger einen verhältnißmäßigen Theil der Kosten tragen muß, in der Regel nur kurzweg zu erwähnen. Ist z. B. neben rückständiger Miethe ursprünglich der Ersatz für Beschädigungen der vermietheten Wohnung eingeklagt worden, so wird es genügen, im Referat zu bemerken:

Einen gleichzeitig erhobenen Anspruch auf Zahlung von .... für Beschädigung des vermietheten Quartiers hat Kläger später zurückgenommen.

und im Votum:

Die Kosten müssen mit Rücksicht darauf, daß Kläger seine ursprüngliche Nebenforderung von .... zurückgenommen hat, dem Verklagten zu ..., dem Kläger zu ... auferlegt werden.

b. Zurückgenommene Einwendungen sind der Regel nach gänzlich zu übergehen, nur wenn ausnahmsweise der Kostenpunkt dadurch berührt wird, kommen sie in Betracht, z. B. wenn der Anspruch des Klägers von Anfang an nur theilweise gerechtfertigt war, und über den Einwand des Verklagten vor der Zurücknahme desselben allein Beweis erhoben worden ist, durch die unnöthige Beweisaufnahme mithin das Verhältniß der Kostenvertheilung sich anders gestaltet hat, als es sonst der Fall gewesen sein würde.

c. Das Anerkenntniß eines Anspruchs macht das Eingehen auf dessen Begründung überflüssig; wenn also z. B. der Verklagte anerkannt hat, dem Kläger für die Instandsetzung eines beschädigt zurückgelassenen Quartiers den geforderten Betrag zu verschulden, würde weder eine Darlegung der einzelnen Beschädigungen und Aufwendungen, noch die Untersuchung der Vertretungsverbindlichkeit des Verklagten am Orte sein. Dasselbe gilt von eventuellen Anerkenntnissen; wird z. B. der Verklagte wegen einer dem Kläger zugefügten körperlichen Beschädigung auf Ersatz des demselben während einer bestimmten Zeit entgangenen Verdienstes in Anspruch genommen, und hat der Verklagte zwar seine Verbindlichkeit zur Entschädigung bestritten, den Betrag der Forderung aber eventuell zugestanden, so hat der Referent sich mit den die Höhe des Verdienstes betreffenden Momenten weiter nicht zu beschäftigen.

d. Ist nur über eine der im §. 5 der Verordn. vom 21. Juli 1846 gedachten Präjudizial-Einreden:

der Unzulässigkeit des Rechtsweges,

der Inkompetenz des Gerichts,

der Rechtshängigkeit,

der dem Kläger mangelnden Fähigkeit, vor Gericht aufzutreten,

der nicht erfolgten Kautionsbestellung Seitens des Klägers, wenn derselbe ein Ausländer ist,

des noch nicht erfolgten Ablaufs der Ueberlegungsfrist, wenn der Verklagte als Erbe belangt worden,

zu erkennen, so darf der Referent weder in seiner geschichtlichen Darstellung noch in der Beurtheilung des Falles auf den Klagegrund näher und weiter eingehen, als es zum Verständniß und zur Beleuchtung der Einrede erforderlich ist.

e. In den höheren Instanzen wird der Umfang des Vortrages allemal durch die von den Parteien angegebenen Beschwerdepunkte bestimmt. In so weit das Vorerkenntniß nicht Gegenstand des Angriffes geworden, ist dasselbe rechtskräftig, und fällt mit allen seinen Unterlagen außerhalb des Bereichs der Darstellung. Die solchergestalt erledigten Anträge nebst Allem dem, was zur thatsächlichen und rechtlichen Begründung und Widerlegung derselben angeführt ist, sind daher nur noch in so fern und in dem Maaße zu berücksichtigen, als sie mit den in die höhere Instanz gediehenen Punkten in untrennbarer Verbindung stehen.

2. Damit der Zusammenhang und die Einzelheiten des Vortrages ohne Schwierigkeit aufgefaßt und festgehalten werden können, muß zuvörderst

a. **die Anordnung eine innerlich folgerichtige sein,** im Ganzen sowohl wie bis in das Untergeordnetste, so daß jede Thatsache, jede Behauptung und Erörterung da ihre Stelle erhält, wo sie ihrer Bedeutung nach hingehört. Die Darstellung darf weder Sprünge noch Abschweifungen machen, noch darf der Referent sich zu Verweisungen auf Nachfolgendes (etwa in der Art: „wovon weiterhin noch die Rede sein wird," oder: „wie unten näher gezeigt werden soll,") oder zu Wiederholungen veranlaßt sehen.

b. **Die Anordnung muß sich aber auch dem Hörer bemerklich machen,** so daß es ihm nie an einem Anhalt fehlt, die Beziehung jedes Einzelnen zum Ganzen aufzufinden. Dem Hörer muß sich der innere Verband der vorgeführten Thatsachen so wie der Ausführungen des Referenten klar darstellen; er muß die Uebergänge vom Einen zum Andern sofort zu erkennen und den stufenweisen Fortschritt zu verfolgen im Stande sein. Um eine solche Ueberſichtlichkeit zu erreichen, darf der Referent jedoch nicht zu blos äußerlichen Hülfsmitteln, wie Zahlen oder Buchstaben, seine Zuflucht nehmen; es würde dies eben so zwecklos als unzureichend sein, weil Niemand nach Zahlen oder Buchstaben den Inhalt des Vorgetragenen in sich würde aufnehmen und sich vergegenwärtigen können. Die geordnete Gliederung des Vortrages muß vielmehr durch sich selbst hervortreten und darf höchstens durch Andeutungen der Disposition noch klarer in das Licht gestellt werden, z. B. in der Weise:

Der Verklagte hat zunächst den Einwand der Angabe an Zahlungsstatt erhoben, indem er behauptet u. s. w.

Ferner hat er dem Anspruche des Klägers die Einrede der Compensation entgegengesetzt. Seiner Angabe nach soll nämlich u. s. w.

c. Die Fassungskraft und das Gedächtniß der Zuhörer darf nicht auf unnütze oder gar unzulässige Weise beschwert werden; was sich daher seiner Specialität wegen nur mit Mühe behalten läßt, ist nur in soweit, als es erheblich ist, und erst an der Stelle, wo die Erheblichkeit erkannt werden kann, zur Mittheilung geeignet. Namentlich ist dies bei Zahlen-Aufstellungen und Verzeichnissen von Mobilien oder Inventarienstücken zu beachten. Zahlenangaben, aus denen für die Entscheidung überhaupt nichts herzuleiten ist, z. B. unstreitige Maaß- und Gewichtsbestimmungen oder Hypothekennummern von Grundstücken brauchen in den Vortrag nicht aufgenommen zu werden. Ebensowenig gehören dorthin ausführliche Rechnungen, sondern nur die Grundsätze, nach denen eine Rechnung aufgestellt ist, die Resultate derselben und von den einzelnen Positionen die streitigen. Bei Inbegriffen von Gegenständen genügt es, wenn letztere der Art, Zahl und dem Werthe nach unter Bezugnahme auf die Acten bezeichnet, und nur diejenigen Stücke, über welche besondere Erklärungen abgegeben sind, beim Vortrage dieser Erklärungen speciell benannt werden, z. B.:

Die Klägerin will dem Verklagten, ihrem geschiedenen Ehemanne, bei Eingehung der Ehe die Blatt 10 der Acten unter Nr. 1 bis 35 verzeichneten Wirthschaftsgegenstände im Gesammtwerthe von 235 Thlrn. eingebracht haben, u. s. w.

Der Verklagte hat nur die Illation der Sachen 1 bis 14, zusammen im Werthe von 110 Thlrn., eingeräumt, die der übrigen dagegen bestritten. Von den eingebrachten Gegenständen sollen seiner Angabe nach die sechs Stühle Nr. 2, das Kleiderspinde Nr. 6 und der Mahagony-Tisch Nr. 7, bei Trennung der Ehe nicht mehr vorhanden gewesen sein, u. s. w. Jedenfalls hält er sich zur Herausgabe des Sophas Nr. 8 in dem beanspruchten Werthe von 16 Thlrn. nur gegen Zahlung von 4 Thlrn., welche er auf dessen Ausbesserung nach getrennter Ehe verwendet haben will, für verbunden u. s. w.

Die näheren Einzelheiten, sowohl bei Rechnungen als Verzeichnissen, insofern es bei der künftigen Abfassung des Erkenntnisses darauf ankommen kann, hat der Referent am Rande seines Vortrages zu bemerken. Auch der wörtliche Inhalt von Urkunden ist in der Regel nur dann, wenn die Wortfassung den Ausschlag geben soll, und erst, wenn das Kollegium das eigentlich Entscheidende zu übersehen im Stande ist, in den Text der Darstellung aufzunehmen.

3. Die Schreibart des Referenten muß bestimmt und deutlich, einfach und bündig, der Würde des Gerichts und der eigenen wissenschaftlichen Bildung des Referenten angemessen sein. Es muß daher

a. jeder Ausdruck, der den Sinn zweifelhaft läßt, fern gehalten, unter verschiedenen gleich correcten Ausdrücken aber stets der faßlichste gewählt werden. Unklare Wendungen, wie z. B.:

der Verklagte bestreitet nicht,

sind hiernach zu vermeiden. Bei ausdrücklichem Zugeständniß muß es heißen:

der Verklagte räumt ein, (gesteht zu, giebt zu, erkennt an),

andernfalls aber:

der Verklagte hat darüber, ob u. s. w. keine Erklärung abgegeben (oder er hat erklärt, nicht zu wissen, ob u. s. w.).

Im Interesse der Deutlichkeit ist namentlich beim Gebrauch der pronomina personalia, possessiva und demonstrativa (er, sein, dieser, jener), darauf zu achten, daß über die gemeinte Person kein Zweifel obwalte, event. ist statt des Pronomens lieber das Hauptwort (Kläger, Verklagter, Zeuge u. s. w.) anzuwenden.

Ueberhaupt ist für die Parteien in der Regel diejenige Bezeichnung zu wählen, welche ihre Rolle im Prozeß am leichtesten vergegenwärtigt, also durchweg die Benennung Kläger und Verklagter, in den höhern Instanzen ohne den zur Klarheit des Vortrages nicht erforderlichen Beisatz ihrer dort eingenommenen Stellung (also ohne die Hinzufügung: Appellant, Appellat, Revident und dergleichen). Die Regel, die Parteien bis zum Klageantrage nach ihren Eigennamen und erst von da ab Kläger und Verklagter zu benennen, ist füglich als antiquirt zu betrachten; das Interesse des Kollegiums haftet nur an der Parteistellung, nicht an den Namen, und an sich hat es nichts Unlogisches, für die bereits durch das Rubrum als Kläger und Verklagter eingeführten Personen sofort dieselbe Bezeichnung, auch ehe noch der Klageanstellung ausdrücklich gedacht ist, zu gebrauchen.

b. Die Sprache des Richters soll die des gewöhnlichen Lebens sein (Verordn. vom 27. October 1810, Ges. Samml. Seite 9), der Referent hat sich daher insbesondere der Fremdwörter, sofern diese nicht gebräuchlicher oder bezeichnender als die deutschen Uebertragungen sind, so wie aller veralteten Ausdrücke zu enthalten. In der Satzbildung hat er vor Allem Kürze anzustreben, die jedoch nicht in Abgerissenheit ausarten darf. Eine zusammenhängende Folge in sich abgerundeter Sätze verleiht dem Vortrage Frische und Lebendigkeit, und trägt vorzüglich dazu bei, die Hörer in der für eine gründliche Auffassung nothwendigen Spannung zu erhalten.

c. Die Würde des Gerichts erfordert, daß der Referent sich in ruhigem Gleichmuth über den Parteien halte, und keiner Einwirkung von Affekten zugänglich sei, daß er vielmehr nur die Sache selbst in's Auge fasse. Er wird mithin bei seinem Vortrage alles Pathetische sowie Alles, was dem Ernste des Richteramtes widerstrebt, vermeiden müssen, am wenigsten aber sich eine Redeweise gestatten dürfen, welche für die Parteien oder einen früheren Richter verletzend wäre. Selbst einzelne die Empfindlichkeit rege machende Ausdrücke der Parteien müssen umschrieben werden; ist z. B. eine Behauptung des Gegners als falsch oder lügenhaft bezeichnet, so ist dafür zu sagen, daß die Thatsache bestritten sei.

d. Im Uebrigen muß die Darstellung des Referenten Zeugniß geben von der Höhe seiner wissenschaftlichen Bildung; er muß sich der Sprache mächtig zeigen, und zur Erzielung eines richtigen Verständnisses überall die angemessenste Art des Ausdrucks zu finden wissen. Namentlich wird sich dies kund geben durch regelrechten Gebrauch der tempora, des imperfecti für Thatsachen, welche abgeschlossen in der Vergangenheit liegen, des perfecti für vollendete Thatsachen in ihrer Beziehung zur Gegenwart, so wie durch richtige Anwendung der directen Rede für die eigene Erzählung oder Ausführung des Referenten, und der indirecten für einseitige Erklärungen der Parteien. Der angehende Praktiker muß es sich zur Pflicht machen, auch auf diesem Gebiete mit voller Aufmerksamkeit und Strenge gegen sich zu Werke zu gehen.

4. Referat und Votum sind, jedes besonders, auf gebrochene

Bogen zu schreiben, so daß am Rande für Bemerkungen und für die Allegirung der Actenfolien, die nicht zu unterlassen ist, Raum bleibt. Anträge der Parteien und alle wörtlich aufgenommene Stellen müssen äußerlich durch Einrückung kenntlich gemacht werden.

V. Das Referat.

Dem Referat oder dem geschichtlichen Vortrage wird in der Ueberschrift das Rubrum vorangesetzt. Das Referat selbst zerfällt in die Geschichtserzählung (species facti) d. h. die Darstellung der Thatsachen, aus welchen der Prozeß seinen Ursprung genommen hat, und in die Prozeßgeschichte (historia processus) d. h. die Erzählung des Verlaufs und des Inhalts der Prozeß-Verhandlungen.

Der Geschichtserzählung noch ein einleitendes Vorwort (praeloquium) zur Orientirung des Kollegiums über den Gegenstand der Entscheidung voranzuschicken, ist der Regel nach nicht zu empfehlen. Der Gegenstand des Prozesses muß im Rubrum bereits angedeutet sein, alles Thatsächliche aber ist in der nachfolgenden Darstellung unterzubringen, und solche Aeußerungen, die ein Urtheil enthalten oder das Kollegium vorweg einzunehmen geeignet sein würden, (z. B. „Der vorliegende Prozeß betrifft die Frage u. s. w.") gehören am wenigsten an die Spitze eines Vortrages, welchem volle Unparteilichkeit (vergl. Abschnitt II. Nr. 1) gewahrt bleiben muß. Nur in Punktensachen kann den Umständen nach eine Einleitung formellen Inhalts vor der eigentlichen Geschichtserzählung an ihrer Stelle sein. (Abschn. VII. Nr. 2).

A. Das Rubrum.

1. Das Rubrum hat die Bestimmung, dem Kollegium die Interessenten des Rechtsstreites namhaft zu machen. Es besteht aus der Ueberschrift:

Referat in Sachen,

an welche sich die vollständige Bezeichnung der Betheiligten nach ihren Vor- und Zunamen, ihrem Stande und Wohnorte so wie nach der von ihnen im Prozesse eingenommenen Stellung als Kläger, Verklagte u. s. w. anzuschließen hat,

und aus einer allgemeinen Angabe des Streitgegenstandes, wie diese zu einer vorläufigen Kenntniß des Rechtsgeschäfts genügend ist, z. B.

wegen Herausgabe gemietheter Möbel im Werthe von 235 Thlrn.

oder:

wegen Zahlung eines Legats von 5000 Thlrn.

2. Bei der Angabe der Parteien ist mit derjenigen der Anfang zu machen, welche zu dem Verfahren und speciell zu der jedesmaligen Instanz die Veranlassung gegeben hat, also in erster Instanz mit dem Kläger, in zweiter mit dem Appellanten, in dritter mit dem Revidenten oder Imploranten. In den höheren Instanzen ist die Angabe der dort von den Parteien eingenommenen Stellung der Bezeichnung ihrer Prozeßrollen in erster Instanz beizufügen, in dritter Instanz jedoch die gleichzeitige Anführung, wer Appellant und Appellat gewesen, nicht erforderlich; beispielsweise wird also zu sagen sein:

in Sachen des Fabrikanten W. S. zu B., Verklagten und Appellanten (Revidenten, Imploranten) wider den Kaufmann A. F. K. zu P., Kläger und Appellaten (Revisen, Imploraten).

Haben beide Theile das Rechtsmittel eingelegt, so ist ihre ursprüngliche Stellung beizubehalten, entweder in der Art:

in der wechselseitigen Appellations- (Revisions-) Sache des N., Klägers, wider den M., Verklagten,

oder:

in Sachen des N., Klägers, wider den M., Verklagten, jetzt beiderseits Appellanten (Revidenten, Imploranten) und Appellaten (Revisen, Imploraten).

Mit Rücksicht auf diese Bezeichnung der Parteien ist die häufig vorkommende Einschaltung hinter der Ueberschrift „Referat"

„aus den Acten erster (zweiter, dritter) Instanz" oder „zweier (dreier) Instanzen"

als ein Pleonasmus zu vermeiden.

3. Litiskonsorten müssen einzeln aufgeführt, und wenn Rechtsnachfolger in den Proceß eingetreten sind, diese neben der ursprünglichen Partei benannt werden, z. B.

in Sachen des Kaufmanns Anton Ferdinand K. zu P., jetzt seiner Erben, nämlich

1. seiner Wittwe Marie K., gebornen S. daselbst,
2. seiner Söhne:
   a. des Tischlermeisters Ludwig K. zu W.,
   b. des Unteroffiziers im Garde-Husaren-Regiment Carl Heinrich K. zu P.,

Kläger und Wiederverklagten,

wider den Fabrikanten Wilhelm S. zu B., Verklagten und Wiederkläger,

oder:

in Sachen des Kaufmanns N. zu L., jetzt seines Cessionars, des Hausirers M. u. s. w.

Ist eine Partei nur vermöge einer gewissen Eigenschaft aufgetreten, so ist diese mitanzuführen, z. B.

in Sachen des Kaufmanns A. F. K. zu P., als Besitzers des Rittergutes O. (oder als alleinigen Inhabers der Handlung B. & G., oder als Miterben an der Verlassenschaft des Particuliers R.) u. s. w.

4. Vertreter oder Beistände werden neben einer Partei nur genannt, wenn die Vertretung oder Assistenz eine nothwendige, oder auf Repräsentation der ganzen Persönlichkeit gerichtet ist, z. B.

in Sachen der minderjährigen Geschwister S., mit Vornamen:

1. Auguste Wilhelmine,
2. Carl Ludwig,

vertreten durch ihren Vormund, den Bauergutsbesitzer G. zu H.,

oder:

in Sachen der unverehelichten E. N. und ihres Kindes H. M. L., Beider vertreten durch den Vater der Ersteren, Kaufmann M. N. zu P.,

oder:

in Sachen der verehelichten C. S., gebornen N., Klägerin im Beistande ihres Ehemannes, des Kanzleidieners A. S. zu B.,

oder:

in Sachen des minderjährigen Klempnergesellen O. F. zu M., Klägers im Beistande seines Litiskurators, des Rechtsanwalts Z. daselbst,

oder:

in Sachen des Kaufmanns A. F. zu P., als einstweiligen Verwalters der Konkursmasse des Fabrikanten O. S. daselbst, (oder als General-Bevollmächtigten des abwesenden Particuliers G.,) Klägers, wider den Fiscus, vertreten durch die Königl. Ober-Post-Direction zu H.,

oder:

in Sachen der Testaments-Executoren des Rentiers W., nämlich:

1. des Rentiers A. S. rc.

5. Haben auf einer Seite Mehrere gemeinschaftliche Sache gemacht, so werden sie neben einander genannt, also namentlich Litisdenunciaten oder Adcitaten, welche Assistenz geleistet haben, neben den Litisdenuncianten oder Adcitanten, eben so Nominaten neben dem Nominanten, Intervenienten neben der Partei, zu deren Unterstützung sie aufgetreten sind, z. B.

in Sachen des N., Klägers und Adcitanten (Litisdenuncianten) und des M., Adcitaten (Litisdenunciaten) wider den O., Verklagten,

oder:

in Sachen des N., Klägers, wider den M., Verklagten, und den O., Intervenienten.

Litisdenunciaten oder Adcitaten dagegen, welche sich nicht gemeldet oder ihre Assistenz verweigert haben, sind von der Partei, welche die Litisdenunciation oder Adcitation an sie gerichtet hat, durch die Präposition „wider" zu trennen, z. B.

in Sachen des N., Klägers und Litisdenuncianten, wider den M., Verklagten, und den O., Litisdenunciaten.

Hiervon findet nur eine Ausnahme statt, wenn die Litisdenunciation (Adcitation) von der zuletzt genannten Partei ausgegangen ist, indem der doppelte Gebrauch der Partikel „wider" vermieden wird. Hat also der Verklagte eine Litisdenunciation ohne den Erfolg der Assistenzleistung angebracht, so wird es eben so, wie wenn der Litisdenunciat assistirt hätte, heißen müssen:

in Sachen des N., Klägers, wider den M., Verklagten und Litisdenuncianten, und den O., Litisdenunciaten.

Daß übrigens solche Nebeninteressenten, welche in einer vorhergehenden Instanz bereits ausgeschieden sind, z. B. Litisdenunciaten, welche nicht assistirt haben, im Rubrum der höheren Instanzen keine Erwähnung finden können, folgt aus dem bereits Seite 17 im Abschn. IV. Nr. 1. e Bemerkten.

B. Geschichtserzählung.

Durch die Geschichtserzählung soll das Kollegium mit denjenigen Thatsachen, in denen die Veranlassung des Prozesses zu finden ist, bekannt gemacht werden. Die hierbei zu beobachtenden Regeln sind in den §§. 29 bis 32. Th. I. Tit. 10 der A. G. O. eben so treffend als erschöpfend vorgezeichnet. Die Hauptgrundsätze sind danach folgende:

Der Geschichtserzählung sind die gegenseitigen Angaben und Zugeständnisse der Parteien, so wie die beigebrachten und für richtig angenommenen Beweisstücke zum Grunde zu legen (§. 29). Sie muß aber kein bloßer Auszug aus den bisherigen Verhandlungen sein; vielmehr sind die in diesen zur Sprache gekommenen Thatsachen ohne Rücksicht auf die Stelle, wo sie zunächst erwähnt worden, in derjenigen natürlichen Ordnung, wie sie im Hergange des Geschäfts wirklich auf einander gefolgt sind, vorzutragen und zusammenzustellen. Thatsachen und Umstände, die unter den Parteien noch streitig sind, dürfen nicht in die Geschichtserzählung aufgenommen werden; wenn aber dergleichen Umstände des Zusammenhanges wegen nicht ganz unberührt bleiben können, so sind sie im Vorbeigehen ganz kurz und als noch streitig zu bemerken (§. 30). Den Gegenstand der Geschichtserzählung bildet das Hauptfactum oder Geschäft, welches dem Prozesse zum Grunde liegt. Bloße Nebenfacta, die mit dem Hauptfactum in keiner nothwendigen Verbindung oder Beziehung stehen, sind in diese Erzählung nicht mit aufzunehmen (§.32).

Aus diesen Hauptgrundsätzen ergiebt sich im Einzelnen:

1. Die Form der Darstellung ist, wie überhaupt bei unstreitigen Thatsachen, die historische, d. h. dieselben müssen als wirkliche Begebenheiten in positiven Sätzen, nicht etwa in der Gestalt von Behauptungen einerseits, und von Zugeständnissen andrerseits, vorgetragen werden. Die Folgeordnung muß eine streng chronologische sein (§. 30).

2. Was nicht thatsächlicher Natur, sondern Deduktion ist, gehört nicht in die Geschichtserzählung (§. 31), z. B. rechtliche Folgerungen, auch wenn sie von beiden Theilen übereinstimmend gezogen werden. Dagegen sind Rechtsnormen, deren Inhalt, wenn er bestritten wäre, bewiesen werden müßte, z. B. fremde Landesgesetze, Statuten, Observanzen und Gewohnheiten, als Thatsachen anzusehen, (§§. 53 bis 55 ibid.) und daher, im Fall sie nicht streitig sind, zur Aufnahme in die Geschichtserzählung geeignet.

3. Ob eine Thatsache von Anfang an unstreitig gewesen oder dies erst später geworden ist, macht keinen Unterschied. Jedoch bedarf es in Fällen der letzteren Art einer kurzen Hindeutung, daß die Thatsache ursprünglich streitig gewesen sei, wenn dies zum Verständniß nachfolgender Erklärungen der Parteien oder bei Referaten in höherer Instanz zum besseren Verständniß der Entscheidung des vorigen Richters erforderlich ist, z. B.

Die an einander stoßenden Grundstücke beider Theile werden durch eine auf dem Grund und Boden des Klägers hart an der Grenze stehende zwölf Zoll starke Mauer geschieden. Der Verklagte hat auf seinem Grundstücke ein 40 Fuß hohes Gebäude errichten lassen, dessen Seitenwand, wie er Anfangs zwar bestritten, nach Einnahme des richterlichen Augenscheins (oder: in der Appellations-Rechtfertigung) aber anerkannt hat, in einer Breite von zwei Zoll auf die Grenzmauer des Klägers gestützt ist.

4. Unstreitig sind alle Thatsachen, welche
   a. ausdrücklich zugestanden, oder
   b. weder direct noch indirect bestritten und deshalb als eingeräumt anzusehen sind.

Indirect bestritten sind solche Thatsachen, über welche der Gegner zwar keine ausdrückliche Erklärung abgegeben hat, die sich aber, wenn die sonstige Darstellung desselben richtig wäre, nicht so, wie sie vorgetragen worden, verhalten könnten. Hat z. B. der Kläger behauptet, von dem Verklagten durch einen Schlag auf den Kopf eine Verwundung erlitten zu haben, so würde dies indirect bestritten sein, wenn der Verklagte, ohne sich über die ihm Schuld gegebene Handlung zu erklären, seinerseits behauptete, daß er zur Zeit der vorgefallenen Beschädigung an einem anderen Orte gewesen, oder daß die Wunde durch Zufall, etwa durch den Fall eines Ziegels vom Dache, hervorgebracht worden sei.

Zu den unstreitigen Thatsachen gehören ferner

c. die aus anerkannten oder solchen Urkunden hervorgehenden Thatsachen, welche als anerkannt zu erachten sind, oder keiner Anerkennung bedürfen, namentlich auch der Inhalt von Vorprozeßakten, soweit die Erklärungen der Parteien Veranlassung geben, auf dieselben zurückzugehen, sowie

d. die Resultate eines bereits bei der Klageaufnahme erhobenen, demnächst von keiner Seite als irrthümlich angefochtenen richterlichen Augenscheins. Was dagegen erst durch die spätere Beweisaufnahme, sei es durch Augenschein oder sonst, festgestellt worden, kann nicht unter den unstreitigen Thatsachen seine Stelle finden, insofern nicht demnächst ein Anerkenntniß der ursprünglich widersprechenden Partei hinzugetreten ist. (§. 29 l. c.)

5. Die Geschichtserzählung muß, wenn die unstreitigen Thatsachen das Material dazu liefern, vom Anfange des Geschäfts bis auf den Zeitpunkt, wo der Prozeß entstanden ist, fortgeführt wer-

den (§. 29). Dabei ist jedoch das richtige Maaß in der Art einzuhalten, daß über dem Streben nach Vollständigkeit nicht eine zu große Ausführlichkeit eintritt, welche das Kollegium nur ermüden oder gar irre leiten würde. Die Geschichtserzählung darf nicht weiter gehen, als es zur Erlangung eines klaren Ueberblickes über das Streitgebiet, auf welchem die Parteien einander begegnen, nothwendig ist; sie muß sich daher auf erhebliche Thatsachen, d. h. auf solche beschränken, welche das Rechtsverhältniß unter den Parteien so oder anders zu bestimmen geeignet sind, und selbst bei deren Mittheilung alle Einzelheiten unberührt lassen, welche erst in unmittelbarer Verbindung mit den von den Parteien daraus gezogenen Folgerungen, also erst in der Prozeßgeschichte, richtig verstanden werden können. Geschieht dies nicht, so wird der Referent entweder den Hörer verwirren, oder genöthigt sein, das in der Geschichtserzählung unnützerweise Vorweggenommene später nochmals zu wiederholen.

Insbesondere ist hiernach bei der Darstellung von Rechtsverhältnissen, welche sich in eine ferne Vergangenheit erstrecken, mit sorgsamer Oekonomie zu Werke zu gehen. Stützt sich z. B. der Vindicant eines Grundstücks auf einen Primordial-Vertrag und eine Reihe von Vererbungen und Veräußerungen, so wird es genügen, in der Geschichtserzählung den wesentlichen Inhalt des Kontrakts unter Angabe des Datums, der Form und der Kontrahenten, so wie die dazwischen liegenden Eigenthumsübergänge möglichst zusammengefaßt vorzutragen; dagegen wird es wörtlicher Allegate aus dem Kontrakt und des näheren Eingehens auf die verschiedenen Erb- und Veräußerungsfälle erst dann bedürfen, wenn die speciell von dem einen oder dem andern Theil daraus hergeleiteten Folgerungen vorgeführt werden.

6. **Der Zusammenhang des Thatsächlichen darf nicht zerrissen werden;** deshalb ist es nach §. 30 a. a. O. gestattet, wenn die Deutlichkeit der Darstellung es erheischt, auch streitige Umstände, welche aber als solche ausdrücklich hervorzuheben sind, in die species facti mitaufzunehmen. Eine solche unterbrochene Geschichtserzählung ist z. B. folgende:

> Mittelst Schreibens vom 15. Januar cr. trug der Verklagte dem Kläger sein Reitpferd für 20 Frd'or. zum Kauf an. Noch an demselben Tage erhielt der Verklagte ein Schreiben des Buchhalters N., in welchem dieser ihm für

sein Pferd 20 Frd'or zu zahlen sich erbot, mit dem Beifügen, daß er sich am andern Tage zur Uebernahme des Pferdes bei ihm einfinden würde. Nach der bestrittenen Angabe des Klägers soll N. in seinem Schreiben zugleich erklärt haben, daß er lediglich in Folge des von dem Verklagten an den Kläger gerichteten Schreibens als Beauftragter des Letztern das Erbieten zur Zahlungsleistung und Uebernahme des Pferdes stelle. Als darauf am 16. Januar der Buchhalter N. sich bei dem Verklagten meldete, erklärte dieser, daß er mit ihm nichts zu thun habe. Auf eine briefliche Aufforderung des Klägers vom 17. ejusd., ihm gegen Zahlung von 20 Frd'or. das Pferd zu übergeben, erwiederte der Verklagte, daß er sich an seine Offerte wegen nicht rechtzeitiger Annahme Seitens des Klägers nicht mehr gebunden halte. Demnächst hat Verklagter das Pferd für 30 Frd'or. an den Lieutenant G. verkauft und demselben übergeben.

7. Hat der Verklagte die der Klage zum Grunde liegenden Behauptungen durchgehends bestritten, so fällt die Geschichtserzählung von selbst hinweg; andererseits wird dieselbe die größtmögliche Ausdehnung erhalten, wenn alle thatsächlichen Behauptungen der Klage zugestanden, und nur die daraus abzuleitenden rechtlichen Folgerungen streitig sind. Unter gewissen Voraussetzungen kann auch eine Zerlegung der Geschichtserzählung in verschiedene Theile zweckmäßig sein; hierüber ist das Nähere im Abschn. VII. von Punktensachen Lit. B. zu vergleichen.

C. Prozeßgeschichte.

Die Prozeßgeschichte hat theils den Hergang des gerichtlichen Verfahrens, soweit es bei der Entscheidung darauf ankommen kann, theils den materiellen Inhalt der im Verlauf desselben stattgehabten Verhandlungen und der etwanigen Vorentscheidungen zum Gegenstande. Sie theilt sich in Hauptabschnitte nach den Instanzen, innerhalb deren die Parteivorträge und das Beweisverfahren, Erstere nach der gesetzlichen Folgeordnung der Schriftsätze oder Verhandlungen, als Unterabtheilungen hervortreten.

AA. Erste Instanz.

A. Parteivorträge.

Den Anfang der Prozeßgeschichte macht der Vortrag der Behauptungen des Klägers, soweit nicht bereits das Material der Geschichtserzählung daraus hat entnommen werden können. Daran schließt sich der in der Regel wörtlich aufzunehmende Klageantrag. Sodann folgt die Einlassung des Verklagten auf die Klage und sein Gegenantrag, hierauf, was der Kläger erwiedert, und schließlich, was der Verklagte dem noch entgegengesetzt hat (die Re- und Duplicationen).

Für diesen Theil des Referats sind folgende Regeln zu beachten:

1. Der Vortrag muß das ganze Gebiet der beiderseitigen Anführungen, soweit sie thatsächlichen Inhalts sind, umfassen, also auch die anscheinend unerheblichen, weil präsumtiv Alles, was eine Partei angeführt hat, ihrer Intention gemäß, auch eine rechtliche Beziehung zur Hauptsache haben soll. Nur solche thatsächliche Anführungen, von denen die Partei selbst in ganz unzweideutiger Weise zu erkennen giebt, daß sie keine Folgerungen für ihren Antrag daraus herleite, würde der Referent zu übergehen berechtigt sein; alles Uebrige dagegen ist im Sinne der Parteien zur Geltung zu bringen, und was nicht unmittelbar eingreift, mindestens so zu verwenden, daß dadurch andere Thatsachen von entschiedener Erheblichkeit dem Verständnisse oder der Beachtung näher gelegt werden.

2. Der Mitaufnahme von Rechtsausführungen wird es, wenn der Referent seine Darstellung so einzurichten weiß, daß die Schlüssigkeit dessen, was die Parteien beantragt haben, zu Tage tritt, der Regel nach nicht bedürfen. In manchen Fällen wird indessen die Mittheilung des wesentlichen Inhalts solcher Ausführungen allerdings zweckmäßig, ja selbst nothwendig sein, z. B. bei Einreden rein rechtlicher Art, oder wenn durch Hervorhebung des Rechtspunktes die Tendenz der thatsächlichen Anführungen überhaupt erst, oder doch schneller und bestimmter in das Licht gesetzt werden kann. Mitunter kann sich der Vortrag auch ganz auf Rechtsausführungen zu beschränken haben, wenn nämlich thatsächlich nichts streitig ist, und der Prozeß nur die Entscheidung von Rechtsfragen zum Gegenstande hat. In solchen Fällen

sind die beigebrachten Rechtsgründe zwar vollständig, jedoch immer nur in gedrängter Zusammenstellung der Hauptmomente, wiederzugeben.

3. Die Sonderung des Materials ist zwar nach den einzelnen Prozeßhandlungen (Klage, Klagebeantwortung, Replik und Duplik), jedoch deshalb nicht in der Art zu bewirken, daß die Vertheilung in den Akten schlechthin auch für die Unterbringung im Referat entscheidend wäre, vielmehr ist die prozessualische Bedeutung jeder Erklärung vorzugsweise in das Auge zu fassen. Demgemäß gehören

a. ergänzende, erläuternde und berichtigende Anführungen des Klägers, welche erst in der Replik, und des Verklagten, welche erst in der Duplik vorkommen, dennoch zum Vortrage der Klage und Klagebeantwortung, insofern nur nicht vom Gegner die Zulässigkeit solcher nachträglichen Anführungen ausdrücklich bestritten ist, oder die Unzulässigkeit derselben auch ohne ausdrückliches Hervorheben des Gegners zu Tage liegt. Ist weder das Eine, noch das Andere der Fall, so ist Klage und Klagebeantwortung gleich so darzustellen, wie sie durch Replik und Duplik verbessert worden sind, bei obwaltendem Zweifel aber ist durch einen Zwischensatz, z. B.

wie Kläger (Verklagter) in der Replik (Duplik) behauptet hat,

das spätere Vorbringen kenntlich zu machen. Umgekehrt sind

b. solche Anführungen des Klägers und des Verklagten, welche nicht zur Begründung der Klage oder eines Einwandes gehören, sondern mittelst deren eine erwartete Einrede oder Erwiederung des Gegners vorweg widerlegt werden soll (anticipirte Re- und Duplikationen), nicht in den Vortrag der Klage und Klagebeantwortung, wo sie in den Akten ihre Stelle gefunden haben, sondern erst in den der Replik und Duplik aufzunehmen. Ist die erwartete Einrede gar nicht erhoben, so bedarf es auch einer Erwähnung der anticipirten Widerlegung nicht.

c. Nachträgliche Modifikationen eines Antrages, deren Zulässigkeit weder bestritten noch an sich bedenklich ist, sind sofort beim Vortrage der Klage und Klagebeantwortung zu berücksichtigen, z. B.

Kläger hat angetragen:

den Verklagten zur Zahlung von 250 Thlrn. nebst 5 Prozent Zinsen seit der Klagebehändigung zu verurtheilen, in Folge einer während des Prozesses erhaltenen Zahlung von 50 Thlrn. aber seinen Anspruch auf 200 Thlr. nebst Zinsen ermäßigt, (oder: auf die Entgegnung des Verklagten aber, daß die eingeklagte Forderung durch Verfügung des Königl. Kreisgerichts zu S. vom .... für X mit Arrest belegt sei, seinen Antrag auf Verurtheilung des Verklagten zur Zahlung ad depositum gestellt.)

oder:

Der Verklagte hat beantragt, den Kläger abzuweisen, weiterhin jedoch seinen Antrag nur auf Abweisung in der angebrachten Art gerichtet.

Unstatthafte oder ihrer Zulässigkeit nach bestrittene Aenderungen sind hingegen dem Vortrage der betreffenden Prozeßhandlungen vorzubehalten.

4. In Beziehung auf die Art der Darstellung ist überall zwischen streitigen und unstreitigen Thatsachen zu unterscheiden. Die streitigen erscheinen in Form einseitiger Behauptungen; aus den unstreitigen dagegen sind entweder besondere eingeschaltete Geschichtserzählungen zu bilden, oder sie sind als zugestandene oder sonst feststehende Angaben vorweg zu bezeichnen. Folgende Beispiele mögen dies veranschaulichen:

a.

Dem Kläger sind am 4. Juni v. J. aus seiner verschlossenen Wohnung in der L.-Straße hierselbst die in dem Verzeichnisse Blatt 5 der Akten unter Nr. 1 bis 45 aufgeführten Gegenstände mittelst Einbruchs entwendet worden. Wegen dieses Diebstahls ist der Verklagte durch Erkenntniß ... zu einer fünfjährigen Zuchthausstrafe verurtheilt, welche er zur Zeit in der Strafanstalt zu S. verbüßt.

Der Kläger hat gegenwärtig den Verklagten auf Herausgabe der im Untersuchungs-Verfahren nicht herbeigeschafften Gegenstände Nr. 6 bis 45 des Verzeichnisses, eventuell auf Zahlung der dafür angesetzten Werthbeträge, zusammen von 67 Thlrn. 15 Sgr. in Anspruch genommen. Er behauptet, daß der Verklagte ihm die sämmtlichen Sachen des Verzeichnisses aus seiner Wohnung weggenommen, nachdem derselbe eine Füllung der dazu führenden Thür mittelst eines scharfen Instruments losgelöst habe. Kläger beruft sich in dieser Hinsicht auf folgende in der Untersuchungssache festgestellte, vom Vormunde des Verklagten thatsächlich auch als richtig anerkannte Umstände:

1. Der Verklagte ist bereits in den Jahren . . . wegen Diebstahls mit . . . Gefängniß und . . . . Zuchthausstrafe belegt worden.

2. Bei der Verhaftung des Verklagten wurden in dem Bette desselben unter dem Kopfkissen der goldene Ring Nr. 2 und die Uhr Nr. 3 des Verzeichnisses gefunden, von welchen Gegenständen er damals angab, daß er sie von einem ihm unbekannten Manne zur Aufbewahrung erhalten habe.

3. Die Sachen Nr. 1, 4 und 5 des Verzeichnisses sind bei dem Trödler H. in Beschlag genommen worden, an welchen der Verklagte sie verkauft hatte. Ueber den Erwerb derselben hat der Verklagte in der Untersuchung angegeben, daß er sie auf der Straße gefunden, und es nicht für nöthig gehalten habe, der Polizei- oder Gerichtsbehörde davon Anzeige zu machen.

4. Der Verklagte hat bei seiner Verhaftung einen sogenannten Schnitzer bei sich getragen, mittelst dessen nach dem Ergebnisse des in der Untersuchung aufgenommenen Augenscheins die Loslösung der Thürfüllung sehr wohl kann bewirkt worden sein.

Mit Rücksicht auf diese Umstände hält der Kläger die Verübung des Diebstahls durch den Verklagten, wie dies auch in der Untersuchungssache angenommen worden, für unzweifelhaft u. s. w.

b.

Der Verklagte hat vom Kläger laut Schuldscheines vom 2. Januar pr. 500 Thlrn. zu 5 Prozent zinsbar gegen dreimonatliche Kündigung dargeliehen erhalten. Kläger behauptet, dies Darlehn am 1. December pr. dem Verklagten gekündigt zu haben, und trägt darauf an:

denselben zur Zahlung von 500 Thlrn. nebst den seit dem 1. April cr. laufenden Zinsen zu 5 Prozent zu verurtheilen.

Der Verklagte hat die Kündigung bestritten, dieselbe auch als gleichgültig bezeichnet. Unterm 24. November pr. sind nämlich beide Theile schriftlich übereingekommen, daß Verklagter bei pünktlicher Zinszahlung erst nach fünf Jahren zur Rückzahlung des Kapitals verpflichtet sein solle, und früher nur in dem Falle, wenn er sein Bauergut in R. inzwischen verkaufen würde. Die Zinsen hat der Verklagte bisher stets noch vor Eintritt der Fälligkeitstermine berichtigt, auch sein Bauergut in R. noch nicht verkauft. Er hat deshalb auf Abweisung des Klägers zur Zeit angetragen.

Der Kläger hält sich an das Abkommen vom 24. November pr. nicht für gebunden, weil er zu dessen Vollziehung durch unrichtige Vorspiegelung des Verklagten verleitet worden sei. Er behauptet nämlich u. s. w.

c.

Der Kläger hat dem Verklagten die in der Rechnung Blatt 2 der Akten verzeichneten Waaren zu den dort angesetzten verabredeten Preisen geliefert, und dafür den nach Zahlung von 50 Thlrn. verbliebenen Restbetrag von 200 Thlrn. nebst 5 Prozent Zinsen seit der Klagebehändigung beansprucht.

Der Verklagte hat diese Forderung in Höhe von 20 Thlrn. anerkannt, im Uebrigen aber den Einwand der Compensation erhoben. Er hat nämlich am 10. December pr. seinerseits dem Kläger 15 Ctr. Pottasche zu 12 Thlrn. für den Centner verkauft und übergeben. Den Gesammtpreis dafür von 180 Thlrn. stellt er in Gegenrechnung, und beantragt demnach die Abweisung des Klägers mit diesem Betrage.

Der Kläger widerspricht der Gegenforderung des Verklagten, indem er sich zum Rücktritt von dem am 10. December pr. geschlossenen Kaufgeschäfte für berechtigt hält. Bei demselben ist, wie er hervorhebt und Verklagter anerkennt, zwischen Beiden ausdrücklich verabredet worden, daß die verkaufte Pottasche echte Casansche und nicht mit Erdtheilen untermischt sein solle. Nach der Angabe des Klägers soll aber die gelieferte Pottasche hiesigen Ursprungs sein und mindestens 5 Prozent Erdtheile enthalten. Kläger will deshalb, indem er sich zur Rückgabe der 15 Ctr. in Natur erbietet, zu keiner Zahlung dafür verbunden sein.

Der Verklagte hat entgegnet, daß die Pottasche allerdings echte Casansche sei, und bestritten, daß sie Erdtheile enthalte u. s. w.

5. Für die Anordnung des Inhalts der Parteivorträge im Einzelnen gilt zunächst dieselbe Regel wie für die Geschichtserzählung, nämlich daß die von jeder Partei angeführten Thatsachen nach ihrer historischen Aufeinanderfolge vorzutragen sind. Diese Regel erleidet jedoch eine nothwendige Modification dadurch, daß, während die Geschichtserzählung nur auf ein Hauptfactum oder Geschäft gerichtet ist, der Vortrag jeder Partei verschiedene von einander unabhängige Thatsachen umfassen kann. Es würde gänzlich verfehlt sein, derartige Thatsachen lediglich der Zeitfolge nach aneinander zu reihen, und etwa gar den Hergang verschiedener neben einander laufender Geschäfte aus blos chronologischen Rücksichten zu unterbrechen; vielmehr steht über der historischen Anordnung die Wahrung des inneren Zusammenhanges; dieser aber wird allemal durch das Ziel bestimmt, auf welches die Anführungen einer jeden Partei hinausgehen, oder mit anderen Worten durch die von ihr selbst den vorgebrachten Thatsachen beigelegte rechtliche Geltung. Die Prozeßgeschichte muß vor Allem die Syllogismen der Parteien zur klaren Erkenntniß bringen, also auch bei der Vertheilung der thatsächlichen Angaben jeder Partei deren logischen Ideengang zum Grunde legen.

Nach diesen Gesichtspunkten wird

a. beim Vortrage der Klage, wenn dieselbe nur auf ein einzelnes Faktum oder Geschäft, oder auch auf eine Reihe von Thatsachen gestützt ist, deren eine in der andern ihren Ursprung hat, einfach der historischen Entwickelung zu folgen, also z. B. bei einem Kaufgeschäft der Vertragsabschluß, dann die klägerischerseits geleistete Erfüllung darzulegen sein. Konstruirt sich dagegen der Klagegrund aus verschiedenen, äußerlich in keiner Verbindung stehenden Thatsachen, so bestimmt sich die Folgeordnung nach den einzelnen gesetzlichen Bedingungen des in Anspruch genommenen Klagerechts; es würde also z. B. bei einer Entschädigungsklage wegen mangelhafter Erfüllung eines Lieferungskontrakts der Vortrag erst auf die Verabredungen unter den Parteien, dann auf die Mängel der Lieferung, demnächst auf die vom Kläger früher etwa gegen Dritte eingegangenen Verbindlichkeiten, bei deren Erfüllung er sich auf die von dem Verklagten zu liefernden Objekte Rechnung gemacht hat, sowie endlich auf diejenigen Ereignisse zu richten sein, welche den Kläger in Folge seiner anderweitigen Verbindlichkeiten zu höheren als den gegen den Verklagten übernommenen Leistungen genöthigt haben. Um die auf diese Weise nach der Beschaffenheit eines jeden Falles festzustellenden Hauptmomente sind sodann die zu ihnen besonders gehörigen Nebenumstände zu sammeln, wobei die erheblicheren immer den minder erheblichen voranzustellen, die Hauptübergänge aber nach der im Abschn. IV. Nr. 2 Litt. b. gegebenen Regel jedesmal kenntlich anzudeuten sind, also z. B. nach Darlegung des geschlossenen Lieferungsvertrages in der Art:

> Die vom Verklagten zu liefernden Gegenstände will Kläger auch zugesendet erhalten haben; er behauptet aber deren vollständige Unbrauchbarkeit. Denn u. s. w.
>
> In Folge dieser Unbrauchbarkeit will Kläger genöthigt gewesen sein, sich die bedungenen Gegenstände zu erheblich höheren Preisen zu beschaffen. Er behauptet nämlich, verschiedene Entreprise-Kontrakte geschlossen zu haben, bei denen die zu liefernden Gegenstände hätten Verwendung finden sollen, u. s. w.
>
> Um diesen seinen kontraktlichen Verbindlichkeiten genügen zu können, giebt Kläger an, habe er folgende Aufwendungen machen müssen, u. s. w.

Als endliche Folgerung aus sämmtlichen Vordersätzen muß sich hiernächst der Klageantrag ergeben, der demgemäß seine Stellung auch erst am Schlusse des Klagevortrages finden kann. Nur in besonderen Ausnahmefällen kann es sich rechtfertigen, den Klageantrag früher zu bringen, etwa nur, wenn blos noch ein Nebenpunkt zu erläutern ist, z. B. der terminus a quo einer Zinsenforderung.

Die wörtliche Aufnahme des Klageantrages muß die Regel bilden, weil durch seine Fassung zugleich die der Entscheidung bedingt wird. Dagegen bedarf es der Mitaufnahme solcher Nebenanträge nicht, welche z. B. den Kostenpunkt oder die Wirkungen einer Litisdenunciation betreffen, und durch eine schon von Amtswegen zu treffende Festsetzung sich erledigen, es wäre denn, daß ein derartiger Antrag über die als Regel zu betrachtende Entscheidung hinausginge, z. B. wenn der Kläger beantragt hätte, auch für den Fall seines theilweisen Unterliegens dem Verklagten sämmtliche Kosten aufzuerlegen. Eine Abkürzung oder Umschreibung des Antrages darf der Referent sich nur dann gestatten, wenn dieselbe über den materiellen Inhalt durchaus keinen Zweifel mit sich führen kann, z. B. wenn die Zahlung einer bestimmten

Summe mit Zinsen gefordert ist; auch dann aber ist die wörtliche Fassung stets am Rande zu bemerken.

b. Die Klagebeantwortung ist, soweit sie nur dieselben Thatsachen wie die Klage zum Gegenstande hat, nach eben der Ordnung, wie diese, vorzutragen. Bestrittene Erklärungen sind dabei jedoch nicht einzeln zu wiederholen, sondern zusammenzufassen, z. B.:

> Der Verklagte hat sämmtliche Behauptungen des Klägers bestritten und beantragt,
> denselben abzuweisen.

oder:

> Der Verklagte hat bestritten, daß Kläger die bestellten Waaren geliefert habe, und sämmtliche hierauf bezügliche Anführungen desselben in Abrede gestellt.

Soweit dagegen die Klagebeantwortung über die Grenzen der Klage hinausgeht, erfordert deren Inhalt auch eine selbstständige, den Schlußfolgerungen des Verklagten entsprechende Vertheilung.

Vermeint der Verklagte, daß er sich in der Sache selbst überhaupt nicht oder doch nicht mit dem gegenwärtigen Kläger einzulassen brauche, so sind seine hierauf zielenden Einreden vorweg vorzutragen, namentlich also die im §. 5 der Verordnung vom 21. Juli 1846 gedachten, Seite 16 angeführten Einreden, ferner die Einwendungen der res judicata und der dem Kläger oder dem Verklagten fehlenden legitimatio ad causam. Die Einlassung auf die Hauptsache kann hier als eine eventuelle, erst die zweite Stelle erhalten.

Von den übrigen Einwendungen wird ferner ein großer Theil in den die Thatsachen der Klage behandelnden Theil der Klagebeantwortung zu verflechten sein. Dies gilt zunächst von den Einreden, welche aus dem eigenen Vortrage des Klägers oder der abweichenden Darstellung derselben Thatsachen Seitens des Verklagten entnommen und demgemäß der Erklärung auf die bezüglichen Thatsachen unmittelbar anzuschließen sind. So wird z. B. die Einrede, daß es dem der Klage zum Grunde liegenden Vertrage an der vorgeschriebenen Form fehle, gleich bei der Erklärung über die Abschließung des Vertrages, die dem verklagten Bürgen zur Seite stehende exceptio ordinis bei der Erklärung über die Schritte, welche der Kläger gegen den Hauptschuldner unternommen haben will, vorzubringen sein. Außerdem gehören hierher alle die Einreden, welche sich zwar auf selbstständig vom Verklagten behauptete Thatsachen gründen, aber nur gegen eine der gesetzlichen Bedingungen des Klagerechts gerichtet sind, mithin unter vorausgesetzter Richtigkeit dem übrigen Theile des Klagevortrages seine Bedeutung entziehen würden. Ist also z. B. in der Klage der Abschluß eines Vertrages und dessen vom Kläger geleistete Erfüllung behauptet, so ist die Einrede, daß durch ein nachheriges Abkommen der Vertrag wieder aufgehoben oder für die Leistungen des Verklagten erst ein späterer Termin festgesetzt worden sei, der Entgegnung auf die nur noch eventuell in Betracht kommenden Angaben über die Erfüllung voranzustellen.

Den Schluß der Klagebeantwortung, nach vollständiger Einlassung auf die Klage, werden hiernach in der Regel diejenigen Einwendungen bilden, welche auf den Grund unabhängiger Thatsachen dem an sich zu Recht bestehenden Anspruch des Klägers entgegen gestellt werden, wie die der Zahlung, des Vergleichs, der Compensation u. s. w. Auch dergleichen Einreden werden jedoch, wenn sie die ganze Klage zu beseitigen geeignet sind, der in diesem Falle nur secundären und daher an die letzte Stelle gehörigen Einlassung über das Quantum des klägerischen Anspruchs vorangehen müssen.

Bei der Konkurrenz mehrerer an derselben Stelle unterzubringender Einreden ist allemal die präjudiziellere, also auch die dilatorische der peremptorischen, unter gleichartigen aber die, welche dem Verklagten den umfassenderen Schutz gewährt, der minder wirksamen vorzusetzen. Es würde also z. B. die Einrede der Zahlung oder des Erlasses der der Compensation vorgehen, unter mehreren Präjudizial-Einreden aber die der Unzulässigkeit des Rechtsweges stets die erste Stelle einnehmen.

Ueber die Stellung des Gegenantrags an den Schluß der gesammten Auslassungen des Verklagten und das Erforderniß der wörtlichen Aufnahme gilt im Allgemeinen dasselbe, was von dem Klageantrage bemerkt worden ist; jedoch sind Abweichungen hier im weiteren Umfange gestattet, weil, während der Klageantrag immer positiven Inhalts ist, der Gegenantrag meist negativer Natur, sein volles Verständniß mithin schon durch den Klageantrag gegeben ist. Es ist hiernach, wenn der Gegenantrag sich eben nur negirend verhält, ebenso zulässig, denselben an die Spitze der Einlassung wie an den Schluß oder an eine Zwischenstelle, etwa hinter die Entgegnung auf die besonderen Thatsachen der Klage und vor die daran gereihten Einwendungen zu bringen; ja es kann durch direkte Gegenüberstellung beider Anträge dem Vortrage eine erhöhte Lebendigkeit verliehen werden. Ist indessen dem Gegenantrage irgend eine positive Maßgabe hinzugefügt, z. B. die: die Verurtheilung nur unter gewissen Bedingungen auszusprechen, so muß deren Begründung vorangeschickt werden, und es verbleibt dann bei der Regel, daß der Antrag erst die letzte Stelle erhalten kann. Ebenso versteht es sich, daß, wenn an Präjudicial-Einreden besondere Anträge geknüpft sind, diese jedesmal den Schluß der auf sie bezüglichen Begründung zu bilden haben.

c. Der Vortrag der Re- und Duplikationen ist überall dem der Klagebeantwortung analog, sowohl hinsichtlich der an die vorhergegangene Einlassung des Gegners anknüpfenden Erklärungen als der selbstständig auftretenden Gegengründe. Wiederholungen früherer Anführungen und Anträge derselben Partei sind dabei durchaus zu vermeiden (vergl. S. 17. Abschn. IV. Nr. 2. a), wie denn auch die allgemeine Angabe, daß Kläger (Verklagter) bei seinen bisherigen Anführungen und Anträgen stehen geblieben sei, eine ganz müßige ist. Die von Anfängern häufig beliebte Einführungsformel:

Replicando (duplicando oder: in der Replik, Duplik) hat der Kläger (Verklagte) bestritten (noch angeführt) u. s. w.

fällt unter die nach Abschn. IV. Nr. 2. b (S. 17) verwerflichen äußerlichen Hülfsmittel der Uebersichtlichkeit.

6. Mit dem Vortrag der Duplik schließt das Referat, wenn es für die erste mündliche Verhandlung bestimmt ist. Insoweit ist dasselbe also wesentlich materiellen Inhalts, d. h. es stellt das Sach- und Streitverhältniß dar, ohne des formellen Prozeßganges und seiner einzelnen Stadien zu gedenken. Nur eine beiläufige Erwähnung findet derselbe, wenn in den Fällen zu 3, a., die Prozeßhandlung, in der eine nachträgliche Behauptung vorgekommen, ausdrücklich zu bemerken ist; außerdem ist (abgesehen von Incidentpunkten, Abschn. VII. Litt. E.), ausnahmsweise über den Prozeßgang nur zu berichten:

a. wenn der Verklagte bereits in contumaciam verurtheilt und demnächst restituirt worden ist, z. B.:

Der Kläger hat beantragt,

den Verklagten . . . zu verurtheilen.

Diesem Antrage gemäß ist der Verklagte durch Kontumazial-Erkenntniß vom . . . verurtheilt worden; er hat dagegen jedoch die Restitution eingelegt.

b. wenn auf ein im Mandatsprozeß erlassenes Mandat Einwendungen erhoben worden sind, z. B.:

Gegen das dem Antrage des Klägers gemäß am .... erlassene Mandat hat der Verklagte Einwendungen erhoben. Er hat behauptet, u. s. w.

c. wenn eine Partei sich mit der Replik oder Duplik hat präkludiren lassen.

7. Die Angabe der über die streitigen Thatsachen beigebrachten Beweismittel gehört der Regel nach nicht in die zusammenhängende Darstellung der Parteivorträge, welche dadurch einen überaus schleppenden Gang erhalten würde, vielmehr ist der angetretene Beweis bei jeder bestrittenen Behauptung am Rande kurz zu verzeichnen. Eine Ausnahme hiervon ist auch in Betreff der zugeschobenen Eide und der darüber abgegebenen Erklärungen nicht zu empfehlen. Der Rücksicht, daß durch den Vortrag Gelegenheit gegeben werden müsse, noch rückständige Erklärungen über zu- oder zurückgeschobene Eide zu erfordern, läßt sich auf andere, der Uebersichtlichkeit weniger Eintrag thuende Weise genügen, indem entweder der Referent nach den Marginal-Bemerkungen dergleichen Punkte zum Schluß besonders hervorhebt, oder der Vorsitzende sich bei Durchsicht des Referats die nöthigen Notizen macht.

Einwendungen gegen die Beweisantretung oder gegen Beweismittel, wenn sie mit wenigen Worten wiederzugeben sind, werden am zweckmäßigsten ebenfalls in die Randbemerkungen aufgenommen. Sind sie umfassender, so müssen sie allerdings im Context des Referats vorgetragen werden, doch so, daß das Thatsächliche des Rechtsstreites nicht in den Hintergrund tritt. Um dies zu vermeiden, können solche Einwendungen gleich Incidentpunkten am Schlusse der Parteivorträge nach den Regeln von Punktensachen abgehandelt werden, in andern Fällen aber auch im Anschlusse an die bestreitende Erklärung des Excipienten, z. B.:

Nach der Behauptung des Klägers soll der Verklagte demselben für den Fall, daß er sein Rittergut H. in Folge der Bemühungen des Klägers verkaufen sollte, eine Belohnung von 1 Prozent des Kaufpreises versprochen haben, u. s. w.

Der Verklagte hat das vom Kläger behauptete Versprechen einer Belohnung für dessen Bemühungen bestritten, und gegen den darüber vorgeschlagenen Zeugen, Commissionair V. eingewendet, daß derselbe, gleichwie der Kläger, eine ganze Zahl von Prozessen über Proxenetica führe, in denen jeder von ihnen sich regelmäßig auf das Zeugniß des andern berufe. So habe Kläger den Landrath G. wegen einer Belohnung von 250 Thlrn. für die Vermittelung eines Gutsverkaufs, (u. s. w.) V. aber den Partikulier B. (u. s. w.) in Anspruch genommen, und in allen diesen Prozessen Kläger den V., sowie V. den Kläger als Zeugen über die angeblichen Zahlungsversprechen benannt. Außerdem sei Kläger mit V. übereingekommen, daß er im Fall seines Durchdringens mit der gegenwärtigen Klage demselben 10 Prozent dessen, was er erstreiten würde, zahlen solle, u. s. w.

B. Beweisverfahren.

An die Parteivorträge schließt sich die Angabe der Punkte, worüber Beweis erhoben ist, und der Ergebnisse des aufgenommenen Beweises.

Ob nach der Beweisaufnahme das frühere Referat nur durch einen Nachtrag zu ergänzen oder ein ganz neues Referat auszuarbeiten sei, hängt hauptsächlich davon ab, ob die Parteien bei der vorangegangenen mündlichen Verhandlung oder auch im Laufe der Beweisaufnahme Erklärungen abgegeben haben, wodurch die frühere Sachlage wesentlich verändert worden ist. Besonders wird dies der Fall sein, wenn erst bei der mündlichen Verhandlung replicirt oder duplicirt worden ist, wenn früher streitige Thatsachen inzwischen zugestanden, oder frühere Zugeständnisse widerrufen worden sind. Unter Umständen kann auch die vom Kollegium bei dem früheren Vortrage kundgegebene Ansicht zu einer Umarbeitung des Referats Veranlassung geben, z. B. wenn der Referent in gewissen Erklärungen des Verklagten die Aufstellung eines Einwandes (etwa des Einwandes der Verjährung) zu finden geglaubt hat, während das Kollegium einer anderen Auslegung gefolgt ist. Hat indessen eine Partei selbst ihren Erklärungen eine bestimmte rechtliche Bedeutung beigelegt, so ist diese in jedem Stadium des Prozesses festzuhalten; eine davon verschiedene Rechtsansicht des Kollegiums darf ebensowenig wie die des Referenten aus dem Referat hervorblicken.

Der Vortrag der Beweisresultate ist nach den Beweisthematen zu sondern, wobei diese in gedrängter Fassung an die Spitze zu stellen sind, z. B.:

Es ist Beweis erhoben worden:

1. über die Hingabe des vom Kläger behaupteten Darlehns,
   a. durch Vernehmung des Schneiders A., welcher eidlich ausgesagt hat, u. s. w.

2. über die angebliche Kündigung des Darlehns u. s. w.

Die Ordnung der Beweisthemata muß dieselbe sein, welche den Ideengang bei der Beschlußnahme über das Beweisresolut geleitet hat. Eine einschaltende Behandlung hingegen, wonach die Beweisresultate inmitten der Parteivorträge da, wo die jedesmalige Streitfrage sich ergeben hat, zum Vorschein kämen, würde den Zusammenhang vollständig zerreißen und statt der beabsichtigten Uebersichtlichkeit unfehlbar Verwirrung erzeugen.

Im Einzelnen ist

1. wenn die Beweisaufnahme durch Augenschein erfolgt ist, die darüber sprechende Verhandlung in ihren wesentlichen Ergebnissen, soweit diese nicht schon in der Geschichtserzählung haben untergebracht werden können, dem Wortlaute nach vorzutragen. Bezugnahmen auf Pläne und Zeichnungen, von denen man ohne eigene Ansicht keine klare Vorstellung erlangen kann, sind, wo es angeht, zu vermeiden; dem Mangel unmittelbarer Anschauung ist möglichst durch freie Schilderung abzuhelfen.

2. Der Inhalt vorgelegter Urkunden und Akten ist auszugsweise mitzutheilen, wörtlich nur dann, wenn der Wortlaut entscheidend ist oder über dessen Auslegung gestritten wird.

3. Sind Zeugen oder Sachverständige vernommen, so ist vorweg anzugeben, ob sie vereidet worden sind oder nicht, und ob sie bei Beantwortung der Generalfragen Umstände, welche auf ihre Glaubwürdigkeit Einfluß haben können, bekundet haben. Hieran ist, wenn Einwendungen gegen ihre Glaubwürdigkeit ebenfalls zum Gegenstande der Beweisaufnahme gemacht sind, das Resultat derselben sofort anzuschließen.

Den materiellen Theil der Aussagen hat der Referent im Auszuge, bei besonderer Erheblichkeit des Inhalts auch mit den eigenen Worten des Zeugen oder Sachverständigen wiederzugeben, z. B.

> Der Arbeitsmann K. hat unter Verneinung der Generalfragen eidlich bekundet:
>
> > er sei mit dem Verklagten in dem Schuppen des Fabrikanten P. beschäftigt gewesen, als Kläger an die offene Thür getreten sei, und aus der Flasche des Verklagten

zu trinken verlangt habe. Als Verklagter dies abgeschlagen, habe Kläger den rechten Arm mit den Worten erhoben: „Warte nur, Du Hallunke." Hierauf, so fährt der Zeuge fort, sprang Verklagter auf den Kläger zu und faßte ihn mit beiden Armen um den Leib. Es begann nun ein Ringen von etwa fünf Minuten, bis endlich Beide zu Boden fielen, wobei der Kläger unten zu liegen kam. Er schrie: „mein Fuß, mein Fuß," und als Verklagter ihn losließ, sah ich, daß das rechte Bein des Klägers über dem Knöchel gebrochen war, indem es sich nach beiden Seiten hin biegen ließ u. s. w.

Mehrere im Wesentlichen übereinstimmende Aussagen sind ohne Weiteres zusammenzufassen, z. B.

Die Zeugen X. Y. Z. haben übereinstimmend jede Wissenschaft über diesen Punkt eidlich abgelehnt.

oder:

Die Zeugen A. und B., von denen Letzterer als Geselle im Lohn, aber nicht im Brot des Klägers steht, sind ihren eidlichen Aussagen nach dabei zugegen gewesen, als am . . . der Verklagte in die Werkstatt des Klägers gekommen ist, und sich an denselben mit der Frage gewendet hat, ob er ihm nicht 100 Thlr. auf vierzehn Tage leihen könne. Was Kläger hierauf geantwortet, haben die Zeugen nicht mehr zu bekunden vermocht, beide Theile sind demnächst aber in ein anstoßendes Zimmer gegangen, aus welchem erst der Verklagte und nach dessen Entfernung der Kläger zurückgekehrt ist. Nach der Aussage des B. hat Verklagter beim Fortgehen gesagt: das Geschäft wäre wieder abgemacht, dem A. dagegen ist eine vom Verklagten bei dessen Rückkehr gethane Aeußerung nicht erinnerlich gewesen.

Sind die Aussagen verschiedenen Inhalts, so sind diejenigen, welche das Beweisthema am Umfassendsten bestätigen, voranzusetzen, wenn aber bei einem Beweissatze verschiedene einzelne Thatsachen, z. B. successive Akte der Ausübung eines Rechts vorkommen, die Aussagen chronologisch zu ordnen. Die Aussage eines Zeugen oder Sachverständigen, welche verschiedene Beweisthemata betrifft, muß nach diesen zerlegt und stückweise vorgetragen werden, wobei die Angaben über Vereidigung und Glaubwürdigkeit zum ersten Punkte gehören.

4. Ist von einer Partei ein **Eid** geleistet oder die Partei,

von welcher er erfordert war, in dem Termin zu dessen Leistung ausgeblieben, so muß die Norm des Eides allemal wörtlich mitgetheilt werden.

BB. Zweite Instanz.

Ueber die Bezeichnung der Parteien und über die Fassung des Rubrums in Appellationssachen ist bereits Seite 19 und Seite 22 das Nähere angeführt.

Hinsichtlich der Geschichtserzählung sind die Seite 25—28 gegebenen Andeutungen auch in der zweiten Instanz zu befolgen.

Bei der Prozeßgeschichte tritt in dem Referat für die zweite Instanz noch der Inhalt des ersten Erkenntnisses, so wie des demnächst zwischen den Parteien gepflogenen Schriftwechsels und der etwanigen Beweisverhandlungen hinzu.

Dieses neue Material ist jedoch niemals in ein bloßes Zusatz-Referat zu bringen, vielmehr muß unter allen Umständen ein vollständig neues Referat ausgearbeitet werden. Hat eine oder die andere Partei ihre früheren Erklärungen geändert, hat sie z. B. früher bestrittene, von dem ersten Richter als erwiesen angenommene Thatsachen nunmehr als richtig zugegeben und ihren weiteren Ausführungen zum Grunde gelegt; oder hat sie ihre Appellationsbeschwerde nur gegen einzelne Theile der Vorentscheidung gerichtet, wodurch alles Uebrige außer Betrachtung fällt, so würde das frühere Referat ohnehin nicht mehr brauchbar sein.

Im Allgemeinen ist zu beachten, daß der Vortrag sich nur auf diejenigen Punkte zu beschränken hat, gegen welche die Appellation gerichtet ist, und daß daher die Darstellung nicht auch auf solche Streitpunkte ausgedehnt werden darf, in Betreff deren das erste Erkenntniß rechtskräftig geworden ist (vergl. Seite 17. Abschn. IV. Nr. 1. e).

Im Einzelnen ist bei Ausarbeitung der Prozeßgeschichte folgendes zu beobachten:

1. Die Urtelsformel des ersten Erkenntnisses muß unter Angabe des Gerichts, von welchem dasselbe gefällt worden ist, und des Datums in wörtlicher Fassung mitgetheilt werden. Nur wenn der Tenor besonders weitschichtig oder verwickelt oder mit vielen Einzelheiten gehäuft sein sollte, auf deren genaue Kenntniß

es dem zweiten Richter wenigstens vorläufig nicht ankommen kann, ist eine zusammenfassende oder umschreibende Mittheilung gestattet; indessen ist der Wortlaut dann stets am Rande aufzuführen. Solche Punkte der Vorentscheidung, gegen welche die Beschwerde nicht gerichtet ist, sind, wenn sie überhaupt des Zusammenhanges wegen der Erwähnung bedürfen, nur in Kürze anzudeuten.

2. Die Entscheidungsgründe des ersten Richters sind nur dann mitaufzunehmen, wenn das Verständniß der Entscheidung selbst oder der dagegen erhobenen Beschwerden dies nothwendig oder wünschenswerth erscheinen läßt, namentlich also, wenn die Fassung des Tenors unklar ist, oder die Ausführungen des Erkenntnisses zur Anbringung neuer Thatsachen Veranlassung gegeben haben; jedenfalls aber darf aus den Entscheidungsgründen nur das Wesentlichste herausgehoben werden.

3. Auf die Mittheilung der Vorentscheidung folgt die Angabe, von welcher Partei das Rechtsmittel ergriffen worden sei. Sodann ist der Inhalt der Beschwerden in so bestimmter Weise vorzutragen, daß daraus der Umfang des Rechtsstreites, soweit er in die zweite Instanz gediehen ist, übersehen werden kann, der Regel nach also im Anschluß an die eigenen Worte des Appellanten, z. B.

> Der Kläger beschwert sich darüber, daß er mit seinem Antrage auf Verurtheilung des Verklagten zur Zahlung von 4000 Thlrn. nebst Zinsen abgewiesen, und nicht vielmehr der Verklagte zu dieser Zahlung pure oder doch gegen Empfangnahme der verpfändeten 20,000 Thlr. Aachen-Mastrichter Eisenbahn-Aktien verurtheilt worden ist.

Dagegen ist die Angabe, an welchen Tagen das angefochtene Urtel behändigt und die Appellations-Anmeldung, sowie die Einführungs- und Rechtfertigungsschrift präsentirt worden sei, hier nicht erforderlich; alle diese Einzelnheiten gehören vielmehr erst in das Votum, wo durch eine vergleichende Zusammenstellung der Data die Innehaltung der gesetzlichen Fristen, welche das Kollegium bei Anhörung des Referats doch nur unvollkommen zu übersehen im Stande sein würde, ausführlich darzulegen ist.

4. In Bezug auf die Anführungen und Anträge des Appellanten und des Appellaten sind dieselben Regeln wie für die Parteivorträge in erster Instanz maßgebend. Unzulässig sind insbesondere auch hier alle Wiederholungen, weshalb, wenn ein

Theil sich auf Rechtsausführungen beschränkt hat, eine bloße Andeutung darüber genügt, z. B.

> Der Kläger hat, ohne nova anzuführen, die Annahme des ersten Richters, daß ein Depositum vorliege, zu widerlegen gesucht, und darauf angetragen, u. s. w.

Hat der Appellat sich mit seiner Beantwortungsschrift präkludiren lassen, so ist dies ausdrücklich zu bemerken.

5. Der Vortrag der Beweisresultate bildet wie in der ersten, so auch in der Appellations-Instanz den Schluß der Prozeßgeschichte. Es macht dabei keinen Unterschied, ob die Beweisaufnahme in der ersten oder in der zweiten Instanz statt gefunden hat, oder ob in beiden Instanzen Beweis aufgenommen worden ist. Im letzteren Falle sind die Beweisresultate beider Instanzen in der Regel zu verschmelzen.

Hat in der ersten Instanz eine Beweisaufnahme statt gefunden, so genügt es, in der Prozeßgeschichte der ersten Instanz nach den Anführungen der Parteien, nur summarisch zu erwähnen, daß und worüber Beweis erhoben worden ist. Eine nähere Angabe der Beweisresultate ist dort nur dann erforderlich, wenn ohne dieselbe die Entscheidung des ersten Richters, oder die späteren Erklärungen der Parteien nicht verständlich sein würden. Allein auch in diesem Falle wird sich der Vortrag der Beweisresultate an der angegebenen Stelle nur auf das Nothwendigste zu beschränken haben.

Im Uebrigen erfolgt der Vortrag der Beweisresultate in derselben Weise wie in der ersten Instanz. (Vergl. Seite 40 ff.) Werden die Beweisresultate beider Instanzen verbunden, so tritt die Sonderung ebenfalls nach den Beweisthematen ein, nur ist bei jedem Beweismittel historisch anzuführen, in welcher Instanz es aufgenommen worden ist.

6. Haben beide Theile appellirt, so scheidet sich der Vortrag von da ab, wo die Beschwerdepunkte angegeben werden, und zwar ist diejenige Appellation, welche das erste Erkenntniß im weiteren Umfange angreift oder für die andere präjudiciell ist, sonst aber die des Klägers, voranzustellen.

CC. Dritte Instanz.

Für die Revisions-Instanz, namentlich auch für die hier hinzutretende Mittheilung des Appellations-Erkenntnisses und der ferneren Anführungen der Parteien, finden die bisher gegebenen Regeln durchgängig in gleicher Art ihre Anwendung.

Ueber die Bearbeitung der Nichtigkeitsbeschwerde-Sachen ist der besondere Abschnitt VIII. zu vergleichen.

VI. Das Votum.

Das Votum oder die gutachtliche Darstellung des Referenten theilt sich in die Beurtheilung der wesentlichen Förmlichkeiten, welche es mit denjenigen prozessualischen Vorschriften zu thun hat, deren Nichtbeobachtung zur Folge haben würde, daß überhaupt oder doch zur Zeit eine materielle Entscheidung nicht ergehen könnte, und in die Beurtheilung der Hauptsache oder des unter den Parteien streitigen Rechtsverhältnisses selbst. Für beide Theile ergeben sich aus den im Abschn. II. vorgezeichneten Erfordernissen folgende Hauptregeln:

1. Um die Mitglieder des Kollegiums in den Stand zu setzen, bei Anhörung des Vortrages das Entscheidende herauszufinden und die Folgerichtigkeit der Begründung selbstständig zu ermessen, muß überall das Ziel, welches der Referent im Auge hat, an die Spitze gestellt werden. Die Syllogismen des Referenten müssen durchweg in umgekehrter Gestalt zur Erscheinung kommen, indem sowohl jedem Haupttheile der Darstellung das Resultat der Gesammtprüfung, als auch jeder vorbereitenden Ausführung deren Schlußsatz vorangestellt wird. Nur auf diese Weise wird der eigenen Kritik des Hörers der nothwendige Anhalt geboten; nur wer den Schlußsatz kennt, kann mit Sicherheit übersehen, ob die Prämissen richtig und erschöpfend gestellt sind, und bei einer längeren Reihe von Schlußfolgerungen sich den Gang der Entwickelung gegenwärtig erhalten.

2. Der Referent muß das Ziel, welches er sich vorgesteckt hat, auf dem kürzesten an sich zulässigen Wege zu erreichen suchen, d. h. er darf einerseits nichts unerörtert lassen, was zur Feststellung der Vordersätze seines Endurtheils nothwendig ist, andrerseits darf er aber auch die Folge seiner Konklusionen durch keine Ausführung unterbrechen, welcher er selbst keinen Einfluß auf die Entscheidung einräumt. Er muß also zwar jede Vorfrage, welche

das Eintreten in die Hauptsache bedingt, vorweg erledigen, wenn er aber bereits in einer Vorfrage die Grundlage der Entscheidung findet, so muß er die Motivirung derselben nicht durch andere, in gleicher Reihe stehende Vorfragen aufhalten, oder wenn er in der Sache selbst einen Grund als durchgreifend erkennt, z. B. den Mangel eines gesetzlichen Erfordernisses der Klage, oder einen Einwand, so muß er sich nicht erst über andere Punkte, welche nicht weiter in das Gewicht fallen, z. B. über das Zutreffen der sonstigen Voraussetzungen des Klagerechts oder über die Unzulänglichkeit der übrigen Einwendungen verbreiten.

3. Dessenungeachtet muß die Beurtheilung sich auf Alles, was von den Parteien zur Ausführung ihrer Rechte beigebracht ist, erstrecken; was also bei der Begründung der von dem Referenten vorgeschlagenen Entscheidung nach der Regel sub 2. nicht hat in Betracht gezogen werden können, muß demnächst Gegenstand einer eventuellen Ausführung werden, damit das Kollegium auch vom Standpunkte einer entgegengesetzten Rechtsansicht die Entscheidung vollständig vorbereitet finde.

A. Beurtheilung der Förmlichkeiten.

Die Prüfung der wesentlichen Förmlichkeiten muß, da sie die Bedingungen betrifft, unter denen das erkennende Gericht sich mit der Sache erst zu befassen hat, nicht nur der materiellen Beurtheilung in allen Fällen vorausgehen, sondern auch stets von Amtswegen erfolgen, und darf sich daher insbesondere niemals auf die von den Parteien im Wege eines Präjudicial-Einwandes oder sonst gerügten Mängel beschränken.

Die Resultate der angestellten Prüfung dürfen ferner nicht blos summarisch mitgetheilt werden, der Referent darf sich also nicht mit der Bemerkung:

bei den Förmlichkeiten habe sich kein Anstand ergeben,

oder damit begnügen, daß er bei Aufzählung der hierher gehörigen Punkte jeden kurzweg als in Ordnung befunden bezeichnet; vielmehr hat er darüber specielle Rechenschaft abzulegen, so daß das Kollegium zu einem selbstständigen Urtheil befähigt wird.

Die hieher gehörigen Punkte sind folgende:

1. die Zulässigkeit des gerichtlichen Verfahrens. Hierüber wird es gewöhnlich nur einer kurzen Andeutung bedürfen, z. B.

Die Zulässigkeit des Rechtsweges ist unbedenklich, da der Prozeß Eigenthumsrechte betrifft.

2. Die Kompetenz des Gerichts. Hierüber wird beispielsweise zu bemerken sein:

a. in erster Instanz:

Die Kompetenz des Kreisgerichts ist begründet, da der Verklagte als Einwohner von N. bei demselben seinen ordentlichen Gerichtsstand hat.

oder:

Der als Einwohner von U. in Anspruch genommene Verklagte ist nach Inhalt des Insinuations-Berichts zwar zu W. unter der Jurisdiktion des Kreisgerichts zu R. ansässig: derselbe hat jedoch, ohne die Inkompetenz zu rügen, die Klage beantwortet, wodurch eine gültige prorogatio fori eingetreten ist.

b. in zweiter Instanz:

Die Kompetenz des Appellationsgerichts zur Abfassung des zweiten Erkenntnisses ist nach §. 25 der Verordnung vom 2. Januar 1849 außer Zweifel, da in erster Instanz das Kreisgericht zu M. erkannt hat.

(Ist die Inkompetenz des ersten Richters nicht zum Gegenstande der Beschwerde gemacht, so ist dieselbe hier nicht weiter zur Sprache zu bringen.)

c. in dritter Instanz:

Die Kompetenz des Königl. Ober-Tribunals ergiebt sich aus §. 26 der Verordnung vom 14. December 1833, und nach der Präsidial-Verfügung vom 20. October 1846 (Höppe's Rechtsmittel der Revision und der Nichtigkeitsbeschwerde, S. 137) gehört die Sache vor den dritten Senat, da es sich um die Löschung einer eingetragenen Forderung handelt.

3. Die Zulässigkeit des Rechtsmittels nach dem Gegenstande des Rechtsstreites (§§. 1—3 der Verord. v. 14. Dec. 1833) und nach der Höhe des Objekts. Der Betrag des Letztern ist hier in bestimmter Summe anzuzeigen, und nöthigenfalls darzulegen, wie dasselbe den gesetzlichen Bestimmungen zufolge (§§. 11 u. 12 des Ges. v. 10. Mai 1851, Art. 3 des Ges. v. 9. Mai 1854) geschätzt oder berechnet werden muß, z. B.

Die Nichtigkeitsbeschwerde ist das allein zulässige Rechtsmittel, da der Streit nur noch den lebenslänglichen Nießbrauch des Klägers an dem Ackerstück Nr. x zu Z. betrifft, dessen Ertrag nach der vom Gegner nicht bemängelten Angabe des Klägers auf 20 Thlr. jährlich zu veranschlagen ist, wovon das Zwölfeinhalbfache 250 Thlr. beträgt.

4. Die Beobachtung der Frist, an welche die Zulassung des eingewendeten Rechtsmittels gebunden ist.

Es bedarf hierbei der speciellen Angabe, an welchem Tage und bei welchem Gericht die Anmeldung, so wie die Einführungs- und Rechtfertigungsschrift (im Fall der Restitution das Restitutionsgesuch mit der Klagebeantwortung) präsentirt worden ist, in vergleichender Gegenüberstellung mit dem Datum der Insinuation des angefochtenen Erkenntnisses und den Endterminen der gesetzlichen Fatalien, z. B.

Der Kläger hat gegen das ihm am 13. Mai 1858 behändigte Appellations-Erkenntniß am 18. Juni, also innerhalb der am 24. Juni ablaufenden sechswöchentlichen Frist (oder: also schon am 36sten Tage) bei dem Gericht erster Instanz die Revision angemeldet, und dieselbe am 22. Juli, als dem letzten Tage der zehnwöchentlichen Frist, beim Königl. Ober-Tribunal eingeführt und gerechtfertigt.

In gleicher Art ist sodann die Rechtzeitigkeit der Beantwortung, wodurch deren Berücksichtigung bedingt wird, nachzuweisen, z. B.

Die Aufforderung zur Beantwortung ist dem Sachwalter des Verklagten, Rechtsanwalt P. am 4. August d. J. insinuirt und die Beantwortung am 30. desselben Monats, innerhalb der erst mit dem 1. September zu Ende gehenden Frist, eingereicht worden.

5. Die Beobachtung der Formen, welche in Betreff der Rechtfertigungs- und Beantwortungsschrift in den Gesetzen vorgeschrieben ist. Es ist in dieser Beziehung zu erwähnen, ob die Rechtfertigungsschrift und ebenso die Beantwortung (im Fall der Restitution die Klagebeantwortung, wenn diese nicht vom Deputirten aufgenommen ist) den gesetzlichen Vorschriften gemäß unterzeichnet ist, und ob die Rechtfertigungsschrift die Angabe bestimmter Beschwerdepunkte enthält, z. B.

Die Schriftsätze sind von Rechtsanwalten, welche beim Königl. Ober-Tribunal angestellt sind, nämlich die Rechtfertigungsschrift von dem Justizrath Y., die Beantwortung von dem Rechtsanwalt Z. verfaßt und unterzeichnet. In der Rechtfertigungsschrift sind die Beschwerdepunkte, so wie die gesetzlichen Vorschriften und Rechtsgrundsätze, deren Verletzung behauptet wird, bestimmt angegeben.

In der Revisions-Instanz ist übrigens ein Zurückgehen auf die Fristen und Formalien der Appellation in der Regel nicht erforderlich, es sei denn, daß die Beschwerde ausdrücklich darauf gerichtet ist. In Betreff der Nichtigkeitsbeschwerde-Sachen ist Abschn. VIII. Nr. 3 zu vergleichen.

6. Die Prozeßlegitimation oder die Frage, ob diejenigen Personen, welche für die prozeßführenden Parteien aufgetreten, dazu auch berechtigt sind. In dieser Hinsicht ist anzugeben, ob die Parteien den Prozeß in Person oder durch Bevollmächtigte geführt haben, wer als solcher aufgetreten ist oder als Stellvertreter einer Partei vermöge gesetzlicher Vorschrift die Rechte derselben wahrgenommen hat, an welcher Stelle der Akten die Vollmachten oder sonstigen Urkunden, durch welche die Legitimation zur Vertretung geführt wird, sich befinden, und ob dieselben in allen Stücken den gesetzlichen Anforderungen entsprechen. Bei Vollmachten insbesondere ist zu prüfen, ob sie nach Vorschrift des §. 30 oder mindestens des §. 54. Th. I. Tit. 3 der A. G. O. ausgestellt sind; bei Vollmachten von Corporationen aber, desgleichen von Stadt- und Landgemeinden, von geistlichen Gesellschaften, Kirchen, Schulen und milden Stiftungen, von Innungen, Gewerkschaften u. s. w. sind die darüber ergangenen besonderen Bestimmungen zu beachten. (Vergl. namentlich §§. 39. 45 bis 49. Th. I. Tit. 3 u. §. 136. Th. II. Tit. 6 der G. O., §. 658. Th. II. Tit. 11 des A. L. R., §§. 44 und 56. Nr. 8 der Städte-Ordnungen vom 30. Mai 1853 und vom 19. März 1856, §. 76 der Landgem. Ordn. vom 19. März 1856, §. 10. Nr. 3 des Ges. vom 14. April 1856, §. 18. Nr. 15 des Ges. vom 12. Mai 1851.)

Bei Prozessen von Pflegebefohlenen ist darauf zu sehen, ob die Bestallung des Vormundes, und wo es vorgeschrieben, die obervormundschaftliche Autorisation beigebracht worden ist (§§. 51 bis 53. Th. I. Tit. 3 der A. G. O., §§. 223 und 501. Th. II. Tit. 18 des A. L. R.), so wie auch, ob der Kurande inzwischen nicht etwa majorenn geworden und seine persönliche Zuziehung zum Prozesse deshalb nothwendig ist.

Ebenso ist bei Klagen von Kirchenvorstehern, Konkursverwaltern u. s. w. zu berücksichtigen, ob auch die erforderliche Autorisation zur Klage ertheilt und zu den Akten gebracht ist (§. 652.

Th. II. Tit. 11 des A. L. R., §. 158. Nr. 5 und §. 222 der Konk. Ordn. vom 8. Mai 1855).

Ueberhaupt hat der Referent auf jeden, die Wirksamkeit der Vertretung möglicherweise hemmenden Anstand ein sorgfältiges Augenmerk zu richten.

7. Diejenigen Mängel des gerichtlichen Verfahrens, vor deren Beseitigung eine Entscheidung in der Sache selbst nicht getroffen werden kann. Dahin gehört es, wenn z. B. eine wesentliche Prozeßverhandlung nicht unterschrieben, der Vermerk über die Vereidigung eines Zeugen fortgeblieben, die Insinuation eines Vorerkenntnisses nicht legal oder nicht an alle Betheiligte bewirkt oder eine Prozeßschrift dem Gegner nicht mitgetheilt ist. Dergleichen klar vorliegende Mängel können auch mittelst besonderer Anzeige zur Kenntniß des Kollegiums gebracht werden, entweder bei Ueberreichung des Referats und Votums, oder noch ehe der Referent an die Ausarbeitung geht (§. 4. Th. I. Tit. 13 der A. G. O.); jedoch muß die Anzeige dann unverzüglich erfolgen.

Der Vortrag über die Förmlichkeiten beginnt, wenn die Prüfung derselben zu einem Erkenntnisse führt, mit dem darauf zu richtenden Vorschlage, z. B. den Rechtsweg für ausgeschlossen (Nr. 1), oder das Rechtsmittel für nicht devolvirt zu erachten (Nr. 3, 4 u. 5), oder den Kläger an das zuständige Gericht zu verweisen (Nr. 2). Demnächst folgt die Begründung dieser Entscheidung, und für den Fall, daß sie nicht adoptirt werden sollte, die Beurtheilung der übrigen Förmlichkeiten. Ebenso ist zu verfahren, wenn der Referent zu einem Interlokut gelangt, z. B. wenn vorerst einem Mangel der Prozeßlegitimation oder des Verfahrens abzuhelfen ist (Nr. 6 und 7). Findet der Referent dagegen die Förmlichkeiten beobachtet, so hat er dies vorweg auszusprechen und sodann nach der hier angegebenen Reihefolge im Einzelnen zu begründen.

B. Beurtheilung der Sache selbst.

Nach der allgemeinen Regel (Abschn. VI. Nr. 1. S. 46) beginnt dieser Theil des Vortrages mit dem Vorschlage des Referenten zur definitiven oder interlokutorischen Entscheidung; sodann folgt die Begründung derselben (Dijudikation), und am Schluß ist die vollständige Formel der Entscheidung (der Tenor des Erkenntnisses oder das ausführliche Beweisresolut) hinzuzufügen.

Der voranzustellende Vorschlag des Referenten darf nur ganz summarisch, wie es der Zweck einer vorläufigen Auskunft über das Endziel mit sich bringt, angegeben werden, z. B.

ich würde den Verklagten nach dem Klagantrage verurtheilen,

oder:

m. E. ist der klägerische Anspruch unbegründet,

oder:

ich würde das erste Erkenntniß auf die Appellation des Klägers bestätigen, auf die des Verklagten dagegen abändern und den Kläger nach dem Rekonventionsantrage verurtheilen,

oder:

ich würde auf Beweisaufnahme über die Höhe des verabredeten Kaufpreises und über die vom Verklagten eingewendeten Gewährsmängel resolviren.

Eine größere Ausführlichkeit, insbesondere die vollständige Formulirung des Vorschlages würde hier nicht am Orte sein, weil eine auf die Einzelnheiten und die Fassung gerichtete Prüfung erst am Schlusse der ganzen Ausführung möglich ist.

Ueber die Begründung des Vorschlages lassen sich nur wenige speciellere Regeln aufstellen, und auch deren Anwendbarkeit wird, soweit sie die Methode betreffen, nach den Umständen jedes einzelnen Falles mit Rücksicht auf den Zweck der Darstellung (Abschn. II. S. 10—11) zu ermessen sein.

1. Bevor der Referent an das Ziel seiner Ausführung gelangt, wird es der Regel nach einer längeren Reihe theils rechtlicher, theils thatsächlicher Erörterungen bedürfen. Es wird namentlich zu untersuchen sein, welche Bedingungen den Gesetzen nach vorhanden sein müssen, um den Anspruch des Klägers, die Einwendungen des Verklagten, die Re- und Duplikationen als begründet zu erachten, und ob die Thatsachen feststehen, welche jede Partei hierbei für sich geltend gemacht hat. Aus der Anwendung der gewonnenen Rechtssätze auf den Sachverhalt ist sodann die Schlußfolge zu ziehen, ob der Anspruch an sich zu Recht bestehe oder nicht, welche Einwendungen, Re- und Duplikationen sich als wirksam erweisen, und daraus im Resultat die (auf Beweisaufnahme oder Erkenntniß hinausgehende) Entscheidung zu begründen.

Daß im Gange dieser Erörterungen überall der Schlußsatz voranzustellen, also vorweg anzugeben ist, ob der Referent den Anspruch des Klägers für gerechtfertigt, einen Einwand für erheblich oder durchgreifend halte, u. s. w., bevor er zur Prüfung des rechtlichen und thatsächlichen Gehalts der Klage oder des Einwandes übergeht, ist bereits unter Nr. 1 der allgemeinen Hauptregeln bemerkt worden. Hinzuzufügen ist hier noch, daß der Referent bei der Begründung seines vorweg ausgesprochenen Urtheils in der Regel die rechtliche Ausführung der Feststellung des Thatsächlichen vorangehen lassen muß.

Das Gegentheil scheint zwar der §. 7. Thl. I. Tit. 13 der A. G. O. vorzuschreiben, wo es heißt, daß nach Abgabe des Voti in den sich daran schließenden Gründen

> allemal eine vollständige und zusammenhängende Erzählung des ganzen Facti nach allen seinen Haupt- und zur Sache gehörigen Nebenumständen, sowie selbiges nach dem Urtheil und der Ueberzeugung des Referenten durch die geführte Instruktion und den aufgenommenen Beweis feststeht, vorausgeschickt werden soll.

Indessen paßt diese Vorschrift überhaupt nur auf gewöhnliche Fälle, in denen, wie es weiter heißt,

> aus der zusammenhängenden Erzählung des Facti die Entscheidung des Prozesses sich von selbst ergiebt, so daß alsdann nur die Gesetzstelle, deren Anwendung auf das Factum die Entscheidung begründet, angeführt zu werden braucht.

In so einfachen Fällen ist allerdings zu gewärtigen, daß das Kollegium sich schon bei Vorführung des Sachverhältnisses der zu treffenden Entscheidung vollständig bewußt werden wird; erfordert dagegen der Rechtspunkt eine ausführlichere Erörterung, so können durch diese auch erst die eigentlich erheblichen Thatsachen an das Licht treten. Eben deshalb ist es dem Kollegium nicht zuzumuthen, einer Darlegung der thatsächlichen Ermittelungen, einer Ausführung über die Zulässigkeit oder Glaubwürdigkeit der Beweismittel zu folgen, so lange es darüber, ob es gerade auf diese Thatsachen und den Beweis ankommen werde, im Ungewissen ist. Nicht die Thatfragen sind für den Rechtspunkt, sondern dieser ist für jene von präjudizieller Bedeutung.

2. Indem der Referent sein Ziel auf dem kürzesten Wege verfolgen soll, wird er mit seiner Ausführung am besten gleich

in medias res einzutreten, und es namentlich zu vermeiden haben, derselben, was mehrfach empfohlen wird, erst noch eine Rekapitulation der streitigen und unstreitigen Punkte, ein Resümé der Geschichtserzählung und Parteivorträge, voranzuschicken. War das Referat klar und übersichtlich, so kann es keiner auszüglichen Wiederholung desselben bedürfen; nur ausnahmsweise mag daher eine Vergegenwärtigung des Sachverhältnisses in seinen hervorragendsten Momenten von Nutzen sein.

3. Der Beginn der Ausführung ist, sobald Präjudizialfragen vorhanden sind, von deren Erledigung es abhängt, ob das streitige Rechtsverhältniß selbst in Betracht gezogen werden könne, allemal mit diesen zu machen. Dahin gehören z. B. die Einwendungen der Litispendenz und der rechtskräftig entschiedenen Sache, insbesondere aber die Prüfung der Sachlegitimation des Klägers und des Verklagten, d. h. der Frage, ob dem Kläger das in Anspruch genommene Recht für seine Person und ob es ihm gegen den Verklagten zustehe. Die Legitimation zur Sache hat der Richter in allen Fällen auch ohne Anregung der Parteien von Amtswegen zu berücksichtigen (§. 4 Nr. 6 Thl. I. Tit. 5 der A. G. O.), jedoch nicht in der Art, wie dies häufig aufgefaßt wird, daß darüber abgesehen von den Zugeständnissen der Parteien noch ein besonderer Nachweis zu fordern wäre. Die Thatsachen, auf welche die Legitimation des einen oder andern Theils gegründet wird, sind vielmehr gleich allen übrigen auch schon dann, wenn der Gegner dieselben nicht ausdrücklich bestritten hat, als feststehend anzunehmen, und nur die Frage, ob aus diesen Thatsachen die Legitimation des Klägers oder Verklagten sich ergebe, ist — wie überhaupt die Zulänglichkeit der thatsächlichen Unterlagen jeder rechtlichen Folgerung (Präj. des Königl. Ober-Trib. vom 14. März 1842. Nr. 1108) — Gegenstand der von Amtswegen eintretenden richterlichen Beurtheilung. Stützt sich also z. B. ein klagender Cessionar auf eine nur mündliche Cession, während dieselbe nach der Höhe des Objekts schriftlich hätte ausgestellt werden müssen, oder klagt eine verwittwete Frau als angebliche alleinige Intestaterbin ihres Ehemanns, obwohl sie nach statutarischen Rechten Intestaterbin nur zu einer Quote der Verlassenschaft werden konnte, oder wird der Verklagte als Eigenthümer eines Grundstücks belangt, dessen Uebergabe an ihn nach dem eigenen Vortrage des Klägers noch nicht erfolgt ist, so werden diese rechtlichen Mängel, auch wenn sie von dem Verklagten nicht

gerügt worden sind, doch die Entscheidung zu seinen Gunsten bestimmen.

4. Nach Erörterung der Vorfragen, wenn diese für unerheblich oder unbegründet befunden werden und daher nicht zu einer definitiven Entscheidung führen, ist auf den streitigen Anspruch selbst überzugehen, und die Prüfung zunächst auf die rechtliche und thatsächliche Begründung der Klage, sodann auf die einzelnen Einwendungen und die an jede derselben sich anschließenden Re- und Duplikationen u. s. w. zu richten. Dabei ist einerseits alles auszuscheiden und zum Gegenstande einer abgesonderten Betrachtung zu machen, was nur eventuell erheblich ist, z. B. die Frage über den Betrag einer zugleich ihrem Rechtsgrunde nach streitigen Forderung, andrerseits aber auch auf keine Erörterung einzugehen, welche sich in der Folge als einflußlos darstellen würde.

Wenn also der Referent findet, daß ein Einwand die an sich konkludente Klage entkräftet, so hat er seine Ausführung gleich auf diesen zu lenken, z. B.

> Es kann dahingestellt bleiben, ob Kläger dem Verklagten die in Rechnung gestellten Waaren geliefert, und dafür die angesetzten oder welche andere Preise verabredet hat, da jedenfalls der von dem Verklagten erhobene Einwand der Verjährung den ganzen Anspruch beseitigt, u. s. w.

Ebenso ist in dem Falle, wenn eine Replikation einer Einrede durchgreifend entgegensteht, nicht erst eine Prüfung des Thatsächlichen der Einrede und des darüber etwa geführten Beweises erforderlich. Auch eventuelle Punkte können unter Umständen den ganzen Anspruch erledigen und alsdann die Prüfung des Hauptfundaments der Klage, sowie der darauf bezüglichen Einwendungen entbehrlich machen, z. B. wenn der Kläger auf den Grund eines kontraktwidrigen Verhaltens oder einer unerlaubten Handlung einen ihm entgangenen Gewinn fordert, es sich aber findet, daß ihm ein solcher überhaupt nicht in Aussicht gestanden habe. In einem solchen Fall würde der Referent seine Ausführung damit einleiten,

> daß es auf den Inhalt des Kontrakts, auf die behaupteten Mängel der Erfüllung oder auf die dem Verklagten zur Last gelegte unerlaubte Handlung, so wie die in Bezug darauf streitigen Punkte nicht ankomme, weil die Thatsachen, durch welche Kläger den gehofften Vortheil zu begründen

gesucht habe, sich als unzureichend erwiesen haben, oder unerwiesen geblieben sind,

und in eingehender Weise nur diesen Entscheidungsgrund entwickeln.

Ist nach der Ansicht des Referenten noch erst Beweis zu erheben, so wird sich zu derartigen Abkürzungen des Vortrages allerdings weniger Gelegenheit darbieten, weil alsdann kein Punkt, welcher noch der thatsächlichen Feststellung bedarf, als entscheidend vorweg genommen werden kann; was jedoch bereits nach Lage der Sache ohne Einfluß auf die Entscheidung ist, wird auch hier von der näheren Erörterung auszuschließen sein, z. B. die thatsächliche Begründung eines aus Rechtsgründen nicht zutreffenden oder durch eine unstreitige Replikation widerlegten Einwandes. Im Uebrigen hat der Referent hier bei jeder streitigen Thatsache zu untersuchen, in wiefern dieselbe bei vorausgesetzter Richtigkeit auf die Entscheidung einwirken könnte, und demnach auch sämmtliche Punkte, deren Erheblichkeit durch den Ausfall einer anderweitigen Beweisaufnahme bedingt wird, zur eventuellen Beweiserhebung in Vorschlag zu bringen.

Das Beweisresolut muß stets so umfassend sein, daß beim zweiten Vortrage die Abfassung des Erkenntnisses keinen Anstand mehr finden kann.

5. Die Verpflichtung des Referenten, der Motivirung seines prinzipalen Vorschlages eine eventuelle Ausführung folgen zu lassen (Allg. Regel Nr. 3 zu VI. S. 47), findet erst dann ihre Endschaft, wenn er das gesammte Material der thatsächlichen Anführungen mit den daran geknüpften rechtlichen Folgerungen vorgeführt und beleuchtet hat; seine subjektive Ansicht, daß die Entscheidung des Rechtsstreites nach Maaßgabe seines prinzipalen Votums unbedenklich sei, darf ihn nicht bestimmen, mit der Begründung dieses Votums abzuschließen. Er hat deshalb auch, wenn bei der ersten eventuellen Beurtheilung noch nicht sämmtliche thatsächliche Momente haben in Betracht gezogen werden können, bis zu deren vollständiger Unterbringung seine Ausführungen fortzusetzen. Hat also z. B. der Kläger als Cessionar eines Dritten den bedungenen Preis für gelieferte Arbeiten beansprucht, der Verklagte aber die Cession als unzureichend bemängelt, den Einwand der Verjährung erhoben, und schließlich den Empfang der Arbeiten bestritten, so wird, wenn die Einreden des Verklagten zutreffend erscheinen, der principale Vorschlag des Referenten auf Abweisung des Klägers nur durch die Mangelhaftigkeit der Cession, der darauf folgende,

gleichfalls auf Abweisung gerichtete Vorschlag durch die Darlegung, daß die Verjährung Platz greife, zu begründen, und nur eventualissime auf Beweisaufnahme über das Klagefundament, oder wenn die behauptete Lieferung der Arbeiten bereits durch Beweis festgestellt ist, unter Darlegung der Beweisresultate auf Verurtheilung des Verklagten anzutragen sein.

Uebrigens kann die Verpflichtung zur eventuellen Ausführung niemals dahin ausgedehnt werden, daß der Referent das Gegentheil seiner bereits entwickelten Rechtsansicht zu begründen hätte; es wird ihm also, wenn er z. B. nachgewiesen hat, daß die Bedingungen der Verjährung vorliegen, nicht zugemuthet, mit andern Gründen deren Nichtvorhandensein darzuthun; vielmehr hat er bei jedem eventuellen Vorschlage die seiner principalen Ausführung entgegenstehende Meinung ohne Weiteres vorauszusetzen, etwa in der Art:

> Sollte das Kollegium die Verjährung nicht als durchgreifend erachten, u. s. w.

und auf dieser gegebenen Grundlage fortzubauen.

6. In seinen rechtlichen Erörterungen muß der Referent Kürze mit Gründlichkeit zu vereinigen suchen; um die Ueberzeugung des Kollegiums zu gewinnen, muß er seine Gründe überall auf die Vorschriften der Gesetze selbst zurückführen, und aus diesen in geordneter, zusammenhängender Entwickelung die entscheidenden Rechtssätze herleiten, ohne deshalb in Abschweifungen oder eine dem praktischen Zwecke seiner Arbeit widerstrebende Breite zu gerathen. Dabei müssen zugleich die Gründe der gegentheiligen Meinung, mögen sie im Verlauf der Ausführung von selbst hervortreten, oder von den Parteien oder einem früheren Richter aufgestellt sein, an der jedesmal geeignetesten Stelle in Betracht gezogen, mit voller Treue unter Berücksichtigung aller für sie sprechenden Momente auseinandergesetzt und in einleuchtender Weise widerlegt werden. Die in Bezug genommenen Vorschriften der Gesetze sind der Regel nach wörtlich in den Text mitaufzunehmen, jedenfalls die den Ausschlag gebenden; bei den übrigen ist der Wortlaut mindestens am Rande zu verzeichnen.

7. Bei der Feststellung des Thatsächlichen sind die Einwendungen gegen die Zulässigkeit und Glaubwürdigkeit der Beweismittel gemeinhin vorweg zu beurtheilen, weil davon die Wirkung abhängt, welche der geführte Beweis auf die richterliche Ueberzeugung hervorzubringen im Stande ist. Dem Vortrage des

Inhalts der Beweismittel ist der über den geführten Gegenbeweis anzuschließen, und demnächst das Ergebniß zu ziehen, ob der Beweis vollständig oder unvollständig oder gar nicht erbracht sei. Bei unvollständigem Beweise oder bei einem obwaltenden Widerspruche unter den aufgenommenen Beweismitteln ist dann die fernere Frage: ob und welcher Eid dem einen oder andern Theile aufzulegen sei, zu erörtern.

C. Formel der Entscheidung.

Die am Schluß der Beurtheilung vorzuschlagende Formel der Entscheidung muß

1. wenn ein Beweisresolut beantragt wird,
   a. die Beweisthemata unter laufenden Nummern und
   b. bei jedem die aufzunehmenden Beweismittel

enthalten.

Die Ordnung der Beweisthemata richtet sich nach der logischen Folge der Erwägungen, aus denen die Entscheidung selbst hervorzugehen hat. Soll über gewisse Punkte nur eventuell Beweis erhoben werden, so sind die dafür maaßgebenden Bedingungen bestimmt auszudrücken. Die Beweisthemata selbst sind in Form direkter oder indirekter Fragen zu fassen, welche eben so präcis als vollständig gestellt sein müssen; nur bei Eiden, deren Norm den Beweissatz unverkürzt wiedergiebt, ist die Auswerfung einer besonderen Frage nicht erforderlich. Beispielsweise würde also der Vorschlag eines Beweisresoluts dahin zu fassen sein:

daß

1. darüber, ob der Kläger dem Verklagten am 1. März 1857 die Summe von 100 Thlrn. unter bedungener Wiedererstattung übergeben habe,

   der Schuhmachermeister A. und die Wittwe B. als Zeugen eidlich zu vernehmen,

2. falls dies von den Zeugen oder auch nur von Einem derselben bekundet werden sollte, der Verklagte zur Leistung folgenden Eides aufzufordern:

   ich schwöre, daß der Kläger vor dem 8. Januar d. J. nicht das Verlangen gegen mich ausgesprochen hat, ihm die Summe von 100 Thlrn. wiederzuerstatten.

2. Wird ein Erkenntniß vorgeschlagen, so muß sich der Tenor

a. über etwanige Incidentpunkte, sodann

b. über die Hauptsache (§. 36. Th. I. Tit. 13 der A. G. O.) und
c. über den Kostenpunkt (§. 41 ibid.) aussprechen.

a. In Betreff der Incidentpunkte ist insbesondere die Festsetzung der Wirkungen einer Litisdenunciation, falls überhaupt eine Bestimmung darüber nothwendig befunden wird (Justiz-Min. Bl. für 1848 Seite 261 bis 266), aufzunehmen, z. B.

daß die in dieser Sache ergehenden Judikate auch gegen den Litisdenunciaten als gültig zu erachten, und derselbe demgemäß bei dem an ihn zu nehmenden Regresse mit keinen Gründen, Allegaten oder Einwendungen, welche auf die streitig gewesene Hauptsache Beziehung haben, weiter zu hören.

Ebenso gehören hierher Auflagen zur Ergänzung der Förmlichkeiten, z. B. zur Nachbringung einer Vollmacht (Deklar. vom 6. April 1839. Art. 7. Alin. 3). Dagegen ist die in den höheren Instanzen sonst gebräuchliche Eingangsformel:

daß die Förmlichkeiten der Appellation (Revision) richtig (als beobachtet anzunehmen),

nicht erforderlich.

b. In der Sache selbst ist unter Angabe des Rechtsgrundes der Forderung bestimmt und vollständig, nicht etwa unter Bezugnahme auf die Akten (z. B. auf ein dort befindliches Verzeichniß) auszudrücken, was dem Kläger zu- oder aberkannt werden soll (§. 42. Tit. 13 a. a. O.), z. B.

daß Verklagter schuldig, dem Kläger folgende von demselben laut Kontrakts vom 10. April 1857 gemiethete Möbel:

1. einen Mahagoni-Kleidersecretair im Werthe von 30 Thlrn.,
2. u. s. w.

herauszugeben, oder falls er dazu nicht im Stande sein sollte, für jeden Gegenstand den angegebenen Werthbetrag nebst 5 Procent Zinsen seit dem 31. August 1859 zu zahlen;

oder:

daß Kläger mit seinem Antrage auf Verurtheilung des Verklagten zur Zahlung eines Restkaufgeldes (mit seiner Kaufgelder-Forderung) von 275 Thlrn. nebst Zinsen abzuweisen.

Soweit ein Antrag sich durch Zurücknahme oder sonst erledigt, ist dies vorweg auszusprechen, z. B.

daß es bei der Ermäßigung der klägerischen Forderung um 100 Thlr. zu belassen, oder:

daß die Forderung des Klägers durch die am 10. December 1859 geleistete Zahlung von 50 Thlrn. auf Höhe dieses Betrages für erledigt zu erachten.

Bei nur theilweiser Verurtheilung ist diese der im Uebrigen eintretenden Abweisung voranzustellen.

Wird auf einen Eid erkannt, so muß die Eidesnorm in direkter Rede wörtlich vorgeschrieben, die Person desjenigen, der den Eid leisten soll, unter Berücksichtigung der §§. 261—279. Th. I. Tit. 10 der A. G. O., sowie der Verordn. vom 28. Juni 1844. §§. 2. ff. (Ges. Samml. S. 251) bezeichnet, und das Erkenntniß auf beide Fälle, wenn der Eid geschworen wird, oder wenn dies nicht geschieht, gerichtet werden. (§. 39. Th. I. Tit. 13 der A. G. O.). Die hierbei anzuwendende Eingangsformel ist im §. 95 des Anhangs zur A. G. O., und die im Fall eines Ignoranzeides zu wählende Fassung, je nachdem die Unrichtigkeit oder Richtigkeit einer Thatsache ausgemittelt werden soll, im §. 5 der Verordn. vom 28. Juni 1844 (Ges. Samml. S. 250) bestimmt.

In den höheren Instanzen ist, wenn ein dem vorigen konformes Erkenntniß vorgeschlagen wird, der Tenor dahin zu fassen:

daß das Erkenntniß des Königl. Kreisgerichts (Appellationsgerichts) zu N. vom . . . zu bestätigen,

im Fall der Abänderung aber die vollständig auszusprechende anderweitige Entscheidung so einzuleiten:

daß das Erkenntniß u. s. w. dahin abzuändern, daß . . .

oder:

daß unter Abänderung des Erkenntnisses u. s. w.

Im Fall einer nur theilweisen Abänderung oder der Hinzufügung einer Maaßgabe bei der Bestätigung ist die Formel anzuwenden:

daß das Erkenntniß . . . . dahin abzuändern, beziehungsweise zu bestätigen (mit der Maaßgabe zu bestätigen), daß . . .

und hieran ebenfalls der dispositive Inhalt der Entscheidung in voller Ausführlichkeit anzuschließen.

Ueber den Tenor in Nichtigkeitsbeschwerde-Sachen vergl. Abschn. VIII. Nr. 4.

VII. Besondere Regeln für Punktensachen.

A. Eigentliche Punktensachen.

In Punktensachen, d. h. in solchen Prozessen, wo mehrere Forderungen, sei es aus einem Hauptgeschäfte oder aus verschiedenen Geschäften oder Thatsachen, in Eine Klage zusammengefaßt und in demselben Prozesse verhandelt sind (§. 24. Th. I. Tit. 5 der A. G. O.), kann der Vortrag nicht den Gang nehmen, daß an die unstreitigen Thatsachen des Hauptgeschäfts oder der verschiedenen, in Eine Erzählung gebrachten Geschäfte der Inhalt der Klage im ununterbrochenen Zusammenhange und ebenso der der übrigen Parteivorträge, der Beweisresultate, Vorerkenntnisse u. s. w. angereiht würde. Eine Darstellung dieser Art würde es dem Hörer unmöglich machen, das zu einander Gehörige auszusondern und in Verbindung zu setzen, es würde mithin auf ein Verständniß derselben nicht zu rechnen sein. Der Referent hat vielmehr das, was auf jedes Geschäft und jede Forderung speciell sich bezieht, von dem, was allen gemeinsam ist, zu scheiden, und demgemäß auf einen allgemeinen Theil seines Vortrages die in sich abgeschlossene Darstellung jedes einzelnen Klagepunktes folgen zu lassen.

Es ist also

1. wenn die verschiedenen Forderungen des Klägers aus demselben Hauptgeschäfte entspringen, in die allgemeine Geschichtserzählung und Prozeßgeschichte nur dasjenige aufzunehmen, was zur gemeinschaftlichen Begründung, Widerlegung oder Feststellung sämmtlicher Forderungen gehört, alles Uebrige dagegen für jede einzelne Forderung zu einer abgesonderten Geschichtserzählung und Prozeßgeschichte zu verarbeiten. Dasselbe gilt, wenn die mehrern Ansprüche des Klägers zwar auf verschiedenen Geschäften oder Thatsachen beruhen, diese jedoch unter einen gemeinschaftlichen Gesichtspunkt, z. B. den eines fortgesetzten Handelsverkehrs zu bringen, oder gewisse Einreden der ganzen Klage entgegengesetzt worden sind. Der Gang des Referats in einer solchen Sache würde beispielsweise folgender sein:

> Der Verklagte hat im Jahre 1856 vom Kaufmann S. zu L. verschiedene Quantitäten Butter zugesendet erhalten, theils in Folge Ankaufs für eigene Rechnung, theils um

solche für den S. zu verkaufen. Aus diesen Geschäften soll Verklagter dem S. noch mehrfache Beträge, nach dessen Rechnung zusammen 247 Thlr. 15 Sgr. verschulden. Auf Grund einer urschriftlich beigebrachten angeblichen Cession des S. vom 6. Juli 1858 und unter ausführlicher Darlegung des Inhalts und Verlaufs der einzelnen Kauf- und Commissionsgeschäfte hat Kläger beantragt,

den Verklagten zur Zahlung von 247 Thlrn. 15 Sgr. nebst 6 Procent Zinsen seit ult. December 1856 zu verurtheilen.

Der Verklagte hat die Richtigkeit der Cession des S. bestritten und eventuell eingewendet, daß bei Ausstellung derselben zwischen S. und dem Kläger verabredet worden sei, es solle das Eigenthum der darin bezeichneten Forderung nicht auf den Kläger übergehen, sondern bei S. verbleiben. Außerdem hat er den Einwand erhoben, daß er sich am 1. December 1857 mit S. über dessen sämmtliche Forderungen verglichen, und S. gegen Empfangnahme der Vergleichssumme von 50 Thlrn. allen seinen Rechten aus den zwischen ihnen stattgehabten Geschäften entsagt habe. Event. hat Verklagter sich über diese Geschäfte im Einzelnen ausgelassen: danach soll ihm sogar noch ein Guthaben von 16 Thlr. 20 Sgr. zustehen. Er hat demgemäß auf Abweisung des Klägers angetragen.

Der Kläger hat die Behauptungen des Verklagten in Abrede gestellt. Den Einwand, daß die Cession simulirt sei, hält er überdies für unzulässig, und den angeblichen Vergleich wegen Mangels der schriftlichen Form für einflußlos.

Die Beweisaufnahme ist veranlaßt worden:

a. über die Richtigkeit der Cession vom 6. Juli 1858 durch Vernehmung des S., welcher seine Unterschrift unter derselben laut gerichtlicher Verhandlung vom 11. November 1858 anerkannt hat;

b. über die von dem Verklagten behauptete Vergleichsverhandlung durch Abhörung der darüber vorgeschlagenen Zeugen X. und Y. Dieselben haben übereinstimmend eidlich ausgesagt, daß ihnen von irgend einem Vergleich zwischen dem Verklagten und S. und einer am 1. December 1857 vom Verklagten an S. geleisteten Zahlung nichts bekannt sei.

Was die eingeklagten Forderungen im Einzelnen betrifft, so hat

1. Verklagter am 23. Januar 1856 von S. 10 Ctr. Butter zum Preise von 22 Thlr. für den Ctr. gekauft, welche ihm am 1. Februar ejusd. mittelst der Eisenbahn zugegangen sind. Auf das Kaufgeld von 220 Thlrn. hat er am 1. August 1856 216 Thlr. baar gezahlt, Kläger hat daher hier noch einen Restbetrag von 4 Thlrn. beansprucht.

Der Verklagte hält sich für befugt, diesen Betrag auf die von ihm mit 4 Thlrn. verauslagte Fracht zu verrechnen, weil die Lieferung nach der mit S. getroffenen Abrede frei von Kosten habe erfolgen sollen, u. s. w.

2. Haben die verschiedenen Forderungen außer der Aufstellung in derselben Klage nichts Gemeinsames, so tritt an die Stelle der allgemeinen Geschichtserzählung und Prozeßgeschichte ein bloßes, die einzelnen Fundamente andeutendes Vorwort, z. B.

Der Kläger hat gegen den Verklagten theils aus der Lieferung von Waaren, theils aus der Ausrichtung von Aufträgen verschiedene Ansprüche, zusammen von 2557 Thlrn. erhoben.

Vergl. Abschnitt V. Seite 21.

3. In der Reihefolge der Punkte ist die Anordnung der Klage der Regel nach beizubehalten; wenn sich jedoch an einen Punkt Erörterungen knüpfen, welche für die übrigen präjudiciell sind, so ist dieser voranzusetzen.

4. In den höheren Instanzen muß der allgemeine Theil auch die Prozeßgeschichte der Rechtsmittel, soweit sie hier schon verstanden werden kann, enthalten, ein bloßes Vorwort aber jedenfalls entnehmen lassen, von welchen Gerichten erkannt und von welcher Partei das Rechtsmittel ergriffen worden ist. In dem Falle zu 1. würde also in appellatorio dem allgemeinen Theile nach dem Vortrage der Beweisaufnahme etwa noch hinzuzufügen sein:

Unterm 4. Januar 1859 hat das Königl. Kreisgericht zu X. den Verklagten zur Zahlung von 211 Thlrn. 10 Sgr. nebst 6 Procent Zinsen seit dem 31. December 1856 verurtheilt, wegen der mehrgeforderten 36 Thlr. 5 Sgr. aber den Kläger abgewiesen, und die Prozeßkosten zu 7/8 dem Verklagten, zu 1/8 dem Kläger auferlegt.

Gegen dies Erkenntniß hat der Verklagte die Appellation eingewendet, indem er sich darüber beschwert, daß er zur Zahlung von 211 Thlrn. 10 Sgr. verurtheilt, und nicht vielmehr Kläger gänzlich abgewiesen worden ist. Zur Rechtfertigung seines hierauf gerichteten Antrags hat er bei den einzelnen Klagepunkten zum Theil neue Thatsachen angeführt.

Der Kläger hat die Bestätigung des ersten Erkenntnisses beantragt.

In dem Falle zu 2. dagegen würde das Vorwort in der Revisions-Instanz beispielsweise folgenden Zusatz erhalten:

Durch Kontumacial-Erkenntniß des Königl. Kreisgerichts zu N. vom . . . ist der Verklagte nach den Anträgen des Klägers verurtheilt, durch Erkenntniß des Königl. Appellationsgerichts zu B. vom . . . aber der Kläger in Höhe von 1360 Thlrn. abgewiesen worden. Gegen dieses Erkenntniß ist vom Kläger die Revision, vom Verklagten die Nichtigkeitsbeschwerde eingelegt.

5. In dem Votum werden zuerst die Förmlichkeiten der Beurtheilung unterzogen, sodann in der Sache selbst, was allen Punkten gemeinschaftlich ist (Klagegrund oder Einreden), und hiernächst die einzelnen Punkte unter jedesmaliger Voranstellung der vorzuschlagenden Entscheidung. Am Schluß sind diese Vorschläge im Entwurf des Resoluts oder der Urtelsformel zusammenzufassen.

6. Ueber die Abfassung des Erkenntnisses in Punktensachen vergl. Abschn. IX. Seite 73.

B. Analoge Fälle.

Den hier gedachten eigentlichen Punktensachen analog können auch verschiedene andere Sachen behandelt werden, insbesondere

1. solche, in denen über Kon- und Rekonventionsansprüche gestritten wird. Haben dergleichen Ansprüche denselben Entstehungsgrund, so ist die Widerklage meistens im unmittelbaren Anschluß an die Klagebeantwortung und ebenso die Beantwortung der Widerklage mit der Replik vorzutragen. Kommen jedoch bei den einzelnen Ansprüchen besondere, von einander unabhängige Nebengeschäfte oder Thatsachen in Betracht, so sind

die Regeln von Punktensachen hier gleichfalls anzuwenden. Wenn also aus einem Bauvertrage der Baumeister seine Baugelder fordert, der verklagte Bauherr dagegen wegen mangelhafter Ausführung des Baues Entschädigungsansprüche aufstellt, oder wenn ein Verpächter Pachtrückstände einklagt, der Pächter aber Meliorationen, geleistete Auslagen oder Remissionsforderungen geltend macht, so würde zunächst das Vertragsverhältniß unter den Parteien mit den daraus hervorgegangenen Leistungen im Allgemeinen darzustellen, und sodann mit der Bemerkung, daß aus diesem Verhältnisse gegenseitige Forderungen erhoben (daß darüber in erster und zweiter Instanz erkannt worden), auf die Ansprüche und Gegenansprüche im Einzelnen überzugehen sein.

Im Fall einer eigentlichen Rekonvention (§. 9. Th. I. Tit. 19 der A. G. O.) ist diese allemal zum Gegenstande einer besonderen Geschichtserzählung und Prozeßgeschichte zu machen. Es ist dann entweder vorweg anzukündigen, daß und aus welchen Geschäften Klage und Widerklage angestellt worden, oder erst beim Vortrage der Klagebeantwortung der damit verbundenen, weiterhin ausführlich darzustellenden Rekonvention zu gedenken.

2. Beruht ein Anspruch auf verschiedenen Fundamenten, so kann es sich bei größerem Umfange des Materials empfehlen, die jedes Fundament angehenden unstreitigen und streitigen Thatsachen besonders zusammenzufassen und somit die Geschichtserzählung und Prozeßgeschichte zu zerlegen, z. B.

> Der Kläger ist titulirter Besitzer einer im Dorfe X. belegenen Büdnerstelle. Für diese nimmt er das Recht auf Raff- und Leseholz aus der benachbarten Königl. W.schen Forst in Anspruch, indem er sich dabei sowohl auf vertragsmäßige Verleihung, als auf Verjährung beruft. Im gegenwärtigen Prozesse hat er die Anerkennung des gedachten Rechtes von dem verklagten Fiskus gefordert.
>
> Der Verklagte hat dagegen den erhobenen Anspruch als ungerechtfertigt bestritten.
>
> Die vertragsmäßige Verleihung leitet der Kläger aus einer Reihe theils urschriftlich, theils in Abschrift beigebrachter Grundbriefe her.
>
> Durch Verschreibung des Königl. Domainen-Amts zu N. vom 17. April 1745 und Confirmation der Königl. Kriegs- und Domainen-Kammer zu M. vom 30. Juli ejusd. ist dem vormaligen Musketier O. ein Stück der Dorfstraße

zu X. zum Anbau eines Hauses mit dem Recht auf das benöthigte Raff- und Leseholz gegen einen jährlichen Canon von 6 Thlrn. erb- und eigenthümlich übertragen worden. Ferner u. s. w.

Der Kläger behauptet nun, u. s. w.

Der Verklagte hat zunächst bestritten, daß die dem O. übertragene Stelle mit der im Besitz des Klägers befindlichen identisch sei, u. s. w.

In Ansehung der Verjährung ist unstreitig, daß Kläger selbst vom Jahre 1842 bis 1856 seinen Bedarf an Raff- und Leseholz aus der W.schen Forst öffentlich und ungehindert entnommen hat. Der Kläger behauptet, daß dasselbe auch Seitens seiner Vorgänger im Besitz der Büdnerstelle seit unvordenklichen Zeiten und mindestens 44 Jahre hindurch vom 1. Januar 1856 zurückgerechnet, geschehen sei, u. s. w.

Der Verklagte bestreitet, u. s. w.

Seinen Antrag hat Kläger dahin gerichtet, u. s. w.

Diesem Antrage hat der Verklagte noch folgende Einwendungen entgegengesetzt, u. s. w.

Der Verklagte hat hiernach auf Abweisung des Klägers angetragen.

3. In ähnlicher Weise kann auch bei Einreden, welche sich auf selbstständige Thatsachen gründen, verfahren werden. Die Einreden werden dann zuerst nur ihrem allgemeinen Inhalt nach angedeutet, und demnächst einzeln, jede mit den auf sie bezüglichen Entgegnungen vorgetragen, z. B.

— Der Verklagte hat den Empfang des Darlehns und dessen Kündigung anerkannt, jedoch die Einreden der Zahlung und der Compensation erhoben.

In Betreff des erstern Einwandes ist unstreitig, daß Verklagter am 2. Januar 1858 dem Kläger 100 Thlr. baar gezahlt hat. Verklagter behauptet auch, die Zahlung ausdrücklich auf das jetzt eingeklagte Darlehn geleistet zu haben. Der Kläger bestreitet dies aber, und hält sich für berechtigt die Zahlung auf eine ältere Schuld des Verklagten anzurechnen. Am 4. März 1857 hat nämlich der Kläger dem Verklagten die in der Rechnung Blatt 15 der Akten aufgeführten Waaren für 156 Thlr. verkauft und übergeben; diese seine Forderung an den Verklagten will er in Höhe von 100 Thlrn durch die Zahlung vom 2. Januar 1858 als getilgt annehmen. Der Verklagte hat dagegen eingewendet, daß er den Kaufpreis der Waaren sofort bei deren Empfang baar berichtigt habe.

Den Einwand der Compensation gründet Verklagter auf folgende Behauptungen: u. s. w.

4. Wenn mehrere Verklagte gemeinschaftlich belangt worden sind, welche die Klage verschieden beantwortet haben, so ist der Vortrag nach den verschiedenen Einlassungen zu sondern. Von diesen sind diejenigen voranzustellen, welche ein vollständiges oder theilweises Anerkenntniß des Anspruches enthalten, sodann aber die, welche auf Präjudicial-Einreden gerichtet sind, oder in denen die meisten Verklagten übereinstimmen.

5. Incidentpunkte, welche keine besonders hervortretende Thatsachen zur Verhandlung gebracht haben, finden der Regel nach ihre Stelle da, wo sie im Verlauf des Prozesses vorgekommen sind; insbesondere sind also Litisdenunciationen oder Adcitationen, auf welche keine Assistenzleistung erfolgt, oder nichts Wesentliches zur Unterstützung der Hauptpartei angeführt worden ist, sammt dem Ergebniß, welches sie gehabt haben, gleich im Anschluß an die Klage, die Klagebeantwortung oder die spätere Prozeßhandlung, mit der sie verbunden worden, vorzutragen. In gleicher Weise ist der Vortrag einer accessorischen Intervention den Erklärungen der Partei, zu deren Unterstützung der Intervenient sich gemeldet hat, anzureihen. Hat indessen ein Intervenient oder assistirender Litisdenunciat für sich bestehende Thatsachen beigebracht, welche wiederum besondere Erklärungen des Gegners hervorgerufen haben, so ist ebenso wie in dem Falle Nr. 4 zu verfahren, also nach dem Vortrage der zwischen den Hauptparteien gewechselten Erklärungen mit denen des Litisdenunciaten oder Intervenienten und den darauf abgegebenen Erwiderungen in einem besonderen Abschnitt der Prozeßgeschichte, bei dessen Einführung auch am Passendsten erst der Litisdenunciation oder Intervention Erwähnung geschieht, fortzufahren.

Ist mit der Hauptsache zugleich über einen Arrest verhandelt, so ist erst nach dem Vortrage jener auf den Arrest und die denselben besonders betreffenden Erklärungen, Anträge und Beweisresultate überzugehen.

VIII. Besondere Regeln für Nichtigkeitsbeschwerde-Sachen.

Die richterliche Prüfung hat es in Sachen dieser Art zunächst nur mit der Frage zu thun, ob das angefochtene Erkenntniß als nichtig zu erachten sei oder nicht, wobei über die angegebenen Beschwerdepunkte nicht hinausgegangen werden darf. Erst wenn die Beschwerde sich als begründet erweist, und in so weit danach die Vernichtung des Erkenntnisses eintritt, ist in der Sache selbst die Entscheidung zu treffen. Der Beurtheilung des Sach- und Rechtsverhältnisses sind hiernach von vornherein ganz bestimmte Grenzen gezogen, welche nur eventuell, wenn nämlich die Nichtigkeitsbeschwerde für begründet erachtet wird, sich erweitern; dadurch aber wird eine von den sonstigen Regeln mehrfach abweichende Einrichtung des Vortrages geboten.

1. Bei der Prüfung, ob die Nichtigkeitsbeschwerde gegründet sei, stehen die Angriffspunkte des Imploranten dergestalt im Vordergrunde, daß sie allein für das Maaß des Mitzutheilenden bestimmend sind. Die geschichtliche Darstellung darf daher nur enthalten:

a. das dem Prozesse zum Grunde liegende Sachverhältniß, d. h. die unstreitigen und streitigen Thatsachen nebst den Anträgen der Parteien in so weit, als dies zum Verständniß des angegriffenen Erkenntnisses und der Beschwerdepunkte nothwendig ist,

b. den Inhalt der früheren Erkenntnisse und die wesentlichen Entscheidungsgründe des angegriffenen Erkenntnisses, auf welche die vorliegenden Beschwerden sich beziehen,

c. die aufgestellten Beschwerdepunkte oder Nichtigkeitsgründe, deren Ausführung und Beantwortung, so wie die von beiden Theilen daran geknüpften Anträge.

In Bezug auf das Sachverhältniß insbesondere ist der Referent der Regel nach an die thatsächlichen Feststellungen und Voraussetzungen des vorigen Richters gebunden; unabhängig davon und mithin zu freier Benutzung des aktenmäßigen Materials berechtigt ist er nur

aa. wenn das angenommene Sachverhältniß selbst den Gegenstand der Nichtigkeitsbeschwerde ausmacht (§. 16 der Verordn. vom 14. December 1833), bb. wenn die Nichtigkeitsbeschwerde darauf gestützt wird, daß ein aus irgend einem Grunde in der Sache nicht competenter Richter sich der Instruktion und Entscheidung derselben unterzogen, und auf den ihm von dem Imploranten zeitig gemachten Einwand der Inkompetenz keine Rücksicht genommen habe (Präj. des Königl. Ober-Trib. vom 20. December 1844. Nr. 1519),

cc. wenn die Nichtigkeit darin bestehen soll, daß ein rechtzeitig angebrachtes, gesetzlich zulässiges Rechtsmittel zurückgewiesen, oder ein gesetzlich unstatthaftes Rechtsmittel zugelassen worden sei (Präj. des Königl. Ober-Trib. vom 9. October 1843. Nr. 1337),

dd. wenn der angefochtenen Entscheidung eine Verletzung der Rechtsgrundsätze über die Wirkungen der res judicata zum Vorwurf gemacht wird (Erk. des Königl. Ober-Trib. v. 25. April 1857, Striethorst, Archiv, Bd. 24. S. 210, und v. 15. April 1858, ebend. Bd. 29. S. 248).

2. Ein in den zu Nr. 1 angegebenen Grenzen gehaltenes Referat ist genügend, wenn die Zurückweisung der Nichtigkeitsbeschwerde beantragt wird. Wenn dagegen der Referent die Beschwerde als begründet erachtet, und demgemäß noch in der Sache selbst die Entscheidung vorzuschlagen hat, oder wenn er auch nur ein derartiges eventuelles Votum beifügen zu müssen glaubt, so muß er in seine geschichtliche Darstellung zugleich alles aufnehmen, was zur Vorbereitung des Kollegiums für die in der Hauptsache zu treffende Entscheidung erforderlich ist; in solchen Fällen wird sich mithin das Referat von einem Vortrage in der Revisions-Instanz nicht wesentlich unterscheiden. Daß der Referent hier das Mehr oder Minder des Mitzutheilenden von seinem Votum abhängig machen darf, ergiebt der §. 17 der Verordn. v. 14. December 1833, wonach es ihm ausdrücklich gestattet ist, den Vortrag zunächst auf die Prüfung, ob das angefochtene Urtheil für nichtig zu erachten sei, zu beschränken. Es würde ein sehr unpraktischer Fehlgriff sein, in Fällen, wo nach dem wohlmotivirten Urtheil des Referenten die Nichtigkeitsbeschwerde verworfen werden muß, das Referat über das durch die Nichtigkeitsgründe vorgezeichnete Bedürfniß hinaus mit Material zu füllen.

3. Das Votum hat sich zunächst nur mit der Beurtheilung der gerügten Nichtigkeit zu beschäftigen; demnach sind auch in dem Abschnitt von den Förmlichkeiten nur die der Nichtigkeitsbeschwerde in Erwägung zu ziehen, zu denen insbesondere die Legitimation zur Prozeßführung in den früheren Instanzen nicht zu

rechnen ist. (Präj. des Königl. Ober-Trib. vom 12. März 1838. Nr. 425.) Erst wenn ausgeführt ist, daß die Nichtigkeitsbeschwerde begründet sei, oder wenn der Referent zwar auf Verwerfung der Nichtigkeitsbeschwerde anträgt, für den Fall der entgegengesetzten Entscheidung aber noch ein eventuelles Votum folgen lassen will, ist auf die Beurtheilung der Förmlichkeiten und der Hauptsache in eben der Weise überzugehen, wie dieselbe dem Richter (erster oder zweiter Instanz), an dessen Stelle der Richter der Nichtigkeitsbeschwerde tritt, zugestanden haben würde. Für diesen ferneren Abschnitt des Votums finden demnach die Regeln des Abschn. VI. ihre volle Anwendung.

4. Der Tenor des Erkenntnisses ist dahin zu fassen:

A. wenn die Beschwerde gegründet befunden wird:

daß das Erkenntniß des Königl. . . . . zu vernichten, und die gerichtlichen Kosten des Nichtigkeitsverfahrens unter Compensation der außergerichtlichen jedem Theil zur Hälfte aufzuerlegen, in der Sache selbst aber u. s. w.

oder:

daß, wenn auch die gegen das Erkenntniß des Königl. . . . erhobene Nichtigkeitsbeschwerde für begründet zu erachten, doch in der Sache selbst das angefochtene Erkenntniß seinem ganzen Inhalt nach aufrecht zu erhalten (dahin aufrecht zu erhalten, daß . . . .), und von den Kosten des Nichtigkeitsverfahrens die gerichtlichen jedem Theil zur Hälfte aufzuerlegen, die außergerichtlichen zu kompensiren.

B. bei Zurückweisung der Beschwerde:

daß die gegen das Erkenntniß des Königl. . . . . erhobene Nichtigkeitsbeschwerde zurückzuweisen (zu verwerfen) und dem Imploranten die Kosten des Nichtigkeitsverfahrens zur Last zu legen.

IX. Das Erkenntniß.

Das Erkenntniß, dessen Ausarbeitung nach Maaßgabe des von dem Kollegium gefaßten Beschlusses dem Referenten obliegt, besteht aus zwei Haupttheilen, der Urtelsformel und den Entscheidungsgründen.

1. Die Urtelsformel wird eingeleitet durch das Rubrum (Abschn. V. lit. A.) und schließt mit dem Tenor (Abschn. VI. lit. B. in fine, Abschn. VIII. Nr. 4), welchem die Worte: „Von Rechts wegen" nachgesetzt werden; für dieselbe ist durch die Instruktion vom 7. April 1839. Nr. 45 folgende Fassung vorgeschrieben:

In Sachen u. s. w.
hat das (Bezeichnung des Gerichts oder der betreffenden Abtheilung) in seiner Sitzung vom . . ., an welcher Theil genommen haben:

NN. Präsident, Dirigent,
NN. Räthe und Assessoren,

den Akten gemäß erkannt.

Eine Unterbrechung der Urtelsformel durch die Gründe in der Art, daß diese dem Tenor in der Form von Zwischensätzen mit den Eingangsworten „daß, da" oder „in Erwägung, daß" vorangesetzt werden, ist, weil sie dem einfachen Verständniß stets mehr oder weniger Abbruch thut, nicht empfehlenswerth und höchstens da, wo die Gründe sich auf ein Minimum beschränken, anwendbar. (Reskr. vom 12. December 1859, Just. Min. Bl. S. 430.)

2. Die Entscheidungsgründe müssen nach der Instr. v. 7. April 1839. Nr. 17 (Ges. Samml. S. 140) und §. 1 des Ges. v. 20. März 1854 (Ges. Samml. S. 115) bei Erkenntnissen erster Instanz eine gedrängte Darstellung des Sachverhältnisses, wie sich dasselbe nach Lage der stattgehabten Verhandlungen entwickelt hat, und eine vollständige Ausführung der Gründe enthalten. Der Zweck dieser Vorschrift ist, damit in allen Fällen klar erhelle: „welche Thatsachen der Richter seiner Entscheidung zum Grunde gelegt, welche faktische Verhältnisse er für erwiesen oder unerwiesen, für erheblich oder unerheblich angenommen, und welche Rechtsgrundsätze er darauf angewendet hat". Diesen Zweck muß daher der Referent bei Absetzung des Urtels stets vor Augen haben.

In dem Appellationserkenntnisse ist dagegen die Aufnahme einer neuen Darstellung des Sachverhältnisses nur in so weit erforderlich, als nicht durch Bezugnahme auf das Erkenntniß erster Instanz festgestellt werden kann, welche Thatsachen der Appellationsrichter seiner Entscheidung zum Grunde gelegt hat. In der dritten Instanz ist die Aufnahme einer solchen faktischen Darstellung überhaupt nicht erforderlich.

Nach dem in der Instruktion vom 7. April 1839. Nr. 17 in Bezug genommenen §. 7. Th. I. Tit. 13 der A. G. O. soll übrigens die in den Entscheidungsgründen vorauszuschickende Darstellung des Sachverhältnisses nicht, wie das Referat, eine farblose Erzählung der Thatsachen und des Prozeßganges sein, vielmehr die thatsächlichen Grundlagen des Erkenntnisses so zur Anschauung bringen, wie dieselben nach den Erklärungen der Parteien und dem Resultat der Beweisaufnahme durch die richterliche Beurtheilung festgestellt worden sind. Von dieser Vorschrift ist indessen die Praxis abgewichen, indem meistentheils das Referat selbst, etwa nur in gedrängterer Fassung, mit den Berichtigungen, welche dasselbe bei der mündlichen Verhandlung erfahren hat, als Geschichtserzählung für das Erkenntniß benutzt wird. Es ist dies einestheils der wörtlichen Bestimmung des §. 32 der Instruktion vom 24. Juli 1833 gemäß, andrerseits aber auch (nach dem Anerkenntniß des Königl. Ober-Tribunals in dem Seite 25 bis 28 des Justiz-Ministerial-Blattes von 1851 mitgetheilten Gutachten) in der Natur der Sache wohl begründet, indem das Urtheil für sich verständlicher ist, wenn zunächst nur eine Uebersicht des Unstreitigen und Streitigen in erzählender Weise ohne Einmischung eines Urtheils gegeben, und die Feststellung der streitigen Thatsachen mit der Entwickelung der auf den Thatbestand anwendbaren Rechtsgrundsätze (der Dijudikation) verbunden wird, als wenn von vornherein als feststehend vorgetragene Thatsachen erst hinterher durch Vorführung des Inhalts der Beweismittel gerechtfertigt werden.

Indem die geschichtliche Darstellung des Erkenntnisses hiernach den Gang des Referats verfolgt, hat dieselbe gleichwohl aus der Geschichtserzählung und Prozeßgeschichte nur das Wesentliche herauszuheben. Was vom Standpunkte des erkennenden Richters keinen Einfluß auf die Entscheidung hat, ist gänzlich zu übergehen; die Resultate des Beweisverfahrens dagegen, sowie bloße Nebengründe zur Unterstützung der Klage oder einer Einrede, zur Rechtfertigung von Nebenforderungen an Schäden, Zinsen und Kosten oder auch des Betrages der Forderung, sind in der Ausführung der Gründe unterzubringen.

An die geschichtliche Darstellung schließt sich mit einer kurzen Uebergangsformel, z. B.

Es war, wie geschehen, zu erkennen,

die vollständige Beurtheilung des Rechtsfalles an. In materieller Hinsicht müssen dabei die von dem Kollegium beschlossenen Gründe mit strengster Gewissenhaftigkeit festgehalten werden; für die Anordnung aber sind die im Abschn. VI. Lit. B gegebenen Regeln hier in gleicher Weise zu beobachten. Stimmt der Kollegialbeschluß mit dem Votum des Referenten durchweg überein, so wird die Ausführung des Erkenntnisses im Wesentlichen auf eine Wiederholung der Gründe seines Gutachtens hinauslaufen, welche nur durch Einschaltung des Thatsächlichen, soweit dies aus dem Referat in die Beurtheilung zu übertragen ist, sowie dadurch eine Modifikation zu erleiden haben, daß dasjenige, was der Referent im Votum als seine subjektive Meinung vorgetragen, im Erkenntniß als Ausspruch des Gerichts, mithin in veränderter Fassung, zur Erscheinung kommt.

3. Schließlich ist in Betreff der Punktensachen speciell noch zu bemerken, daß nach Voranschickung des Eingangs der Urtelsformel bis zu den Worten: „den Akten gemäß erkannt," der Tenor mit dem Nachsatz: „von Rechts wegen" für jeden Punkt besonders abzuschließen ist, und demnächst die auf jeden bezüglichen Gründe an den betreffenden Theil des Tenors anzureihen sind. Der allgemeine Theil der geschichtlichen Darstellung sowohl, als die dahin gehörige Beurtheilung ist in die Gründe des ersten Punktes aufzunehmen.

Sammlung
von Probe-Referaten.

I. Erste Instanz.

Referat

in Sachen des Kaufmanns L. H. Koch zu Anklam, Klägers und Widerverklagten, wider die Kaufleute Rohr & Bock hierselbst, Verklagte und Widerkläger.

K, 121 de 1856,

wegen Herausgabe deponirter Leder, event, Werthserstattung von 80 Thlrn. 9 Sgr. 6 Pf.

Der Kläger sendete am 13. Juli 1855 an den Kaufmann Mauri zu Pasewalk eine Bürde Sohlleder, seiner Angabe nach echtes Maestrichter, bestehend aus fünf Häuten im Gewicht von 2 Ctrn. 12½ Pfd. Da Mauri das Leder nicht behalten wollte, wies Kläger ihn an, dasselbe zur einstweiligen Aufbewahrung an die Verklagten hierher zu senden. Diese Letztern ersuchte Kläger in einem Schreiben vom 2. September 1855, das Leder anzunehmen und in ihrem Keller oder an einem andern passenden Ort gut unterzubringen, auch den Verkauf der Waare zu versuchen oder zu vermitteln, und von dem Erlöse ihre Frachtauslagen nebst Provision abzuziehen. In Folge dessen haben Verklagte das Leder übernommen und an Fracht 2 Thlr. 7 Sgr. 6 Pf. verauslagt.

Im Februar 1856, so giebt Kläger an, sei er mit dem Schuhmachermeister Loos hierselbst in Unterhandlung getreten, und habe demselben, der das Leder um den Preis von 38 Thlrn. für den Centner habe kaufen wollen, einen Auslieferungsschein zur Empfangnahme von den Verklagten ausgestellt. Die Verklagten haben jedoch dem Loos das Leder nicht verabfolgt, vielmehr unterm 8. März 1856 dem Kläger brieflich angezeigt, daß ihnen das Leder aus ihrem Magazin gestohlen worden sei, und in einem ferneren Schreiben vom 12. ejusd. die ihnen vom Kläger angesonnene Entschädigung abgelehnt.

Der Kläger bestreitet nun, daß überhaupt das Leder den Verklagten gestohlen worden; event. soll denselben nach den hier maaßgebenden Grundsätzen von Verwahrungsverträgen mit Rücksicht darauf, daß sie nicht binnen drei Tagen nach bemerktem Verlust ihm davon Nachricht gegeben, der vollständige Nachweis sowohl über den Hergang des Diebstahls als auch darüber obliegen, daß der Verlust durch einen unabwendbaren Zufall ohne ein selbst nur geringes Versehen von ihrer Seite entstanden sei. Der Kläger macht aber den Verklagten sogar ein grobes Versehen zum Vorwurf, weil sie das Leder an einem völlig unsicheren Ort verwahrt und keineswegs unter sicherem Verschluß gehalten, auch während der ganzen Zeit der Aufbewahrung sich niemals überzeugt hätten, ob das Leder noch vorhanden sei, oder nicht. Dies, meint er, gehe schon daraus hervor, daß, als Loos das Leder habe in Augenschein nehmen wollen, Verklagte dessen Besitz in Abrede gestellt, und nicht einmal hätten angeben können, wo dasselbe verwahrt gewesen, und wie es fortgekommen sei. Indem Kläger den Werth des Leders auf mindestens 38 Thlr. pro Ctr. angiebt, hat er dahin angetragen:

die Verklagten zu verurtheilen, die von ihm in Verwahrung erhaltenen 2 Ctr. 12½ Pfd. Sohlleder ihm zurückzugeben, und falls sie dies nicht vermögen sollten, ihm 80 Thlr. 9 Sgr. 6 Pf. Schadensersatz nebst 5 Prozent Zinsen vom Tage des ergehenden Erkenntnisses ab zu bezahlen.

Die Verklagten haben bestritten, daß zwischen ihnen und dem Kläger ein Verwahrungsvertrag stattgefunden, vielmehr die Annahme des Leders als eine bloße Gefälligkeitssache von ihrer Seite bezeichnet. Ferner haben sie bestritten, daß Loos das Leder habe kaufen wollen, daß er ihnen einen Auslieferungsschein vorgezeigt, und daß sie ihm den Besitz des Leders in Abrede gestellt und nicht hätten angeben können, wo es verwahrt gewesen. An demselben Tage, wo sie den von ihnen behaupteten Diebstahl dem Kläger angezeigt, am 8. März 1856, wollen sie das Leder auch erst vermißt, und an eben diesem Tage der Polizeibehörde Anzeige wegen des Diebstahls gemacht haben. Die klägerischen Angaben in Betreff eines bei der Aufbewahrung begangenen Versehens haben sie in Abrede gestellt, und ihrerseits behauptet, daß das Leder nebst den ihnen selbst zugehörig gewesenen Ledern auf ihrem mit einem sicheren Schloß versehenen und verschlossenen, ganz dichten und festen Boden, wo sie schon seit mehreren Jahren ihre Waaren aufbewahrt, gelegen habe. Hiermit meinen sie selbst unter Voraussetzung eines Verwahrungsvertrages ihren Verpflichtungen vollständig genügt zu haben. Bestritten haben sie außerdem, daß das Leder echtes Maestrichter und daß der Centner von demselben 38 Thlr. werth gewesen sei, vielmehr einen Werth von höchstens 20 Thlrn. pro Centner, für die ganze Sendung also von 41 Thlrn. zugestanden. Sie haben beantragt,

den Kläger gänzlich abzuweisen,

und zugleich wiederklagend:

ihn zur Erstattung der für ihn verauslagten 2 Thlr. 7 Sgr. 6 Pf. zu verurtheilen,

eventuell:

ihn mit seiner Mehrforderung von 41 Thlru. 17 Sgr. abzuweisen.

Der Kläger hat bestritten, daß die in Folge seines Auftrags geschehene Annahme der Waare Seitens der Verklagten eine Gefälligkeitssache gewesen; ebenso hat er alle übrigen Angaben der Verklagten in Abrede gestellt. Zur Führung des Nachweises, daß den Verklagten das Leder gestohlen sei, hält er es für durchaus ungenügend, daß sie dasselbe vermißt und davon der Polizeibehörde Anzeige gemacht haben wollen. Die Forderung von 2 Thlrn. 7 Sgr. 6 Pf. an verlegter Fracht hat er anerkannt und deren Abrechnung bewilligt.

Es ist Beweis erhoben worden,

A) darüber, ob die Verklagten das ihnen durch den Kaufmann Mauri zugegangene Leder an demselben Ort wie ihre eigenen Waaren auf einem verschlossen gehaltenen Boden aufbewahrt haben.

Hierüber haben eidlich bekundet:

1. der seit dem 15. October 1855 im Dienst der Verklagten stehende Hausknecht Klapper,

daß er auf dem Boden der Verklagten eine Bürde gegerbtes Sohlleder gesehen, welche späterhin vermißt worden, und daß auf eben diesem Boden, so lange er bei den Verklagten im Dienst stehe, auch stets ungegerbte denselben gehörige Leder gelegen. Dieser Boden sei mit einem Schloß versehen und werde immer unter Verschluß gehalten; er, Zeuge, habe niemals bemerkt, daß derselbe unverschlossen geblieben wäre. Ob das Leder den Verklagten durch Mauri zugegangen sei, und dem Kläger gehört habe, wisse er nicht. Indessen habe immer nur die eine Bürde gegerbtes Leder auf dem Boden gelegen, indem Verklagte selbst nur mit ungegerbtem Leder handelten, und daher für sich nur solches auf dem Boden zu liegen gehabt hätten.

2) der frühere Hausknecht der Verklagten, Krach:

Er habe bis zum 15. October 1855 bei den Verklagten im Dienst gestanden. Etwa einen Monat vorher habe ein Fuhrmann eine Bürde Sohlleder, aus fünf Häuten bestehend, zu den Verklagten gebracht. Beim Verwiegen habe sich das Gewicht des Leders über 2 Ctr. herausgestellt Auf erhaltene Anweisung habe er das Leder auf einen der Böden der Verklagten geschafft, wo dasselbe sich noch bei seinem Abgange befunden. Auf diesen Böden hätten Verklagte fortwährend ihnen gehörige Waaren, namentlich rohes Leder, aufbewahrt. Die Böden seien mit Schlössern versehen, und während der Zeit seines Dienstes sorgfältig unter Verschluß gehalten worden; er habe niemals einen derselben unverschlossen gefunden. Ob die Bürde Leder den Verklagten von Mauri zugegangen sei, und dem Kläger gehört habe, wisse er nicht; bei seinem Abgang und schon vorher habe sich aber nur diese eine Bürde gegerbtes Leder auf dem Vorrathsboden befunden.

B) ob der Werth des durch Mauri den Verklagten zugegangenen Leders 38 Thlr. oder höchstens 20 Thlr. für den Ctr. betragen habe.

Der Ledermakler John hat in dieser Hinsicht eidlich ausgesagt:

Er habe das Leder, als es von Mauri bei den Verklagten angekommen, zwar gesehen, jedoch nicht genauer darauf geachtet: dasselbe sei echtes Maestrichter und jedenfalls mehr als 20 Thlr. für den Ctr. werth gewesen, der Ansatz von 38 Thlr. pro Centner aber sei zu hoch, so weit er sich noch ein Urtheil zutraue, möge der Werth etwa 30 Thlr. pro Centner betragen haben.

Votum.

Die Förmlichkeiten sind in Ordnung, da der klägerische Anspruch rein privatrechtlicher Natur ist und die Verklagten als hiesige Einwohner der diesseitigen Gerichtsbarkeit für ihre Person unterworfen sind, auch der Sachwalter des Klägers, Rechtsanwalt Schulze eine den Erfordernissen des §. 30 Tit. 3 der Proz.-Ordn. durchweg entsprechende Vollmacht eingereicht hat, während die Verklagten ihre Rechte in Person wahrgenommen haben.

In der Sache selbst würde ich auf Abweisung des Klägers und Verurtheilung desselben nach dem in der Reconvention gestellten Antrage erkennen.

Mit Unrecht haben allerdings die Verklagten das Vorhandensein eines Verwahrungsvertrages aus dem Grunde in Abrede gestellt, weil die Annahme des Leders von ihrer Seite eine Gefälligkeitssache gewesen sei. Zum Begriff des Verwahrungsvertrages gehört allein, daß Jemandem eine Sache unter der Verbindlichkeit, sie aufzubehalten und künftig zurückzugeben, übergeben worden sei, ob aber der Uebernehmer dabei aus Gefälligkeit gehandelt habe, ist gleichgültig: wo derselbe die Verwahrung, wie dies die Regel ist, ohne Entgelt übernommen hat, wird sogar stets eine Gefälligkeit dem Geschäft zum Grunde gelegen haben. Es läßt sich demnach mit Rücksicht auf das Zugeständniß der Verklagten, daß sie das Leder in Folge brieflichen Ersuchens des Klägers, dasselbe bei sich unterzubringen und wenn möglich zu verkaufen, angenommen, m. E. nicht bezweifeln, daß sie mit der Annahme sich auch allen Verpflichtungen eines Verwahrers wirklich unterzogen haben.

Zu weit dürfte man indessen gehen, wenn man von den Verklagten, in deren Besitz das in Verwahrung genommene Leder, wie sie behaupten, verloren gegangen, den Nachweis dieses Verlustes verlangen wollte. Die §§. 35 und 36 Tit. 14 Thl. I des A. L. R. bestimmen:

> Ueberhaupt muß jeder Verwahrer, in dessen Besitz die niedergelegte Sache beschädigt wird oder verloren geht, dem Niederleger davon längstens binnen drei Tagen nach bemerktem Schaden oder Verlust Nachricht geben, damit der Niederleger allenfalls auf rechtliche Untersuchung des Hergangs der Sache und der dabei vorkommenden Umstände sofort antragen könne.
>
> Unterläßt er dieses und beruft sich erst zur Zeit der Rückforderung auf die Beschädigung oder den Verlust der Sache, so muß er nachweisen: daß dieselben durch einen bloßen unabwendbaren Zufall ohne ein auch nur geringes Versehen von seiner Seite entstanden sind.

Danach waren die Verklagten nur verbunden, binnen der bestimmten Frist nach wahrgenommenem Verlust dem Kläger davon Nachricht zu geben. Haben sie dies gethan, so sind sie von dem Nachweis befreit, daß die verwahrlich übernommene Sache durch Zufall verloren gegangen sei, indem der §. 36 cit. einen solchen Nachweis dem Verwahrer nur für den Fall auferlegt, daß er die rechtzeitige Anzeige unterlassen haben, und sich erst zur Zeit der Rückforderung der Sache auf den Verlust berufen sollte.

Daß nun aber die Verklagten dem Kläger rechtzeitig die vorgeschriebene Anzeige des behaupteten Diebstahls gemacht, würde ich aus dem Grunde annehmen, weil Kläger geständlich eine solche am 8. März 1856 zur Post gegebene Anzeige erhalten, und seinerseits keinen früheren Zeitpunkt, wo Verklagte das Leder zuerst vermißt haben sollen, angegeben, geschweige erweislich gemacht hat. Demgemäß ist die Behauptung der Verklagten, daß sie die gedachte schriftliche Anzeige an demselben Tage gemacht, wo das Leder von ihnen vermißt worden, m. E. als feststehend anzusehn.

Unter diesen Umständen wäre es Sache des Klägers gewesen, den Beweis zu führen,

entweder daß der Verlust durch ein vertretbares Versehen der Verklagten bei der Aufbewahrung entstanden,

oder daß das Leder noch bei ihnen vorhanden, die Anzeige des Verlustes also eine unrichtige gewesen sei.

Einen derartigen Beweis hat er indessen nirgend angetreten; er hat sich vielmehr auf ein bloßes Bestreiten der Thatsache des Diebstahls, so wie auf die Behauptung beschränkt, daß Verklagte das Leder an einem unsichern Ort aufbewahrt, es unter keinem sichern Verschluß gehalten und sich während der Zeit der Aufbewahrung niemals von dem Vorhandensein desselben überzeugt hätten. Diese letzteren Angaben würden an sich erheblich sein, dieselben sind indessen nicht nur ohne Beweis gelassen, sondern es stehen ihnen auch die eidlichen Aussagen des Klapper und Krach entgegen, durch welche die von den Verklagten behauptete Aufbewahrung bis zu einem der vollen Gewißheit nahe kommenden Grad von Wahrscheinlichkeit in das Licht gesetzt wird. Ein Versehen der Verklagten anzunehmen, fehlt es hiernach an jedem Anhalt, und auch das kann keinen Verdacht gegen sie rege machen, daß sie gegen Loos den Besitz des Leders bestritten haben und nicht im Stande gewesen sein sollen, anzugeben, wo dasselbe verwahrt gewesen sei. Das Bestreiten des Besitzes, d. h. die Erklärung, nicht im Besitz zu sein, war nach entdecktem Verlust nichts Auffälliges, und zu einem Ausweis über die Art der Aufbewahrung waren Verklagte gegen Loos überhaupt nicht verpflichtet.

Aus diesen Gründen dürfte sich die Abweisung des Klägers und dessen Verurtheilung zur Erstattung der den Verklagten erwachsenen, nicht streitigen Frachtauslage rechtfertigen. Ein eventueller Werth des Leders (nach §. 40. Tit. 13 der Proz.-Ordn.) wird nicht festgesetzt werden können, da der Sachverständige John zu einer bestimmten Schätzung nicht im Stande gewesen ist, und im Fall der Verurtheilung der Verklagten auch noch erst die Zulassung des Klägers zum Schätzungseide in Frage kommen würde. Der Kostenpunkt wird nach §. 2. Tit. 23 der Proz.-Ordn. zu bestimmen sein.

Den Tenor des Erkenntnisses würde ich dahin fassen:

daß

1. in der Convention Kläger mit dem Antrage auf Verurtheilung der Verklagten zur Zurückgabe verwahrlich übernommener 2 Ctr. $12^1/_2$ Pfd. Sohlleder, event. Zahlung von 80 Thlrn. 9 Sgr. 6 Pf. abzuweisen,
2. in der Rekonvention Kläger und Wiederverklagter schuldig, den Verklagten und Wiederklägern an verauslagter Fracht 2 Thlr. 7 Sgr. 6 Pf. zu erstatten,
3. Kläger und Wiederverklagter die Kosten des Prozesses zu tragen und zu erstatten gehalten.

N. den . . . .

N.

II. Appellations-Instanz.

Referat

in Sachen
des Gasthofsbesitzers August Neumann zu Protzen,
Verklagten und Appellanten,
wider
die Gemeinde zu Loswitz.,
Klägerin und Appellatin.

Negatorien-Klage.

Unweit des Dorfes Loswitz und nahe bei den letzten Häusern des benachbarten Dorfes Protzen liegt, wie die Handzeichnung Bl. 8 der Akten veranschaulicht, südlich von der von Zeitz nach Pegau führenden Chaussee, dem Gehöfte des Verklagten gegenüber, ein ungefähr 60 Ellen lang an der Chaussee sich hinziehender freier Platz von 16¹/₄ □ Ruthen Flächeninhalt, dessen Eigenthum und Benutzung den Gegenstand des gegenwärtigen Prozesses bildet und dessen Nutzungswerth für die klagende Gemeinde Loswitz als Ablagerungsplatz von Baumaterial, schließlich auf 54 Thlr. 5 Sgr. abgeschätzt worden ist. Gegen Norden ist dieser Platz durch eine doppelte Reihe Pappeln von der gedachten Chaussee getrennt; gegen Westen ist er durch den Garten des Schmiedemeisters Hahn zu Protzen und gegen Süden durch den zwischen Loswitz und Protzen befindlichen Communicationsweg, auch Dorfstraße genannt, begrenzt. Nach Osten endlich verbindet sich dieser Weg mit der Chaussee, welche bei ihrer Anlegung im Jahre 1806 eine nach des Verklagten Behauptung früher hier befindliche Krümmung der alten Zeitz-Leipziger Straße nach der Seite des Streitplatzes zu abschnitt. Auf der andern Seite der Chaussee, dem Streitplatz gegenüber, liegt der im Hypothekenbuch von Protzen eingetragene Gasthof des Verklagten, welcher auf 6 verschiedenen Grundstücken errichtet ist, die sowohl in dem Flurbuch von Loswitz, als auch in dem von Protzen eingetragen sind, und von denen vier nach Protzen, eins nach Loswitz und eins nach dem benachbarten Dorfe Beesdorf die Abgaben entrichten. Der Verklagte, welcher den streitigen Platz als eine Entschädigung für das durch Verlegung der Landstraße ihm von seinen Grundstücken entzogene Land und somit als Pertinenz seines Gehöftes betrachtet, hat in den Jahren 1846 und 1847 verschiedene Baumaterialien, späterhin auch Kies auf demselben abgelagert und die ersteren bearbeiten, sowie neuerdings einen Weg über den Platz aufschütten lassen.

Die klagende Gemeinde hält dies für einen Eingriff in ihr Eigenthumsrecht an dem Streitplatz und hat, indem sie sich wegen der vom Verklagten begonnenen Anlegung des Weges besondere Klage vorbehält, im März 1849 den Verklagten mit dem Antrage in gerichtlichen Anspruch genommen:

> ihn zu verurtheilen, sich des Lagerns von Baumaterial und des Bearbeitens desselben auf dem bezeichneten Platze gänzlich zu enthalten.

Der Verklagte widerspricht diesem Antrage, bestreitet der Klägerin das in Anspruch genommene Eigenthumsrecht, nimmt es vielmehr für sich selbst in Anspruch, setzt event. der Klägerin den Einwand der mangelnden Aktivlegitimation entgegen, indem der Streitplatz als Theil der alten Straße Eigenthum des Fiskus sein würde, und trägt auf Abweisung der Klägerin an.

Diese gründet ihr Eigenthum an dem fraglichen Platz auf folgende Behauptungen:

Zuvörderst habe der Platz, ohne im besonderen Eigenthum eines Einwohners von Loswitz zu sein, seit unvordenklicher Zeit, und lange vor der Verlegung der Chaussee im Jahre 1806, als Lehdegrundstück innerhalb der Flur des Dorfes Loswitz gelegen und sei bei den seit länger als 50 Jahren gehaltenen Flurzügen stets als zur Loswitzer Flur gehörig mit umschlossen worden. Die Flurzüge seien nämlich stets auf der Loswitzer Dorfstraße bis zu einem am Ende der Körbinschen Gartenhecke früher vorhanden gewesenen Grenzsteine, auf der Handzeichnung mit a bezeichnet, und sodann nordwärts zwischen dem Hahnschen Schmiedegraben und dem Streitplatz hindurch über die Chaussee gegangen, und hätten solchergestalt nicht nur den diesseits der Chaussee liegenden Streitplatz, sondern auch noch die sämmtlichen jenseits derselben in Loswitzer Flur gelegenen Grundstücke, auf welchen der Gasthof des Verklagten erbaut worden, miteingeschlossen.

Der Verklagte bestreitet diese Anführungen und behauptet vielmehr, daß der Streitplatz früher ein Theil der alten Straße gewesen und erst seit dem Jahre 1806 entstanden sei, auch stets in Protzener Flur gelegen habe, ebenso wie die Grundstücke, auf welchen sein Gasthof erbaut sei. Eine bestimmte Flurgrenze habe das Dorf Loswitz nie gehabt, sondern nur eine Hütungsgrenze, da die Fluren Loswitz, Protzen und Beesdorf gemischte Fluren gewesen seien und zwischen diesen Dörfern von jeher eine Flur- und Steuergemeinschaft stattgefunden habe. Die Klägerin giebt nur zu, daß die am Streitplatz gelegene doppelte Pappelreihe früher ein Theil der alten Straße gewesen und daß eine auf dem Streitplatz befindlich gewesene Erhöhung im Jahre 1806 abgegraben und dadurch der Platz geebnet worden sei; alle übrigen Behauptungen des Verklagten bestreitet sie aber und producirt zum Beweise, daß Loswitz eine besondere Flurgrenze stets gehabt und noch habe, ein Attest des Amts Pegau v. 3. April 1751 und des Amts Weissenfels v. 10. April 1751, sowie die zwischen den Gemeinden Loswitz und Protzen aufgenommene neueste Grenzregulirungsverhandlung vom 1. März 1842, von welchen Beweisstücken Verklagter nur das letztere als Original anerkennt.

Ferner behauptet die Klägerin, seit unvordenklicher Zeit sowohl die südlich von dem Streitplatz gelegene Loswitzer Dorfstraße gebaut, unterhalten, gebessert und mit Kies befahren, als auch auf dem nördlich von demselben liegenden Theil der Chaussee zu Winterszeiten den Schnee hinweggeräumt zu haben. Verklagter bestreitet dies, indem sowohl die Besserung der Dorfstraße, als auch das Wegräumen des Schnees von der bezeichneten Chausseestrecke durch Gemeindemitglieder von Protzen vorgenommen worden sei. Klägerin hat in dieser Beziehung nur zugestanden, daß nach einem Brandunglück, welches im Jahre 1822 mehrere Einwohner von Protzen betroffen, denselben vergünstigungsweise gestattet worden sei, ihren Bauschutt auf die Loswitzer Dorfstraße zu fahren.

Sodann behauptet Klägerin, den Streitplatz seit unvordenklicher und rechtsverjährter Zeit, mit Ausschließung der Gemeinde Protzen, frei, öffentlich und ungestört behütet zu haben. Auch dies stellt der Verklagte in Abrede, der vielmehr selbst den Platz mit seinem Vieh behütet zu haben vorgiebt.

Endlich behauptet Klägerin, den fraglichen Platz seit rechtsverjährter Zeit zum Niederlegen und Bearbeiten von Bauholz benutzt, und wenn dies auch vergünstigungsweise einzelnen Einwohnern benachbarter Dörfer gestattet worden sei, doch solche Personen, die es ohne ihre Erlaubniß gethan, in Strafe genommen zu haben; so namentlich im Jahre 1840 die Einwohner Ronne, Reinhard und Achenbach von Protzen, im Jahre 1842 den Mühlenbesitzer Härtig zu Pegau, im Jahre 1845 und 1848 den Handarbeiter Bach von Protzen. Ja im Jahre 1842 habe der Verklagte selbst wegen unbefugten Lagerns von Bauholz auf diesem Platze zur Strafe eine halbe Tonne Bier entrichten müssen, und vor einigen Jahren habe er durch den Handarbeiter Hirsch den von ihm mit Bauholz belegten Platz mit dem Bemerken räumen lassen, daß ihn die Gemeinde Loswitz sonst strafe. Verklagter hat diese Anführungen der Klägerin theils bestritten, theils in's Nichtwissen gestellt, und vielmehr behauptet, daß nicht nur er selbst, sondern auch viele andere Gemeindeglieder von Protzen stets dort Bauholz niedergelegt und Zulagen zu Gebäuden hätten fertigen lassen, ohne eine Erlaubniß bei der Klägerin nachgesucht zu haben oder von derselben bestraft zu sein. Er selbst habe im Jahre 1842 dort Holz gelagert und als Klägerin scherzweise eine halbe Tonne Bier als Strafe verlangt, den Gemeindegliedern von Loswitz, welche seine Stammgäste gewesen, das Bier freiwillig zum Besten gegeben. Den hierüber, so wie über die Bestrafung des Ronne, Reinhard und Achenbach ihm angetragenen Eid hat er der Klägerin referirt, welche denselben angenommen hat. Wegen der übrigen vom Verklagten gleichfalls bestrittenen Straffälle hat sich Klägerin auf die betreffenden Akten bezogen.

Nach stattgefundener Beweisaufnahme durch Einnahme des Augenscheins, Vorlegung zahlreicher Akten und Urkunden, und Vernehmung sämmtlicher von beiden Seiten benannten Zeugen hat das Kreisgericht zu N. unterm . . . . dahin erkannt,

> daß Verklagter schuldig, sich des Lagerns von Baumaterialien und des Bearbeitens derselben auf dem an der Mittagsseite der von Zeitz nach Pegau führenden Chaussee, dem Neumannschen Gasthofe gegenüber liegenden, weiter nach Mittag zu von der Loswitzer Dorfstraße begrenzten und bis an den Garten des Schmiedemeisters Hahn stoßenden Lehdegrundstück gänzlich zu enthalten und die Kosten des Prozesses zu tragen und zu erstatten.

Das Gericht nahm an, daß der Beweis des Einwandes der fehlenden Aktivlegitimation dem Verklagten gänzlich mißlungen, vielmehr die Behauptungen der Klägerin, daß der Streitplatz innerhalb der Grenzen ihrer Flur liege und bei den Flurzügen mitumschlossen worden sei, daß sie den angrenzenden Theil der Dorfstraße gebessert und den Streitplatz behütet habe, vollständig bewiesen seien, und Verklagter eine Einschränkung der Befugnisse der Klägerin durch entsprechende, innerhalb der Verjährungsfrist unternommene, fehlerfreie Besitzakte nicht nachzuweisen vermocht habe.

Gegen dies Erkenntniß hat der Verklagte die Appellation eingelegt. Er erachtet sich dadurch beschwert,

> daß er, wie geschehen, verurtheilt und nicht vielmehr Klägerin abgewiesen worden sei.

Er behauptet neu, daß die im Jahre 1806 verlegte Zeitz-Leipziger Chaussee früher bis an den damals nur 6—8 Fuß breiten Protzen-Loswitzer Kommunikationsweg sich erstreckt habe und von demselben nur durch den abgegrabenen Damm getrennt gewesen, und daß, durch das Abgraben dieses Damms und die Verlegung der Straße nach Mitternacht zu, der jetzt streitige Platz entstanden sei. Die Klägerin bestreitet dies, widerspricht der Vernehmung der über diese Behauptung neu benannter Zeugen, da das Gegentheil schon durch die Beweisaufnahme der ersten Instanz festgestellt worden sei, und trägt event. auf Confrontation der Zeugen mit dem hierüber in erster Instanz vernommenen Zeugen Achenbach und noch drei anderen neuen Gegenzeugen an.

Das Resultat der in erster Instanz stattgefundenen Beweisaufnahme ist folgendes und zwar:

I. über die Entstehung, die Lage und die Grenzen des Streitplatzes.

A. Ueber die Entstehung des Streitplatzes bekunden für die Behauptung des Verklagten, daß derselbe ein Theil der alten Straße sei:

1. der Auszügler Bock aus Protzen:
der streitige Platz sei erst seit Anlegung der Chaussee entstanden, indem die alte Straße nach Körbin's Hecke hinein einen Winkel gemacht habe, wodurch die Dorfstraße so verengt worden, daß nicht zwei Wagen nebeneinander hätten fahren können; dieser Winkel sei weggebracht worden und die neue Straße zum Theil auf das Feld nach Norden gelegt, die alte Straße aber, zwischen welcher und der Dorfstraße noch etwas Rasendamm gewesen, sei weggebracht und das beseitigte Stück zur neuen Straße verwendet worden.

2. der Auszügler Abrah. Straubing aus Protzen, welcher zur Zeit des Chausseebaus im Jahre 1806 in Loswitz gewesen ist und einen Bruder und Geschwisterkinder in dasiger Gemeinde hat:
Zwischen der alten Straße, welche eine Krümmung nach der Protzen-Loswitzer Dorfstraße machte, und dieser letzteren sei früher ein Berg gewesen, über welchen ein Weg von Loswitz nach der alten Straße geführt habe. Die letztere sei auch nicht so breit gewesen, als die jetzige Chaussee, welche man nach Mitternacht zu dadurch breiter gemacht habe, daß Seitens der Chausseeverwaltung von den gegenüberliegenden Feldern bald mehr, bald weniger zur Chaussee gezogen worden, wofür die Feldbesitzer keine Entschädigung erhalten hätten. Weiter nach Abend von dem Streitplatze hätten sich einzelne Grundstücksbesitzer etwas von dem liegen gebliebenen Theil der alten Straße, die ihren Feldern gerade gegenüber gelegen, zugeeignet. Ihm selbst, dem Zeugen, sei es nicht so gut geworden, das seinem Grundstück gegenüber liegende Stück der alten Straße, wo jetzt das Haus des Hahn stehe, zu erhalten. Auch wegen des jetzigen Streitplatzes, dem gegenüber die Feldbesitzer durch den Chausseebau Areal verloren hätten, sei nicht bestimmt worden, wem derselbe fortan gehören sollte.

Gegen die obige Behauptung des Verklagten bekunden:

1. der Auszügler Starke, Schwiegervater eines Loswitzer Gemeindemitgliedes:

Die alte Straße habe bis zu Hahn's Garten, wo eine Erhöhung derselben abgegraben und die Erde in die Tiefe geschüttet worden sei, dieselbe Richtung wie noch jetzt gehabt; dagegen sei die Loswitzer Dorfstraße verändert worden, da sie früher am Schmiedegarten auf die Chaussee geführt habe, während sie jetzt unterhalb des Streitplatzes auf die Chaussee münde.

2. Abraham Straube aus Döbel:

Durch die Anlegung der Chaussee im Jahre 1806 habe der Streitplatz erst seine jetzige Größe erlangt, indem die Unebenheiten, welche die alte Straße früher neben dem Streitplatz gehabt, ausgeglichen, und die Erhöhungen abgetragen worden seien. Die Dorfstraße von Loswitz sei früher mitten über den streitigen Platz nach der Chaussee zu gegangen.

3. Gottlob Wilde, Auszügler in dem Hause seines Sohnes zu Loswitz:

Die alte Leipziger Chaussee habe vor dem Jahre 1806 in der Gegend des jetzigen Schmiedegartens einen kleinen Bogen gemacht; in der Gegend des Streitorts aber sei sie ebenso breit, wie jetzt gewesen, besonders habe sie dem Bach-schen Hause nicht näher gelegen.

4. Der Auszügler Körbin, Bauaufseher bei dem im Jahre 1806 erfolgten Chausseebau:

Auf der nördlichen Seite der Chaussee, wo jetzt des Verklagten Haus stehe, sei von den Feldern, etwas zur Chaussee gezogen worden, ungefähr 12 Ellen breit. Eine Entschädigung sei den Feldbesitzern nicht gewährt worden, weil das zur Chaussee gezogene Land noch nicht 2 Metzen betragen und erst von diesem Areal ab die Entschädigung angefangen habe. Ueber die zweite Reihe Pappeln nach Mittag zu sei auch die alte Straße nicht gegangen, jedoch könne etwas von der alten Straße zum Streitplatz gekommen sein, da sie früher ein hoher mit Rasen bewachsener Damm gewesen, durch dessen Abtragung der streitige Platz entstanden sei.

5. Der Chausseewärter Müller aus Protzen, welcher im Jahre 1806 als Tagelöhner an der alten Straße gearbeitet:

Durch den Chausseebau sei die zwischen der Schmiede und dem Zollhause befindliche Krümmung der alten Straße weggebracht, indem ein zwischen ihr und der Loswitzer Dorfstraße befindlicher Rasendamm und die alte Straße selbst abgehackt worden, wodurch der streitige Platz entstanden sei.

6 Carl Heine aus Protzen:

Der Streitplatz sei dadurch entstanden, daß ein hoher Uferrand der alten Straße, welche hier früher eine Krümmung nach der Dorfstraße zu gemacht, bei dem Chausseebau abgehackt und abgefahren worden sei.

7. Der Auszügler Gottfried Wilde, welcher einen Schwiegersohn in der klagenden Gemeinde hat:

Vor dem Chausseebau sei zwischen der alten Straße und der Dorfstraße ein kleiner Rasendamm gewesen, welcher bei Anlegung der neuen Chaussee über die nördlich daran liegenden Felder abgetragen worden, und hierdurch sei der jetzige Streitplatz entstanden.

8. Der Chausseewärter Reiche aus Zeitz:
9. Der Auszügler Abraham Braun aus Protzen:*)

B. Ueber die Lage und die Grenzen des Streitplatzes bekunden, und zwar für die Behauptung der Klägerin, daß derselbe stets in ihrer Flur gelegen und bei den Flurzügen als hinzugehörig mit umschlossen worden sei:

1. Gottlob Wilde, als Auszügler bei seinem Sohne in Loswitz wohnend:
von den Flurzügen vom Jahre 1789 bis 1840,
2. Abraham Straube aus Döbel:
von den Flurzügen vom Jahre 1798 bis 1822,
3. Der Auszügler Storke, Schwiegervater eines Loswitzer Gemeindemitgliedes:
von den Flurzügen der Loswitzer vom Jahre 1807 bis 1839,
4. Künzel aus Protzen:
von den Flurzügen vom Jahre 1809 bis 1819:
daß sie bei allen Flurzügen der Loswitzer Einwohner, welchen sie beigewohnt, die Grenzen in der von der Klägerin angegebenen Art und zwar dergestalt umzogen hätten, daß der streitige Platz mit umschlossen worden sei. Die beiden Zeugen Abraham Straube und Auszügler Starke fügen hinzu, daß auch die Grundstücke nördlich von der Chaussee, auf welchen der Gasthof des Verklagten erbaut worden, von dem Flurzuge mit eingeschlossen worden seien. Ferner bekunden
5. Der Ortsvorsteher Dietz aus Beesdorf:
daß seine Gemeinde bis zum Jahre 1840 bei Gelegenheit der Feier von Königs Geburtstag drei Jahre hinter einander mit den Loswitzern bis an den Garten des Schmiedemeisters Hahn gezogen seien, wo die Loswitzer gesagt hätten, hier sei ihre Grenze.
6. Lorenz Heine aus Protzen:
bei den seit dem Jahre 1809 von den Protzenern gehaltenen Flurzügen sei der Streitplatz nie mitumzogen worden.
7. Auszügler Kabisch von Protzen:
Bei den vielen von ihm bis vor etwa 8 Jahren mitgemachten Flurzügen der Protzener sei die unterhalb der Chaussee auf der Seite von Hahn's Garten liegende Stelle nicht mit umzogen worden.
8. Gottfried Wilde aus Protzen:
Bei den von den Protzenern gehaltenen Flurzügen sei ein in Körbin's Garten stehender Birnbaum als Grenzpunkt angenommen, und von dort, an dem Ende des jetzt Hahnschen Gartens vorbei, grade nördlich über die Chausse auf die daselbst liegenden Felder gegangen worden.

*) Die hierher gehörigen Aussagen dieser beiden Zeugen sind aus den Akten vollständig vorgelesen worden. Der Inhalt derselben, soweit er für die Entscheidung von Erheblichkeit war, kommt in den Erkenntnißgründen vor.

9. Der Schenkwirth Lehmann aus Protzen, Schuldner des Verklagten, der ihm ein Kapital gekündigt hat:
Bei dem im Jahre 1829 gehaltenen Flurzuge der Protzener seien sie von Hahn's Garten aus nördlich von der Chaussee weiter gegangen; ein Birnbaum in Körbin's Hecke sei das Grenzzeichen gewesen.

10. Brauer von Protzen:
Bei den Flurzügen der Protzener sei ein in Körbin's Gartenhecke stehender Birnbaum als die Grenze nach Loswitz angenommen, und von da über die Chaussee dergestalt gegangen worden, daß das Feld und der Gasthof des Verklagten in den Loswitzer Flurtheil gefallen seien.

Der von den Zeugen Wilde, Lehmann und Brauer erwähnte Birnbaum in Körbin's Gartenhecke, welcher bei der Lokalbesichtigung nicht mehr aufgefunden worden, indeß nach der Beschreibung der Zeugen in der Nähe des Punktes a der Handzeichnung gestanden haben muß, wird auch von den Zeugen

11. Abraham Straubing,
12. Bock,
13. 14. Carl und Lorenz Heine

aus Protzen

als das Grenzzeichen zwischen den Fluren von Protzen und Loswitz bezeichnet. Den Grenzstein bei Körbin's Hecke, der nach der Behauptung der Klägerin im Punkt a gestanden, hat kein Zeuge gesehen; jedoch bekunden Lehmann und Abraham Straubing, daß sie alte Leute von einem solchen Grenzstein haben sprechen hören.

Daß die Felder, auf welchen des Verklagten Gasthof liegt, von der Loswitzer Flurgrenze umschlossen werden, bekunden auch noch der schon genannte Abraham Straubing, ferner

15. der Reinhard aus Protzen und
16. der Gottlob Straubing aus Protzen, der Letztere jedoch nur vom Hörensagen.

Die von der Klägerin endlich noch beigebrachten Urkunden, die Atteste vom Jahre 1751 und die Grenzbeziehungs-Verhandlung vom 1. März 1842 sprechen von einem andern als dem hier in Rede stehenden Theil des Grenzzuges und erwähnen den Streitplatz und dessen Lage nicht.

Gegen die Klägerin und für die Angaben des Verklagten, daß die bezeichnete Grenze keine Flur-, sondern nur eine Hutungsgrenze gewesen, nnd daß zwischen Loswitz, Protzen und Beesdorf von je her eine Flur- und Steuergemeinschaft stattgefunden habe, sprechen:

1. der Ortsrichter Straube,
2. der Auszügler Bock,
3. der Auszügler Abraham Brauer,
4. der Auszügler Gottfried Wilde, und
5. der Auszügler Abraham Straubing,

aus Protzen

welche sämmtlich die gedachte Grenze als Hutungsgrenze bezeichnen.

Daß zwischen den gedachten Dörfern ganz oder zum Theil eine Flur- und Steuergemeinschaft stattgefunden habe und zum Theil noch stattfinde, bekunden:

6. der Chausseewärter Müller,
7. 8. die Gutsbesitzer Karl und Lorenz Heine,
9. der Auszügler Kabisch,
10. der Auszügler Brauer mit dem Bemerken, daß Protzener Felder in Loswitzer Flur und Loswitzer Felder in Protzener Flur gelegen,

daß auch mit den Steuern es ein Mattsch durch einander gewesen sei, indem aus einer Flur nach der Kommune der andern gesteuert worden, und daß nur in Betreff der Hütung eine Grenze bestanden habe. Endlich

11. Abraham Straube.

Dagegen bekunden:

12. der Ortsvorsteher Dietz aus Beesdorf,
daß zwischen Loswitz und Beesdorf keine Flurengemeinschaft bestanden habe; daß jedoch beide Gemeinden Manches gemeinschaftlich gehabt hätten, namentlich Wegebesserung.

13. Der Gutsbesitzer Patz aus Beesdorf,
daß zwischen Loswitz und Beesdorf stets eine bestimmte Grenze gewesen sei.

14. Der Auszügler Schlag aus Beesdorf,
daß die Fluren zwischen Beesdorf und Loswitz getrennt seien und nur eine gemeinschaftliche Hütung zwischen ihnen bestehe, daß aber Protzen stets eine eigene Flur für sich gehabt, und diese auch allein behütet habe.

Daß endlich der Gasthof des Verklagten im Protzener Hypothekenbuch eingetragen sei; daß derselbe theils nach Protzen, theils nach Loswitz, theils nach Beesdorf steuere; und daß die 6 Grundstücke, auf welchen er gebaut ist, sowohl in dem Protzener, als dem Loswitzer Flurbuch verzeichnet stehen, ist schon oben erwähnt.

II. Ueber die Wegebesserung des betreffenden Theils der Dorfstraße und der Chaussee

bekunden für die Behauptung der Klägerin, daß durch sie die Wegebesserung vorgenommen worden sei:

1. Der schon genannte Gottlob Wilde:
Die Protzener Gemeinde habe stets ausdrücklich behauptet, daß, weil der Streitplatz in der Loswitzer Flur liege, das Schneeauswerfen auf der Chaussee auch den Loswitzern zukäme, welche es denn auch übernommen hätten.

2. Der Seilermeister Jacob aus Protzen:
Bis an Hahn's Garten sei die Dorfstraße stets von den Protzenern, von da ab aber, an dem Streitplatz vorbei, stets von den Loswitzern gebessert worden. Auch der Verklagte habe nur auf der Protzener, und nie auf der Loswitzer Seite die Dorfstraße gebessert. Im Jahre 1840 oder 1841 habe der Protzener Ortsvorsteher Fischer, als die Protzener ihre Strecke gebessert, den Loswitzer Ortsvorsteher Pfau auffordern lassen, die Strecke von Hahn's Garten ab neben dem Streitort binnen 8 Tagen in Stand zu setzen, widrigenfalls er dem Landrathsamte Anzeige machen müsse, worauf auch die Loswitzer ihre Strecke gebessert hätten.

3. Der Auszügler Abraham Brauer:
Früher hätten die Protzener ihre Dorfstraße nach Loswitz — und dies wisse er seit 1791 — gar nicht gebessert; wohl aber habe er sowohl von Protzenern, als von Loswitzern gehört, daß letztere die Dorfstraße bis an die Protzener Grenze, d. h. bis zu dem Birnbaum in Körbin's Hecke gebessert und mit Kies befahren hätten. In Betreff des Schneeausfahrens hätten vor ungefähr 40 Jahren einmal die

Protzener den Schnee bis an den Birnbaum und etwas darüber hinaus ausgeworfen, jenseits des Birnbaums sei er schon weggebracht gewesen.

4. Carl Heine:

Der Verklagte habe beim Bau seines Gasthofs Steine und Schutt auf die Dorfstraße gefahren und dieselbe dadurch gebessert, nach dieser Zeit aber hätten die Loswitzer die Dorfstraße gebessert und zwar, wie er sich denke, bis zum Schmiedegarten.

5. Der Schmiedemeister Hahn, der nächste Grenznachbar der Klägerin:

Das von Loswitz an dem Streitplatze vorbei nach seinem Garten führende Stück der Dorfstraße sei seit 1822 viermal gebessert worden, und zwar von den Loswitzern bis an seinen Gartenzaun und von da ab von den Protzenern; von den Letzteren sei auch der Schnee auf der Chaussee bis zu diesem Punkte ausgeworfen worden. Der Verklagte habe sowohl auf der Protzener, als auch auf der Loswitzer Seite gebessert.

Außer dieser letztern Aussage spricht gegen die Klägerin noch die des Chausseewärters Müller:

daß vor dem Chausseebau die Protzener die Dorfstraße bis über Körbin's Garten hinaus, jedoch nicht ganz bis an Bach's Haus, von Schnee gereinigt, und daß sie auch auf der Chaussee zur Seite des Streitplatzes bis über den Gasthof des Verklagten hinaus, nah Dr. Lange's Haus, auf seine (des Zeugen) Bestellung den Schnee hinweggeräumt hätten. Erst in neuerer Zeit, seit etwa 4 Jahren, hätten die Loswitzer den Schnee nach Abend zu bis über die Schmiede hinaus geräumt und zwar auf seine Bestellung, weil sie selbst behauptet hätten, daß ihre Grenze so weit gehe.

III. Ueber die Behütung des Streitplatzes

und zwar für die Behütung durch die klagende Gemeinde befunden

1. Abraham Straube aus Döbel, dessen Wissenschaft von 1784—1822 reicht:

Der Streitplatz sei stets von den Loswitzern behütet worden, jedoch wisse er nicht, ob ausschließlich, da nördlich von demselben auf den neben der Chaussee liegenden Feldern eine Koppelhütung zwischen den Gemeinden Protzen und Loswitz bestanden, wonach erstere ²/₃ und letztere ¹/₃ zu behüten gehabt habe.

2. Gottlob Wilde, dessen Wissenschaft von 1790 bis 1840 reicht:

Der Streitplatz sei stets ausschließlich von der Gemeinde Loswitz benutzt, namentlich zur Schaafhütung, niemals aber von der Gemeinde Protzen.

3. Der Schenkwirth Freitag:

Es sei ihm so, als wäre der frühere Rasendamm, welcher sich an der Stelle des jetzigen Streitplatzes befunden, von den Loswitzer Hirten benutzt worden.

4. Der Maurergesell August Fischer, welcher in Loswitz wohnt, aber dem gegenwärtigen Prozesse als Mitkläger nicht beigetreten ist:

Er habe in den Jahren 1832 und 1833 auf Geheiß seines Vaters, welcher den Hirtendienst in Loswitz gehabt, den

Streitplatz mit dem Gemeindevieh betrieben, und andere Personen, etwa von Protzen, hier nie hüten sehen.

5. der Auszügler Johann Gottlob Fischer, Vater des vorigen Zeugen:
   Er habe als Loswitzer Gemeindehirt vom Jahre 1832 bis 1834 auf Anweisung der Ortsvorsteher den Streitplatz öfters mit der Schaafheerde behütet, auch niemals andre Personen, etwa von Protzen, hier hüten sehen.

Dagegen bekundet

der Hutmann Thiem von Protzen, welcher seit 23 Jahren die Protzener Gemeindeheerde und darunter auch das Vieh des Verklagten austreibt:

Er habe beim Aus- und Eintreiben des Viehs dasselbe auch bisweilen auf dem streitigen Platze einige Zeit fressen lassen, wenn er gerade einen Aufenthalt gehabt oder mit Jemandem gesprochen habe, was auch nichts zu bedeuten gehabt, weil das Gras am Chausseehange von dem Verklagten gepachtet gewesen.

IV. Ueber die Benutzung des Streitplatzes

zum Lagern von Baumaterialien endlich bekunden für die Behauptung der Klägerin, daß sie den Platz hierzu benutzt und Andre, die dies ohne ihre Erlaubniß gethan, in Strafe genommen habe:

1. Künzel aus Protzen:
   Die klagende Gemeinde habe, so viel er wisse, den Streitplatz allein zum Lagern von Bauholz benutzt, auch mehrere Protzener Einwohner, welche ohne Erlaubniß derselben hier Holz gelagert, in Buße genommen; er selbst habe im Jahre 1836 eine solche Erlaubniß nachgesucht und erhalten.
2. Abraham Straubing aus Protzen:
   Er sei vor einigen Jahren, als er ohne Erlaubniß der Klägerin Bauholz auf den Streitplatz gelegt, von derselben in Strafe genommen worden.

Eben dies bekunden

3. der Zeuge Achenbach,
4. der Zeuge Gottlob Reinhard von sich selbst, und
5. der Zeuge Schütze von dem Obermüller Härting aus Pegau.

Endlich bekundet

6. der Tagelöhner Hörte:
   Vor ungefähr 9 Jahren habe der Verklagte, für den er auf dem Streitplatze Holz geschnitten und ein Loch in die Erde gegraben, zu ihm gesagt: „Wir müssen das Schneideloch wieder ausfüllen, sonst büßen mich die Loswitzer, wenn sie herauskommen."

Auch ergeben die beigebrachten Akten in Sachen der klagenden Gemeinde wider den Gutsbesitzer Bach zu Protzen, aus dem Jahre 1848, daß letzterer verurtheilt worden ist, sich aller Besitzstörung der Kläger in Bezug auf den Streitplatz zu enthalten, und ein ausgegrabenes Loch wieder zuzufüllen.

Dagegen bekunden die Zeugen Gottlob Wilde, Karl Heine, Hahn, Bock, Abraham Straube, Thiem und Gaudig, daß der Streitplatz von je her nicht blos von den Loswitzern, sondern auch von Protzener Einwohnern zum Lagern von Bauholz benutzt worden sei, ohne daß die letzteren bei der Klägerin um Erlaubniß nachgesucht hätten.

Schließlich ist zu bemerken, daß diejenigen Zeugen, welche ohne Beisatz eines auf ihre Glaubwürdigkeit Einfluß habenden Umstandes aufgeführt sind, die Generalfragen sämmtlich verneint und daß sämmtliche Zeugen ihre Aussagen eidlich bekräftigt haben.

N., den . . . . . .

N.

Votum.

Bei den Förmlichkeiten dürfte überall nichts zu erinnern sein u. s. w.

In der Sache selbst würde ich das erste Erkenntniß lediglich bestätigen.

Die vorliegende Klage ist ihrem Inhalt und Antrage nach eine Negatorienklage, indem die klagende Gemeinde behauptet, daß ein ihr zugehöriges Grundstück von einem Rechte, welches sich Verklagter darauf anmaaße, nämlich Bauholz auf demselben zu lagern und zu bearbeiten, frei sei, und der Antrag darauf gerichtet ist, daß der Verklagte sich der Ausübung dieses vermeintlichen Rechts enthalte. Nach dem A. L. R. Th. I. Tit. 19. §. 10 kann ein Rechtsstreit, durch welchen die Richtigkeit eines dinglichen Rechts auf die Substanz einer fremden Sache ausgemittelt werden soll, nur mit dem Eigenthümer oder vollständigen Besitzer derselben gültig verhandelt werden und nach Tit. 7. §. 182 ebendas. muß selbst derjenige, welcher sich in dem Besitze, das Eigenthum eines andern einzuschränken, befindet, sein Recht zu diesem Besitze angeben und nachweisen. Hiernach würde die Klägerin zuvörderst ihr Eigenthum oder vollständiges Besitzrecht darzuthun, und sodann zu erwarten haben, daß Verklagter das Besitzrecht zu demjenigen Rechte, welches er sich darauf anmaaßt, nachweise. Der Verklagte nimmt aber das Recht, dessen er sich anmaaßt, nicht als ein Recht auf eine fremde Sache, sondern als einen Ausfluß des ihm selbst an dem fraglichen Grundstück zustehenden Eigenthums, welches er der Klägerin gänzlich bestreitet, mithin als ein die Klägerin ausschließendes Recht in Anspruch, so daß der Streit in einen eigentlichen Eigenthumsstreit übergegangen ist, wenn gleich von keiner Seite ein desfallsiger Antrag gestellt worden ist. Nur event. behauptet Verklagter für den Fall, daß das Eigenthum nicht ihm, sondern dem Fiskus zustehen sollte, ein Recht auf eine fremde Sache. Die Prüfung der Legitimation der Parteien zur Sache fällt daher mit der Beurtheilung der auf das Eigenthum des streitigen Platzes sich beziehenden beiderseitigen Behauptungen zusammen. Es ist in dieser Hinsicht nur noch zu bemerken, daß für die Frage, welcher von beiden Theilen im Besitze des Streitplatzes sei, die Verhandlungen kein weiteres Material ergeben, als was für die Eigenthumsfrage von beiden Seiten beigebracht ist, so daß also keinem von beiden eine besondere aus dem Besitze entspringende Präsumtion (A. L. R. Th. I. Tit. 7. §. 18. 179) zu Statten kommt, indem der Besitz ebenso streitig, als das Eigenthum ist.

Die klagende Gemeinde gründet ihr Besitz- und Eigenthumsrecht

I. darauf, daß der Streitplatz von jeher als Lehde, ohne in Jemandes besonderen Eigenthum zu sein, in ihrer Flur gelegen habe und bei allen seit 50 Jahren und länger gehaltenen Flurzügen stets mit von der Grenze umschlossen worden sei. Der Verklagte hingegen behauptet, daß dieser Platz erst im Jahre 1806 bei Verlegung der alten Zeitz-Leipziger Straße, welche hier eine Biegung gemacht habe, durch Legung der neuen Chaussee über Grundstücke, auf welchen später sein Gasthof erbaut worden, entstanden, mithin früher Theil der alten dem Fiscus gehörigen Straße gewesen sei, und ihm als Entschädigung für das damals hergegebene Land gebühre. Was zuvörderst die thatsächliche Richtigkeit dieser über die Entstehung des Streitplatzes vom Verklagten aufgestellten Behauptungen betrifft, so kann zwar nach den Aussagen der Zeugen Bock, Abraham Straubing aus Protzen, Abrah. Straube aus Döbel, Gottlob Wilde, Körbin, Chausseewärter Müller, Karl Heine, Achenbach und Abrah. Brauer als feststehend angenommen werden, daß die alte Straße im Vergleich mit der im Jahre 1806 angelegten Chaussee einen Bogen nach Süden hin gemacht habe, daß die letztere mehr nach Norden und gerade gelegt, und daß ein an der alten Straße befindlicher hoher Rasendamm bei dieser Gelegenheit abgefahren worden sei. Auch meinen die Zeugen Bock, Müller, Carl Heine und Gottfried Wilde, daß hierdurch erst der Streitplatz entstanden sei, während Abraham Straube aus Döbel, Körbin, Achenbach und Brauer nur sagen, daß dadurch der Streitplatz größer geworden sein möge; und die Zeugen Starke und Gottlob Wilde behaupten sogar, daß der Streitplatz von der alten Straße gar nicht berührt worden und ganz unverändert geblieben sei. Indessen abgesehen davon, daß der hohe Rasendamm, welcher nach der Aussage der Zeugen auf der Stelle des jetzigen Streitplatzes sich befunden hat, nicht ein Theil der alten Straße war, sondern neben derselben lag; daß mithin selbst aus der Aussage derjenigen Zeugen, welche bekunden, daß der Streitplatz durch Abtragung dieses Dammes entstanden sei, nicht der Schluß gemacht werden kann, daß derselbe ein Theil der alten Straße gewesen sei; daß ferner unterhalb dieses Dammes nach Süden zu die alte jetzt gleichfalls verlegte Dorfstraße zwischen Protzen und Loswitz sich befand, welche alsdann auch ein Stück zu dem gegenwärtigen Streitplatze hergegeben haben würde, — sind hauptsächlich zwei Umstände zu berücksichtigen, welche es mehr als zweifelhaft machen, ob von dem jetzigen Streitplatz je ein Stück zu der alten Leipziger Landstraße gehört habe. Der erste ist der, daß sowohl nach der Aussage des Abraham Straubing aus Protzen, als auch des von allen Zeugen am besten unterrichteten Chausseewärters Achenbach, welcher beim Bau der Chaussee als Aufseher fungirte, die alte Straße viel schmaler war, als die jetzige Chaussee; hieraus aber ergiebt sich, daß weit weniger Land, als auf der Nordseite zur Chaussee gezogen wurde — Achenbach giebt es an der fraglichen Stelle auf 8 bis 10 Ellen, Körbin auf ungefähr 12 Ellen breit an — auf der südlichen Seite liegen bleiben mußte. Der zweite Umstand aber ist der, daß der Streitplatz nicht unmittelbar südlich an die Chaussee stößt, sondern daß sich zwischen beiden noch eine doppelte Pappelreihe und ein schmaler Streif Land befindet, welches möglicher Weise das ganze durch die Verlegung und Verbreitung der Straße an dieser Stelle liegen gebliebene Terrain sein kann.

Diese Annahme findet auch in den zu III. erwähnten Aussagen der Zeugen Abraham Straube aus Döbel und Gottlob Wilde eine Bestätigung, indem sie von der Behütung des Streitplatzes von Seiten der klagenden Gemeinde lange vor dem Jahre 1806, nämlich seit den Jahren 1784 und 1790 bekunden.

Die Anführungen des Verklagten über den Eigenthums-Erwerb des Streitplatzes finden hiernach schon in dem Resultate der stattgefundenen Beweisaufnahme ihre thatsächliche Widerlegung und es kann daher auch auf die in zweiter Instanz noch beantragte Zeugenvernehmung nicht weiter ankommen; seine Behauptungen würden aber auch, selbst wenn sie gegründet wären, an sich rechtlich gar nicht geeignet sein, für ihn einen Titel zum Eigenthum zu begründen. Die Zeugen Abraham Straubing aus Protzen, Körbin und Achenbach bekunden, daß diejenigen Grundstücksbesitzer, welche zur Chaussie hätten Land hergeben müssen, wegen der Geringfügigkeit desselben nicht in Gelde entschädigt worden seien, daß jedoch mehr nach Abend zu (nach dem Dorfe Predel) einige sich das auf der gegenüber liegenden Seite der Chaussee liegen gebliebene Land als Entschädigung zugeeignet hätten. Daß die damaligen Vorbesitzer des Verklagten dies in Beziehung auf den hier streitigen Platz gethan hätten, ist vom Verklagten weder behauptet, noch von irgend einem Zeugen bekundet worden; der Verklagte selbst meint vielmehr nur, daß ihm dies liegen gebliebene Land — vorausgesetzt, daß der Streitplatz dies ist — von Rechts wegen gebühre. Eine solche Erwerbungsart des Eigenthums kennen die Gesetze allerdings bei verlassenen Flußbetten (Curtius, Handbuch des in Chursachsen geltenden Civilrechts, §. 525. A. L. R. Th. I. Tit. 9. §. 263 ff.). Allein weder dem gemeinen, noch dem sächsischen Recht ist bei Verlegung der Landstraßen eine solche Erwerbungsart von Eigenthum bekannt; und wenn zwar nach dem A. L. R. Th. II. Tit. 15. §. 18 bis 22 in Fällen dieser Art das gewonnene Land unter gewissen Voraussetzungen zur Entschädigung desjenigen Nachbarn, welcher zur Anlegung oder Verbreitung einer Chaussee Land hat hergeben müssen, verwendet werden **kann**, so setzt dies doch immerhin besondere Verhandlungen voraus, welche Verklagter nicht einmal zu behaupten vermocht hat. Verklagter ist daher mit seinen auf die Erwerbung des Eigenthums dieses Platzes gerichteten Behauptungen für durchaus sachfällig zu erachten.

Dagegen ist es der Klägerin gelungen, den Beweis für ihre Behauptung vollständig zu führen, daß bei allen Flurzügen sowohl der Loswitzer, als der Protzener Einwohner die Grenze zwischen beiden Gemeinden neben dem Streitplatze hin an Hahn's Schmiedegarten dergestalt gezogen worden sei, daß der Streitplatz als zur Loswitzer Flur gehörig betrachtet worden. Der Auszügler Wilde bekundet dies von den Flurzügen der Loswitzer aus den Jahren 1789—1840, Abraham Straube aus Döbel von den Loswitzer Flurzügen der Jahre 1798 bis 1822, der Auszügler Starke von denselben aus den Jahren 1807—1839, und Künzel von denselben aus den Jahren 1809 bis 1819; und wenn auch der erste und dritte Zeuge Kinder in der klagenden Gemeinde haben, so kann bei der Uebereinstimmung mit den übrigen Zeugen hierauf zum Nachtheil der Klägerin kein Gewicht gelegt werden. Die Flurzüge der Protzener aber, welche von den Zeugen Lorenz Heine, Kabisch, Gottfried Wilde, Lehmann und Brauer bekundet werden, haben gleichfalls ihren Weg neben Hahn's Garten und mit Ausschließung des Streitplatzes genommen. Auch erwähnen die drei letztgenannten Zeugen in Uebereinstimmung mit Abraham Straubing aus Protzen, mit Bock, Karl und Lorenz Heine, eines in Körbin's Gartenhecke gestandenen Birnbaums, welcher als Grenzzeichen zwischen der Protzener und Loswitzer Flur gedient habe, und der nach ihrer Beschreibung in der Nähe des von der Klägerin mit a bezeichneten Standpunkts eines alten Grenzsteins gestanden haben muß. Diesen Grenzstein selbst hat zwar kein Zeuge gesehen; jedoch bekunden Lehmann und Straubing, daß sie alte Leute von einem solchen Grenzsteine haben sprechen hören. Hiergegen wird nun vom Verklagten geltend gemacht, daß die solchergestalt bezeichnete Grenze zwischen den Gemeinden Loswitz und Protzen keine Flur-, sondern nur eine Hütungsgrenze gewesen sei, indem nicht nur zwischen diesen beiden Gemeinden, sondern auch noch mit dem benachbarten Dorfe Beesdorf eine Flur- und Steuergemeinschaft bestanden habe. Dies wird auch von dem Ortsvorsteher Straube aus Protzen und von den Zeugen Bock, Abrah. Brauer, Gottfr. Wilde und Abrah. Straubing aus Protzen bekundet, welche sämmtlich die gedachte Grenze nur als eine Hütungsgrenze bezeichnen. Daß zwischen den genannten 3 Dörfern eine Flur- und Steuergemeinschaft ganz oder zum Theil bestanden habe und zum Theil noch bestehe, bekunden auch der Chausseewärter Müller, die Zeugen Karl u. Lorenz Heine, Kabisch, Brauer und Abrah. Straube, wogegen die Zeugen Dietz, Patz und Schlag aus Beesdorf bestimmt behaupten, daß zwischen Loswitz und Beesdorf stets eine Flurgrenze bestanden habe. In Beziehung auf die Grundstücke, auf welchen der Gasthof des Verklagten erbaut ist, bekunden zwar die Zeugen Abraham und Gottlob Straubing aus Protzen und Gottlob Reinhard, daß dieselben bei den Flurzügen der Loswitzer als zu ihrer Flur gehörig mit umschlossen worden seien; dagegen steht durch die vorgelegten Flurbücher und Akten, sowie durch Zugeständniß beider Theile fest, daß diese Grundstücke sowohl im Loswitzer, als im Protzener Flurbuche verzeichnet stehen, daß vier derselben nach Protzen, eins nach Loswitz und eins nach Beesdorf die Abgaben entrichten und daß der Gasthof selbst im Protzener Hypothekenbuch eingetragen ist. Die von der Klägerin endlich noch beigebrachten Atteste aus den Jahren 1751 und die Grenzbeziehungs-Verhandlung vom 1. März 1842 können zur Aufklärung der Sache nichts beitragen, da die ersteren von einem ganz andern Theile der Loswitzer Flurgrenze sprechen und ebenso wenig als die letztere den Streitplatz erwähnen.

Geht nun auch aus allen diesen Ermittelungen hervor, daß die Flur-, Steuer- und Hütungsverhältnisse der klagenden und der Protzener Gemeinde — denn die Gemeinde Beesdorf kann hier nicht weiter in Betracht kommen — mehrfach gemischt gewesen und einer verschiedenen Auffassung unterlegen haben mögen, so kann doch daraus allein, daß mehrere Zeugen die bezeichnete Grenze als eine Hütungsgrenze bezeichnen, noch nicht geschlossen werden, daß sie nur eine solche gewesen sei. Dies ist um so weniger anzunehmen, als es sich nicht denken läßt, daß eine bloße Hütungsgrenze so viele Jahre hindurch ein Gegenstand eigentlicher Flurzüge und zwar von beiden Gemeinden gewesen sein sollte, und als bei Abschnitt II. sich ergeben wird, daß auch in einer ganz andern mit der Hütung gar nicht zusammenhängenden Beziehung, nämlich für die Wegebesserung des betreffenden Theils der Dorfstraße und der Chaussee, eben diese Grenze zwischen Protzen und Loswitz gleichfalls maaßgebend gewesen ist. Uebrigens würde es auch zum Zweck der Legitimation der klagenden Gemeinde als Negatorienklägerin vollständig ausreichen, wenn sie auch nur den Nachweis erbracht hätte, daß der Streitplatz in ihrem Hütungsrevier liege, und, wie sich bei Abschnitt III. noch direkter ergeben wird, ihrem Hütungsrecht unterworfen sei, um dem Verklagten, wenn er nicht zu dem behaupteten Holzlagerungsrecht einen speziellen Titel angeben und nachweisen könnte, das fernere Lagern von Bauholz zu untersagen. Auch ist wohl zu merken, daß Verklagter das Eigenthum und den Besitz des Streitplatzes nicht etwa aus dem Rechte der Loswitzer Gemeinde, zu welcher er sich gar nicht rechnet, oder aus dem Rechte der Protzener Gemeinde herleitet, falls man annehmen wollte, daß der Streitplatz ein der Hütung der Loswitzer Gemeinde unterworfenes Protzener Grundstück sei; sondern daß er Beides aus eigenem Recht als Besitzer des dem

Streitplatze gegenüber liegenden Gasthofs in Anspruch nimmt. Aus dem Vorstehenden ergiebt sich aber, daß er hierfür gar nichts beigebracht, Klägerin dagegen überzeugend dargethan hat, daß sowohl vor, als nach dem Jahre 1806 der Streitplatz nicht blos bei ihren eigenen, sondern auch bei den Flurzügen der benachbarten Gemeinde Protzen als in ihrer, der Loswitzer, Flur liegend angenommen und anerkannt worden ist. Daß aber diejenigen in einer Gemeindeflur liegenden Lehdegrundstücke, welche sich nicht im Privateigenthum eines Einzelnen befinden, der Gemeinde als Gesammtheit gehören, ist bekannten gemeinen, insbesondere sächsischen Rechtens, da sie alsdann zu denjenigen Gemeindegütern zu rechnen sind, über welche die Gemeinde als solche zu verfügen berechtigt ist (Mittermaier, deutsches Privatrecht, §. 128. VI. Haubold, Lehrbuch des sächsischen Privatrechts, §. 179 ff. Curtius, Handbuch, §. 427).

II. Ueber die Wegebesserung des an den Streitplatz angrenzenden Theils der Dorfstraße und das Wegschaffen des Schnees von der Chaussee, Seitens der klagenden Gemeinde, woraus dieselbe ferner den Beweis der Rechtmäßigkeit ihres Anspruchs folgert, bekunden die Zeugen Jacob u. Brauer, daß die Dorfstraße bis an Hahn's Garten und resp. den Birnbaum in Körbin's Gartenhecke von den Protzenern, von da ab aber von den Loswitzern gebessert worden sei. Daß dies letztere von den Protzenern selbst verlangt worden sei, haben Gottlob Wilde und Jacob bekundet; der letztere fügt auch hinzu, daß der Verklagte nur auf der Protzener und nie auf der Loswitzer Seite die Dorfstraße gebessert habe. Daß die Protzener den Schnee auf der Chaussee auch nur bis an den Hahnschen Gartenzaun, beziehungsweise den gedachten Birnbaum in Körbin's Hecke ausgeworfen haben, bekunden der Hahn selbst und der schon erwähnte Brauer. Nur der Chausseewärter Müller giebt an, daß in früherer Zeit die Protzener noch ein Stück über Körbin's Garten hinaus die Dorfstraße, und bis über des Verklagten Gasthof hinaus die Chaussee von Schnee gereinigt hätten. Der Zeuge Hahn will den Verklagten sowohl auf Protzener, als auch auf Loswitzer Seite die Dorfstraße haben bessern sehen. Karl Heine bekundet, daß Verklagter beim Bau seines Gasthofs Steine und Schutt auf die Dorfstraße gefahren und dieselbe dadurch gebessert habe, nach dieser Zeit aber — setzt er hinzu — hätten die Loswitzer die Dorfstraße wieder gebessert, und zwar, wie er denke, bis zum Schmiedegarten. Auch bei diesem Punkte ist das Resultat der Beweisaufnahme ein der Klägerin günstiges. Denn die Mehrzahl der Zeugen haben auch hier die zu I. ermittelte Grenze für maaßgebend erklärt, und einige vereinzelte Fälle abgerechnet, wo noch dazu das eigene Interesse des Verklagten zum Grunde gelegen haben kann, ist ermittelt worden, daß die klagende Gemeinde die zu beiden Seiten des Streitplatzes gelegenen Wegestrecken fortdauernd gebessert hat.

Da nun sowohl nach gemeinem als nach sächsischem Provinzialrecht die Gemeinden die in ihrer Flur liegenden Wege zu bessern und von Schnee zu reinigen verpflichtet sind (A. L. R. Th. II. Tit. 15. §. 14 ff. Pinder, sächsisches Provinzialrecht, §. 1752. 1755), so läßt die wirklich erfolgte Wegebesserung darauf schließen, daß ein von solchen Wegen umschlossenes Grundstück und diese Wege selbst in der Flur der bessernden Gemeinde liegen.

Ebenso günstig ist die Beweisaufnahme

III. über die Behütung des Streitplatzes,

auf welche die Klägerin weiterhin zum Nachweise ihres Rechtes sich beruft, für die letztere ausgefallen. Abrah. Straube aus Döbel und Gottlob Wilde bekunden, daß der Streitplatz stets von den Loswitzern behütet worden sei, und zwar, wie Wilde hinzufügt, ausschließlich und niemals von den Protzenern. Die Wissenschaft des ersten Zeugen umfaßt die Jahre 1784 bis 1822, die des zweiten Zeugen die Jahre 1790 bis 1840; die Jahre, über welche beide Zeugenaussagen zusammentreffen, nämlich von 1790 bis 1822, umfassen aber einen Zeitraum von mehr als 31 Jahren 6 Wochen und 3 Tagen, liefern mithin für sich allein schon den Beweis der rechtsverjährten Ausübung des Hütungsrechts (Curtius, §. 557. 1011). Für die frühere Zeit vor dem Jahre 1806 bekundet auch noch der Schenkwirth Freitag: es sei ihm so, als wäre der frühere Rasendamm, welcher sich an der Stelle des jetzigen Streitplatzes befunden, von den Loswitzer Hirten benutzt worden, und die beiden Hirten Gottlob und August Fischer bekunden, in den Jahren 1832—1834, resp. 1832 und 1833 auf Anweisung der Ortsvorsteher in Loswitz den Streitplatz mit der Gemeindeschaafheerde behütet zu haben. Für den Verklagten spricht nur die Aussage des Hutmann Thieme von Protzen, welcher seit 23 Jahren die Protzener Gemeindeheerde und darunter auch das Vieh des Verklagten ausgetrieben, daß er beim Aus- und Eintreiben des Viehs dasselbe auch bisweilen auf dem streitigen Platze einige Zeit habe fressen lassen. Der Zusatz aber, den der Zeuge macht, „wenn er gerade einen Aufenthalt gehabt oder mit Jemandem gesprochen habe" und „daß dies nichts zu bedeuten gehabt habe, weil Verklagter das Gras am Chausseehange gepachtet gehabt", deutet augenscheinlich darauf hin, daß der Hirte mit dem Bewußtsein, ein Hütungsrecht zu haben, sein Vieh hier nicht hat weiden lassen.

Es kann mithin diese Aussage den von der Klägerin geführten Beweis der rechtsverjährten Ausübung ihres Hütungsrechts nicht beeinträchtigen.

IV. Ueber die Benutzung des Streitplatzes zum Lagern von Baumaterialien und Bearbeitung derselben endlich bekunden zwar die Zeugen Gottlob Wilde, Karl Heine, Hahn, Bock, Abraham Straubing, Thieme und Gaudig, daß der Streitplatz von je her sowohl von den Loswitzer, als den Protzener Einwohnern zum Lagern von Bauholz benutzt worden sei, ohne daß die letzteren bei der Klägerin um Erlaubniß dazu nachgesucht hätten; wogegen Künzel bekundet, daß mehrere Protzener Einwohner, welche ohne Erlaubniß der Klägerin hier Holz gelagert hätten, in Strafe genommen worden wären. Dies letztere bekunden auch mehrere Protzener Einwohner, namentlich Abraham Straubing, Achenbach und Gottlob Reinhard von sich selbst, sowie Schütze von dem Obermüller Härtig in Pegau. Es ist jedoch schon oben bemerkt worden, daß Verklagter sein Recht, hier Holz zu lagern, nicht etwa aus dem Rechte der Protzener Gemeinde, sondern aus seinem eignen Rechte ableitet, so daß er — auch abgesehen von diesen konstatirten Straffällen — auf diejenigen Zeugen sich nicht berufen kann, welche, ohne ihn zu erwähnen, nur von Protzener Gemeindemitgliedern sprechen. Außerdem stehen aber dem Verklagten noch zwei Umstände entgegen, nämlich sein Zugeständniß, im Jahre 1842, nachdem er auf dem Streitplatz Holz gelagert und die Klägerin deshalb eine halbe Tonne Bier Strafe von ihm gefordert hatte, das Bier wirklich zum Besten gegeben zu haben, und die Aussage des Tagelöhners Hörte: Verklagter habe vor ungefähr 9 Jahren, als er für denselben auf dem Streitplatz Holz geschnitten und ein Loch in die Erde gegraben habe, zu ihm gesagt: „Wir müssen das Schneideloch wieder ausfüllen, sonst büßen mich die Loswitzer, wenn sie herauskommen", eine Aussage, welche Verklagter, nachdem sie ihm vorgehalten worden, nicht zu bestreiten vermocht hat. Diese beiden sich gegenseitig unterstützenden Umstände deuten offenbar auf einen fehlerhaften, wenn nicht unredlichen Besitz der vom Verklagten in Anspruch genommenen Befugniß, ein solcher Besitz ist aber gesetzlich nicht geeignet, irgend ein Recht zu begründen oder zu gewähren.

Nach diesen Ermittelungen muß m. E. dem ersten Richter beigepflichtet werden, daß der Verklagte in jeder Beziehung als beweisfällig erscheint, die Klägerin aber nicht nur ihre Legitimation als Negatorienklägerin, sondern auch ihr vollständiges Eigenthumsrecht an dem streitigen Platz genügend dargethan hat.

Bei der Bestätigung des ersten Erkenntnisses ergeben sich nach der A. G. O. Th. I. Tit. 23. §§. 2 und 6 die übrigen Bestimmungen in Betreff des Kostenpunktes.

Den Urtelstenor würde ich so fassen:

daß das Erkenntniß des Königl. Kreisgerichts zu N. vom . . . lediglich zu bestätigen, und Verklagter und Appellant auch die Kosten zweiter Instanz zu tragen schuldig.

N., den . . . .

N.

III. Revisions-Instanz.

Referat

in Sachen des Königlichen Forstfiskus, vertreten durch die Königliche Regierung zu D., Beklagten und Revidenten,

wider

den Gutsbesitzer J. E. Kunth zu Kars, Kläger und Revisen,

wegen Vindikation zweier Waldparzelen.

Der Kläger ist Eigenthümer des Grundstücks Kars Nr. 1. und grenzt mit demselben an den Königlichen Forstbelauf Eichen, Revier Oli. In Folge eines Diffamations-Prozesses vindicirte er in einem Vorprozesse vom Fiskus zwei Waldparzelen aus dem Fundamente der 44 jährigen Ersitzung unter Zugrundelegung einer von dem Regierungs-Feldmesser Wede angefertigten Karte über den Streitort und erstritt am 1. Februar 1855 ein Judikat, wonach Fiskus zur Anerkennung des Eigenthums an den auf genannter Karte verzeichneten Parzelen verurtheilt wurde.

Nach dem Ergebnisse des richterlichen Augenscheins werden diese Waldparzelen von drei Seiten durch eine Kette alter, vor 12 bis 18 Jahren geschütteter Grenzhügel, auf der vierten, die eigentliche Grenzlinie bildenden Seite, durch einen Waldpfad, den sogenannten „Eichenweg“, eingeschlossen. Sie sind bestanden mit Gehölz von derselben Gattung, wie der benachbarte fiskalische Wald. Durch das Gehölz ist ein nach forstwissenschaftlichen Grundsätzen angelegtes, mit Pfählen markirtes „Gestell“ gehauen. Eine der beiden Parzelen ist zum Theil forstmäßig mit Kiefern besäet.

Trotz der deutlichen Angabe der Grenzen konnten sich die Parteien über die Ausführung des Urtels nicht einigen. Fiskus wollte dem Kläger den in der Vorprozeßklage angegebenen Flächeninhalt von 55 Morgen 45 □ Ruthen abmessen, während Kläger, welcher im Laufe des Vorprozesses den ursprünglichen Klageantrag geändert und eine größere Fläche, jedoch ohne Angabe der Morgenzahl, gefordert und erstritten hatte, die Parzelen gemäß des Tenors bis an den Eichenweg herausverlangte. Ein fernerer Grund war, daß die Wedesche Karte dem Kläger zurückgegeben worden war, und nach erforderter Wiedereinreichung sich nicht mehr in statu quo befand. Der vom Kläger hierauf gestellte Exekutions-Antrag wurde zurückgewiesen, weil der Urtelstenor blos auf Anerkennung des Eigenthums, nicht zugleich auf Herausgabe der Parzelen lautete.

Dies veranlaßte den Kläger im gegenwärtigen Prozesse auf Herausgabe der beiden, unstreitig im Besitze des Fiskus befindlichen Waldparzelen zu klagen. Er fügte der jetzigen Klage eine nach der Wedeschen Karte angefertigte Handzeichnung bei, auf welcher der Eichenweg — genauer wie früher — durch die Buchstaben a' c und d' e' angegeben ist, und trat sowohl über die Identität der ihm zuerkannten und jetzt beanspruchten Flächen, als auch über die Richtigkeit der Handzeichnung Beweis an. Eventuell behauptete er von Neuem mit Berufung auf Zeugen, daß die Forstparzelen in ihrer jetzigen Umgrenzung über 100 Jahre bis in die neueste Zeit von dem jedesmaligen Besitzer von Kars durch Holzfällen, Hüten und ähnliche Handlungen frei und Angesichts der Königlichen Forstbeamten benutzt und besessen worden seien.

Kläger beantragte:

> den Fiskus für schuldig zu erachten, ihm die auf der Wedeschen Handzeichnung in a. 29 bis 35 c und den zwischen a und c liegenden, mit a' c' bezeichneten Eichenweg eingeschlossene, sowie die in d. 53 bis 56, 58, 60, 61, 63, e und den zwischen d und e liegenden, mit d' e' bezeichneten Eichenweg eingeschlossene Fläche herauszugeben.

Beklagter widersprach diesem Antrage, bestritt die behauptete Identität der Waldparzelen, sowie deren Ersitzung und hielt das Judikat v. 1. Februar 1855 wegen der auf der Wedeschen Karte vorgenommenen Veränderungen für unausführbar und bedeutungslos. Gleichzeitig suchte er gegen das Judikat Restitution auf Grund neu aufgefundener Urkunden nach.

Der frühere Richter hatte nämlich den Erwerb der streitigen Waldparzelen durch Ersitzung für erwiesen, und dabei das Vorhandensein der von der Königlichen Forstbehörde erneuerten Grenzhügel für unerheblich erachtet, weil die Zuziehung des Klägers beziehlich der Vorbesitzer desselben zu der Behügelung nicht festgestellt wäre. — Nunmehr produzirte Beklagter im Original die in den Jahren 1838/39 aufgenommenen Grenzvermessungs-Register der Oberförsterei Oli und die im Jahre 1838 vom Vermessungs-Revisor angefertigte Grenzkarte vom Forstbelauf Eichen zum Erweise, daß ein gewisser F. v. Zeleski den auf der Grenzkarte angegebenen Grenzzug für richtig anerkannt habe. Unstreitig war nun dieser F. v. Zeleski ein Vorbesitzer des Klägers, indem letzterer dessen Antheil an Kars Nr. 1 in nothwendiger Subhastation durch den am 5. August eröffneten Zuschlagsbescheid vom 20. Juli 1852 und den andern, dem A. v. Zeleski gehörigen Antheil durch gerichtlichen Kauf vom 9. August 1852 erworben hat.

Die Königliche Regierung zu D. erbot sich gleichzeitig zur eidlichen Erhärtung, daß sie von den produzirten Urkunden bis zur rechtskräftigen Entscheidung des Vorprozesses keine Kenntniß gehabt habe. In zweiter Instanz räumte sie zwar ein, schon während des Diffamations-Prozesses im Besitze der Peterschen Karte gewesen zu sein, bestritt dagegen den gleichzeitigen Besitz des Vermessungs-Registers unter Annahme des ihr darüber angetragenen Eides in der Negative, daß sich diese Urkunde seit ihrer Aufnahme in ihrer Plankammer befunden hätte.

Unter Berufung auf einen Sachverständigen behauptete Beklagter ferner, daß die vom Kläger jetzt beanspruchten Flächen auf der Peterschen Grenzkarte durch die Hügel Nr. 24 bis 32 und 48 bis 59 als zur Königlichen Forst gehörig einregistrirt seien. Auch bezog er sich auf eine in Ausfertigung überreichte, vom Kläger in zweiter Instanz angefochtene, gerichtliche Verhandlung vom 27. Januar 1840, worin der genannte F. v. Zeleski in Gemeinschaft mit andern, hier nicht interessirenden Personen erklärte:

„Wir erkennen insgesammt die uns vorgelegten Karten und Grenzvermessungsregister aus dem Jahre 1838 vom Conducteur Peter aufgenommen und demgemäß die in diesen Karten aufgeführten Grenzen zwischen unsern Ländereien resp. Waldungen und der Königlichen Forst überall für richtig an, begeben uns des Einwandes, daß die Regulirung ohne unsere Zuziehung geschehen und die Grenzhügel nicht richtig aufgeworfen worden, wollen auch diese Karten und Grenzvermessungs-Register als das richtige Dokument über den Grenzzug ansehen."

Beklagter hob hervor, daß nach der eidlichen Aussage des A. v. Zeleski in der Vorprozeßverhandlung vom 9. October 1854 die streitigen Waldparzelen zu dem F. v. Zeleskischen Theile von Kars, welchen Kläger in nothwendiger Subhastation erworben, gehört hätten, und müsse Kläger daher das gerichtliche Anerkenntniß seines Vorbesitzers vom 27. Januar 1840 wider sich gelten lassen.

Hierdurch wäre nach der Ansicht des Beklagten sein Eigenthum und rechtmäßiger Besitz an den in Rede stehenden Parzelen durch die neuproducirten Urkunden dargethan, so daß dadurch die Lage der Hauptsache nach §. 17. Th. I. Tit. 16 der A. G. O. verändert und eine von dem Judikat vom 1. Februar 1855 abweichende Entscheidung begründet werden könne.

Endlich wies Beklagter zum Nachweise seines Eigenthums wiederholt auf die forstkulturmäßige Beschaffenheit der streitigen Parzelen hin und behauptete noch unter Berufung auf Zeugen, daß die Streitflächen in früheren Jahren den Forstbeamten als zur Königlichen Forst gehörig übergeben und von je her im fiskalischen Besitze gewesen seien. Beklagter stellte den Antrag:

den Kläger mit seiner Klage auf Herausgabe der Streitflächen abzuweisen, — reconveniendo den Königlichen Forstfiskus gegen das Erkenntniß vom 1. Februar 1855 zu restituiren, dasselbe zu annulliren und den Kläger auch mit dem Antrage auf Anerkennung des Eigenthums an den Streitflächen abzuweisen.

Dem entgegen bestritt Kläger die Anführungen des Gegners und erkannte die produzirten Urkunden nicht an.

Das Königliche Kreisgericht zu N. vernahm einen Sachverständigen an Ort und Stelle über den streitigen Grenzzug und die Uebereinstimmung der vom Kläger überreichten Handzeichnung mit der Peter'schen Grenzkarte und erkannte am 29. October 1857:

daß Beklagter und Restitutionskläger schuldig zu schwören:

daß er vor der rechtskräftigen Entscheidung vom 1. Februar 1855 weder von der Peter'schen Karte, noch von dem Grenzvermessungsregister der Oberförsterei Oli aus den Jahren 1833/39 nichts gewußt und diese Urkunden nicht vorsätzlich zurückgehalten habe; —

in conventione:

Kläger mit dem Anspruche auf Herausgabe der auf der Wedeschen Handzeichnung mit a 29 bis 35 und dem Eichenwege a' c' und mit d 53 bis 56, 58, 60, 61, 63e und dem Eichenwege d' e' bezeichneten Flächen abzuweisen; —

in reconventione:

das Erkenntniß des Königlichen Kreisgerichts zu N. vom 1. Februar 1855 zu vernichten und Kläger mit dem Antrage auf „Herausgabe" der oben bezeichneten Parzelen abzuweisen;

Beklagter die Kosten dieses und des Vorprozesses zu tragen schuldig. —

Der erste Richter hielt das Restitutionsgesuch für begründet und die vom Kläger nicht anerkannten Urkunden für glaubwürdig, weil die Petersche Karte mit dem Stempel der Königl. Regierung zu D. bedruckt und aus deren Archiv hervorgegangen, die Verhandlung vom 27. Januar 1840 dagegen in gerichtlicher Ausfertigung beigebracht sei. Das von F. v. Zeleski darin abgegebene Anerkenntniß müsse Kläger wider sich gelten lassen. Durch den Sachverständigen sei ferner sowohl die Uebereinstimmung der klägerischen Handzeichnung mit der Peterschen Karte dargethan, als auch festgestellt, daß Beklagter die auf der letzteren markirten Grenzhügel nicht überschritten habe.

Gegen diese Entscheidung appellirten beide Theile, Beklagter wegen des Kostenpunktes, Kläger, weil in der Hauptsache — wie geschehen — erkannt und nicht vielmehr Beklagter in conventione verurtheilt, in reconventione dagegen abgewiesen worden sei, worauf seine Anträge gerichtet sind

Kläger leitete aus dem vom Beklagten in zweiter Instanz abgegebenen Zugeständnisse — daß die bei den Diffamations-Prozeß-Akten befindliche Handzeichnung mit der Peterschen Grenzkarte übereinstimmen — im Hinblick au das Präjudiz des Königlichen Ober-Tribunals vom 14. März 1848 Nr. 1999 die Folgerung her, daß Beklagter wegen der bereits früher erfolgten Produktion dieser Karte sich auf dieselbe zur Begründung der restitutio in integrum nicht mehr berufen könne und mit dem Wegfalle dieser Karte die Verhandlung vom 27. Januar 1840 jegliche Bedeutung verliere.

Gegen die formelle Gültigkeit dieser Verhandlung erhob Kläger Einwendungen, weil sie keinen Vermerk über die Identität und Dispositionsfähigkeit des Comparenten F. v. Zeleski enthalte, ohne Zuziehung eines Dolmetschers aufgenommen und weder mit einem polnischen Nebenprotokolle, noch auch mit einem in polnischer Sprache geschriebenen Verzichte darauf versehen sei.

Für's Erste folgerte Kläger die Ungültigkeit aus dem Mangel einer Registratur über die Identität des F. v. Zeleski. Er bestritt diese und behauptete ohne Beweisantritt, daß auch Zeleski die Vollziehung einer solchen Verhandlung stets in Abrede gestellt habe.

Sodann wendete Kläger unter Berufung auf Zeugen ein: „daß F. v. Zeleski nur der polnischen Sprache, ohne ein Wort deutsch zu verstehen, mächtig, der instrumentirende Richter hingegen dieser Sprache nicht gewachsen gewesen sei."

Endlich soll nach der Behauptung des Klägers F. v. Zeleski allein zur Abgabe des in Rede stehenden Anerkenntnisses nicht legitimirt gewesen sein, weil Kars zum Theil von ihm, zum Theil von A. v. Zeleski besessen worden sei.

Beklagter bestritt die nova und appellirte seinerseits wegen der Verurtheilung in die Kosten dieses und des Vorpresses, welche letzteren an Extrajudizialien 99 Thlr. 27 Sgr. 6 Pf. betragen haben. Er suchte — unter Protest des Gegners — den Antrag zu begründen:

daß dem Kläger sämmtliche Kosten des Vorprozesses und von den erstinstanzlichen Kosten des jetzigen Prozesses principaliter alle, eventuell die Hälfte aufzuerlegen.

Bei dieser Sachlage erhob das Königliche Appellationsgericht zu N. Beweis über die Besitzverhältnisse der Gebrüder Zeleski durch Einsicht der Grundakten von Kars Nr. 1. Es erhellt daraus, daß während der Besitzzeit der Gebrüder Zeleski das Hypothekenwesen von dem genannten Grundstücke noch nicht regulirt war und Kläger der erste titulirte Besitzer ist. Kläger bezog sich auf ein in Sachen der F. v. Zeleskischen Erben wider den A. v. Zeleski in der Revisionsinstanz am 2. November 1849 bestätigtes und am 27. März 1850 purifizirtes Erkenntniß des Königlichen Appellationsgerichts zu NN. vom 11. November 1848, wonach die damaligen Kläger mit ihrem Antrage auf Herausgabe des im Besitze des A. v. Zeleski befindlichen Antheils der Pustkowie Kars abgewiesen worden sind. Aus den Gründen dieser Erkenntnisse konstirt — und Parteien sind in dritter Instanz darüber einig —

daß F. v. Zeleski durch gerichtlichen Ueberlassungsvertrag v. 22. Januar 1803 das ganze Grundstück Kars Nr. 1 von seinen Eltern, welche sich ein lebenslängliches Nutzungsrecht an einem bestimmten Abbaue nebst dazu gehörigen Ländereien vorbehielten, zu Eigenthum erwarb. Gerade diesen Abbau nebst den Ländereien überließ F. v. Zeleski seinem Bruder A. in einem formlosen Vertrage aus dem Jahre 1808 oder 1809. Die Erben des F. v. Zeleski vindizirten in den vierziger Jahren genannten Abbau mit den Ländereien von A. v. Zeleski, jedoch ohne Erfolg, weil nach den allegirten Erkenntnissen ihre Vindikation bereits verjährt war.

Beklagter nahm im Beweistermine vom 17. Mai 1858 Bezug auf eine in den Hypotheken-Akten befindliche Verhandlung vom 27. Juli 1843 zum Erweise der Behauptung, daß A. v. Zeleski erst im Jahre 1843 Eigenthumsansprüche auf das Gut Kars erhoben habe.

Nach gleichzeitig erfolgter Vorlegung der Diffamations- sowie der Vorprozeß-Akten (F. 8 rep. und F. 307 rep.) erkannte das Königliche Appellationsgericht zu N. am 2. September 1858 unter Abänderung des ersten Urtels

in conventione auf Verurtheilung des Beklagten zur Herausgabe der streitigen Waldparzelen, in reconventione auf Abweisung desselben mit dem Restitutionsgesuche.

Der Appellationsrichter hat die Anbringung des Restitutionsgesuchs im Wege der Reconvention an sich für zulässig, durch die Beweisaufnahme jedoch für festgestellt erachtet, daß dem A. v. Zeleski Miteigenthum an Kars Nr. 1 zugestanden, folglich F. v. Zeleski allein bei der Grenzregulirung nicht habe zugezogen werden dürfen und das von Letzterem allein abgegebene Anerkenntniß über die Richtigkeit des Grenzzuges dem Kläger nicht präjudizire. Die Anführung des Beklagten, daß A. v. Zeleski erst im Jahre 1843 Eigenthumsansprüche an Kars erhoben, werde durch die ergangenen, in den Grundakten befindlichen Erkenntnisse widerlegt, da nach den Gründen derselben A. v. Zeleski bereits seit dem Jahre 1808 einen Antheil von Kars besessen habe.

Die gegen die formelle Gültigkeit der Verhandlung vom 27. Januar 1840 gerichteten Einwendungen des Klägers hat der Appellationsrichter einer Beurtheilung nicht unterzogen.

Beklagter hat hiergegen die Revision eingelegt und mit dem Antrage auf Wiederherstellung des ersten Erkenntnisses einführen lassen. Er hat ausgeführt, daß der Appellationsrichter mit Unrecht dem A. v. Zeleski ein Miteigenthum an Kars beigelegt habe. Nach den allegirten Erkenntnissen aus den Jahren 1848/49 habe vielmehr F. v. Zeleski durch Contrakt vom 22. Januar 1803 das ganze Grundstück Kars eigenthümlich erworben, A. v. Zeleski dagegen auf Grund eines Vertrages vom Jahre 1808 das Eigenthum eines reellen und nicht eines ideellen Theiles von Kars in Anspruch genommen. Jener sei daher allein zur Abgabe des in Rede stehenden Anerkenntnisses legitimirt gewesen.

Kläger hat unter Ueberreichung seines Besitzdokuments zum Erweise, daß der von A. v. Zeleski besessene Gutstheil von Kars 83 Morgen betragen habe, um Bestätigung des 2ten Erkenntnisses gebeten.

N. den ......

A.

Votum

I. Die Formalien sind beobachtet u. s. w.

II. Ich würde

die Sache unter Aufhebung des zweiten Erkenntnisses zur anderweiten Erörterung und Entscheidung in die zweite Instanz zurückweisen.

Nach dem Judikat vom 1. Februar 1855 ist Beklagter zur Anerkennung des klägerischen Eigenthums an zwei Waldparzelen verurtheilt worden. Der Vorrichter wies jedoch die nachgesuchte Exekution zurück, weil nicht zugleich auf Herausgabe der Parzelen miterkannt war. Hierauf ist nun die jetzige Klage vom 1. Februar 1857 gerichtet, welche nur als eine Ergänzung der Vorprozeßklage vom 29. März 1854 anzusehen ist. Denn beide Klagen zusammen erschöpfen erst das vollständige Petitum der Vindikation, welches auf Anerkennung des Eigenthums und demgemäß auf Herausgabe des betreffenden Gegenstandes zu richten ist.

Mit Unrecht hat Beklagter die Identität der vom Kläger im Vorprozesse erstrittenen und der jetzt beanspruchten Waldparzelen geleugnet. Denn nach dem richterlichen Befunde werden diese Parzelen auf drei Seiten durch eine zusammenhängende Reihe von Grenzhügeln, auf der vierten von einem deutlich erkennbaren Fußsteige, dem Eichenwege, eingeschlossen. In dieser Umgrenzung sind dem Kläger die Flächen zuerkannt. Er verlangt jetzt genau dieselben Flächen, und wenn er in der jetzigen Klage resp. auf der überreichten Handzeichnung den Eichenweg genauer als früher auf der Wedeschen Karte mit den Buchstaben a' c und d' e' bezeichnet hat, so ist doch immer nur von einem und demselben Eichenwege die Rede. Wenn Beklagter ferner darauf Gewicht legt, daß Kläger in der Vorprozeßklage den Flächeninhalt auf 55 Morgen 45 □Ruthen angegeben hat, während er jetzt bei Weitem mehr beanspruche, so übersieht er hierbei, daß Kläger im Vorprozesse zur Verhandlung vom 1. Februar 1855 seinen Klageantrag geändert und auf Grund des erhobenen Beweises die ursprüngliche Grenzlinie weiter vorgerückt hatte. Nach diesem geänderten Antrage wurde erkannt und in den Tenor die Bezeichnung der streitigen Parzelen nach Flächenraum nicht aufgenommen, woraus sich von selbst ergiebt, daß es auf die ursprünglich angegebene Fläche von 55 Morgen 45 □Ruthen nicht weiter ankommen kann. Auch darf das Judikat vom 1. Februar 1855 wegen der auf der Wedeschen Karte vorgenommenen Veränderungen nicht für bedeutungslos erachtet werden, wie Beklagter irrig vermeint. Denn nach dem Ergebnisse des richterlichen Augenscheins war der verlöschte Punkt d durch einen Grenzhügel kenntlich und in dessen Nähe lag der Anfang des Eichenweges. Mit Rücksicht auf diese örtlichen, bleibenden Kennzeichen könnte die Auffindung des Punktes d keine Schwierigkeit darbieten. Es kommt jedoch auf diesen Punkt überhaupt nicht an, denn die entscheidende Grenzlinie soll durch die Richtung des Eichenweges bestimmt werden. Steht hiernach die Identität der vom Kläger erstrittenen und jetzt prätendirten Waldparzelen fest, so kann sich Kläger zum Erweise seines Eigenthums auf das Judikat vom 1. Februar 1855 stützen und braucht den dort bereits geführten Nachweis der Eigenthumserwerbung aus dem Fundamente der 44jährigen Ersitzung nicht zu wiederholen. Auf das Judikat allein kann Kläger freilich sein Eigenthum nicht gründen, weil dasselbe nur ausspricht, daß dem Kläger das Eigenthum aus einem bestimmten Grunde schon vorher erworben war. Das Fundament der Klage bleibt immer noch die Ersitzung mit der Maaßgabe, daß Kläger des Beweises der Voraussetzungen derselben überhoben ist.

Die Vorderrichter haben mit Recht diejenigen Einwendungen des Beklagten, abgesehen von dem Restitutionsgesuche, welche das Eigenthum des Klägers wieder in Frage stellen sollen, verworfen; ihnen steht recht eigentlich die replicatio rei judicatae entgegen. Solche besondere Einwendungen aber, welche blos gegen die Verpflichtung zur Herausgabe gerichtet wären, hat Beklagter in diesem Prozesse nicht geltend gemacht. Der Anspruch des Klägers würde daher nach den §§. 1. 24. Th. I. Tit. 15 des A. L. R. begründet erscheinen, wenn nicht der Beklagte zugleich Restitution gegen das Judikat vom 1. Februar 1855 auf Grund neu aufgefundener Urkunden nachgesucht hätte.

Es drängt sich zunächst die Vorfrage auf, ob die Restitutionsklage im Wege der Rekonvention angebracht werden konnte, oder ob dieselbe nicht vielmehr ad separatum hätte verwiesen werden müssen. Erstere Alternative dürfte mit den Vorderrichtern anzunehmen sein. Denn die A. G. O. trennt das sogenannte judicium rescindens und rescissorium bei der hier in Rede stehenden Restitutionsklage nicht, verordnet vielmehr im §. 20. Th. I. Tit. 16, daß über beide judicia zugleich instruirt und erkannt werden solle. Zu erwägen ist, daß die jetzige Klage im innigsten Zusammenhange mit dem Vorprozesse steht und einen integrirenden Theil desselben bildet. Der Beklagte will nun eine von der früheren abweichende Entscheidung aus dem Grunde herbeigeführt wissen, weil angeblich ein Vorbesitzer des Klägers im Jahre 1840 die streitigen Parzelen als zur Königlichen Forst gehörig anerkannt habe. Diese Behauptung stellt sich der Vindikation des Klägers als exceptio entgegen und eignet sich deshalb in bester Weise zum Vertheidigungsmittel für den Beklagten. Hierin liegt auch ein charakteristischer Unterschied der vorliegenden in integrum restitutio von der uneigentlichen Rekonvention. Letztere setzt nicht nur das Dasein einer Forderung und Gegenforderung, sondern sogar die Konnexität beider voraus, §. 1. Th. I. Tit. 19 der A. G. O. Hier macht Beklagter einen selbstständigen Anspruch, geschweige denn eine Gegenforderung, überhaupt nicht geltend, sondern er will nur den Angriff des Klägers abwehren. Die rein prozessualischen Erfordernisse der uneigentlichen Widerklage hat die in Rede stehende Restitutionsklage dagegen mit dieser gemein. Denn Beklagter hat sein Gesuch auf Restitution mit der Klagebeantwortung angebracht. (§. 59 der Verordnung vom 1. Juni 1833). Ferner unterliegt das Restitutionsverfahren, wie solches in den §§. 17 ff. Th. I. Tit 16 der A. G. O. enthalten ist, gegenwärtig den Vorschriften der Verordnungen vom 1. Juni 1833 und 21. Juli 1846, da es nicht unter die Ausnahmen der §§. 28. 29, 38 der letzteren Verordnung fällt. Die Prozeßart, wie solche durch die Klage vom 1. Februar 1857 und durch die Restitutionsklage bedingt wird, erscheint daher als eine und dieselbe. §§. 3 bis 5. Th. I. Tit. 19 der A. G. O. Diese Gründe würden die Verweisung der Restitutionsklage ad separatum geradezu ungerechtfertigt erscheinen lassen.

In formeller Hinsicht hat Beklagter sein Gesuch nach Vorschrift des §. 17. Th. I. Tit. 16 der A. G. O. gehörig substanzirt, indem er die neuen Urkunden im Original produzirt, die Art, wie er in deren Besitz gelangt sei, angegeben, sich zum juramentum noviter repertorum erboten und den Beweissatz aufgestellt hat, welcher durch die neuen Urkunden dargethan werden soll. In zweiter Instanz hat die Königliche Regierung zu D. zwar eingeräumt, daß sie sich schon zur Zeit des Diffamations-Prozesses im Besitze der Peterschen Grenzkarte befunden habe. Es kommt jedoch hierauf bei Entscheidung der Hauptsache nichts an. Denn seit dem Vorerkenntnisse vom 1. Februar 1855 sind noch keine 10 Jahre verstrichen (§. 19. Th. I. Tit. 16 der A. G. O.), und daraus, daß Beklagter die im §. 18 a. a. O. bestimmte achtwöchentliche Frist zur Vorlegung der Urkunden seit der Auffindung nicht inne gehalten hat, folgt noch nicht ein Verlust des Rechtsmittels. Hierüber kann nach der klaren Vorschrift im dritten Satze des §. 21 a. a. O. kein Zweifel aufkommen.

Der Appellationsrichter hat indessen die Restitutionsklage aus dem Grunde zurückgewiesen, weil seiner Annahme nach A. v. Zeleski Miteigenthümer des Grundstücks Kars Nr. 1 gewesen, mithin F. v. Zeleski allein das Anerkenntniß über die Richtigkeit des Grenzzuges in der Verhandlung vom 27. Januar 1840 nicht habe abgeben können. Diese Annahme kann für richtig nicht erachtet werden. Unter gemeinschaftlichem oder Miteigenthum versteht das A. L. R. nach den §§. 14. 15. Th. I. Tit. 8 das Eigenthum mehrerer Personen an derselben Sache nach ideellen Theilen. Nun war zwar nach Lage der Hypotheken-Akten von Kars Nr. 1 eine Besitztitelberichtigung auf den Namen der Gebrüder v. Zeleski noch nicht erfolgt, weil während ihrer Besitzzeit das Hypothekenwesen dieses Grundstücks noch nicht regulirt war. Es erhellt jedoch aus den vom Appellationsrichter allegirten Erkenntnissen des Königlichen Ober-Tribunals vom 2. November 1849, sowie des Königlichen Appellationsgerichts zu N. N. vom 11. November 1848 — und die Parteien sind darüber einverstanden —:

daß F. v. Zeleski durch gerichtlichen Ueberlassungsvertrag v. 22. Januar 1803 von seinen Eltern die ihnen gehörige Pustkowie Kars zum alleinigen Eigenthum erwarb, seine Eltern aber sich das lebenslängliche Nutzungsrecht eines Abbaues mit dazu gehörigen Ländereien vorbehielten. Gerade diesen Abbau nebst den Ländereien überließ F. v. Zeleski seinem Bruder A. in einem formlosen Vertrage vom 28. Januar 1808 (oder 23. Januar 1809). In den vierziger Jahren vindicirten nun die Erben des F. v. Zeleski von A. v. Zeleski den in seinem Besitze befindlich gewesenen Theil von Kars, unterlagen jedoch in diesem Prozesse, weil angenommen wurde, daß ihre Vindikationsklage durch Nichtgebrauch innerhalb der nach dem früheren Westpreußischen Provinzialrechte zu berechnenden Frist von 31 Jahren 6 Wochen und 3 Tagen vor Anstellung der damaligen Klage erloschen war.

Aus diesen Besitzverhältnissen von Kars dürfte zur Evidenz hervorgehen, daß dem A. v. Zeleski nicht Miteigenthum, sondern nur (wenn überhaupt) Eigenthum eines reellen Theiles zugestanden hat. Ob die Vindikationsklage der F. v. Zeleskischen Erben schon am 27. Januar 1840 verjährt war, was Beklagter in Abrede stellt, kann mit Sicherheit aus den allegirten Erkenntnissen nicht entnommen werden. Denn der Anfang des Besitzes auf Seiten des A. v. Zeleski, also auch der Verjährung der Vindikation auf Seiten des F. v. Zeleski und seiner Rechtsnachfolger, ist nach Ausschwörung des dem ersteren auferlegten nothwendigen Eides in das Jahr 1808 zurückzuverlegen, ohne daß jedoch der Tag und Monat der Besitzergreifung näher angegeben ist. Aber gerade dies wäre zu wissen nöthig, um mit Hinzurechnung von 31 Jahren 6 Wochen und 3 Tagen bestimmen zu können, ob die erlöschende Verjährung der Vindikationsklage bereits am 27. Januar 1840 vollendet war. Es kann jedoch hierauf nichts ankommen, weil die gedachten Erkenntnisse keinen Aufschluß darüber geben, zu welchem der beiden Antheile die streitigen Parzelen gehört haben. Zur Feststellung dieser Frage hat sich nun der Beklagte auf die eidliche Aussage des A. v. Zeleski zur Vorprozeßverhandlung vom 9. October 1854 berufen, nach welcher die streitigen Flächen zu dem Areal des F. v. Zeleski gehörten. Nach der Entscheidung des Königlichen Ober-Tribunals v. 15. März 1853 (Striethorst Archiv Bd. 9. Seite 60) kann der Richter bei Entscheidung der Hauptsache im Restitutionsverfahren auch zugleich das Resultat der im Vorprozesse stattgefundenen Beweisaufnahme in den Kreis seiner Beurtheilung ziehen und braucht die neuen Urkunden nicht ausschließlich der anderweit zu fällenden Entscheidung zum Grunde zu legen. Die Gesetze sprechen zwar nirgends bestimmt aus, daß dies zulässig sei; sie verbieten es aber auch nicht, wenn gleich allerdings nach §. 20. Th. I. Tit. 16 der A. G. O. die im Restitutionsverfahren stattfindende Untersuchung, soweit sie die Hauptsache betrifft, bei demjenigen Punkte, auf den sich die neue Urkunde bezieht, stehen bleiben muß. Es leuchtet jedoch ein, daß dem Imploraten im Restitutionsverfahren, also hier dem Kläger, nicht verschränkt werden dürfe, Alles, was sich nach Lage des Vorprozesses gegen die neuen Urkunden ausführen ließe, geltend zu machen; mithin muß auch der Implorant, also hier der Beklagte, befugt sein, die Ergebnisse des im Vorprozesse erhobenen Beweises, sofern dieselben das Gewicht der neuen Urkunden verstärken, seinerseits zu benutzen. Wenn hiernach einerseits A. v. Zeleski nicht Miteigenthümer von Kars war, andrerseits die streitigen Waldparzelen ausschließlich zu dem Besitzthum des F. v. Zeleski gehörten, so war auch letzterer für sich allein befugt, zur Verhandlung vom 27. Januar 1840 ein gültiges Anerkenntniß über die Richtigkeit des Grenzzuges zwischen seinen Ländereien und denen des Fiskus abzugeben.

Bevor nun zur Beurtheilung der rechtlichen Bedeutung des in Rede stehenden Anerkenntnisses übergegangen wird, muß erwähnt werden, daß Kläger die neuen Urkunden nicht anerkannt hat. Die Verhandlung vom 27. Januar 1840 liegt jedoch in gerichtlicher Ausfertigung vor und bedarf daher nach §. 126. Th. I. Tit. 10 der A. G. O. keiner Rekognition. Die Petersche Grenzkarte ist von F. v. Zeleski in der gedachten Verhandlung als richtig anerkannt. Wollte man darauf Gewicht legen, daß auf der Karte selbst ein Rekognitionsvermerk nicht enthalten ist, §. 125 a. a. O., so ist dieselbe doch mit dem Siegel der Königl. Regierung zu D. bedruckt und von einem Königl. Vermessungs-Revisor, also von einer Person angefertigt, welche zur Aufnahme von dergleichen Karten vom Staate bestellt ist, §. 123 a. a. O. Aus der Analogie des §. 127 a. a. O., welcher den Ältesten der Landeskollegien, das ist der jetzigen Regierungen, in Angelegenheiten ihres Ressorts die Eigenschaft von öffentlichen außergerichtlichen Urkunden beilegt, dürfte auch der in Rede stehenden Peterschen Grenzkarte diese Eigenschaft zu vindiciren sein, so daß sie gleichfalls nach §. 131 a. a. O. keiner Rekognition bedarf.

Vorausgesetzt die — von dem Kläger nicht minder angefochtene — formelle Gültigkeit der qu. Verhandlung vom 27. Januar 1840, so bestimmt das A. L. R. im §. 385. Th. I. Tit. 17, daß bei Grenz-Erneuerungen die Zuziehung aller Nachbarn, mit deren Grundstücken die neu aufzunehmende Grenzlinie in Verbindung steht, erforderlich sei. Und der folgende §. 386 knüpft hieran die Wirkung, daß gegen die Nichtzugezogenen eine solche Grenz-Erneuerung auch in der Folge nicht angeführt werden könne. Es kann nun auf die mit Beweismitteln nicht unterstützte Behauptung des Beklagten, daß F. v. Zeleski zu der vom Forstfiskus veranlaßten Behügelung der Streitflächen zugezogen worden sei, bei dem Bestreiten des Gegners keine Rücksicht genommen werden. F. v. Zeleski hat sich indessen in der Verhandlung vom 27. Januar 1840 ausdrücklich des Einwandes:

> „daß die Regulirung ohne seine Zuziehung geschehen und die Grenzhügel nicht richtig aufgeworfen seien",

begeben. Diese Erklärung enthält nach §§. 378. 381. Th. I. Tit. 16 des A. L. R. eine gültige Entsagung gegenüber dem Forstfiskus, und bedurfte nach §. 392 ibidem, weil sie gerichtlich geschehen ist, keiner besonderen Annahme. Aus diesem Grunde kann daher die Wirksamkeit des Anerkenntnisses nicht in Zweifel gezogen werden. — Nun hat der Vorrichter angenommen, daß die Ersitzung der streitigen Parzelen auf Seiten des Klägers resp. der Vorbesitzer desselben, mit dem Jahre 1793 begonnen, also mit dem Jahre 1837 vollendet war. Um das von F. v. Zeleski abgegebene Anerkenntniß richtig zu würdigen, muß man sich auf den Standpunkt des Vorrichters stellen und so urtheilen, wie dieser es gethan haben würde, wenn er die neuen Urkunden bereits vor sich gehabt hätte. In der Erklärung des v. Zeleski, daß die Grenzen zwischen seinen und den fiskalischen Ländereien auf der Peterschen Karte richtig verzeichnet sind, liegt implicite das Anerkenntniß, daß die jenseits dieser Grenzlinie belegenen Ländereien — und zu diesen gehören die Streitflächen — zu dem Eigenthume des v. Zeleski nicht gehörten. Dem Anerkenntnisse ist daher die Wirkung beizulegen, daß dasselbe den vorhandenen Rechtszustand beglaubigen und beurkunden sollte. Beklagter hat freilich sein Eigenthum an den Streitflächen nicht erwiesen. Wenigstens geht aus der Verhandlung vom 27. Januar 1840 nicht hervor, daß Beklagter überhaupt und auf welche Art er Eigenthum an den Parzelen erworben hat; denn sie enthält keinen geeigneten Titel zu einer mittelbaren Eigenthums-Erwerbung, §. 2. Th. I. Tit. 9 des A. L. R. Es genügt aber zur Beseitigung der klägerischen Vindikationsklage das negative Resultat, daß F. v. Zeleski zur Zeit der Vollziehung jener Verhandlung Eigenthum an den Waldparzelen nicht hatte, indem er Rechte, die er selbst nicht besaß, auf seine Erben nicht übertragen konnte, und diese wiederum nicht auf den Kläger, §. 101 der Einleitung zum A. L. R. Auf die im Jahre 1837 vollendete Ersitzung kann sich Kläger daher nicht mehr gründen; eine neue Ersitzung kann aber seit dem 27. Januar 1840 nicht eingetreten sein, weil — wie der erste Richter richtig ausgeführt hat — F. v. Zeleski sich hätte in mala fide befinden müssen, und seit der Besitzzeit des Klägers und der Erben des F. v. Zeleski die erforderliche Präskriptionsfrist nicht verstrichen wäre, §§. 629. 660. Th. I. Tit. 9 des A. L. R. Hierzu kommt, daß nach dem Gutachten des Regierungs-Feldmessers Pauli zur Verhandlung vom 21. September 1857 die der jetzigen Klage beigefügte Handzeichnung mit der Peterschen Grenzkarte genau übereinstimmt und Fiskus die auf der letzteren verzeichneten Grenzen vom Hügel Nr. 24 bis 32 und vom Hügel Nr. 47 bis 60 nicht überschritten hat. Bei dem Mangel eines besseren Rechts auf Seiten des Klägers muß daher Fiskus in seinem Besitze verbleiben.

Kläger, welcher den F. v. Zeleskischen Antheil an Kars und mit diesem zugleich die dazu gerechneten Streitflächen in nothwendiger Subhastation durch Zuschlag vom 20. Juli 1852 erworben haben will, hat, gestützt auf den §. 42. Th. I. Tit. 15 des A. L. R., die Ansicht aufgestellt, daß Beklagter ein Recht auf die Streitflächen nicht geltend machen dürfe. Allein Kläger übersieht hierbei offenbar, daß er selbst der vindicirende Theil ist, und nicht der Beklagte. Ueberdies hat sich die konstante Praxis des Königl. Ober-Tribunals in Uebereinstimmung mit den Gesetzes-Revisoren und den bewährtesten Rechtslehrern stets dahin ausgesprochen, daß die Vorschrift des §. 42 a. a. O. auf unbewegliche Sachen, beziehungsweise deren Erwerb im Wege der nothwendigen Subhastation keine Anwendung finde. — Eben so wenig kann das vom Kläger angeregte Bedenken Platz greifen, daß Beklagter die Petersche Karte überhaupt zur Begründung des Restitutionsgesuchs nicht mehr benutzen dürfe, weil er sie schon im Diffamations-Prozesse in einer Copie producirt hat, und daß mithin die Verhandlung vom 27. Januar 1840 ohne gleichzeitige Berücksichtigung jener Karte jegliche Bedeutung verliere (Präjudiz vom 14. März 1848. Nr. 1999. Präj. S. I. Seite 245). Wollte man auch den Diffamations-Prozeß als einen Bestandtheil des künftigen Hauptprozesses ansehen, so steht der Ansicht des Klägers entgegen, daß nach Inhalt der Diffamationsklage vom 2. November 1853 die dort überreichte Handzeichnung nur den Zweck haben sollte, dem Richter ein ungefähres Bild von der Lage der streitigen Flächen zu verschaffen.

Als ein Beweismittel zur Beseitigung der klägerischen Eigenthumsansprüche ist die Petersche Karte erst im gegenwärtigen Prozesse produzirt. Diese Karte ist sachlich nur als ein Annexum der Verhandlung vom 27. Januar 1840 zu betrachten. Der letzteren würde aber das volle, ihr gebührende Recht nicht zu Theil werden, wenn man die Karte von der gleichzeitigen Berücksichtigung ausschlösse. Schwindet somit auch dieser Einwurf des Klägers, so bleiben nur noch die gegen die formelle Gültigkeit der vorerwähnten Verhandlung gerichteten, vom Appellationsrichter jedoch nicht dijudizirten Einwendungen des Klägers zu prüfen übrig.

Dem Kläger kann für's Erste darin nicht beigetreten werden, daß die qu. Verhandlung wegen Mangels eines Vermerks über die Identität und Dispositionsfähigkeit des Comparenten F. v. Zeleski ungültig sei. Zwar soll der instrumentirende Richter bei Aufnahme von Akten der freiwilligen Gerichtsbarkeit sich vorerst über die Identität und Verfügungsfähigkeit der Comparenten vergewissern (§. §. 23, 25 Th. II, Tit. 2 der A. G. O.) und im Protokolle registriren, wie er die Identität der Personen festgestellt und etwaige Bedenken gegen die Dispositionsfähigkeit derselben gehoben hat (§. 43 Nr. 2 und 4 a. a. O.). Allein die Gesetze bedrohen eine Verhandlung, in welcher ein derartiger Vermerk nicht enthalten ist, mit der Strafe der Nichtigkeit nicht (§. 116 Th. I Tit. 10 der A. G. O. §. 40 Th. I Tit. 3 des A. L. R.). Es muß daher zufolge des dem Richteramte innewohnenden öffentlichen Glaubens angenommen werden, daß der Richter in der beregten Hinsicht keine Bedenken gehabt hat. Jedenfalls wäre es Sache des Klägers gewesen, nach Vorschrift des §. 126 Th. I Tit. 10 der A. G. O. einen Gegenbeweis zu führen. Sein bloßes Bestreiten der Identität genügt ebenso wenig, als die Behauptung, daß F. v. Zeleski die Vollziehung einer solchen Verhandlung und Ausstellung eines derartigen Anerkenntnisses stets in Abrede gestellt habe. Auch kann die Anführung, daß F. v. Zeleski dem Anerkenntnisse zuwider sich nach wie vor im Besitze der streitigen Parzelen befunden habe, als ein zutreffender Gegenbeweis gegen die Identität nicht erachtet werden.

Sodann hat Kläger noch mit Berufung auf Zeugen unter Beweis gestellt:

> „daß F. v. Zeleski nur der polnischen Sprache, ohne ein Wort deutsch zu verstehen, mächtig, der instrumentirende Richter hingegen dieser Sprache nicht gewachsen gewesen sei,“

und die qu. Verhandlung für ungültig erachtet, weil dieselbe ohne Zuziehung eines Dolmetschers aufgenommen ist, und weder ein polnisches Nebenprotokoll, noch einen in polnischer Sprache lautenden Vermerk über den Verzicht auf dasselbe enthält. Es bleibt zu prüfen, ob der Beweissatz, so wie er aufgestellt ist, eine Vernehmung von Zeugen überhaupt zuläßt und — sollte diese Frage zu bejahen sein — ob derselbe für den Ausfall der Entscheidung von Erheblichkeit ist.

Anlangend die erste Frage, so dürfen Zeugen allerdings nur über Thatsachen, welche sie mit eigenen Sinnen wahrgenommen haben, vernommen werden (§§. 191, 194, 197 I, 10 A. G. O.). Auch leuchtet ein, daß die Sprachkenntniß, resp. Unkenntniß, nicht eine mit den Sinnen erkennbare äußere Thatsache ist, vielmehr ein factum internum, eine innere geistige Eigenschaft eines Menschen darstellt, auf deren Existenz oder Nichtexistenz nur aus äußeren thatsächlichen Momenten zurückgeschlossen werden kann. Kläger hat aber in seiner Appellations-Rechtfertigung dergleichen specielle Thatsachen nicht angeführt, auf welche die Vernehmung der Zeugen gerichtet werden könnte.

Nichtsdestoweniger dürfte nach meiner Ansicht diese Vernehmung gesetzlich statthaft erscheinen, wenn man von dem Gesichtspunkte ausgeht, daß der instruirende Richter die Zeugen nach dem Grunde ihrer Wissenschaft befragen und durch geeignete Fragen ihre wahre Wissenschaft von dem betreffenden Streitpunkte zu ermitteln suchen soll, §. 191, 196, 197 a. a. O. Wenn der instruirende Richter in dieser Weise das Zeugenverhör geleitet hat, so bleibt es dem erkennenden Richter überlassen, aus den einzelnen, von den Zeugen bekundeten thatsächlichen Momenten einen Rückschluß auf das Vorhandensein der behaupteten Sprachunkenntniß zu ziehen. Es ist dies ein sogenannter künstlicher Beweis. Gesetzt, der Kläger hätte den Beweissatz nicht so allgemein hingestellt, sondern näher motivirt und eine ganze Reihe von Thatsachen angeführt, worüber die Zeugen abgehört werden könnten, so würde der instruirende Richter doch keineswegs gehindert sein, auch noch andere ihm passend scheinende Fragen an die Zeugen zu richten. Es muß dem vernünftigen Ermessen des Richters überlassen bleiben, wie er das Zeugenverhör am Zweckmäßigsten einrichten soll, da er keinen Augenblick Zweifel haben kann, worauf es vorliegend ankommt. Bemerkt mag noch werden, daß unter den vom Kläger laudirten Zeugen der Bruder und zwei Söhne des F. v. Zeleski sich befinden, denen voraussichtlich eine zuverlässige Kenntniß darüber beiwohnen wird, ob letzterer nur der polnischen Sprache mächtig gewesen ist. — Bedenklicher möchte die Frage sein, ob überhaupt die Sprachunkenntniß eines Menschen selbst mit Hülfe der künstlichen Beweisführung festgestellt werden kann. Es muß zugegeben werden, daß der Richter mit mathematischer und absoluter Sicherheit einen Schluß auf die Sprachunkenntniß zu ziehen, wohl niemals in der Lage sein wird. Der Fall ist aber ebenso gut denkbar, daß die Zeugen dem erkennenden Richter solche triftige und schlagende Thatumstände an die Hand geben, daß aus diesen Prämissen nach dem gewöhnlichen Laufe der Dinge Niemand einen Anstand nehmen würde, jene Schlußfolgerung zu ziehen.

Nach §. 126. Th. I. Tit. 10 der A. G. O. ist nun der Beweis gegen die formelle Gültigkeit einer gerichtlichen Verhandlung zuläßig. Erheblich ist der vom Kläger angetretene Beweis gleichfalls. Denn sollte sich die vorangestellte Behauptung desselben im vollen Umfange dahin bewahrheiten, daß der instrumentirende Richter nicht der polnischen und F. v. Zeleski nicht der deutschen Sprache mächtig gewesen ist, so würde die Verhandlung vom 27. Januar 1840 wegen unterlassener Zuziehung eines Dolmetschers schlechterdings null und nichtig sein (cf. Schlußsatz des §. 75 des Anh. zur A. G. O. und §. 37 Th. II Tit. 2 der A. G. O.). Ein solches günstiges Resultat der Beweisaufnahme steht freilich nicht zu erwarten; denn man ersieht aus der Registratur am Schlusse der gedachten, ohne Zuziehung eines Protokollführers aufgenommenen Verhandlung „deutsch und polnisch ꝛc. vorgelesen", daß der Richter der polnischen Sprache mächtig gewesen sein wird. Hierbei ist nur zu beachten, daß sich jener Vermerk über die Vorlesung in beiden Sprachen nicht auf den Theil der Verhandlung bezieht, welcher mit F. v. Zeleski, sondern augenscheinlich nur auf denjenigen, welcher mit den Fol. 13 des Vermessungs-Registers aufgeführten, zuletzt erschienenen Personen aufgenommen ist. — Gesetzt nun, es würde festgestellt, daß F. v. Zeleski der deutschen Sprache nicht mächtig war, dann hätte die Verhandlung vom 27. Jan. 1840 unter Beobachtung der im § 75 des Anhangs zur A. G. O. vorgeschriebenen Förmlichkeiten aufgenommen werden müssen. Die Anwendbarkeit des Anh. §. 75 auf Handlungen der freiwilligen Gerichtsbarkeit folgt daraus, daß die §§. 421 und 422 des Anh. zu den §§. 17 und 37 Th. II Tit. 2 der A. G. O. auf jenen verweisen. Der instrumentirende, der polnischen Sprache völlig mächtige Richter hätte also die von ihm niedergeschriebene Verhandlung durch einen Dolmetscher übersetzen und alsdann von Zeleski vollziehen lassen müssen. Diese Uebersetzung und deren Vorlegung an Zeleski hätte nur dann unterbleiben können, wenn er ausdrücklich darauf verzichtet hätte. Nach der Allerh. Kabinets-Ordre vom 5. Mai 1839 (Justiz-Ministerial-Blatt für 1839 S. 178), welche der Zeit nach auf den vorliegenden Fall aus dem Jahre 1840 anwendbar wäre, hätte jener Verzicht in deutscher und polnischer Sprache in die Verhandlung aufgenommen werden müssen. Zeleski hat aber einen Verzicht auf das polnische Nebenprotokoll nicht erklärt, wenigstens konstirt das Gegentheil aus der Verhandlung nicht. Der Richter hätte daher durch einen Dollmetscher die Verhandlung übersetzen und von Zeleski vollziehen lassen sollen. Die unterlassene Beobachtung dieser Förmlichkeiten würde die Verhandlung ohne Zweifel zu einer ungültigen stempeln. Es läge keine Garantie vor, daß der Wille des Zeleski so, wie er erklärt worden, vollkommen getreu niedergeschrieben wäre.

Der Appellations-Richter hat den zuletzt erwähnten, vom Kläger erst in zweiter Instanz vorgebrachten Einwand seiner Beurtheilung nicht unterworfen. Ich halte denselben für erheblich und würde deßhalb nach §. 8 Th. I Tit. 15 der A. G. O. und §. 3 des Gesetzes vom 20. März 1854 erkennen:

> daß unter Aufhebung des Erkenntnisses des Königl. Apellationsgerichts zu N. vom 2. September 1858 die Sache zur anderweiten Erörterung und Entscheidung in die zweite Instanz zurückzuweisen und daß die gerichtlichen Kosten der dritten Instanz jedem Theile zur Hälfte aufzuerlegen, die außergerichtlichen zu kompensiren.

Sollte jedoch der höchste Gerichtshof die Vernehmung der Zeugen über die behauptete Sprachunkenntniß des instrumentirenden Richters und des F. v. Zeleski für unstatthaft erachten, dann würde ich unter Aufhebung des zweiten Erkenntnisses das erste Erkenntniß mit einigen Veränderungen im Tenor wiederherstellen.

Die Formel des ersten Erkenntnisses macht sich einer Tautologie schuldig, indem Kläger in conventione mit dem Antrage auf Herausgabe der streitigen Flächen und in reconventione wiederum mit dem Antrage auf Herausgabe — anstatt auf Anerkennung des Eigenthums, wie es heißen müßte — abgewiesen worden ist. Ferner ist im Tenor der eine Theil des Eichenweges unrichtig mit a' c' bezeichnet. Ein solches gestrichenes c ist auf der Handzeichnung (Blatt 8v) nirgends aufgetragen; offenbar ist c ohne Strich gemeint, wie aus der Klage (Blatt 3) deutlich erhellt. Derselbe Fehler hat sich schon in das Petitum der Klage eingeschlichen.

Der erste Richter will den Beklagten schwören lassen:

> „daß er vor der rechtskräftigen Entscheidung vom 1. Februar 1855 weder von der Peterschen Karte, noch von dem Grenzvermessungs-Register der Oberförsterei O. aus den Jahren 1833—39 nichts (müßte heißen: etwas —) gewußt und diese Urkunden nicht vorsätzlich zurückgehalten habe."

Nach meiner Ansicht konnte dieser Eid ganz wegfallen. Beklagter hat sich zwar über die Auferlegung desselben nicht beschwert; man könnte deshalb anzunehmen geneigt sein, daß dieser Eid in Rechtskraft übergegangen sei. Allein er gehört eigentlich nicht zu dem dispositiven Theil des Tenors, denn das Gesetz hat bei Entscheidung der Hauptsache auf die Ableistung oder Nichtableistung des juramentum noviter repertorum kein Präjudiz gestellt. Nun unterscheidet die A. G. O. im §. 21 Th. I Tit. 16 drei Fälle; wenn nämlich

1) die Angabe des Imploranten wegen der erst nach dem vorigen Prozesse erfolgten Auffindung der betreffenden Urkunden wahrscheinlich gemacht ist, so soll auf das §. 17 Nr. 3 beschriebene juramentum n. r. erkannt werden. Dieser Eid fällt weg:
2) wenn es bei dem Erkenntnisse in der Hauptsache verbleibt, oder
3) wenn Implorant die Urkunden im Vorprozesse dolose zurückgehalten oder sie länger als 8 Wochen vor Anstellung der Restitutionsklage in Händen gehabt hat.

Gerade dies letztere ist geschehen. Beklagter hat das Restitutionsgesuch nicht innerhalb 8 Wochen seit Auffindung der Urkunden angebracht, mithin kann es auf den Eid nicht mehr ankommen. Ueberdies hat der Vorderrichter den Eid nicht in Uebereinstimmung mit der Vorschrift im §. 17 Nr. 3 a. a. O. normirt, indem er ihn darauf ausgedehnt hat, „daß Beklagter die betreffenden Urkunden nicht vorsätzlich zurückgehalten habe."

Endlich ist noch der Kostenpunkt zum Gegenstande einer Beschwerde gemacht, welche Beklagter als Appellation und als Recurs gewahrt hat. Es handelt sich um die Kosten dieses und des Vorprozesses. Ueber letzteren soll das Haupturtel nach §. 16 Th. I Tit. 23 der A. G. O. miterkennen. Der §. 22 Th. I Tit. 16 a. a. O. kann auf den vorliegenden Fall keine Anwendung finden, weil nicht erwiesen ist, daß Beklagter die neuen Urkunden im Vorprozesse vorsätzlich zurückgehalten. Es bliebe daher als Entscheidungsnorm nur der §. 16 Th. I Tit. 23 der A. G. O. übrig, nach welchem darauf gesehen werden soll, „inwiefern der eine oder der andere Theil daran, daß das vorige Urtel null gewesen oder dem Imploranten dadurch eine Läsion zugefügt worden sei, mehr oder weniger Schuld gehabt habe." Beklagter hätte bei einiger Sorgfalt in der Aufsuchung seiner Vertheidigungsmittel schon im Vorprozesse die jetzt produzirten Urkunden benutzen können und sollen. Er allein hatte die Nullität des Judicats vom 1. Februar 1855 verschuldet und würde daher die Kosten des Vorprozesses zu tragen haben.

Nach der Specialbestimmung im §. 14 a. a. O. soll bei dem Restitutionsgesuche wegen neuer Dokumente der Provokant, auch wenn er restituirt wird und ein besseres Erkenntniß erhält, die Kosten der ersten Instanz des Restitutionsprozesses allein tragen. Dieser § setzt jedoch offenbar voraus, daß die Restitution in Form der Klage nachgesucht wird, während sie in casu concreto im Wege der Widerklage angebracht ist. Kläger müßte nun als unterliegender Theil in der Convention die Kosten dieser tragen. §. 2 a. a. O. Da aber besondere Kosten für die Reconvention — bei einem gleich hohen Objekte in con- u. reconventione — nicht anzusetzen sind, (§. 7 des Gesetzes vom 10. Mai 1851), so würden beide Theile an den Kosten erster Instanz partizipiren müssen. Die gerichtlichen Kosten zweiter und dritter Instanz würden nach §§. 6 und 10 Th. I Tit. 23 der A. G. O. und §. 9 des Gesetzes vom 10. Mai 1851 jedem Theile zur Hälfte aufzuerlegen, die außergerichtlichen zu compensiren und die den Beklagten treffenden gerichtlichen Kosten nach § 4 Nr. 1 des citirten Gesetzes außer Ansatz zu lassen sein.

Ich würde daher eventuell erkennen:

daß unter Abänderung des Erkenntnisses des Königl. Appellationsgerichts zu N. vom 2. September 1858 das Erkenntniß des Königl. Kreisgerichts zu N. vom 29. October 1857 mit der Maaßgabe wiederherzustellen, daß Beklagter gegen das Erkenntniß des letztgenannten Gerichts vom 1. Februar 1855 in integrum zu restituiren und Kläger sowohl mit dem Antrage auf Anerkennung des Eigenthums, als auch mit dem Antrage auf Herausgabe der auf der Wedeschen Handzeichnung mit a 29 bis 35 c und dem Eichenwege a' c und mit d 53 bis 56, 58, 60, 61, 63 e und dem Eichenwege d' e' bezeichneten Waldparzelen abzuweisen; die Kosten des Vorprozesses Beklagter allein zu tragen schuldig, die gerichtlichen Kosten des jetzigen Prozesses jedem Theile zur Hälfte aufzuerlegen, (soweit sie den Beklagten treffen, außer Ansatz zu lassen) und die außergerichtlichen zu compensiren.

N., den A.

Erkenntniß-Entwurf.

Im Namen des Königs!

In Sachen des Königlichen Forstfiskus, vertreten durch die Königl. Regierung zu D., Beklagten und Revidenten,

wider

den Gutsbesitzer Johann Eduard Kunth zu Kars, Kläger und Revisen, hat der dritte Senat des Königl. Ober-Tribunals in seiner Sitzung vom an welcher Theil genommen haben:

1)
2)
3)
4)
5)
6)
7)

für Recht erkannt:

daß unter Aufhebung des Erkenntnisses des Königl. Appellationsgerichts zu N. vom 2. September 1858 die Sache zur anderweiten Erörterung und Entscheidung in die zweite Instanz zurückzuverweisen, und die gerichtlichen Kosten dritter Instanz jedem Theile zur Hälfte aufzuerlegen, die außergerichtlichen zu kompensiren.

Von Rechts Wegen.

Gründe.

Dem Appellationsrichter ist darin beizutreten, daß das im vorliegenden Prozesse eingeschlagene Verfahren, wonach Beklagter sein Restitutionsgesuch in Form der Widerklage angebracht hat, gesetzlich zulässig ist. Denn nach §. 20. Th. I. Tit. 16 der A. G. O. soll die Instruction auf das judicium rescindens und rescissorium zugleich gerichtet werden. Die jetzige, auf Herausgabe der streitigen Waldparzelen angestrengte Klage vom 1. Februar 1857 bildet aber nur eine Ergänzung der auf Anerkennung des Eigenthums an denselben gerichtet gewesenen Vorprozeßklage vom 29. März 1854, indem beide Klagen zusammen erst das vollständige Petitum der Vindikation erschöpfen. Der Beklagte verfolgt nun mit dem Restitutionsgesuche ausschließlich den Zweck, in der Hauptsache den Angriff des Klägers, nach Beseitigung des entgegenstehenden Judikats, durch einen Einwand abzuwehren. Es kann daher von dem materiellen in der Konnexität der Forderung und Gegenforderung beruhenden Erforderniße der uneigentlichen Widerklage hier nicht die Rede sein. §. 1 Th. I Tit. 19 der A. G. O. In rein prozessualischer Hinsicht unterliegt aber das Restitutionsverfahren auf Grund neu aufgefundener Urkunden, wie solches in den §§. 17 seq. Th. I Tit. 16 der A. G. O. enthalten war, gegenwärtig den neueren organischen Prozeßgesetzen. cf. §§. 1, 28, 29, 38 der Verordnung vom 21. Juli 1846. Eine Verschiedenheit der Prozeßart, wie diese durch die Klage und durch die in Form der Widerklage angebrachte Restitutionsklage bedingt wird, liegt daher nicht vor. §§. 3—5 Th. I Tit. 19 der A. G. O.

Mit Unrecht hat dagegen der Appellationsrichter durch die von ihm erhobene Beweisaufnahme für festgestellt erachtet, daß F. v. Zeleski nicht alleiniger Eigenthümer des Grundstück Kars Nr. 1 gewesen sei, vielmehr dem A. v. Zeleski Miteigenthum daran zugestanden habe. Miteigenthum ist nach §§. 14, 15 Th. I Tit. 8 des A. L. R. das Eigenthum mehrerer Personen an derselben Sache nach ideellen Theilen. Kläger hat sich auf das in Sachen der F. v. Zeleskischen Erben wider den A. v. Zeleski in der Revisions-Instanz am 2. November 1849 bestätigte und am 27. März 1850 purifizirte Erkenntniß des Königlichen Appellationsgerichts zu N. vom 11. November 1848 bezogen, wonach die damaligen Kläger mit ihrem Antrage auf Herausgabe des im Besitze des A. v. Zeleski befindlichen Antheils der Pustkowie Kars abgewiesen worden sind. Aus den Gründen dieser, in den Hypothekenakten des genannten Gutes befindlichen Erkenntnisse geht indessen hervor — und Parteien sind in dritter Instanz darüber einig:

„daß F. v. Zeleski durch gerichtlichen Ueberlassungs-Vertrag v. 22. Januar 1803 das ganze Grundstück Kars Nr. 1 von seinen Eltern, welche sich ein lebenslängliches Nutzungsrecht an einem bestimmten Abbaue nebst dazu gehörigen Ländereien vorbehielten, zu Eigenthum erwarb. Gerade diesen Abbau mit den Ländereien überließ F. v. Zeleski seinem Bruder A. in einem formlosen Vertrage vom 28. Januar 1808 (oder 23. Januar 1809). Die Erben des F. v. Zeleski stellten in den vierziger Jahren eine Vindikationsklage gegen A. v. Zeleski auf Herausgabe jenes Abbaues nebst den Ländereien an, unterlagen jedoch in diesem Prozesse, weil angenommen wurde, daß ihre Klage durch Nichtgebrauch verjährt war."

Aus diesen Besitzverhältnissen der Gebrüder v. Zeleski geht zur Evidenz hervor, daß dem A. v. Zeleski nicht Miteigenthum, sondern — wenn überhaupt — nur das Eigenthum eines reellen Gutsantheils von Kars, nämlich des gedachten Abbaues nebst dazu gehörigen Ländereien, zugestanden hat. Die streitigen Waldparzelen gehörten aber nach der eidlichen Aussage des A. v. Zeleski zur Vorprozeßverhandlung v. 9. Oktober 1855 ausschließlich zu dem Gutsantheile des F. v. Zeleski. Wenn hiernach einerseits A. v. Zeleski nur Eigenthümer eines reellen Gutsantheils von Kars war, andrerseits die streitigen Parzelen ausschließlich zu dem Areal des F. v. Zeleski gehörten, so war letzterer auch allein befugt, zur Verhandlung v.

27. Januar 1840 ein gültiges Anerkenntniß über die Richtigkeit des Grenzzuges zwischen seinen Ländereien und denen des Fiskus abzugeben.

Gleichgültig erscheint es, daß der Kläger die vom Beklagten produzirten neuen Urkunden nicht rekognoszirt hat; denn die in Ausfertigung überreichte gerichtliche Verhandlung vom 27. Januar 1840 bedarf nach §. 126. Th. I. Tit. 10 der A. G. O. keiner Anerkennung und die mit dem Siegel der Königl. Regierung zu D. bedruckte Peter'sche Grenzkarte ist von einem Königlichen Vermessungsrevisor aufgenommen §. 123 a. a. O., daher nach Analogie des §. 127 a. a. O. für eine öffentliche außergerichtliche Urkunde anzusehen, welche gleichfalls nicht besonders anerkannt zu werden braucht. §. 131 a. a. O.

Vorausgesetzt, die Verhandlung vom 27. Januar 1840 wäre formell gültig, so soll nach §. 385 Th. I Tit. 17 des A. L. R. bei Grenzerneuerungen die Zuziehung aller Nachbarn, mit deren Grundstücken die neu aufzunehmende Grenzlinie in Verbindung steht, erforderlich sein; dergestalt, daß gegen die Nichtzugezogenen eine solche Erneuerung auch in der Folge nicht angeführt werden kann. §. 386 a. a. O. Die Zuziehung des F. v. Zeleski zu der vom Fiskus veranlaßten Behügelung ist zwar nicht dargethan, indessen hat jener sich in der qu. Verhandlung vom 27. Januar 1840 ausdrücklich des Einwandes:

„daß die Regulirung ohne seine Zuziehung geschehen und die Grenzhügel nicht richtig aufgeworfen seien,"

begeben. Diese Erklärung enthält nach §§. 378, 381. Th. I. Tit. 16 des A. L. R. eine gültige Entsagung und bedurfte, weil sie gerichtlich geschehen ist, keiner besonderen Annahme. §. 392 a. a. O. In dem Anerkenntnisse des F. v. Zeleski über die Richtigkeit des Grenzzuges zwischen seinen und den fiskalischen Ländereien liegt nun eine Beurkundung des zwischen den Parteien vorhanden gewesenen Rechtszustandes. Es folgt hieraus unmittelbar, daß die jenseits dieser Grenze belegenen Ländereien — und zu diesen gehören nach dem Gutachten des Regierungsfeldmessers Pauli in der Verhandlung v. 21. September 1857 die streitigen Parzelen — nicht Eigenthum des F. v. Zeleski waren. Dies Resultat genügt, um die klägerische Vindikationsklage zu beseitigen; denn Rechte, welche F. v. Zeleski nicht besaß, konnte er nicht auf seine Erben übertragen und diese wiederum nicht auf den Kläger. §. 101 der Einl. zum A. L. R. Auf die nach dem Erkenntnisse vom 1. Februar 1855 bereits im Jahre 1793 begonnene, also im Jahre 1837 vollendete Ersitzung der streitigen Parzelen kann sich der Kläger bei dem späteren, entgegenstehenden Anerkenntnisse seines Vorbesitzers Zeleski nicht mehr gründen; eine neue Ersitzung konnte aber seit dem 27. Januar 1840 wegen Kürze der Zeit noch nicht erfolgt sein. §§. 629, 660 Th. I Tit. 9 des A. L. R. Das Fundament der klägerischen Vindikation erscheint daher hinfällig — unter der vorangestellten Voraussetzung, daß die Verhandlung vom 27. Januar 1840 gültig sei.

Dem steht nicht entgegen, daß Beklagter sein Eigenthum an den streitigen Waldparzelen gleich wenig dargethan hat. Die Verhandlung vom 27. Januar 1840 enthält keinen Titel, der geschickt wäre, Eigenthum auf denselben zu übertragen. Für die Rechtmäßigkeit seines Besitzes spricht aber unzweideutig die forstkulturmäßige Beschaffenheit der Streitflächen, und bei dem Mangel eines besseren Rechts auf Seiten des Klägers kann eine Verurtheilung des Beklagten zur Herausgabe nicht erfolgen.

Die weitere Ansicht des Klägers — daß Beklagter überhaupt die

Petersche Karte zur Begründung des Restitutionsgesuchs nicht mehr benutzen dürfe, weil er sie schon im Diffamations-Prozesse in einer Copie produzirt hat, mithin die Verhandlung vom 27. Januar 1840 ohne gleichzeitige Berücksichtigung jener Karte jegliche Bedeutung verliere (cf. Präjudiz des Königl. Ober-Tribunals vom 14. März 1848 Nr. 1999 Präj.-Sammlung I. Seite 245), kann für richtig nicht erachtet werden. Nach der Diffamationsklage vom 2. November 1853 sollte die dort überreichte Handzeichnung nur den Zweck haben, dem Richter ein Bild von der Lage der Streitflächen zu geben. Als ein Beweismittel zur Beseitigung der klägerischen Eigenthumsansprüche ist die Petersche Grenzkarte erst im gegenwärtigen Prozesse produzirt. Sie bildet auch nur ein annexum zu der Verhandlung vom 27. Januar 1840 und kann von der gleichzeitigen Berücksichtigung nicht ausgeschlossen werden. Schwindet somit auch dieser Einwurf des Klägers, so bleiben nur noch die gegen die formelle Giltigkeit der letzterwähnten Verhandlung gerichteten, von dem Appellationsrichter jedoch nicht geprüften Einwendungen des Klägers in's Auge zu fassen.

Der Mangel eines Vermerks über die Identität und Dispositionsfähigkeit des F. v. Zeleski macht die Verhandlung zu keiner ungültigen, wie Kläger irrig vermeint. Der instrumentirende Richter soll allerdings bei Aufnahme von Akten der freiwilligen Gerichtsbarkeit im Protokolle erwähnen, wie er die Identität und Dispositionsbefugniß der Comparenten festgestellt habe, §§. 23, 25, 43 Nr. 2 u. 4 Th. II Tit. 2 der A. G. O. Allein die Gesetze stellen hierauf ein Präjudiz der Nichtigkeit nicht, §. 116 Th. I Tit. 10 der A. G. O. und §. 40 Th. I Tit. 3 des A. L. R.

Anders verhält es sich mit der durch Zeugen unter Beweis gestellten Behauptung des Klägers, daß F. v. Zeleski nur der polnischen, der instrumentirende Richter hingegen dieser Sprache nicht mächtig gewesen sei.

Obschon diese Behauptung nur ein factum internum enthält und Zeugen nur über äußere Thatsachen vernommen werden sollen, so steht der Aufnahme des Beweises doch kein Hinderniß im Wege. Denn der instruirende Richter hat die Pflicht, die Zeugen nach dem Grunde ihrer Wissenschaft zu fragen und ihre wahre Wissenschaft durch geeignete Fragen zu ermitteln. §§. 191, 196, 197 Th. I Tit. 10 der A. G. O. Es muß dem vernünftigen Ermessen des Instruenten überlassen bleiben, wie er das Zeugenverhör am Zweckmäßigsten einzurichten habe. Dem erkennenden Richter bleibt es dann vorbehalten, aus den von den Zeugen bekundeten thatsächlichen Momenten einen Rückschluß auf die behauptete Sprachunkenntniß zu ziehen.

Nach §. 126 Thl. I Tit. 10 der A. G. O. ist der angetretene Beweis zulässig, da er gegen die formelle Gültigkeit einer gerichtlichen Verhandlung gerichtet ist. Erheblich ist er gleichfalls. Denn sollte sich die Behauptung des Klägers im vollen Umfange bewahrheiten, so wäre die Verhandlung vom 27. Januar 1840 wegen unterlassener Zuziehung eines Dolmetschers null und nichtig. §. 75 des Anhangs zur A. G. O.

Nicht minder ungültig wäre die Verhandlung vom 27. Januar 1840, wenn wenigstens festgestellt würde, daß F. v. Zeleski der deutschen Sprache nicht mächtig gewesen. In diesem Falle hätte der Richter (angenommen, daß er der polnischen Sprache völlig gewachsen war) die von ihm niedergeschriebene Verhandlung durch einen Dolmetscher übersetzen und von Zeleski vollziehen lassen sollen, da ein Verzicht auf das polnische Nebenprotokoll nicht konstirt. §. 75 a. a. O. Bei dem Mangel eines solchen läge keine Garantie für die Uebereinstimmung des erklärten und niedergeschriebenen Willens vor.

Mit Rücksicht auf die Erheblichkeit der klägerischen Behauptung mußte die Sache nach §. 8. Th. I. Tit. 15 der A. G. O. und §. 3 des Gesetzes vom 20. März 1854 in die zweite Instanz zur Erhebung dieses Beweises zurückgewiesen werden.

IV. Nichtigkeitsbeschwerden.

1. Referat

in der Prozeß-Sache
des Windmüllers Johann Gottfried Alde zu N., Verklagten und Imploranten,
wider
den Schlossermeister Carl Wimmel zu N., Kläger und Imploraten,
wegen Aufhebung eines Miethsvertrages und Exmission des Verklagten als Miethers.

№ 296. Senat III. / 1010. Repert. 1858.

Der Schlossermeister Wimmel vermiethete durch notariellen Vertrag v. 11. April 1853 in seinem Hause zu N. Nr. 22 an den Windmüller Alde eine Wohnstube nebst Alkoven, eine Giebelstube, eine Dachkammer und zwei Stallungen, auf die Lebenszeit des Miethers, gegen einen jährlichen Zins von 20 Thalern.

In der Wohnstube ließ der Miether das Drechslergewerbe betreiben.

Der Vermiether erhob deshalb Klage, und erstritt im Januar 1857 ein Erkenntniß, worin dem Miether die fernere Verrichtung von Drechslerarbeiten in der Wohnstube, namentlich das Zerspalten, Zerhacken und Zersägen von Holzmaterial bei Strafe untersagt wurde.

Ungeachtet dessen fuhr Alde fort, in der Wohnstube Holz zerspalten, zerhacken und zersägen zu lassen.

Auch ließ er in sämmtlichen gemietheten Zimmern viele Centner Getreide und Mehl aufschütten und lagern.

Hierdurch veranlaßt trat Wimmel im März 1857 von Neuem klagend gegen Alde auf.

Er behauptete:

daß die angegebene Art, wie Alde die gemietheten Lokalitäten gebrauche, einen Mißbrauch involvire, welcher eine erhebliche Beschädigung der Substanz der fraglichen Baulichkeiten besorgen lasse, weil einerseits das Zerspalten, Zerhacken und Zersägen von Holzmaterial eine nachtheilige Erschütterung des Gebäudes zur Folge habe, andererseits die Aufspeicherung von Getreide und Mehl eine Menge dem Gebäude schädlichen Ungeziefers herbeiziehe.

Gestützt auf §. 387. I. 21 des A. L. R. trug Wimmel darauf an:

„zu erkennen, daß der zwischen ihm und dem Verklagten unterm 11. April 1853 um die darin aufgeführten Lokalitäten des Hauses Nr. 22 zu N. geschlossene Miethsvertrag für aufgehoben, und der Verklagte für schuldig zu erachten, die gemietheten Lokalitäten sofort zu räumen."

Der Verklagte widersprach diesem Antrage, indem er sowohl in Abrede stellte, daß die ihm vorgeworfene Gebrauchsart der gemietheten Lokalitäten der Substanz der letzteren schädlich, als auch, daß sie überhaupt eine ungewöhnliche sei.

Nach erfolgter Beweisaufnahme erkannte am 6. April 1857 der Kommissarius des Königl. Kreisgerichts zu N. für Bagatell-Sachen dem Klageantrage gemäß auf Aufhebung des Miethsvertrages, und verurtheilte den Beklagten zur sofortigen Räumung der gemietheten Lokalien.

Auf das Seitens des Beklagten hiergegen eingelegte Rechtsmittel, welches ursprünglich als Rekurs, und erst zu Folge Anweisung des Königl. Ober-Tribunals als Appellation behandelt wurde, bestätigte das Königl. Appellationsgericht zu N. am 21. Januar 1858 das Erkenntniß erster Instanz.

Gegen diese Entscheidung des Appellationsgerichts hat der Beklagte die Nichtigkeitsbeschwerde eingelegt.

Er beschwert sich darüber, daß das Urtel des ersten Richters bestätigt ist.

Der Appellationsrichter stützt seine Entscheidung darauf:

daß Beklagter sich eines im §. 387. I. 21 des A. L. R. gedachten Mißbrauchs der gemietheten Wohnung in doppelter Weise schuldig gemacht habe. Derselbe habe nämlich

1. ungeachtet des ergangenen Urtels in der Wohnung Holz hacken lassen. Das Holzhacken aber sei nach dem Gutachten der vernommenen Sachverständigen der Substanz des Gebäudes schädlich.

Der Beklagte habe ferner

2. bedeutende Quantitäten Mehl und Getreide in der Wohnung aufbewahrt, nach dem Gutachten der Sachverständigen aber seien einerseits die so gebrauchten Lokalitäten gewöhnliche Wohnzimmer, und zur Aufbewahrung von Getreide und Mehl nicht bestimmt, andererseits werde durch das Aufschütten so großer Getreide- und Mehl-Quantitäten eine Menge Ungeziefers, namentlich Mäuse und Ratten herbeigezogen, und dieses Ungeziefer lasse eine erhebliche Beschädigung der Substanz des Gebäudes mit Grund befürchten.

Der Verklagte rügt:

Verletzung des §. 387. I. 21 des A. L. R. durch unpassende Anwendung.

1. In Bezug auf das Holzhacken habe der Appellationsrichter eine erhebliche Beschädigung nicht festgestellt. Eine solche sei aber nothwendige Bedingung für die Anwendung des §. 387.
2. In Betreff der Getreide- und Mehl-Aufschüttung stehe nur fest, daß eine erhebliche Beschädigung der Substanz der gemie-

8*

theten Lokalien zu befürchten sei, falls jene Benutzung noch längere zukünftige Zeit fortgesetzt werden sollte. Der §. 387 setze aber voraus, daß eine erhebliche Beschädigung schon wirklich geworden, daß sie nicht erst „in futuro möglich", sondern bereits „in perfecto vorhanden" sei.

Der Antrag des Imploranten ist auf

Vernichtung des zweiten Erkenntnisses und Abweisung des Klägers

gestellt.

Kläger hat in seiner Beantwortung der Nichtigkeitsbeschwerde den gegnerischen Ausführungen widersprochen, und gebeten:

die Nichtigkeitsbeschwerde zu verwerfen.

N., den . . . . . .

N.

Votum

Die Förmlichkeiten

des Verfahrens sind meines Erachtens beobachtet.

1. Das Königl. Ober-Tribunal ist für das Rechtsmittel der Nichtigkeitsbeschwerde der ausschließlich kompetente Gerichtshof.

§. 26 der Verordn. vom 14. December 1833.
§. 18. Abs. 2 der Verordn. vom 2. Januar 1849.

Da es sich um Aufhebung eines Miethsvertrages handelt, so gebührt die Entscheidung dem III. Senat.

Geschäfts-Regulativ vom 20. October 1846.

2. Das Rechtsmittel der Nichtigkeitsbeschwerde ist für den vorliegenden Fall das zutreffende, denn:

der Rechtsstreit betrifft einen Vermögensgegenstand, die Erkenntnisse der beiden Vorderrichter sind conform, in zweiter Instanz ist auf eingelegte Appellation erkannt, und die Beschwerde ist nicht lediglich gegen die Entscheidung über den Kostenpunkt gerichtet.

§§. 2 und 4 der Verordn. vom 14. December 1833.
Kab. O. vom 22. December 1841.
Art. 1. Nr. 3 der Deklar. vom 6. April 1839.

3. Die Fristen sind gewahrt.

Das Erkenntniß zweiter Instanz ist beiden Theilen am 4. Februar 1858 insinuirt.

---

*) Das neueste Geschäfts-Regulativ ist vom 30. Dezember 1859.

Die Insinuation ist erfolgt:

für den Kläger an dessen Mandatar aus erster Instanz, Rechtsanwalt **Winkel**,

für den Verklagten an dessen Mandatar aus erster Instanz, Rechtsanwalt **Ziehe**.

Beide Mandatare sind nach Ausweis der Vollmachten Bl. 6 und 14. Vol. I. der Akten zur Empfangnahme der „ergehenden Definitiv-Entscheidungen" ermächtigt. Ein Widerruf dieser Ermächtigung hat nicht stattgefunden. In der Wahl neuer Vertreter für die zweite Instanz kann ein Widerruf nicht gefunden werden, da den letzteren eine gleiche Special-Ermächtigung nicht ertheilt ist, die beiden Mandate also nicht mit einander collidiren.

Zu bemerken ist noch, daß in der vom Kläger auf den Rechtsanwalt Winkel ausgestellten Vollmacht als Gegenstand des Rechtsstreits unrichtigerweise „20 Thaler" angegeben sind. Mit Rücksicht darauf, daß in der mit der Vollmacht gleichzeitig eingereichten Klage die Höhe des Streitobjekts ebenfalls auf 20 Thaler angegeben war, hege ich keinen Zweifel, daß die fragliche Vollmacht sich auf den vorliegenden Prozeß bezieht.

Die Insinuation ist also ordnungsmäßig bewirkt.

§. 4. b. der Verordn. vom 5. Mai 1838.

Die Ausantwortung der Erkenntnisse an die Kanzelisten der Mandatare entspricht der Vorschrift des

§. 20. I. 7 der A. G. O.

a. Die Frist für die Anmeldung der Nichtigkeitsbeschwerde — 42 Tage seit dem 4. Februar 1858 — lief mit dem 18. März 1858 ab.

§. 21 der Verordn. vom 14. December 1833.

§. 9 der Verordn. vom 5. Mai 1838.

Die Nichtigkeitsbeschwerde ist aber schon am 16. Februar 1858 beim Gericht erster Instanz durch den Verklagten schriftlich angemeldet.

§§. 15. 16. 30 der Verordn. vom 21. Juli 1846.

b. Die Frist zur Rechtfertigung — 10 Wochen seit dem 4. Februar 1858 — lief mit dem 15. April 1858 ab.

§. 17 der Verordn. vom 21. Juli 1846.

Die Rechtfertigungsschrift ist aber schon am 3. April 1858 bei dem Königl. Ober-Tribunal eingegangen.

c. Dem Imploraten ist die Beschwerde am 16. April 1858 insinuirt. Die vierwöchentliche Frist zur Beantwortung lief mit dem 14. Mai 1858 ab. An diesem Tage ist auch die Beantwortungsschrift eingegangen.

§. 20 der Verordn. vom 21. Juli 1846.

§. 9 der Verordn. vom 5. Mai 1838.

4. Verklagter und Implorant ist in gegenwärtiger Instanz durch den Justizrath **K.**, Kläger und Implorat durch den Justizrath **S.** vertreten.

Die Vollmachten befinden sich

Bl. 5 und 11. Vol. II. der Akten

und entsprechen den Erfordernissen des

§. 30. I. 3 der A. G. O.

Beide Sachwalter sind notorisch bei dem Königl. Ober-Tribunal als Rechtsanwalte in Funktion, und haben die Nichtigkeitsbeschwerde, resp. deren Beantwortung verfaßt.

§. 23. d. der Verordn. vom 21. Juli 1846.

5. In der Rechtfertigungsschrift ist der Beschwerdepunkt, sowie die gesetzliche Vorschrift, deren Verletzung behauptet wird, bestimmt angegeben.

§. 23. a. der Verordn. vom 21. Juli 1846.
Art. 8 der Deklar. vom 6. April 1839.

In der Sache selbst

würde ich die Nichtigkeitsbeschwerde verwerfen.

Gegen den Verklagten ist im zweiten Erkenntnisse festgestellt:

1. daß er ungeachtet des ergangenen Urtels (vom Januar 1857) die gemiethete Wohnung zur Verarbeitung von Holzmaterial gebraucht hat,
2. daß er darin bedeutende Quantitäten Getreide und Mehl hat aufbewahren lassen.

Der Appellationsrichter beurtheilt diese beiden Gebrauchsarten der Wohnung nicht nach ihrer Zusammenwirkung, er erwägt vielmehr jede für sich, die eine ohne Rücksicht auf die andere. In jeder einzelnen findet er einen Mißbrauch im Sinne des §. 387. I. 21 des A. L. R., und damit einen selbstständigen Entscheidungsgrund. Dies ergeben seine Worte:

„Der Verklagte hat sich eines im §. 387. I. 21 des A. L. R. gedachten Mißbrauchs der gemietheten Wohnung in **doppelter** Weise schuldig gemacht."

Der §. 387 schreibt nun vor:

„Wegen Mißbrauchs der gemietheten, oder gepachteten Sache, kann der Pächter oder Miether, während der kontraktmäßigen Zeit, des Besitzes nur alsdann entsetzt werden, wenn derselbe die Sache zu einem andern, als dem ausdrücklich bestimmten Gebrauche verwendet; oder wenn aus dem Mißbrauche eine erhebliche Beschädigung der Substanz mit Grunde zu besorgen ist."

Es sind danach zwei Fälle des die Exmission des Miethers begründenden Mißbrauchs der gemietheten Sache zu unterscheiden:

einmal: der Gebrauch, welcher der ausdrücklichen Bestimmung nicht gemäß ist,

sodann: der Mißbrauch, welcher eine erhebliche Beschädigung der Substanz mit Grunde besorgen läßt.

(cf. Erkenntniß des Ober-Tribunals v. 30. August 1841. Entscheidungen Bd. VII. S. 152.)

Verklagter hält sowohl hinsichtlich des Holzhackens, als der Getreide- und Mehlaufspeicherung die Anwendung des §. 387 für unpassend, und rügt in beiden Beziehungen Verletzung dieses §.

Was zunächst die Aufspeicherung von Mehl und Getreide in der gemietheten Wohnung anlangt, so bringt der Appellationsrichter den §. 387 deshalb zur Anwendung,

weil der gedachte Gebrauch einerseits der Zweckbestimmung der gemietheten Lokalitäten widerstreite, andererseits eine Menge Ungeziefers aller Art herbeiziehe, welches eine erhebliche Beschädigung der Substanz des Gebäudes mit Grund befürchten lasse.

Welchen Fall des Mißbrauchs aus §. 387 der Richter hierbei im Auge gehabt habe, hebt derselbe zwar nicht ausdrücklich hervor. Es folgt jedoch aus seiner oben angeführten Begründung unzweifelhaft, daß hier der zweite Fall des Gesetzes gemeint ist.

Von dieser Voraussetzung geht auch die Rüge des Imploranten aus. Dieselbe ist auf folgende Gründe gestützt:

Der §. 387 setze voraus, daß eine erhebliche Beschädigung bereits eingetreten, bereits wirklich geworden, daß sie „in perfecto vorhanden" sei, nicht erst „in futuro bevorstehe".

Ein solcher Fall liege hier nicht vor; vielmehr stehe nur fest, daß eine erhebliche Beschädigung zu befürchten, und zwar für den Fall zu befürchten sei, daß die Getreide- und Mehlaufspeicherung noch eine längere zukünftige Zeit fortdauern sollte.

Der Angriff ist, meines Erachtens, verfehlt.

Allerdings läßt sich aus der Feststellung des zweiten Richters nur entnehmen, daß der fortgesetzte Gebrauch der gemietheten Lokalitäten zur Aufspeicherung von Getreide und Mehl eine erhebliche Beschädigung besorgen lasse. Das genügt aber auch, um die zweite Alternative des §. 387 zur Anwendung zu bringen. Die Ansicht des Imploranten: daß diese Gesetzesstelle eine bereits wirklich gewordene erhebliche Beschädigung voraussetze — halte ich für irrig.

Es spricht gegen sie zunächst der Wortlaut des §.

Es heißt dort: „wenn aus dem Mißbrauche eine erhebliche Beschädigung der Substanz mit Grunde zu besorgen ist".

„Besorgniß" heißt: die Vorempfindung eines bevorstehenden Uebels, welche durch vorhandene Umstände, gewissermaßen Vorläufer jenes Uebels, hervorgerufen wird.

Je nachdem die Besorgniß erregenden Umstände solche sind, welche lediglich nach der individuellen Vorstellung des Besorgenden, oder solche, welche erfahrungsmäßig und nach dem natürlichen Lauf der Dinge das drohende Uebel in Aussicht stellen, spricht man von einer grundlosen und begründeten Besorgniß.

Die „Besorgniß" verlangt also als Objekt begriffsmäßig ein in der Zukunft liegendes Ereigniß. Ist dasselbe bereits gegenwärtig, oder liegt es gar in der Vergangenheit, so kann von einer „Besorgniß" nicht mehr die Rede sein. Die Vorempfindung ist dann verdrängt durch die Empfindung selbst, welche das entstandene Uebel erzeugt.

Wenn also §. 387 das Recht des Vermiethers: die Entsetzung des Miethers zu verlangen, davon abhängig macht, daß aus dem Mißbrauch der gemietheten Sache eine erhebliche Beschädigung der Substanz mit Grund zu besorgen sei, so kann, folgt man dem Sprachgebrauch, als Bedingung für die Entsetzung des Miethers gewiß nicht eine bereits eingetretene erhebliche Beschädigung gefordert werden.

Der Ansicht des Imploranten stehen ferner der Grund und Zweck des Gesetzes entgegen.

Diese lassen sich leicht erkennen, wenn man den §. mit andern, auf verwandte Rechtsverhältnisse sich beziehenden gesetzlichen Bestimmungen in Zusammenhang bringt.

Es verordnet zunächst der §. 20. I. 21 des A. L. R.:

„Sobald aber wahrscheinliche Besorgnisse eines Mißbrauchs oder einer Vernachlässigung eintreten, kann der Berechtigte durch den Richter angehalten werden, den Eigenthümer gegen die bevorstehende Beschädigung oder Verringerung der Substanz hinlänglich sicher zu stellen."

Diese Vorschrift, welche ihrer Stellung und allgemeinen Fassung nach auf alle Gebrauchs- und Nutzungsberechtigungen zu beziehen ist, findet in präcisirter Anwendung sich wieder:

beim Nießbrauch in §§. 140. 141. I. 21 des A. L. R.; bei der Landgüterpacht in §. 477 daselbst; und bei der Pacht und Miethe in der hier fraglichen zweiten Alternative des §. 387.

Der legislatorische Grund aller dieser Bestimmungen liegt, meines Erachtens, in dem Interesse, welches der Eigenthümer, resp. der Verpächter und Vermiether — den wohl der Gesetzgeber im Hinblick auf den im Leben am häufigsten vorkommenden Fall gleichzeitig als Eigenthümer der verpachteten oder vermietheten Sache sich gedacht hat — an der Erhaltung der Sache haben. Ihr Zweck ist offenbar: Sicherstellung des Eigenthümers (resp. des Vermiethers und Verpächters) gegen eine bevorstehende (nach §. 387 und 477 allerdings nur gegen eine „erhebliche") Beschädigung der Sache durch den Gebrauchs- oder Nutzungsberechtigten.

Sonach charakterisirt sich das Recht des Vermiethers aus der zweiten Alternative des §. 387 als ein präventives Schutzmittel.

Hält man dies fest, so würde man die Absicht des Gesetzes negiren, wollte man, gleich dem Imploranten, als Erforderniß für die Anwendung desselben verlangen, daß eine erhebliche Beschädigung bereits eingetreten sei.

Wortlaut, Grund und Zweck des Gesetzes schützen also den vorliegenden Entscheidungsgrund des Appellationsrichters gegen den Angriff des Imploranten. Der Angriff ist daher zurückzuweisen.

Damit ist aber gleichzeitig die Verwerfung der Nichtigkeitsbeschwerde überhaupt ausgesprochen.

Es ist bereits ausgeführt, daß von den beiden Gründen, auf welche die Entscheidung des zweiten Richters gestützt ist, jeder für sich allein dieselbe trägt. Bleibt auch nur einer dieser Gründe stehen, so kann auf Vernichtung der Entscheidung selbst dann nicht erkannt werden, wenn der zweite Grund sich als nichtig erweisen sollte.

Plen. Beschl. vom 17. December 1838 (J. M. Bl. 1839. S. 24).
Instr. vom 7. April 1839. Nr. 35.
Plen. Beschl vom 2. Septbr. 1839 (J. M. Bl. 1839. S. 316).

Der eben erörterte Entscheidungsgrund nun bleibt stehen, weil, wie gezeigt, der einzige dagegen gerichtete Angriff ungerechtfertigt ist. Es käme somit auf eine Prüfung des den zweiten Entscheidungsgrund betreffenden Theiles der Nichtigkeitsbeschwerde nicht weiter an.

Ich glaube trotzdem, mich dieser Prüfung hier nicht entziehen zu dürfen.

Der zweite Entscheidungsgrund des Appellationsrichters liegt darin: daß der Beklagte ungeachtet des ergangenen Urtels in der Wohnung hat Holz hacken lassen, welches Holzhacken der Substanz des Gebäudes schädlich sei.

Hierin sieht der vorige Richter ebenfalls einen Mißbrauch im Sinne des §. 387.

Der Angriff des Imploranten ist auch hier gegen die Anwendung des §. 387 gerichtet.

„Der §. lege ausdrückliches Gewicht auf die Erheblichkeit der Beschädigung. Diese sei vom Appellationsrichter hier nicht festgestellt worden."

Der Angriff basirt auf der Voraussetzung, daß der Vorderrichter in dem „Holzhacken" den im §. 387 zuletzt gedachten Mißbrauch gefunden, daß er also die zweite Alternative des §. zur Anwendung gebracht habe.

Diese Voraussetzung trifft, meines Erachtens, nicht zu.

Der Appellationsrichter sagt wörtlich:

„Das erste Erkenntniß mußte bestätigt werden, weil sich Verklagter eines in §. 387. I. 21 des A. L. R. gedachten Mißbrauchs der gemietheten Wohnung in doppelter Weise schuldig gemacht. Er hat

1. ungeachtet des ergangenen Urtels in der Wohnung Holz hacken lassen; dieses Holzhacken aber ist der Substanz des Gebäudes nachtheilig.
2. Er hat ferner in der Wohnung Getreide und Mehl aufbewahrt"; u. s w.

Die Worte des Richters lassen eine zwiefache Auslegung zu:

Bezieht man das „in doppelter Weise" ausschließlich auf die vorliegenden zwei verschiedenen Gebrauchs-Handlungen des Miethers, dann muß man die Entscheidung dahin interpretiren:

„Der Verklagte hat sich des im §. 387 zuletzt gedachten Mißbrauchs in doppelter Weise schuldig gemacht; nämlich einmal durch den Gebrauch der Wohnung zum Holzhacken, sodann durch den Gebrauch zur Getreide- und Mehlaufschüttung."

Bezieht man dagegen das: „in doppelter Weise" gleichzeitig auf die beiden verschiedenen Fälle des §. 387: dann sagen die Worte des zweiten Richters:

„Der Verklagte hat sich eines im §. 387 gedachten Mißbrauchs in doppelter Weise schuldig gemacht, nämlich einmal des dort zuerst behandelten Mißbrauchs durch den Gebrauch zum Holzhacken, sodann des im §. zuletzt gedachten Mißbrauchs durch den Gebrauch zur Getreide- und Mehlaufspeicherung."

Beide Auslegungen scheinen mir in der Ausdrucksweise des Erkenntnisses gleichmäßig begründet. Die Richtigkeit der einen oder andern muß deshalb aus andern Momenten hergeleitet werden.

Ich entscheide mich, wie gesagt, für die letztere Auslegung, und nehme an, daß der vorige Richter bezüglich des „Holzhackens" die erste Alternative des §. zur Anwendung gebracht hat.

Für die Anwendung der zweiten Alternative ist, wie Implorant ganz richtig hervorhebt, und worüber nach dem wegen der exceptionellen Natur dieses Gesetzes streng zu interpretirenden Wortlaute, meines Erachtens, ein Zweifel nicht aufkommen kann, die Erheblichkeit der zu besorgenden Beschädigung der Substanz wesentlich.

Eine erhebliche Beschädigung (oder auch nur die Besorgniß einer solchen) hat aber der Appellationsrichter hier nicht festgestellt. Gleichwohl war, wie aus der unverkennbaren Genauigkeit hervorgeht, mit der, unter strengem Anschluß an die Worte des Gesetzes, die Erheblichkeit der zu besorgenden Beschädigung bei der Getreide- und Mehlaufspeicherung festgestellt ist, der Richter sich jenes nothwendigen Erfordernisses für die Anwendung des Gesetzes sehr wohl bewußt. Sollte man annehmen wollen, er habe trotzdem hier die zweite Alternative des §.

in Anwendung gebracht? Damit würde man den Richter einer bewußten unrichtigen Anwendung des Gesetzes zeihen.

Schon deshalb gebe ich der andern Auffassung den Vorzug.

Das Hauptgewicht aber lege ich darauf, daß der zweite Richter sagt:

„weil Verklagter ungeachtet des ergangenen Urtels in der Wohnung hat Holz hacken lassen."

Die Worte „ungeachtet des ergangenen Urtels" wären vollkommen müßig, wenn man annähme: der Richter habe hier den zweiten Exmissionsgrund des §. 387 vor Augen gehabt. Dagegen lassen sich jene Worte sehr wohl erklären, wenn man von der hier vertheidigten Auffassung des Entscheidungsgrundes ausgeht.

Das in Bezug genommene Urtel ist das Urtel vom Januar 1857, welches der Kläger in einem Vorprozesse gegen den Beklagten erstritten hat, und worin diesem das Holzhacken in der gemietheten Wohnung untersagt ist. Dieses Urtel hat der Beklagte unbeachtet gelassen; er hat fortgefahren, in der Wohnung Holz zerhacken zu lassen.

Hierin sieht, meines Erachtens, der zweite Richter einen Gebrauch gegen ausdrückliche Bestimmung; zwar nicht gegen eine ausdrückliche Vertragsbestimmung, wie sie der §. 387 offenbar im Auge hat, vielmehr gegen eine auf den Vertrag gegründete Judikatsbestimmung.

Der zweite Richter geht also von der Ansicht aus, daß das Judikat den Vertrag vertritt, daß seine Bestimmungen den Vertragsbestimmungen gleich stehen.

Ob er hierin Recht gehabt habe, darüber zu entscheiden ist hier nicht der Ort, weil ein derartiger Angriff des Imploranten nicht vorliegt, und es blos auf den Nachweis ankommt, daß der vorige Richter die erste Alternative des §. zur Anwendung gebracht hat, nicht auch auf den Nachweis, daß er sie mit Recht anwenden durfte. Letzteres ist nicht in Zweifel gezogen.

Es bleibt noch übrig, zwei Bedenken zu erwägen, die gegen meine Auffassung des vorliegenden Entscheidungsgrundes leicht angeregt werden könnten.

Man könnte entgegenhalten:

daß der vorige Richter, wenn er auf das Erkenntniß vom Januar 1857 Gewicht legen wollte, nicht verabsäumt haben würde, die Rechtskraft dieses Erkenntnisses festzustellen.

Dieser Einwurf erledigt sich, wenn man in Betracht zieht, daß die Existenz des Erkenntnisses feststeht, und die Rechtskraft desselben von keinem Theile in Zweifel gezogen ist. Der Appellationsrichter hatte deshalb keine Veranlassung, die Rechtskraft noch ausdrücklich festzustellen.

(cf. Präjud. 888 vom 19. Juni 1840.)

Man könnte ferner einwenden:

daß — nehme man an, der vorige Richter habe seine Entscheidung auf die erste Alternative des §. gestützt — die hinzugefügte Feststellung:

daß das Holzhacken der Substanz des Gebäudes schädlich sei,

durchaus müßig erscheine, weil das Gesetz hier von jeder Beschädigung abstrahire.

Auch dieser Einwand widerlegt, meines Erachtens, nicht die hier vertheidigte Auffassung des fraglichen Entscheidungsgrundes.

Allerdings nehme ich an und beziehe mich dieserhalb auf die vom Ober-Tribunal im Erkenntniß vom 30. August 1841 (Entscheidungen,

Bd. VII S. 150 ff.) ausgeführten Gründe, daß in dem ersten Falle des §. 387 es auf die Besorgniß einer Beschädigung der gemietheten Sache nicht ankommt, daß vielmehr ohne Rücksicht auf eine solche Besorgniß die bloße Verwendung der Sache zu einem andern als dem ausdrücklich bestimmten Gebrauche die Entsetzung des Miethers während der kontraktmäßigen Zeit begründet. Ich halte deswegen die vom zweiten Richter hinzugefügte Feststellung bezüglich der Schädlichkeit des Holzhackens in der That für müßig.

Jene vom höchsten Gerichtshof sanktionirte Auslegung des Gesetzes ist indessen in Zweifel gezogen worden. Man hat von der gegnerischen Seite, namentlich unter Hinweisung auf die Vorschriften des römischen Rechts, auszuführen gesucht, daß der kontraktwidrige Gebrauch zugleich einen Mißbrauch im Sinne des schädlichen Gebrauchs enthalten müsse, um den Vermiether zum Antrage auf Entsetzung des Miethers zu berechtigen. Man stellt also als Requisit für die Anwendung der ersten Alternative des §. 387 neben der Kontraktwidrigkeit des Gebrauchs auch die Schädlichkeit desselben hin, und findet den Unterschied zwischen den beiden Fällen des § darin, daß bei dem ersten die Besorgniß jeder, auch der geringsten Beschädigung genüge, während bei dem zweiten die Erheblichkeit der zu besorgenden Beschädigung essentiell sei.

Vom Standpunkte der letzteren Interpretation des §. aus gesehen, war die vom zweiten Richter hinzugefügte Feststellung der Schädlichkeit des Holzhackens nicht nur nicht müssig, sondern durchaus nothwendig.

Sollte man nun auch nicht zugeben wollen, daß der Appellationsrichter der vom Ober-Tribunal sanktionirten Auslegung des Gesetzes die entgegenstehende Interpretation vorgezogen habe, so wird man doch die Annahme gerechtfertigt finden: der vorige Richter habe, eben weil zwei verschiedene Arten der Auslegung der fraglichen Vorschrift herrschen, da er in der Lage war dies zu thun, die Feststellung gewählt, welche von beiden Gesichtspunkten aus die Anwendung des Gesetzes rechtfertigt.

Ist die hier vertheidigte Auffassung des in Rede stehenden Entscheidungsgrundes richtig, hat in der That der vorige Richter hier den in §. 387 vorangestellten Exmissionsgrund als vorhanden angenommen: dann muß selbstverständlich der Angriff des Imploranten zurückgewiesen werden, da derselbe auf der entgegengesetzten Voraussetzung basirt: daß die zweite Alternative des §. vom Appellationsrichter angewendet sei.

Sollte dagegen meine Auffassung nicht richtig sein, sollte vielmehr der Appellationsrichter hier die zweite Alternative des §. 387 angewendet haben: dann würde, weil dieses Gesetz die Besorgniß einer erheblichen Beschädigung voraussetzt, eine solche aber im zweiten Erkenntnisse hier nicht festgestellt ist, der Appellationsrichter die gedachte Vorschrift auf einen Fall, für den sie nicht bestimmt ist, in Anwendung gebracht, und damit nach §. 4 Nr. 1 der Verordn. vom 14. Dezember 1833 sich einer Nichtigkeit schuldig gemacht haben.

Dies würde jedoch die Aufrechthaltung des Erkenntnisses und Zurückweisung der Nichtigkeitsbeschwerde nicht hindern, da, wie vorhin gezeigt ist, der zuerst erörterte, selbstständige, von dem gegenwärtigen unabhängige Entscheidungsgrund stehen bleibt.

Unter Berücksichtigung des §. 18 der Verordn. vom 14. Dezember 1833 bezüglich des Kostenpunkts würde ich sonach dahin erkennen:

daß die wider das Erkenntniß des königlichen Appellationsgerichts zu N. vom 21. Januar 1858 eingelegte Nichtigkeitsbeschwerde zu verwerfen, und dem Verklagten die Kosten des Nichtigkeitsverfahrens aufzuerlegen.

N., den . . . . N.

Erkenntniß-Entwurf.

Im Namen des Königs!

In der Prozeß-Sache des Windmüllers Johann Gottfried Alde zu N., Verklagten und Imploranten,

wider

den Schlossermeister Carl Wimmel zu N., Kläger und Imploraten, hat der III. Senat des Königlichen Ober-Tribunals in der Sitzung vom an welcher Theil genommen haben:

N. N. N. N. N. N. N.

für Recht erkannt:

daß die wider das Erkenntniß des Königlichen Appellationsgerichts zu N. vom 21. Januar 1858 eingelegte Nichtigkeitsbeschwerde zu verwerfen, und dem Imploranten die Kosten des Nichtigkeitsverfahrens aufzuerlegen.

Von Rechts Wegen.

Gründe.

Der Appellationsrichter stützt seine Entscheidung zunächst darauf: daß der Verklagte bedeutende Quantitäten Mehl und Getreide in der gemietheten Wohnung aufbewahrt, und dadurch eines im §. 387. I. 21 des A. L. R. gedachten Mißbrauchs sich schuldig gemacht habe, indem einerseits der so gemachte Gebrauch der Zweckbestimmung der Wohnung widerstreite, andererseits dadurch eine Menge schädlichen Ungeziefers herbeigezogen werde, welches eine erhebliche Beschädigung der Substanz des Gebäudes mit Grund befürchten lasse.

Wider diesen Entscheidungsgrund rügt der Implorant:

Verletzung des §. 387. I. 21. des A. L. R. durch unpassende Anwendung.

Seiner Ansicht nach ist unumgängliches Erforderniß für die Anwendung des genannten Gesetzes: daß eine erhebliche Beschädigung **bereits wirklich geworden**, und nicht blos, wie nach der Feststellung des zweiten Richters es hier der Fall, in Aussicht stehe.

Diese Auslegung des Gesetzes kann aber nicht anerkannt werden.

Der §. 387 unterscheidet zwei besondere Fälle des die Exmission des Miethers begründenden Mißbrauchs:

1. Gebrauch, welcher der ausdrücklichen Bestimmung nicht gemäß ist;
2. Mißbrauch, woraus eine erhebliche Beschädigung der Substanz mit Grunde zu besorgen ist.

Hier handelt es sich, wie aus der Feststellung des zweiten Richters unzweifelhaft folgt, und vom Verklagten in der Nichtigkeitsbeschwerde ebenfalls vorausgesetzt wird, um den zweiten Fall des §. Für diesen ist als Erforderniß hingestellt:

die begründete „Besorgniß" einer erheblichen Beschädigung der Substanz der gemietheten Sache.

„Besorgniß" aber nennt man die Vorempfindung eines bevorstehenden Uebels, welche durch vorhandene Umstände hervorgerufen wird. Die „Besorgniß" verlangt also als Objekt begriffsmäßig ein in der Zukunft liegendes Ereigniß. Ist dasselbe bereits eingetreten, dann kann von „Besorgniß" nicht mehr die Rede sein. Die Vorempfindung ist dann verdrängt durch die Empfindung selbst, welche das entstandene Uebel erzeugt.

Somit spricht schon der klare Wortlaut des §. gegen die vom Imploranten gewählte Interpretation. Ebenso disharmoniren mit ihr der Grund und Zweck des Gesetzes, die sich leicht erkennen lassen, wenn man letzteres mit andern, auf verwandte Rechtsverhältnisse sich beziehenden Vorschriften in Zusammenhang bringt.

Es verordnet der §. 20. I. 21 d. A. L. R.:

daß im Falle der wahrscheinlichen Besorgniß eines Mißbrauchs oder einer Vernachlässigung, der Gebrauchs- oder Nutzungsberechtigte durch den Richter angehalten werden soll, den Eigenthümer gegen die bevorstehende Beschädigung der Substanz hinlänglich sicher zu stellen.

Diese Vorschrift, die ihrer Stellung und allgemeinen Fassung nach auf alle Gebrauchs- und Nutzungsberechtigungen sich bezieht, findet in präcisirter Anwendung sich wieder:

beim Nießbrauch in §§. 140, 141. I. 21 des A. L. R.;
bei der Landgüterpacht in §. 477 daselbst;
bei der Pacht und Miethe in der hier in Rede stehenden zweiten Alternative des §. 387.

Der legislatorische Grund aller dieser Bestimmungen ist unverkennbar in dem Interesse zu finden, welches der Eigenthümer, resp. der Verpächter oder Vermiether an der Erhaltung der Sache haben. Ihr Zweck geht dahin: jenen Personen einen präventiven Schutz zu gewähren gegen eine bevorstehende (nach §. 387 allerdings nur gegen „erhebliche") Beschädigung der Sache durch den Gebrauchs- oder Nutzungsberechtigten. Man würde somit der Absicht des Gesetzes entgegen handeln, wollte man für die Anwendung desselben gleich dem Imploranten verlangen, daß eine erhebliche Beschädigung bereits eingetreten sei. Die begründete Besorgniß einer erheblichen Beschädigung genügt; und diese hat, wie der Verklagte selbst nicht in Zweifel zieht, der vorige Richter festgestellt.

Der Angriff findet hiernach ebensowohl in dem Grunde und Zweck des Gesetzes, als in dem Wortlaut desselben seine Widerlegung, und mußte deshalb zurückgewiesen werden.

Dadurch aber war die Verwerfung der Nichtigkeitsbeschwerde überhaupt geboten.

Der vorige Richter führt zur Rechtfertigung seiner Entscheidung außer dem eben erörterten, zwar noch einen zweiten, in der Nichtigkeitsbeschwerde ebenfalls angefochtenen Grund an, nämlich den:

„daß der Beklagte ungeachtet des gegen ihn ergangenen Urtels in der Wohnung habe Holz hacken lassen;"

es stehen jedoch diese beiden Entscheidungsgründe zu einander in keinem Abhängigkeitsverhältniß; der Richter hat vielmehr sie cumulativ gedacht, und **jeden für sich zum selbstständigen Träger** der Entscheidung gemacht. Dies beweisen seine Worte:

„der Beklagte hat sich eines in §. 387 I. 21 des A. L. R. gedachten Mißbrauchs der gemietheten Wohnung in doppelter Weise schuldig gemacht.“

Nun war aber der einzige gegen den erstbesprochenen Entscheidungsgrund gerichtete Angriff zu verwerfen. Dieser Grund bleibt also stehen, und läßt eine Vernichtung des angefochtenen Erkenntnisses selbst für den Fall nicht zu, daß der gegen den zweiten Entscheidungsgrund gerichtete Theil der Nichtigkeitsbeschwerde gerechtfertigt erscheinen sollte.

Plen.-Beschluß v. 17. Dezember 1838 (J.-M.-Bl. 1839. S. 24).
Instr. vom 7. April 1839. Nr. 35.
Plen.-Beschl. v. 2. September 1839 (J.-M.-Bl. 1839. S. 316).

Es bedurfte deshalb auch nicht einer weiteren Prüfung dieses Theiles der Nichtigkeitsbeschwerde.

Die Entscheidung über den Kostenpunkt ist durch §. 18 der V. O. v. 14. Dezember 1833 gerechtfertigt.

---

2. Referat

in Sachen des Presbyteriums der kleineren evangelischen Kirchengemeinde zu H., Verklagten und Imploranten,
wider
die Stadtgemeinde zu H., Klägerin und Imploratin,
wegen Besitzstörung.

№ $\frac{497 \quad \text{Sen. III.}}{1597 \quad 1859.}$

Vor dem Pastoratgebäude der kleineren evangelischen Kirchengemeinde zu H., welches am Marktplatze, jedoch nicht unmittelbar an der Straße steht, ist ein freier Platz gelegen, welcher bisher nach der Straße zu ganz offen war. Anfangs Oktober 1857 ließ das verklagte Presbyterium auf diesem Platze längs der Straße eine Mauer errichten, welche mit der Front der Nachbarhäuser eine gerade Linie bildet und den Platz jetzt derartig abschließt, daß er vom Markte aus nur durch einen in der Mauer befindlichen Durchgang betreten werden kann. Nach einem vergeblichen Versuch, im Verwaltungswege die Wegschaffung dieser Mauer zu erlangen, hat der Bürgermeister Schulz Namens der Stadtgemeinde zu H. am 26. März 1858 gegen das Presbyterium der kleineren evangelischen Kirchengemeinde daselbst die Besitzstörungklage erhoben.

Die Stadt, so behauptete er, habe den vor dem Pastoratgebäude belegenen Platz, welcher ein Theil des als städtisches Eigenthum steuerfrei eingetragenen Raumes und insbesondere des städtischen Marktplatzes sei, seit undenklicher bis in die neueste Zeit ausschließlich besessen und benutzt; ihr Besitz sei namentlich dadurch ausgeübt worden, daß bei Wochen- und Jahrmärkten den Budenbesitzern die Erlaubniß ertheilt worden sei, dort ihre Waaren feil zu bieten, wovon diese auch Gebrauch gemacht und zum Theil in Buden dort wirklich ihre Waaren zum Verkauf ausgestellt hätten; die Polizeidiener Gold und Better namentlich hätten bis in die letzten Tage über jenen Raum verfügt; durch die Errichtung der Mauer aber werde die Stadt in diesem ihrem jüngsten Besitze gestört. Indem er den Werth des Streitobjektes (als unschätzbar) auf 100 Thlr. angab, stellte er den Antrag:

die Stadtgemeinde H. im Besitz jenes Platzes zu schützen, dem Presbyterium die Wegnahme der Mauer aufzugeben und demselben bei 20 Thlr. Strafe jede fernere Störung der Klägerin zu untersagen.

Das verklagte Presbyterium bestritt die klägerischen Behauptungen und wendete ein, ohne über den Werth des Streitobjektes sich auszulassen,

daß die Kirchengemeinde das Pastoratgebäude nebst dem vorliegenden Platze, der damals abschüssig gewesen und als Eingang zu den unteren Räumen gedient, vor mehreren Jahren angekauft, den Platz habe planiren und hierauf jährlich mit Kalkgrant beschütten lassen;

daß ein alter, unmittelbar an der errichteten Mauer stehender Lindenbaum stets als Eigenthum der Kirchengemeinde gegolten, daß dessen Laub und Abfälle vom Pfarrer zu Streu und dergl. benutzt, und daß derselbe noch etwa vier Wochen vor Errichtung der Mauer im Auftrage des Pfarrers beschnitten, auch das hierbei gewonnene Holz demnächst im Pfarrhause verwendet worden;

daß der Platz bis in die neueste Zeit regelmäßig von den Beauftragten des Pfarrers gekehrt, auf denselben Dünger, Holz, Kohlen, Asche und dergl. gelegt, bei vorgekommenen Reparaturen der Kirche oder des Pfarrhauses daselbst Lehm gelagert und Kalk gelöscht, und überhaupt alle diejenigen Besitzhandlungen Seitens der Kirchengemeinde, ihrer Vorsteher, Repräsentanten, Pfarrer und Beauftragten vorgenommen worden, welche nach Lage der Oertlichkeit hätten vorgenommen werden können; auch ein Trottoir sei von der Kirchengemeinde über den Platz gelegt worden und dieselbe befinde sich nicht bloß im Besitz, sondern zugleich im vollen Eigenthum des Platzes.

Unter Bemängelung der Sachlegitimation des Bürgermeisters Schulz stellte das verklagte Presbyterium den Gegenantrag auf Abweisung der Klage.

Klägerin bestritt die Einwendungen des Verklagten.

Ueber die beiderseitigen Behauptungen hat demnächst eine Beweisaufnahme stattgefunden, wobei von den klägerischer Seits laudirten Zeugen bekundet haben:

a. der Polizeidiener Gold, eidlich:

Seit gewiß 25 Jahren bis in die neueste Zeit sei der streitige Platz bei Wochen- und Jahrmärkten zum Marktverkehr benutzt worden; er habe dies für ein verjährtes Recht des Publikums oder der Wochenmarktshändler gehalten; aus diesem Grunde, nicht etwa weil er polizeilich dazu beauftragt gewesen, habe er bei Handhabung der Marktpolizei selbst die Leute oftmals angewiesen, sich auf dem Platze aufzustellen, von ihnen Standgeld erhoben und zur Communalkasse abgeführt;

b. der Polizeidiener Better, eidlich:

So lange er zurückdenken könne, bis in die neueste Zeit sei der streitige Platz an Jahr- und Wochenmärkten ungestört zum Marktverkehr benutzt worden; er habe das für ein altverjährtes Herkommen gehalten; deshalb und weil Markt und Straße oft nicht ausreichten, habe er, ohne jedoch von der Stadt oder dem Bürgermeister hierzu beauftragt worden zu sein, häufig Leute angewiesen, sich auf dem Platze aufzustellen, von ihnen Standgeld erhoben und zur städtischen Kasse abgeführt.

Die außerdem noch über die klägerischen Behauptungen vernommenen Zeugen, namentlich ꝛc. haben zwar ebenfalls, mehr oder weniger genau und umfassend, eidlich ausgesagt, daß der streitige Platz an Jahr- und Wochenmärkten bis in die neueste Zeit zum Marktverkehr benutzt worden; daß aber die Handelsleute zur Aufstellung daselbst von der Stadt oder deren Beamten angewiesen und daß von ihnen Standgeld erhoben worden, haben sie nicht zu bekunden vermocht.

Von den verklagter Seits benannten 26 Zeugen sind überhaupt nur 13, und zwar über die angeblich bis in die neueste Zeit auf dem streitigen Platze vorgenommenen Besitzhandlungen vernommen worden. Von diesen haben Einige, nämlich ꝛc. nur vereinzelte Thatsachen aus sehr entlegenen Zeiträumen anzuführen gewußt, während Andere, namentlich ꝛc. mehr oder minder bestimmt und umfassend eidlich bestätigt haben, daß der streitige Platz von den Leuten des Pfarrers bis in die neueste Zeit regelmäßig gereinigt und zur Ablagerung von Kohlen, Holz, Baumaterialien u. dergl. m. benutzt worden sei.

Endlich hat ein Zeuge Christian Helm eidlich bekundet, daß er im Jahre 1850 im Auftrage des damaligen Pfarrers die flachen Steine, welche auf dem Platz gelegen, aufgenommen und damit das über den Platz führende Trottoir gelegt habe; hiernächst sei der Platz mit Grant, welchen der Zeuge an die Kirchengemeinde geliefert, beschüttet und in seine jetzige Gestalt gebracht worden.

Auf Grund dieser Beweisaufnahme hat das Kreisgericht zu H. unterm 8. December 1858 das verklagte Presbyterium nach dem Klageantrage verurtheilt.

In den Gründen dieser Entscheidung wird festgestellt, daß Klägerin sich unmittelbar vor Errichtung der Mauer im ruhigen Besitze des streitigen Platzes befunden habe; denn, während aus den Aussagen der übrigen Zeugen hierfür nichts zu entnehmen gewesen, müsse dies durch die von Gold und Better bekundeten Umstände für erwiesen angenommen werden; aus ihren Angaben, daß noch in letzter Zeit auf dem streitigen Platze zur Kirmeßzeit von Handelsleuten Waaren feilgeboten und verkauft worden und daß hierfür Standgeld erhoben und zur städtischen Kasse von ihnen abgeführt worden, gehe hervor, daß die Stadt bis zur Errichtung der Mauer durch ihre Beamten auf dem Platze Besitzhandlungen ausgeübt und also nach §. 34. Th. I. Tit. 7 des A. L. R. sich im Besitze desselben befunden habe. — Der Einwand des Verklagten, zur Errichtung der Mauer berechtigt zu sein, sei für den Possessorienprozeß unerheblich; und die angeblichen Besitzhandlungen desselben, die überhaupt nur geeignet gewesen wären, eventuell den Besitz der Klägerin als einen streitigen erscheinen zu lassen, seien nicht erwiesen; denn, wenn schon eine Anzahl Zeugen bekundet habe, daß der Platz bis in die neueste Zeit vom Pfarrer und seinen Leuten zum Abladen von Holz, Kohlen, Stroh u. dergl. m., zum Ablagern von Baumaterialien bei Vornahme von Mauerarbeiten benutzt und durch Kehren des Trottoirs gereinigt worden, so fehle doch allen diesen Handlungen jedes Merkmal, woraus auf die Absicht, den Platz für sich in Besitz zu nehmen, geschlossen werden könne; es seien eben nur Handlungen, wie sie jeder Hausbewohner auch ohne solche Absicht auf einem vor seinem Hause befindlichen freien Raume täglich vornehme. Andere diese Absicht darthuende Thatumstände seien nicht angeführt, und es erscheine insbesondere auch die vom Zeugen C. Helm. bekundete Pflasterung und Beschüttung des Platzes nicht bloß deshalb unerheblich, weil sie schon im Jahre 1850 geschehen, sondern auch weil hierdurch die Besitzhandlungen der Klägerin eher gefördert als gestört worden seien.

Gegen diese Entscheidung hat Verklagter die Nichtigkeitsbeschwerde eingelegt, weil er, wie geschehen, verurtheilt und nicht vielmehr Klägerin abgewiesen worden. Implorant rügt:

1. Verletzung der §§. 34. 43—49. Th. I. Tit. 7 des A. L. R. bei gleichzeitigem prozessualischen Verstoß gegen den Art. 3. Nr. 4 der Dekl. vom 6. April 1839. resp. §. 5. Nr. 10a der Verordn. vom 14. December 1833. Die Zeugen Gold und Better hätten ausdrücklich bekundet, daß sie zu den von ihnen über den streitigen Platz getroffenen Verfügungen weder von der Stadt noch dem Bürgermeister beauftragt gewesen und daß sie die Benutzung desselben zum Marktverkehr nur für ein altverjährtes Herkommen, resp. Recht der Marktleute oder des Publikums gehalten. Aus diesen vom ersten Richter gar nicht erwähnten Angaben widerlege sich die schon ohnedies hinfällige Annahme gänzlich, daß die Stadt durch die Handlungen ihrer Beamten Gold und Better den Besitz des streitigen Platzes erworben habe;

2. rügt Implorant Verletzung der §§. 155—160. Th. I. Tit. 7 des A. L. R. und §§. 16—18. Th. I. Tit. 31 der A. G. O., weil die in der Klagebeantwortung behaupteten Besitzhandlungen nur in so weit als erheblich bezeichnet worden, als daraus hervorgehen würde, daß der klägerische Besitz kein ruhiger gewesen; der Richter hätte den streitigen Besitz reguliren müssen.

3. Außerdem seien die verklagter Seits behaupteten Besitzhandlungen für nicht bewiesen erachtet, von den vorgeschlagenen Zeugen aber die unter Nr. 4. 6. 16. 17. 19—26 der Klagebeantwortung benannten nicht nur nicht vernommen, sondern auch nicht einmal erwähnt, was einen Nichtigkeitsgrund nach Art. 3. Nr. 4 der Dekl. v. 6. April 1839 darstelle.

Implorant beantragt hiernach, das erste Erkenntniß zu vernichten und Klägerin abzuweisen.

Imploratin sucht die Ausführungen des Imploranten zu widerlegen und beantragt Zurückweisung der Nichtigkeitsbeschwerde.

Votum.

I. Die wesentlichen Förmlichkeiten sind beobachtet.

1. Die Kompetenz des Königl. Ober-Tribunals ist begründet,
§. 26 der V. vom 14. December 1833.
§. 18 der V. vom 2. Januar 1849.
insbesondere gehört die Sache vor den III. Senat desselben.
Verfügung vom 20. October 1846 sub III. Nr. 6*)

*) Vergl. S. 116 Anmerkung.

2. Das Rechtsmittel der Nichtigkeitsbeschwerde ist zulässig, da es sich um eine Possessoriensache handelt und der Werth des Streitobjektes (als unschätzbar) auf 100 Thlr. angegeben ist.

§. 18. Th. I. Tit. 31 der A. G. O.
§. 4 der V. vom 14. December 1833.
Nr. 21. II. der Instr. vom 7. April 1839.
(Justizministerial-Blatt von 1846. S. 4. und Entscheidungen, Bd. 12. S. 135.)

3. Die Fristen sind überall gewahrt; das Erkenntniß vom 8. December 1858 ist dem verklagten Presbyterium z. H. des ausdrücklich hierzu bevollmächtigten Rechtsanwaltes Stute am 9. Februar 1859 insinuirt und am 25. Februar die Nichtigkeitsbeschwerde angemeldet; am 21. März ist die Einführungs- und Rechtfertigungsschrift beim Königl. Ober-Tribunal eingegangen, am 13. Mai dieselbe der Imploratin zur Beantwortung mitgetheilt und diese Beantwortung endlich am 24. Mai eingereicht worden.

§. 21 der V. vom 14. December 1833.
§. 15—17 der V. vom 21. Juli 1846.
§. 20 und 23 ibidem.

4. Die Einführungs- und Rechtfertigungsschrift enthält eine bestimmte Angabe der Beschwerdepunkte, sowie der gesetzlichen Vorschriften, deren Verletzung behauptet wird.

§. 18 und 23a der V. vom 21. Juli 1846.
Art. 8 der Dekl. vom 6. April 1839.
Nr. 27 der Instr. vom 7. April 1839.

5. Implorant wird in dieser Instanz durch den von ihm bevollmächtigten und zur Praxis beim Königl. Ober-Tribunal notorisch befugten Justizrath G. vertreten, welcher die Nichtigkeitsbeschwerde unterzeichnet und eingereicht hat. Imploratin ist ebenso durch den beim Königl. Ober-Tribunal notorisch angestellten Rechtsanwalt D. vertreten. Die Vollmachten dieser beiden Mandatare sind in gesetzmäßiger Form zu den Akten eingereicht.

§. 23a. der V. vom 21. Juli 1846.
§. 30. Th. I. Tit. 3 der A. G. O.

II. In der Sache selbst ist m. E. die Nichtigkeitsbeschwerde für begründet zu erachten, demgemäß das ergangene Urtel zu vernichten und in der Hauptsache die erhobene Possessorienklage zurückzuweisen. — Implorant rügt:

1. Verletzung der §§. 34. 43—49. Tit. 7. Thl. I. A. L. R. und prozessualischen Verstoß gegen Art. 3. Nr. 4 der Decl. v. 6. April 1839, resp. §. 5 Nr. 10a. der V. v. 14. Decemb. 1833, weil der erste Richter auf Grund der in wesentlichen Stücken ganz unberücksichtigt gebliebenen Aussagen der Zeugen Gold u. Better zu Unrecht festgestellt habe, daß die Stadt sich im jüngsten Besitze des streitigen Platzes befunden. Dieser Angriff scheint mir gerechtfertigt zu sein.

Die Frage, wie eine Corporation oder Gemeinde Besitz erwerben könne, ist im A. L. R. nirgends ausdrücklich beantwortet; allein es ergiebt sich aus den §§. 26. 32. u. 34. Thl. I. Tit. 7. A. L. R., daß das Gesetz die Möglichkeit eines solchen Erwerbes sowohl durch die Mitglieder selbst als durch die Repräsentanten, als auch endlich durch die Beamten der Corporation oder Gemeinde voraussetzt. Es unterliegt auch ferner keinem Zweifel, daß insbesondere Repräsentanten und Beamte den Besitz in der Art selbstständig für die Corporation erwerben können, daß sie dieselbe nicht bloß in den zur Apprehension erforderlichen äußeren Handlungen (corpus), sondern auch in Bezug auf die zur Erwerbung nothwendige Willensbestimmung (animus) vertreten können. — Dieser Satz gilt jedoch nicht unbedingt; die sachgemäße Einschränkung ergiebt sich aus §. 45 l. c., wonach durch die Handlungen eines Anderen der Besitz nur in so fern erworben werden kann, als Rechte durch die Verträge eines Anderen erlangt werden können. Hieraus folgt — was auch in den §§. 151 ff. Thl. II. Tit. 6. A. L. R. bestätigt wird — daß insbesondere Gemeindebeamte um deswillen, weil sie mit irgend einem Gemeindeamte betraut sind, noch nicht befugt und befähigt erscheinen, ohne weitere Einschränkung mit rechtlicher Wirkung für die Gemeinde Besitz zu erwerben, sondern daß dies nur in so weit anzunehmen, als die fragliche Befugniß mit dem Amte ihnen übertragen oder zur Führung desselben nothwendig ist, daß also der Umfang solcher Befugniß durch die Grenzen des Amtes selbst bedingt wird. Darüber hinausgehende Handlungen der Gemeindebeamten bedürfen, soweit sie nicht etwa auf speciellem gültigen Auftrage beruhen, zu ihrer rechtlichen Wirksamkeit für und wider die Gemeinde der hinzukommenden Genehmigung derselben. — Was aber vorstehend vom Erwerb des Besitzes gesagt ist, gilt in ganz gleichem Umfang auch für die Ausübung desselben, namentlich dann, wenn aus der letzteren rückwärts die vorgängige Erwerbung selbst gefolgert werden soll.

Diese Sätze haben im Allgemeinen bisher gleichmäßige Anerkennung gefunden, sowohl in den Entscheidungen des höchsten Gerichtshofes als bei den meisten Schriftstellern.

(Gründe des Pl.-Beschlusses v. 2. October 1848.
Entscheidungen Bd. 17. S. 23.
Gründe des Erkenntnisses v. 22. Decemb. 1847.
Rechtsfälle Bd. III. S. 251.
Gründe des Erkenntnisses v. 22. Sept. 1831.
Simon und von Strampff, Rechtssprüche Bd. 4. S. 297.
Simon und von Strampff, Zeitschrift Bd. III. S. 609.
Bornemann, System I. Ausg. Bd. I. S. 493.
II. Ausg. Bd. I. S. 246.
Koch, Lehre vom Besitz, II. Ausg. S. 159 ff.
Dessen Privatrecht II. Ausg. Bd. I. S. 345.
Dessen Commentar z. A. L. R. Bd. I. S. 337. Anm. 20. u. 21.)

Es kann dahin gestellt bleiben, ob die scheinbar weiter gehende Annahme, welche das Königliche Ober-Tribunal in dem Pl. Beschluß vom 5. April 1852 für das gemeine Recht ausgesprochen, auch unbedingte Anwendbarkeit für das preußische Recht habe; aus den Gründen dieses Pl. Beschlusses ergiebt sich das mit völliger Gewißheit, daß es grade die eigenthümliche Natur des Gemeindehirtenamtes ist, die in demselben Beachtung gefunden und daß er bei freier Würdigung altbegründeter thatsächlicher Verhältnisse dennoch keine Modification des oben entwickelten und aus dem §. 45 Thl. I. Tit. 7. des A. L. R. abgeleiteten Rechtsprincipes aussprechen würde.

(Entscheidungen Bd. 22. S. 230 ff.)

Wenn nun im vorliegenden Falle der erste Richter feststellt, daß die Polizeidiener Gold und Better bis in die neuste Zeit Marktleute angewiesen haben, sich auf dem streitigen Platze aufzustellen, daß diese dem nachgekommen und daß von ihnen hiernächst durch jene Beamten Standgeld abgenommen und zur städtischen Kasse abgeführt worden; wenn er aus diesen Thatsachen den Schluß zieht, daß die Stadt bis zur Errichtung der Mauer auf dem streitigen Platz durch ihre Beamten Besitzhandlungen ausgeübt und sich also im Besitz desselben befunden habe; und wenn er diesen Schluß durch §. 34. I. 7. A. L. R. zu rechtfertigen meint, so verletzt er zunächst den von ihm angezogenen §. 34, der nicht über den Besitzerwerb einer Gemeinde, sondern über die Redlichkeit oder Unredlichkeit eines bereits für die Gemeinde erworbenen Besitzes disponirt, durch Anwendung auf einen Fall, für den er nicht gegeben ist; er verletzt aber auch den §. 45 l. c. durch Nichtanwendung auf den vorliegenden Fall, da grade dieser §. die Regel enthält, nach welcher die Möglichkeit des Besitzerwerbes durch Handlungen Dritter zu beurtheilen ist. Das Amt eines Polizeidieners besteht darin, die öffentliche Ordnung und Sicherheit aufrecht zu erhalten und im Allgemeinen innerhalb der empfangenen Instruktion das polizeiliche Interesse wahrzunehmen; es mag, soweit die Handhabung der Marktpolizei damit verbunden ist, unter Umständen auch zur Erhebung des üblichen Standgeldes von den Marktleuten ermächtigen; — aber zum selbstständigen Besitzerwerbe eines Grundstückes für die Gemeinde, wenn auch nur zum Zweck des Marktverkehrs, ermächtigt es nicht. Es kann einem Polizeidiener um dieses seines Amtes willen, das damit nichts zu schaffen hat, nicht die Befugniß und Fähigkeit zugesprochen werden, den zu solchem Besitzerwerbe erforderlichen Willen statt der Gemeinde selbstständig zu äußern, und seine darauf etwa gerichteten Handlungen können deshalb ohne anderweiten Nachweis der Uebereinstimmung mit dem Willen der Gemeinde — Auftrag oder Genehmigung — weder für noch wider die Gemeinde rechtliche Wirksamkeit haben. Da aber der erste Richter andere Umstände außer dem Amte nicht festgestellt, aus denen er den übereinstimmenden Willen der Gemeinde etwa folgern möchte, so kann hiernach die Verletzung des citirten §. 45 und der aus ihm hergeleiteten Rechtssätze m. E. nicht zweifelhaft erscheinen.

Wenn der vorige Richter bei seiner hiernach schon irrigen Schlußfolgerung den Umstand obenein ganz unbeachtet läßt und in den Entscheidungsgründen nirgends erwähnt, daß die Zeugen Gold und Better ausdrücklich bekundet haben,

> sie hätten zu den von ihnen über den streitigen Platz bezüglich des Marktverkehrs getroffenen Verfügungen weder Seitens der Stadt noch des Bürgermeisters einen Auftrag gehabt, vielmehr in der Meinung, daß es ein altes Recht des Publicums oder der Marktleute, resp. ein altes Herkommen sei, so gehandelt,

so macht er sich gleichzeitig eines prozessualischen Verstoßes nach Art. 3. Nr. 4. der Decl. v. 6. April 1839 resp. §. 5. Nr. 10a. der V. v. 14. Decemb. 1833 schuldig, indem er bei seiner Entscheidung einen Umstand nicht berücksichtigt, der für die ohnehin begründete entgegengesetzte Entscheidung von unzweifelhafter Erheblichkeit ist. Da bei dem Besitzerwerbe durch Dritte aus den Handlungen dieser die hauptsächlichste Begründung für den Besitz selbst entnommen werden muß, diese Handlungen aber natürlich nicht getheilt, sondern nur in ihrem ganzen inneren Zusammenhange aufgefaßt und beurtheilt werden können, so durfte der vorige Richter die erwähnten Aussagen der Zeugen nicht übergehen, weil sie die im Uebrigen bekundeten Handlungen ganz anders charakterisiren und diese in ihrer Totalität für und wider den Principal aufgefaßt werden müssen.

(Justizministerialblatt von 1854 S. 107. sub Nr. 29. Erkenntniß vom 5. Decemb. 1851. Strieth. Archiv III. 353.)

Klägerin hatte, um darzuthun, daß sie sich zuletzt im Besitz des Platzes befunden, auch den Erwerb desselben nachzuweisen. Wenn schon nach einer allgemeinen und auch vom höchsten Gerichtshof gebilligten Praxis man von dem strengen Nachweis dieses Erfordernisses dahin Abstand zu nehmen pflegt, daß wie bereits angedeutet, aus der nachgewiesenen Ausübung des Besitzes rückwärts dessen vorgängige Erwerbung gefolgert wird, so muß die richterliche Prüfung doch scharf darauf gerichtet werden, ob bei der Ausübung des Besitzes durch Dritte die wesentlichen Bedingungen für den Erwerb durch Dritte vorhanden sind, ob also insbesondere die Absicht des Vertreters darauf ging, für den Vertretenen Besitz auszuüben.

(cf. die Gründe des oben erwähnten Pl. Beschlusses vom 5. April 1852 in den Entscheidungen Bd. 22. S. 331, 332.)

Hätte der vorige Richter die Handlungen der Polizeidiener Gold und Better nach deren eigenen Angaben in ihrer Totalität aufgefaßt und gewürdigt, so hätte er finden müssen, daß jene Beamten nichts weniger als opinione juris für die Gemeinde gehandelt, daß sie weder Auftrag noch Absicht gehabt, für die Gemeinde Besitz zu erwerben oder auszuüben, und darum hätte er ihren Handlungen die Folgen nicht beilegen können, die er ihnen beigelegt hat.

2. Verfehlt erscheint hingegen der fernere Angriff, daß die §§. 155 bis 160. I. 7. A. L. R. u. §§. 16—18. I. 31. A. G. O. verletzt seien. Bei seinen an sich schon unklaren Ausführungen bezüglich dieses Punktes, übersieht Implorant, daß der vorige Richter in der That der Prüfung sich gar nicht entzogen hat, welche der Parteien im letzten ruhigen Besitz sich befunden habe; er erklärt vielmehr ausdrücklich, daß er Besitzhandlungen des Verkl. überhaupt gar nicht für nachgewiesen erachte und daß er darum den nachgewiesenen Besitz der Klägerin also auch für einen ruhigen, nicht streitigen erachten müsse. Was er darüber hinaus über die Wirkung der vom Verkl. behaupteten Thatsachen für den Fall noch bemerkt, wenn aus ihnen Merkmale für den Besitz zu entnehmen wären, kann niemals, selbst wenn es gegen Rechtsgrundsätze verstieße, einen Beschwerdegrund für den Imploranten abgeben. Eine solche hypothetisch und zum Ueberfluß hinzugefügte Aeußerung dessen, was der Richter unter Umständen folgern würde, in der That aber nicht folgert, begründet in keiner Weise einen Angriff dessen, der durch diese irrige Rechtsansicht benachtheiligt werden könnte, in Wirklichkeit aber nicht benachtheiligt worden ist.

(§. 4. der V. v. 14. December 1833.)

Obenein aber spricht der vorige Richter grade sehr deutlich aus, daß er den Besitz der Klägerin, wenn Verklagter ebenfalls Besitzhandlungen nachgewiesen hätte, für einen streitigen erachten und danach verfahren würde, giebt also in Betreff dieses Punktes eine irrige Ansicht auch nicht eventuell zu erkennen.

3. Implorant behauptet ferner einen prozessualischen Verstoß gegen Art. 3. Nr. 4. der Decl. vom 6. April 1839, weil der Richter ohne Vernehmung und Erwähnung der unter Nr. 4, 6, 16, 17, 19—26. der

Klagebeantwortung benannten Zeugen die von ihm behaupteten Besitzhandlungen für nicht bewiesen erkläre. In der Klagebeantwortung war über alle dort aufgestellten Behauptungen auf das Zeugniß von 26 Personen Bezug genommen und es ist richtig, daß von denselben 13 nicht vernommen, und auch in den Entscheidungsgründen gar nicht erwähnt sind. Da unter den Thatsachen, über welche die Zeugen gehört werden sollten, einige von unzweifelhafter Erheblichkeit für die Entscheidung der Frage des Besitzstandes sind, so könnte die Nichtigkeit des angefochtenen Erkenntnisses auch durch diese Omission begründet erscheinen. Allein diese Annahme dürfte doch durch folgende Erwägung ausgeschlossen werden.

Die Thatsachen selbst, worauf Verkl. seinen Besitz an dem streitigen Platz gestützt, hat der erste Richter in den Gründen seiner Entscheidung sämmtlich erwähnt; zum Theil freilich — so die stete Benutzung des alten Lindenbaumes durch den Pfarrer und seine Leute — nur in der Geschichtserzählung, was indeß für hinreichend gilt;

(Pl. Beschluß vom 5. Juni 1838.)

er hat nach theilweiser Abhörung der vom Verklagten benannten Zeugen die Umstände, die von ihnen bekundet worden, zwar für bewiesen, aber überhaupt alle vom Verkl. angeführten und unter Beweis gestellten Thatsachen für unerheblich erachtet, weil selbst, wenn sie erwiesen seien, dennoch Merkmale für den Besitz, namentlich für den erforderlichen animus rem sibi habendi nicht daraus zu entnehmen; ausdrücklich ist dies zwar nur von den bisher durch die Zeugen bekundeten Umständen ausgesprochen, es soll aber, wie aus der Fassung der Entscheidungsgründe ganz unzweifelhaft ist, auch auf die sämmtlichen Anführungen in der Klagebeantwortung ebenso bezogen werden.

Durch die Nichterwähnung der für solche Thatsachen beigebrachten Beweismittel, welche er ausdrücklich für unerheblich erklärt, begeht der Richter so wenig eine Nichtigkeit, wie wenn er diese Beweismittel, darum anzuführen unterließe, weil er das Gegentheil der unter Beweis gestellten Thatsache schon für dargethan erachtete;

(Erkenntniß v. J. 1837 in Sachen Güldner wider Groys bei Höppe, die Rechtsmittel S. 73.)

denn die Vorschrift des Art. 3. Nr. 4. der cit. Declaration beabsichtigt nur, daß aus den Entscheidungsgründen erhelle, es sei der über eine erhebliche und in den Gründen erwähnte Thatsache aufgenommene oder angetretene Beweis, welcher etwa eine entgegengesetzte Feststellung dieser Thatsache begründen würde, nicht übersehen worden. Erklärt der Richter aber die Thatsache selbst für unerheblich, so wäre es ganz überflüssig, von ihm Erwähnung der dafür angeführten Beweise zu fordern, da dieselben doch für die entgegengesetzte Feststellung resp. Entscheidung gar keine Bedeutung hätten, der Richter vielmehr das Wahr oder Unwahr der Thatsachen selbst, also die Beweisfrage gerade dahingestellt sein läßt. Da Implorant in unrichtigem Verständniß der betreffenden Stelle der Entscheidungsgründe bei Aufstellung dieses Beschwerdepunktes lediglich davon ausgegangen ist, daß er im Allgemeinen für beweisfällig erachtet sei — was gar nicht der Fall ist, da vielmehr den von ihm angeführten Thatsachen nur die Bedeutung nicht beigemessen wird, die er ihnen beigemessen wissen will — und da er deswegen diese Omission gar nicht speciell bezüglich derjenigen Thatsachen gerügt hat, welche der Richter nicht ausdrücklich für unerheblich erklärt (die Benutzung des alten Lindenbaumes) so würde ich um so weniger Veranlassung finden, seinen Angriff für begründet zu erachten.

Uebrigens würde dieser ganze Punkt natürlich nur dann Bedeutung gewinnen, wenn die ad 1. der Beschwerde versuchten Ausführungen zu verwerfen sein sollten.

In der Hauptsache nun, bei welcher sich bezüglich der wesentlichen Förmlichkeiten Nichts zu bemerken findet, unterliegt zwar die vom Verkl. bemängelte Sachlegitimation des Bürgermeisters Schulz nach §. 56. Nr. 5. u. 8. in Verbindung mit §. 72. 73. der Städteordnung vom 19. März 1856 keinem Bedenken, wenn aber das erste Erkenntniß auf Grund der oben ad 1. besprochenen Beschwerde vernichtet werden muß, so folgt im Wesentlichen auch schon aus den dort entwickelten Gründen die Abweisung der erhobenen Possessorienklage. — Abgesehen nämlich von der Behauptung, daß der streitige Platz ein Theil des steuerfrei eingetragenen städtischen Marktplatzes sei und der Stadt eigenthümlich gehöre, — welche für den Possessorienprozeß unerheblich ist — (cf. Justizministerialblatt 1854 S. 104 sub Nr. 15.) stützt sich die Klage wesentlich und allein darauf, daß die Stadt namentlich durch die Polizeidiener Gold und Better über jenen Raum bis in die neuste Zeit zum Zwecke des Marktverkehrs verfügt habe. Ob aus dieser angeblichen Verfügung allein gefolgert werden könnte, daß Klägerin, was sie zur Begründung der Klage darthun muß, jenen Platz bis zu der Störung wirklich in Besitz resp. in der Gewahrsam gehabt habe, kann dahin gestellt bleiben, weil die Thatsachen selbst, aus denen dies gefolgert werden soll, m. E. durch die stattgefundene Beweisaufnahme nicht nur nicht bestätigt worden, sondern das Gegentheil bereits für bewiesen zu erachten ist. Denn da Klägerin grade durch den Gold und Better ihren Besitz über den streitigen Platz ausgeübt haben will, so muß auf die vollständigen Auslassungen grade dieser Zeugen das hauptsächlichste Gewicht bei Beurtheilung der Frage über den Besitzstand gelegt werden. Da diese aber, wie erwähnt, ausdrücklich bekundet haben, daß sie ohne Auftrag und lediglich auf Grund der Annahme eines alten Rechtes der Marktlente oder des Publikums über den Platz im Interesse des Marktverkehrs verfügt hätten, so wird hierdurch die Behauptung der Klägerin, durch diese Beamten ihren Besitz bethätigt zu haben, schon völlig widerlegt. Andere physische Personen, durch welche dieser Besitz erworben oder ausgeübt sei — und nur physische Personen können juristischen Besitz erwerben und ausüben — sind von der Klägerin nicht angegeben; deshalb bedarf es auch nicht erst der nachträglichen Abhörung der bisher nicht vernommenen Zeugen Quick und Aronstein, und noch weniger einer weiteren Prüfung und Erörterung der Einwendungen des Verklagten, die Klage erscheint vielmehr schon jetzt in sich völlig unbegründet.

Eventualiter würde in der angeblichen Verfügung der Stadtgemeinde über jenen Platz dennoch Besitz oder Gewahrsam derselben nicht gefunden werden können, da derartig vorübergehende nnd vereinzelte Einwirkungen auf ein Grundstück ihrer objektiven Beschaffenheit nach m. E. weder den zum Begriff des Besitzes oder des Gewahrsams gehörenden positiven Bestandtheil — vollständige Herrschaft — noch den negativen — Ausschließlichkeit — genügend erkennen lassen. Einen unvollständigen Besitz hat Klägerin selbst gar nicht behauptet, und so würde daher auch für diesen Fall die Abweisung der Klage auszusprechen sein.

Den Tenor des Erkenntnisses würde ich dahin fassen:

daß das Erkenntniß des Königl. Kreisgerichts zu H. vom 8. December 1858 zu vernichten und die gerichtlichen Kosten des Nichtigkeitsverfahrens unter Kompensation der außergerichtlichen Kosten jedem Theile zur Hälfte aufzuerlegen, sodann in der Sache selbst die angestellte Possessorienklage zurückzuweisen, und die Klägerin verbunden, die Kosten des Prozesses zu tragen und zu erstatten.

Erkenntniß-Entwurf.

Im Namen des Königs!

In Sachen des Presbyteriums der kleineren evangelischen Kirchengemeinde zu H., Verklagten und Imploranten, wider die Stadtgemeinde zu H., Klägerin und Imploratin, hat der III. Senat des Königl. Ober-Tribunals in seiner Sitzung vom ...ten .... 1859, an welcher Theil genommen haben:

1.
2.
3.
4.
5.
6.
7.

für Recht erkannt,

daß das Erkenntniß des Königlichen Kreisgerichtes zu H. vom 8. December 1858 zu vernichten, die gerichtlichen Kosten des Nichtigkeitsverfahrens unter Compensation der außergerichtlichen Kosten jedem Theile zur Hälfte aufzuerlegen, sodann in der Sache selbst die erhobene Possessorienklage zurückzuweisen und Klägerin verbunden, die Kosten des Prozesses zu tragen resp. zu erstatten.

Von Rechts Wegen.

Gründe.

Die Möglichkeit des Besitzerwerbes für eine Gemeinde durch selbstständige Handlungen ihrer Beamten ist keine uneingeschränkte; aus §. 45 Th. I Tit. 7 A. L. R. ergiebt sich vielmehr, daß auch in dieser Beziehung die allgemeinen für vertragsmäßige Erwerbungen geltenden Regeln zur Anwendung kommen sollen. Daraus folgt, wie auch in den §§. 151 ff. Th. II Tit. 6 A. L. R. bestätigt wird, daß Gemeindebeamte zwar möglicherweise schon durch ihr Amt, aber doch immer nur innerhalb der Grenzen desselben, zur selbstständigen Besitzerwerbung für die Gemeinde befugt und befähigt sein können. Das hier eben für den Besitzerwerb Gesagte gilt in gleichem Umfange auch für die Ausübung desselben, namentlich dann, wenn aus der letzteren rückwärts die vorgängige Erwerbung gefolgert werden soll.

Der vorige Richter hat nur festgestellt, daß die Polizeidiener Gold und Better bis in die neuste Zeit Marktleute angewiesen haben, sich auf dem streitigen Platz vor dem Pfarrhause aufzustellen und dort ihre Waaren feil zu bieten, auch daß von solchen Handelsleuten demnächst durch die genannten Beamten das übliche Standgeld erhoben und zur städtischen Kasse abgeführt worden. Wenn er aus diesen Thatsachen, in denen er die Ausübung des Besitzes findet, unter Berufung auf §. 34 Th. I Tit. 7 A. L. R. folgert, daß die klagende Stadtgemeinde durch ihre Beamten sich bis in die neueste Zeit im Besitze des streitigen Platzes befunden, so verletzt er den von ihm angezogenen §. 34 durch irrige Anwendung, weil derselbe nur die Frage über die Redlichkeit oder Unredlichkeit eines für die Gemeinde bereits erworbenen Besitzes entscheidet, und Nichts darüber bestimmt, wie überhaupt der Besitz für eine Gemeinde erworben werde. Er verletzt aber auch gleichzeitig den §. 45 l. c. durch Nichtanwendung auf den vorliegenden Fall, indem er in dem Amte eines Polizeidieners als solchem, ohne anderweit nachweisbaren Willen der Gemeinde, die Befugniß und Fähigkeit findet, für dieselbe selbstständig mit rechtlicher Wirkung den Besitz eines Grundstückes zu erwerben und auszuüben. Wenn der vorige Richter zudem in den Gründen seiner Entscheidung gar nicht erwähnt, daß die Zeugen Gold und Better ausdrücklich bekundet haben,

> sie hätten zu den von ihnen über den streitigen Platz getroffenen Dispositionen weder von der Stadt noch dem Bürgermeister Auftrag gehabt und seien hierbei lediglich von der Annahme eines alten Rechtes des Publicums oder der Marktleute resp. eines alten Herkommens ausgegangen,

so begeht er auch zugleich einen prozessualischen Verstoß nach Art. 3 Nr. 4 der Decl. v. 6. April 1839 resp. §. 5 Nr. 10a der V. v. 14. December 1833, da diese Aussagen für die ohnehin begründete entgegengesetzte Entscheidung von ganz unzweifelhafter Erheblichkeit sind. Die Handlungen derjenigen Dritten, durch welche der Gemeindebesitz erworben und ausgeübt sein sollte, durften nicht getheilt, sondern mußten in ihrer Totalität für und wider die Gemeinde aufgefaßt werden und die Prüfung war ganz besonders darauf zu richten, ob jene Handlungen in ihrem vollen inneren Zusammenhange Erwerbung und Ausübung des Besitzes für die Gemeinde darstellen. Dies aber wird grade durch die angeführten Stellen der Zeugenaussagen völlig widerlegt.

Solchemnach zerfällt das ergangene Urtel, während in der Sache selbst Klägerin abzuweisen ist; denn, wenngleich die Sachlegitimation des Bürgermeisters Schulz nach §. 56 Nr. 5 u. 8 §. 72 u. 73 der Städteordn. v. 19. März 1856 einem Bedenken nicht unterliegt, so erscheint doch die Klage in ihrer thatsächlichen Begründung ganz hinfällig. Abgesehen nämlich von der Behauptung, daß der streitige Platz ein Theil des steuerfrei eingetragenen städtischen Marktplatzes sei und der Stadt eigenthümlich gehöre — welche für den Possessorienprozeß unerheblich ist — stützt sich die Klage wesentlich und allein darauf, daß die Stadtgemeinde namentlich durch ihre Polizeidiener Gold und Better über jenen Raum bis in die neuste Zeit zum Zwecke des Marktverkehrs verfügt habe. Da also auf die ungetheilten und vollständigen Auslassungen dieser Zeugen das hauptsächlichste Gewicht für die Beurtheilung der Frage über den Besitzstand gelegt werden muß, und da gerade von diesen Zeugen, wie schon erwähnt, im Gegentheil bekundet worden ist, daß sie weder im

Auftrag noch auch mit der Absicht, für die Stadtgemeinde Besitz zu erwerben oder auszuüben, über den streitigen Platz verfügt hätten, so muß schon jetzt die der Klage wesentlich zum Grunde liegende Behauptung nicht nur für nicht dargethan, sondern sogar für widerlegt erachtet werden. Daraus folgt ohne Weiteres die Abweisung der Klage, ohne daß es erst einer Erörterung bedarf, ob die von den genannten Polizeidienern vorgenommenen Verfügungen ihrer objektiven Beschaffenheit nach für eine Ausübung des Besitzes an dem streitigen Platz überhaupt angesehen werden können, noch auch einer Prüfung der sachlichen Einwendungen des Verklagten.

Der Kostenpunkt rechtfertigt sich durch §. 17 der V. v. 14. Decbr. 1833, Art. 2 des G. vom 9. Mai 1854, §. 9 des G. v. 10. Mai 1851 und §. 2 Th. I Tit. 23 der A. G. O.

---

3. Referat

in Sachen

der Wittwe Catharine Elisabeth Hirsch, geb. Schwimmer, zu N.,
Klägerin und Implorantin,

wider

den Krugbesitzer Wilhelm Kramer zu C.,
Verklagten und Imploraten.

Prozeßgegenstand: Herausgabe von Nutzungen.

Repert. Nr. 203. Trib. Nr. 556 S. III
A. B. Liste Nr. 127. 2031 R. 57

Gericht I. Instanz: Kreisgericht N.
Gericht II. Instanz: Appellations-Gericht N.

Die Eheleute Stanzel verkauften und übertrugen mittelst gerichtlichen Vertrages vom 3. Mai 1849 ihr Kruggrundstück C. an die Eheleute Kalkstein.

Die Ehefrau Stanzel war damals, wie in dem Vertrage ausdrücklich vermerkt worden, noch minderjährig.

Die Ankäufer verkauften und übergaben demnächst das gedachte Grundstück mittelst notariellen Vertrages vom 22. März 1851 weiter an den jetzigen Verklagten, Wirth Kramer. Sie verpflichteten sich dabei, die Genehmigung des Vaters der verehelichten Stanzel zu dem Vertrage vom 3. Mai 1849 binnen 6 Monaten beizubringen.

Dies geschah jedoch nicht. Vielmehr verkauften die Eheleute Stanzel, nachdem die Ehefrau großjährig geworden, am 23. Februar 1853 dasselbe Grundstück abermals und zwar an den Erblasser der jetzigen Klägerin, David Hirsch, welchem sie demnächst in einer Nachtragsverhandlung alle ihnen in Bezug auf den Besitz des Grundstückes gegen die Eheleute Kalkstein und an den Wirth Kramer zustehenden Rechte abtraten.

Gegen die beiden letztern erhob darauf die jetzige Klägerin Wittwe Hirsch in einem Vorprozesse Klage auf Herausgabe des Grundstückes gegen Empfangnahme der von denselben an die Eheleute Stanzel gezahlten Kaufgelder von 408 Thlr. 14 Sgr. 6 Pf.

Die Verklagten erklärten sich hierzu auch bereit, forderten aber außerdem die Erstattung der von ihnen auf das Grundstück gemachten Verwendungen.

Durch Erkenntniß des Königl. Kreisgerichts zu N. vom 30. Januar 1855 wurden sie zur Herausgabe des Grundstückes gegen Empfangnahme von 408 Thlr. 14 Sgr. 6 Pf. und außerdem von 118 Thlr. 1 Sgr. auf dasselbe verwendeter Erhaltungskosten verurtheilt.

Dieses Urtel beschritt die Rechtskraft.

In dem gegenwärtigen Prozesse fordert nun die Wittwe Hirsch von dem damals Mitverklagten Kramer Vergütigung für die von demselben aus dem Grundstücke gezogenen Nutzungen, unter der Behauptung, daß er hierzu, weil er die Unfähigkeit der verehelichten Stanzel zum Abschlusse des Vertrages mit den Eheleuten Kalkstein gekannt habe, als unrechtfertiger Besitzer verpflichtet sei.

In der Klage wurde der Betrag der Nutzungen auf 703 Thlr. 16 Sgr. 6 Pf. berechnet und die Verurtheilung des Kalkstein zur Zahlung dieser Summe beantragt.

Das Königl. Kreisgericht N. nahm zwar die Klage für richtig begründet an, erklärte jedoch nach erhobenem Beweise, durch Urtel vom 9. September 1856, den Verklagten nur schuldig, den Betrag von 122 Thlr. 21 Sgr. an die Klägerin zu zahlen, wies dagegen die letztere mit der Mehrforderung von 580 Thlr. 25 Sgr. 6 Pf. ab, und legte ihr ⁴/₅ der Kosten zur Last.

Wegen dieser Abweisung appellirte die Klägerin und führte hauptsächlich darüber Beschwerde, daß der erste Richter die Zeitdauer des unrechtfertigen Besitzes des Verklagten nicht auf drei, sondern nur auf ein Jahr angenommen hatte, ermäßigte jedoch die von ihr ursprünglich geforderten Summen auf die von dem ersten Richter auf Grund der Beweisaufnahme für das Jahr festgestellten Beträge.

Das Königl. Appellations-Gericht N. bestätigte indessen durch Erkenntniß vom 16. März 1857 das erste Erkenntniß, soweit dagegen appellirt worden, unter Verurtheilung der Klägerin in die Kosten der Appellations-Instanz.

Gegen dieses Erkenntniß hat nun die Klägerin die Nichtigkeitsbeschwerde erhoben.

Die Beschwerdepunkte bestehen in Folgendem:

I. Der Appellationsrichter hat deshalb auf Bestätigung erkannt, weil er die Klage für unbegründet erachtet. Denn die Klägerin könne, so führt derselbe aus, da sie ihre Rechte von den Eheleuten Stanzel herleite, keine mehreren Ansprüche gegen den Verklagten erheben, als welche ihren Rechtsvorgängern gegen denselben zustehen würden; diesen letzteren würden aber gegen den Verklagten nur diejenigen Rechte zustehen, welche sie gegen ihre Kontrahenten, die Eheleute Kalkstein, geltend zu machen befugt sein würden. Durch den zwischen den Stanzel'schen und den Kalkstein'schen Eheleuten geschlossenen Vertrag sei nun zwar das Eigenthum des verkauften Grundstückes auf die Käufer nicht übergegangen, indem es zur Gültigkeit des Vertrages, wegen der Minderjährigkeit der mitverkaufenden Ehefrau, nach §§. 229 u. 170 Th. II Tit. 2 und §. 743 II. 18 A. L. R. der Genehmigung des Vaters derselben, so wie des vormundschaftlichen Gerichts bedurft hätte. Dieser Umstand würde aber die Ehefrau Stanzel nicht berechtigen können, das Grundstück zu vindiciren, vielmehr würde sie dasselbe nur, unter Anfechtung des Vertrages, gegen Erstattung der Kaufgelder nach Maaßgabe des §. 589 II. 18 A. L. R. zurückfordern dürfen; ein Anspruch auf Vergütung der inzwischen von den Käufern gezogenen Nutzungen würde ihr jedoch auch in diesem Falle nicht zustehen, weil sich letztere, da ihnen ja das Grundstück von dem Ehemanne selber übergeben worden sei, im redlichen Besitze und Genusse befunden hätten.

Diese Ausführung greift die Klägerin, unter Bezugnahme auf die Entscheidungsgründe des rechtskräftigen Präjudikats,

1) mit dem Vorwurfe an, der Appellationsrichter habe den von der res judicata geltenden Rechtsgrundsatz der §§. 65. 66 der Einleitung und des §. 1 Tit. 16 Th. I der A. G. O. verletzt. Denn — so behauptet sie — das Präjudikat sei lediglich auf die Annahme gestützt, daß der Verklagte, so wie der damals Mitverklagte Kalkstein sich im unrechtfertigen Besitze befunden hätten; demgemäß sei denn auch sie, die Klägerin, nur die zur Erhaltung der Substanz nothwendig gewesenen Kosten zu vergüten verurtheilt worden, und der Vorprozeßrichter würde, wie sich aus den Entscheidungsgründen ergebe, die Verpflichtung der Verklagten zur Herausgabe der jetzt eingeklagten Nutzungen sogleich mit ausgesprochen haben, wenn die Klage damals hierauf mit gerichtet gewesen wäre. Hiervon hätte der Appellationsrichter, — so behauptet

2) die Klägerin — auch deshalb nicht abweichen dürfen, weil das rechtliche Verhältniß zwischen Haupt- und Nebensache nach §. 91 der Einleitung, §. 107 Tit. 2 und §§. 220 bis 222 Tit. 9 Th. I A. L. R. es als einen Rechtsgrundsatz begründe, daß der Richter, wenn er den Besitzer in Bezug auf die Hauptsache für einen unredlichen erachtet habe, ihn in einem späteren Prozesse auch in Bezug auf die Nebensache für einen solchen erachten müsse.

Den Appellationsrichter der Verletzung auch dieses Grundsatzes beschuldigend, macht sie demselben ferner

3) den Vorwurf, die Dispositionsfähigkeit der verehelichten Stanzel nochmals unpassend geprüft, dadurch aber die dabei allegirten Vorschriften, §§. 229, 170 seq. Tit. 2 und §§. 589, 743 Tit. 18 Th. II A. L. R. verletzt zu haben.

II. Der Appellationsrichter führt ferner aus, daß die in der Klage in Bezug genommenen, auf das Verhältniß des unrechtfertigen Besitzers gehenden Vorschriften der §§. 14 und 222 seq. I. 7. A. L. R. nur den Fall träfen, wenn der Eigenthümer der Sache die Herausgabe derselben von dem Besitzer verlange, ohne daß sonst ein anderes Rechtsverhältniß zwischen ihnen obwalte, indem dann, gemäß §§. 185 seq. I. 7. und §. 20. I. 15. A. L. R. die gegenseitigen Rechte und Pflichten lediglich von der wirklichen oder fingirten Beschaffenheit des Bewußtseins des Besitzers abhingen, daß aber eine solche Vindikation hier nicht vorliege.

Die Klägerin erachtet hierdurch die §§. 14 und 222 seq. I. 7 A. L. R. verletzt, weil sie dieselben für nicht anwendbar erklärt, und ebenso die §§. 185 ff. I. 7. und §. 20 I. 15 daselbst, weil dieselben unpassend zur Anwendung gebracht seien.

III. Weiterhin wird in dem Erkenntnisse ausgeführt, daß, da der Aufruf des Vertrages seitens der Eheleute Stanzel nicht erfolgt sei, vielmehr dieselben, nach eingetretener Großjährigkeit der Ehefrau, das Grundstück ohne Weiteres anderweitig verkauft hätten, da mithin der Ehemann, wiewohl der Vertrag für ihn allerdings bindend gewesen, ohne Grund von demselben zurückgetreten sei, die Vorschriften der §§. 156 ff. I. 5 A. L. R. analog zur Anwendung kämen, wonach nicht nur nicht die Käufer als unredliche Besitzer anzusehen, sondern die Unredlichkeit sich grade auf Seiten des Stanzel befinde, den Eheleuten Stanzel mithin nicht das Recht zustehe, einen Anspruch auf Erstattung der inzwischen von den Käufern gezogenen Nutzungen zu erheben.

Die Klägerin richtet gegen diese Deduktion den Vorwurf der Verletzung der §§. 156 ff. I. 5. A. L. R. Denn — so behauptet sie — abgesehen davon, daß nach dem Präjudikate der Ehemann Stanzel von dem Vertrage nicht zurückgetreten sei, könnten jene von den Folgen der verabsäumten schriftlichen Form handelnden Vorschriften, weil der hier vorliegende Vertrag sogar gerichtlich abgeschlossen worden, keine analoge Anwendung finden.

Der Antrag der Klägerin geht dahin:

„das Appellations-Urtel zu vernichten und nach Maaßgabe der Beschwerden anderweit zu erkennen."

Der Verklagte erachtet dagegen die Beschwerden für unbegründet und ist der Ansicht, daß auch eventuell das angefochtene Erkenntniß aufrecht zu erhalten sei.

Der Appellationsrichter führe nämlich aus, daß das Anfechtungsrecht der Ehefrau Stanzel sich auch um deswillen nur auf die Substanz des Grundstücks hätte erstrecken können, weil über die Früchte und Nutzungen der Ehemann auch allein gültig zu disponiren befugt gewesen sei.

Dieser Entscheidungsgrund sei ein selbstständiger und von der Klägerin nicht angegriffener, daher aber zur Aufrechthaltung des Urtels geeignet.

Eventualissime bittet er:

„aus den Gründen des Richters erster Instanz das erste Erkenntniß zu bestätigen."

Votum.

I. Die Förmlichkeiten 2c.

II. In der Sache selbst

erachte ich die erhobene Nichtigkeitsbeschwerde an sich zwar für begründet, würde aber dennoch auf Zurückweisung derselben erkennen, weil das angefochtene Erkenntniß auf einem selbstständigen wesentlichen Entscheidungsgrund beruht, in Absicht dessen kein Angriff erfolgt ist.

Für unbegründet halte ich zuvörderst die folgenden Beschwerden.

Die Klägerin beschuldigt

A. den Appellationsrichter der Verletzung des von der res judicata geltenden Rechtsgrundsatzes der §§. 65. 66 der Einleitung und §. 1. Tit. 16. Th. I. der A. G. O., weil derselbe, unbekümmert um die Entscheidungsgründe des rechtskräftigen Präjudikats, von der Annahme ausgehe, daß die Eheleute Stanzel nicht befugt gewesen seien, das verkaufte Grundstück von ihren Kontrahenten, den Eheleuten Kalkstein, zu vindiciren, und daß diesem gemäß auch das Verhältniß der Parteien zu beurtheilen, wonach denn der Verklagte als redlicher Besitzer anzusehen und als solcher zur Herausgabe der von ihm gezogenen Nutzungen nicht verpflichtet sei.

Zur Rechtfertigung dieses Vorwurfes behauptet die Klägerin, es sei in den Entscheidungsgründen des Präjudikats ausdrücklich vermerkt worden, daß der Verklagte als unrechtfertiger Besitzer das Grundstück mit allen vorhandenen Früchten und Nutzungen zurückgeben und die, welche er während seines unrechtfertigen Besitzes genossen, vergüten müsse.

Dieser Angriff ist m. E. in zwiefacher Hinsicht verfehlt.

Die Entscheidungsgründe des Präjudikats, auf welche zur Rechtfertigung der Beschwerde die Klägerin Bezug nimmt, fallen unter den Begriff einer Thatsache.

cfr. Ulrich's Archiv, Bd. 13. S. 43.

Sie müßten daher als solche sich in den Urtelsgründen des angegriffenen Erkenntnisses erwähnt finden, um auf sie zur Begründung des Vorwurfes der Verletzung eines Rechtsgrundsatzes Bezug nehmen zu dürfen.

In jenen Urtelsgründen sind dieselben indessen nirgends erwähnt, vielmehr findet sich dort nur die Angabe, daß durch das rechtskräftig gewordene Präjudikat die Verklagten verurtheilt worden seien, der Klägerin das Grundstück herauszugeben, gegen Empfangnahme von 408 Thlrn. 14 Sgr. 6 Pf. und außerdem von 118 Thlrn. 1 Sgr. auf dasselbe verwendeter Erhaltungskosten.

Gemäß §. 16 der Verordn. vom 14. December 1833 soll aber der Nichtigkeitsrichter lediglich das in dem angegriffenen Erkenntnisse als feststehend angenommene Sachverhältniß, in so fern dieses nicht selber den Gegenstand der Beschwerde ausmacht, seiner Entscheidung zu Grunde legen. Daher hätte in dem vorliegenden Falle der Angriff gegen die thatsächliche Feststellung des Appellations-Richters gerichtet und darauf gestützt werden müssen, daß eine in den Prozeßschriften enthaltene Thatsache, welche eine entgegengesetzte Entscheidung begründen würde, gar nicht erwähnt, daß mithin wider den klaren Inhalt der Akten erkannt, dadurch aber eine wesentliche Prozeßvorschrift im Sinne des §. 5. Nr. 10 der Verordn. vom 14. Dezember 1833 verletzt worden sei.

Aber auch abgesehen von dieser formellen Hinfälligkeit ist nach meiner Ansicht die vorliegende Beschwerde deshalb unbegründet, weil ihr der Grundsatz des §. 38. Tit. 13. Th. I. der Ger. O., wonach nur die „wirkliche Entscheidung", niemals aber „bloße Entscheidungsgründe" die Kraft eines Urtheils haben sollen, ganz entschieden entgegensteht.

Die von der Klägerin in Bezug genommene Ausführung des Präjudikats hat eben lediglich die Bedeutung einer von dem Richter ausgesprochenen rechtlichen Meinung; denn es enthält der Tenor über die Redlichkeit oder Unredlichkeit des Besitzes der Verklagten gar nichts, und es kann auch nicht einmal zur Erklärung desselben auf jene über die Verpflichtung des Verklagten zur Herausgabe der Früchte und Nutzungen des eingeklagten Grundstücks sich verbreitende Ausführung zurückgegangen werden, weil hierüber virtualiter gar nicht zu erkennen war, vielmehr in der Klage nur die Herausgabe des Grundstücks gefordert wurde.

cfr. Präjud. 2080 (Entsch. des Ob. Trib. Bd. 17. S. 462).
Striethorst's Archiv, Bd. 10. S. 235 und Bd. 11. S. 83.
Koch, System des Landrechts, Bd. 1. S. 379.

Es fehlt mithin an einem der wesentlichen Requisite der res judicata, der Identität des Objekts.

Zwar sucht nun

B. ferner die Klägerin auszuführen, daß das rechtliche Verhältniß zwischen Haupt- und Nebensache, wie solches sich aus §. 91 der Einleitung, §. 107. Tit. 2 und §§. 220—222. Tit. 9. Th. I. des A. L. R. ergebe, es als einen Rechtsgrundsatz begründe, daß der Richter, wenn er den Besitzer in Bezug auf die Hauptsache für einen unredlichen erachte, ihn in einem späteren Prozesse auch in Bezug auf die Nebensache für einen solchen erachten müsse; und sie wirft dem Appellationsrichter die Verletzung dieses Grundsatzes vor, weil er den Verklagten in dem jetzt über die Nutzungen schwebenden Prozesse für einen redlichen Besitzer ansehe, während derselbe doch in dem Prozesse über die Hauptsache für einen unrechtfertigen erachtet worden sei.

Auch diesen Vorwurf halte ich indessen für unbegründet.

Denn wollte man auch davon absehen, daß die hier in Bezug genommenen Entscheidungsgründe des Präjudikats in den Gründen des angegriffenen Erkenntnisses nirgends erwähnt sind, so ist doch auch jener vermeintliche Rechtsgrundsatz nach meiner Ansicht unrichtig.

Denn der Besitzer kann in Bezug auf die Hauptsache sehr wohl als ein unredlicher gelten und dennoch in Betreff der Nebensache die Rechte eines redlichen haben. In dem vorliegenden Falle war aber auch durch das Präjudikat nicht einmal in Ansehung der Hauptsache über die Beschaffenheit des Bewußtseins des Besitzers mitentschieden worden, indem die Klage nur auf die nicht bestrittene Unrechtmäßigkeit des Besitzes der Verklagten basirt war, und die Verklagten auch als redliche Besitzer zur Herausgabe der Sache verpflichtet waren.

Wenn ferner

C. dem Appellationsrichter vorgeworfen wird, er habe die Dispositionsfähigkeit der verehelichten Stanzel nochmals unpassend geprüft und dadurch die dabei von ihm allegirten Bestimmungen der §§. 229. 170 ff. Tit. 2 und §§. 589. 743. Tit. 18. Th. I. des A. L. R. verletzt, so kann dieser Vorwurf m. E. nicht gut etwas Anderes besagen wollen, als daß der Appellationsrichter bei der nochmaligen Prüfung der Dispositionsfähigkeit der verehelichten Stanzel zu dem von den Gründen des Präjudikats abweichenden Resultate gelangt sei, daß der Mangel jener Fähigkeit die Ehefrau Stanzel nur zur Anfechtung des mit den Eheleuten Kalkstein geschlossenen Vertrages, nicht aber zur Vindikation des verkauften Grundstücks von ihren Kontrahenten als unrechtfertigen Besitzern berechtigt haben würde, daß mithin auch durch diese Ausführung der von der res judicata geltende Rechtsgrundsatz, und daher indirekt auch die dabei allegirten Vorschriften, verletzt worden seien.

Die Hinfälligkeit dieses Angriffs ergiebt sich daher aus dem sub A. Gesagten.

Die Klägerin beschuldigt ferner

D. den Appellationsrichter der Verletzung der §§. 14. 22 ff. I. 7. des A. L. R., weil er dieselben für nicht anwendbar erklärt,

E. der §§. 185 ff. Tit. 7. und §. 20. Tit. 15 daselbst, weil er sie unpassend,

und endlich

F. der §§. 156 ff. Tit 5 daselbst, weil er sie unpassend analog zur Anwendung gebracht habe.

Diese Beschwerden halte ich für begründet.

Der Appellationsrichter nimmt nämlich an, daß die auf das Verhältniß des unrechtfertigen Besitzers bezüglichen Vorschriften der §§. 14. 222 ff. I. 7 des A. L. R. nur den Fall träfen, in welchem der Eigenthümer der Sache die Herausgabe derselben von dem Besitzer verlange, ohne daß sonst ein anderes Rechtsverhältniß zwischen ihnen obwalte, indem dann gemäß der §§. 185 ff. I. 7. und §. 20. I. 15 des A. L. R. die gegenseitigen Rechte und Pflichten lediglich von der wirklichen oder fingirten Beschaffenheit des Besitzers abhingen. Ein solcher Vindikationsfall liege aber hier nicht vor. Vielmehr würde die Ehefrau Stanzel nur berechtigt sein, unter Anfechtung des mit den Eheleuten Kalkstein abgeschlossenen Vertrages, das verkaufte Grundstück zurückzufordern. Aber auch in diesem Falle würden die Käufer als redliche Besitzer anzusehen sein, da ihnen ja das Grundstück von dem Ehemanne Stanzel selber übergeben worden. Um so mehr müsse man dies jetzt annehmen, da der Aufruf des Vertrages nicht erfolgt sei, vielmehr die Eheleute Stanzel das Grundstück ohne Weiteres abermals verkauft hätten. Denn da hiernach der Ehemann, wiewohl für ihn der Vertrag allerdings bindend gewesen, ohne Grund von demselben zurückgetreten sei, so müßten hier die Vorschriften der §§. 156 ff. I. 5 des A. L. R. analog zur Anwendung kommen, wonach denn die Unredlichkeit sich gerade auf Seiten des Stanzel befinde.

Diese Ausführung ist m. E. unrichtig.

Nach der nicht angegriffenen thatsächlichen Feststellung des Appellationsrichters verkauften und übergaben mittelst gerichtlichen Vertrages vom 3. Mai 1849 die Eheleute Stanzel, von denen die Ehefrau noch minderjährig war, ein ihnen gehöriges Kruggrundstück an die Eheleute Kalkstein, und diese verkauften und übertrugen dasselbe demnächst weiter an den Verklagten.

Hiernach war der Vertrag zwischen den Stanzelschen und den Kalksteinschen Eheleuten, da derselbe zu seiner Gültigkeit nach Vorschrift des §. 743. Tit. 18 und §. 229. Tit. 2. Th. II. des A. L. R. der Genehmigung des Vaters der verehelichten Stanzel, sowie der des vormundschaftlichen Gerichts bedurfte, und da Gegenstand desselben ein beiden Eheleuten gemeinschaftlich gehöriges Grundstück war, bei dem Wesen der Gütergemeinschaft, für den Ehemann ebenso unverbindlich, wie für die Ehefrau.

cfr. Erkenntniß des Ob. Trib. vom 18. Juni 1850. (J. M. Bl. pro 1851. S. 282.)

Die analoge Anwendung der Bestimmungen der §§. 156 ff. I. 5 des A. L. R. ist daher durchaus ungerechtfertigt. Denn abgesehen davon, daß diese Bestimmungen nur von der Wirkung der Erfüllung der wegen verabsäumter schriftlicher Form ungültigen Verträge handeln, der hier in Rede stehende Vertrag aber sogar gerichtlich abgeschlossen war, konnte dieser letztere durch die bloße Erfüllung auch in Ansehung des Ehemannes überhaupt keinerlei Wirksamkeit erlangen. Vielmehr waren beide Eheleute gemäß §§. 170 und 189. Th. I. Tit. 16 des A. L. R. befugt, das während der Minderjährigkeit der Ehefrau übergebene Grundstück von ihren Kontrahenten zu condiciren, und bedurfte es hierbei eines Aufrufs des Vertrages auch nur so lange, als die Ehefrau Stanzel minderjährig war, indem nur so lange die Ankäufer ihrerseits, nach §. 12. I. 5 des A. L. R. an den Vertrag gebunden blieben. Die Ankäufer würden alsdann aber keineswegs schlechthin als redliche Besitzer blos deshalb haben gelten können, weil ihnen das Grundstück von dem

Ehemanne selber übergeben worden. Vielmehr würden die gegenseitigen Rechte und Pflichten allerdings danach zu bestimmen gewesen sein, ob die Ankäufer sich der Ungültigkeit bewußt waren, oder ob sie sich darüber in einem Irrthume befanden. Denn nach den Bestimmungen der §§. 189 und 190 l. c. würden sie je nach dieser Beschaffenheit ihres Bewußtseins als unredliche resp. redliche Besitzer haften müssen, und es würden mithin die erwähnten nach der Meinung des Appellationsrichters nur auf den Fall der eigentlichen Vindikation passenden Vorschriften auch hier zur Anwendung kommen.

Noch gewisser muß in Ansehung des Verklagten die Beschaffenheit des Bewußtseins desselben zur Bestimmung der gegenseitigen Rechte und Pflichten maaßgebend sein. Denn die Eheleute Stanzel würden von ihm als dritten Besitzer, und weil zwischen ihnen ein vertragsähnliches Verhältniß überall nicht vorhanden, das fragliche Grundstück sogar vindiciren können.

Nach der thatsächlichen Feststellung des Appellationsrichters hatten nun die Eheleute Kalkstein beim Weiterverkaufe des fraglichen Grundstückes an den Verklagten sich ausdrücklich verpflichtet, den Konsens des Vaters der verehelichten Stanzel zu dem Vertrage vom 3. Mai 1849 beizubringen. Aus dieser ausdrücklichen Stipulation erhellt aber, daß beide Kontrahenten sich der Ungültigkeit ihres Erwerbstitels wohl bewußt waren. Sowohl Kalkstein als der Verklagte würden daher gemäß §. 189 cit. als unredliche Besitzer verhaftet sein.

Wenn sonach der Appellationsrichter die obenerwähnten, auf die Beschaffenheit des Bewußtseins des Besitzers und auf die hiernach zu bemessende Verantwortlichkeit desselben bezüglichen Vorschriften auf den vorliegenden Fall für unanwendbar erklärt, so macht er sich dadurch einer Verletzung derselben schuldig.

Obwohl nun nach diesem der Klägerin günstigen Resultate das angegriffene Erkenntniß zu vernichten sein würde, so würde ich dennoch die erhobene Nichtigkeitsbeschwerde verwerfen.

Denn außer den von der Klägerin angegriffenen Gründen enthält das Appellationserkenntniß die Ausführung, daß das Recht der Ehefrau Stanzel, das fragliche Grundstück zurückzufordern, sich auch deshalb nur auf die Substanz, nicht aber auf die Früchte und Nutzungen desselben würde erstrecken können, weil über die letzteren der Ehemann auch allein gültig zu disponiren befugt gewesen sei.

Diese Ausführung ist aber schon an und für sich ein selbstständiger, die Entscheidung des Appellationsrichters allein stützender Grund, dessen Richtigkeit nicht weiter zu prüfen, weil ein Angriff darauf nicht erfolgt ist.

cfr. §. 18 der Deklaration v. 6. April 1839; §. 18 der Verordn. vom 21. Juli 1846; Plenar-Beschlüsse des Ober-Tribunals vom 14. Dezember 1838 und 2. September 1839. (J.-M.-Bl. von 1839 S. 24 und 316).

Unter Bestimmung des Kostenpunktes nach §. 18 der Verordnung vom 14. Dezember 1833 würde ich den Tenor dahin fassen:

daß die gegen das Erkenntniß des Civil-Senats des Königl. Appellations-Gerichts zu N. vom 16. März 1857 erhobene Nichtigkeits-Beschwerde zurückzuweisen, und der Klägerin die Kosten des Nichtigkeitsverfahrens zur Last zu legen.

N., den . . . . N.

Erkenntniß-Entwurf.

Im Namen des Königs!

In Sachen der Wittwe Catharine Elisabeth Hirsch zu N.,
Klägerin und Implorantin,
wider
den Krugbesitzer Wilhelm Kramer zu C.,
Verklagten und Imploraten,

hat der III. Senat des Königlichen Ober-Tribunals zu Berlin, in seiner Sitzung vom an welcher Theil genommen haben:

1)
2)
3)
4)
5)
6)
7)

für Recht erkannt:

daß die gegen das Erkenntniß des Civil-Senats des Königl. Appellations-Gerichtes zu N. vom 16. März 1857 erhobene Nichtigkeits-Beschwerde zurückzuweisen, und der Implorantin die Kosten des Nichtigkeits-Verfahrens zur Last zu legen.

Von Rechts Wegen.

Gründe.

Der Appellationsrichter hat das erste Erkenntniß bestätigt, weil er die Klage für unbegründet erachtet. Er führt aus: die Rechtsungültigkeit des Stanzel-Kalkstein'schen Vertrages habe die Eheleute Stanzel nicht berechtigen können, das mittelst desselben verkaufte Grundstück von ihren Kontrahenten als unrechtfertigen Besitzern zu vindiciren. Vielmehr hätten sich die letzteren, da ihnen das Grundstück von dem Ehemanne Stanzel selber übergeben worden sei, im redlichen Besitze befunden und würden mithin auch nicht verpflichtet sein, die von ihnen aus demselben gezogenen Nutzungen zu vergüten. Eben so sei aber auch das Verhältniß der Parteien zu beurtheilen, und zwar deshalb, weil weder durch den Weiterverkauf des Grundstückes an den Verklagten die Eheleute Stanzel mehr Rechte erlangt hätten, noch auch dadurch, daß die letzteren ihre Rechte dem Erblasser der Klägerin abgetreten hätten, die Lage des Verklagten verschlechtert sei.

Diese Ausführung greift Implorantin mit dem Vorwurfe an, es sei dadurch der von der res judicata geltende Rechtsgrundsatz der §§. 65. 66 der Einleitung und des §. 1 Tit. 16 Th. I der A. G. O. verletzt worden.

Denn — so behauptet sie — das rechtskräftig gewordene Präjudicat des Vorprozesses sei, nach Inhalt der Entscheidungsgründe desselben, lediglich auf die Annahme gestützt, daß der Verklagte so wie dessen Damals Mitverklagte sich im unrechtfertigen Besitze befunden hätten; demgemäß sei denn auch sie, die Implorantin, nur die zur Erhaltung der Substanz nothwendig gewesenen Kosten zu vergüten verurtheilt worden, und der Richter würde die Verpflichtung der Verklagten zur Herausgabe der jetzt eingeklagten Nutzungen sogleich mit ausgesprochen haben, wenn die Klage damals hierauf mit gerichtet gewesen wäre.

Dieser Angriff ist indessen aus einem doppelten Grunde verfehlt.

Die Entscheidungsgründe des Präjudikats, auf welche zur Begründung dieses Beschwerdepunktes Bezug genommen wird, fallen unter den Begriff einer Thatsache. Als solche müßten sie in den Gründen des angefochtenen Erkenntnisses erwähnt sein, um auf sie zur Begründung des Angriffes Bezug nehmen zu dürfen. Dies ist indessen nicht der Fall, vielmehr findet sich dort nur die Angabe, daß durch das rechtskräftig gewordene Präjudikat die Verklagten verurtheilt worden seien, der Klägerin das Grundstück herauszugeben gegen Empfangnahme von 408 Thlr. 14 Sgr. 6 Pf. und außerdem von 118 Thlr. 1 Sgr. auf dasselbe verwendeter Erhaltungskosten.

Gemäß §. 16 der Verordnung vom 14. Dezember 1833 soll der Nichtigkeitsrichter lediglich das in dem angegriffenen Erkenntnisse als feststehend angenommene Sachverhältniß, insofern dieses nicht selber den Gegenstand der Beschwerde bildet, seiner Entscheidung zu Grunde legen. Es hätte daher die Beschwerde dahin gerichtet werden müssen, daß durch Nichterwähnung einer erheblichen Thatsache eine wesentliche Prozeßvorschrift im Sinne des §. 5 Nr. 10 der oben allegirten Verordnung verletzt worden sei.

Aber auch abgesehen von diesem formellen Grunde ist der Angriff um deswillen hinfällig, weil ihm der Grundsatz des §. 38 Th. I Tit. 13 der A. G. O., wonach nur die „wirkliche Entscheidung", niemals aber „bloße Entscheidungsgründe" die Kraft eines Urtheils haben sollen, entgegensteht.

cfr. das Präjudiz 2080. (Entscheidungen des Ober-Tribunals Bd. 17 S. 462).

Die Ausführung in dem Präjudikate, daß die Verklagten als unrechtfertige Besitzer zur Herausgabe des Grundstückes nebst den davon gezogenen Nutzungen verpflichtet seien, ist weiter nichts als eine von dem Vorprozeßrichter hierüber ausgesprochene rechtliche Meinung, und keine in Rechtskraft übergegangene wirkliche Entscheidung. Denn nicht die jetzt eingeklagten Nutzungen waren Gegenstand des Prozesses, sondern es wurde vielmehr lediglich die Herausgabe der Sache gefordert. Mithin fehlt es an einem der wesentlichen Erfordernisse der res judicata, der Identität des Objekts.

Die Implorantin sucht nun zwar ferner auszuführen, daß das rechtliche Verhältniß zwischen Haupt- und Nebensache, wie solches sich aus §. 91 der Einleitung, §. 107 Tit. 2 und §§. 220—222 Tit. 9 Th. I A. L. R. ergebe, es als einen Rechtsgrundsatz begründe, daß der Richter, wenn er den Besitzer in Bezug auf die Hauptsache für einen unredlichen erachte, ihn in einem späteren Prozesse auch in Bezug auf die Nebensache für einen solchen erachten müsse; und sie beschuldigt den Appellationsrichter der Verletzung dieses Grundsatzes, weil er den Verklagten jetzt bezüglich der eingeklagten Nutzungen als redlichen Besitzer ansehe, während derselbe doch in dem Vorprozesse in Ansehung der Hauptsache für einen unrechtfertigen erachtet worden sei.

Auch dieser Vorwurf ist indessen unbegründet.

Denn will man auch davon absehen, daß die in Bezug genommenen Entscheidungsgründe des Präjudikats in dem angegriffenen Erkenntnisse nirgends erwähnt sind, so erscheint doch auch der von der Imploratin hingestellte Rechtsgrundsatz keineswegs haltbar. Denn es kann der Besitzer in Ansehung der Hauptsache sehr wohl ein unredlicher und dennoch bezüglich der Nebensache ein redlicher sein. In dem vorliegenden Falle war aber durch das Präjudikat auch nicht einmal in Betreff der Hauptsache über die Beschaffenheit des Bewußtseins des Besitzers virtualiter mit entschieden worden, indem die Klage nur auf die nichtbestrittene Unrechtmäßigkeit des Besitzes der Verklagten basirt war, und die Verklagten auch als redliche Besitzer zur Herausgabe der Sache verpflichtet waren.

Wenn ferner dem Appellationsrichter der Vorwurf gemacht wird, er habe die Dispositionsfähigkeit der verehelichten Stanzel nochmals unpassend geprüft und dadurch die von ihm allegirten Vorschriften §§. 229, 170 seq. Tit. 2 und §§. 589, 743 Tit. 18 Th. II A. L. R. verletzt, so kann dieser Vorwurf nicht gut etwas Anderes besagen wollen, als daß der Appellationsrichter bei der nochmaligen Prüfung der Dispositionsfähigkeit der verehelichten Stanzel zu dem von den Gründen des Präjudikats abweichenden Resultate gelangt sei, daß der Mangel jener Fähigkeit die Ehefrau Stanzel nur zur Anfechtung des mit den Kalkstein'schen Eheleuten abgeschlossenen Vertrages, nicht aber zur Vindikation des verkauften Grundstückes von ihren Contrahenten als unrechtfertigen Besitzern berechtigt haben würde, daß mithin auch durch diese Ausführung der von der res judicata geltende Grundsatz und daher indirekt auch die dabei allegirten Vorschriften verletzt worden seien.

Aus dem oben Ausgeführten ergiebt sich daher auch die Hinfälligkeit dieses Angriffes.

Dagegen sind allerdings die ferneren Beschwerdepunkte begründet, wonach die Imploratin den Appellationsrichter der Verletzung der §§. 14, 222 seq. I. 7. A. L. R. beschuldigt, weil er dieselben für nicht anwendbar erklärt, der §§. 185 seq. I. Tit. 7. und §. 20 Tit. 15 daselbst, weil er sie unpassend, und endlich der §§. 156 seq. I. 5. daselbst, weil er sie ebenfalls unpassend analog zur Anwendung gebracht habe.

Der Appellationsrichter nimmt nämlich an, daß die auf das Verhältniß des unrechtfertigen Besitzers bezüglichen Vorschriften der §§. 14, 222 seq. I. 7. nur den Fall träfen, da der Eigenthümer der Sache die Herausgabe derselben von dem Besitzer verlange, ohne daß sonst ein anderes Rechtsverhältniß zwischen ihnen obwalte, indem dann gemäß der §§. 185 seq. I. 7., und §. 20 I. 15 A. L. R. die gegenseitigen Rechte und Pflichten lediglich von der wirklichen oder fingirten Beschaffenheit des Bewußtseins des Besitzers abhingen. Ein solcher Vindikationsfall liege aber hier nicht vor. Vielmehr würde die Ehefrau Stanzel nur berechtigt sein, unter Anfechtung des mit Kalkstein abgeschlossenen Vertrages, das verkaufte Grundstück zurückzufordern. Aber auch in diesem Falle würden die Käufer als redliche Besitzer anzusehen sein, da ihnen das Grundstück von dem Ehemanne Stanzel selber übergeben worden. Um so mehr müsse man dies jetzt annehmen, da der Aufruf des Vertrages nicht erfolgt sei, vielmehr die Eheleute Stanzel das Grundstück ohne Weiteres abermals verkauft hätten. Denn da hiernach der Ehemann, wiewohl für ihn der Vertrag allerdings bindend gewesen, ohne Grund von demselben zurückgetreten sei, so müßten hier die Vorschriften der §§. 156 seq. Th. I. Tit. 5. A. L. R. analog zur Anwendung kommen, wonach denn die Unredlichkeit sich gerade auf Seiten des Stanzel befinde.

Diese Deduction ist unrichtig.

Nach der nicht angegriffenen thatsächlichen Feststellung des Appellationsrichters verkauften und tradirten mittelst gerichtlichen Vertrages vom 3. Mai 1849 die Eheleute Stanzel, von denen die Ehefrau noch minderjährig war, ein ihnen gehöriges Kruggrundstück an die Eheleute Kalkstein, und diese verkauften und übergaben dasselbe demnächst weiter an den Verklagten.

Hiernach war der Stanzel-Kalkstein'sche Vertrag, da derselbe ein den Eheleuten Stanzel gemeinschaftlich gehöriges Grundstück betraf, bei dem Wesen der Gütergemeinschaft, für den Ehemann ebenso unverbindlich, wie für die Ehefrau.

cfr. Erkenntniß des Ober-Trib. vom 18. Juni 1850. (J.-M.-B. von 1851 S. 282.)

Die analoge Anwendung der Bestimmungen der §§. 156 seq. I. 5. A. L. R. ist daher durchaus ungerechtfertigt. Denn abgesehen davon, daß diese Bestimmungen nur von der Wirkung der Erfüllung der wegen Mangels der schriftlichen Form ungültigen Verträge handeln, der hier vorliegende Vertrag aber sogar gerichtlich abgeschlossen war, konnte dieser letztere durch die bloße Erfüllung auch in Ansehung des Ehemannes überhaupt keinerlei Wirksamkeit erlangen. Vielmehr waren beide Eheleute, in Gemäßheit der §§. 170 und 189 I. 16. A. L. R. befugt, das während der Unfähigkeit der Ehefrau solvendi gratia tradirte Grundstück von ihren Contrahenten zu condiciren.

Keineswegs würden aber die letzteren alsdann schlechthin als redliche Besitzer blos deshalb haben gelten können, weil ihnen das Grundstück von dem Ehemanne selber übergeben worden. Vielmehr würden die gegenseitigen Rechte und Pflichten allerdings danach zu bestimmen gewesen sein, ob sich die Ankäufer der Ungültigkeit ihres Erwerbstitels bewußt waren oder aber darüber in einem Irrthum befanden, indem sie, gemäß Vorschrift der §§. 189 und 190 l. c., je nach dieser Beschaffenheit ihres Bewußtseins als unredliche, resp. redliche Besitzer hätten haften müssen.

In noch höherem Grade gilt dies aber von dem Verklagten, von welchem als dritten Besitzer, und weil zwischen ihm und den Eheleuten Stanzel ein vertragsähnliches Verhältniß überall nicht vorhanden, diese letzteren das fragliche Grundstück sogar würden vindiciren können.

Nach der thatsächlichen Feststellung des Appellationsrichters hatten nun die Eheleute Kalkstein beim Weiterverkaufe des fraglichen Grundstücks an den Verklagten sich ausdrücklich verpflichtet, den Consens des Vaters der verehelichten Stanzel zu dem Vertrage vom 3. Mai 1849 beizubringen. Aus dieser ausdrücklichen Stipulation erhellt aber, daß beide Contrahenten sich der Ungültigkeit ihres Erwerbstitels wohl bewußt waren. Sowohl Kalkstein als der Verklagte würden daher, gemäß §. 189 cit. als unredliche Besitzer verhaftet sein.

Wenn jenach der Appellationsrichter die oben erwähnten, auf die Beschaffenheit des Bewußtseins des Besitzers und die hiernach zu bemessende Verantwortlichkeit desselben bezüglichen Vorschriften auf den vorliegenden Fall für unanwendbar erklärt, so macht er sich dadurch einer Verletzung derselben schuldig.

Trotz dieses der Implorantin günstigen Resultates konnte jedoch das angegriffene Erkenntniß nicht vernichtet werden.

Denn außer den von der Implorantin angegriffenen Gründen enthält das Appellations-Erkenntniß die Ausführung, daß das Recht der Ehefrau Stanzel, das fragliche Grundstück zurückzufordern, sich auch deshalb nur auf die Substanz, nicht aber auf die Früchte und Nutzungen desselben würde erstrecken können, weil über die letzteren der Ehemann auch allein gültig zu disponiren befugt gewesen sei.

Diese Ausführung ist aber schon an und für sich ein selbstständiger, die Entscheidung des Appellationsrichters allein tragender Grund, dessen Richtigkeit, weil eben ein Angriff darauf nicht erfolgt ist, auch nicht weiter zu prüfen war.

Vielmehr mußte dieserhalb, wie geschehen, die Nichtigkeitsbeschwerde zurückgewiesen werden.

cfr. §. 8 der Deklar. vom 6. April 1839; §. 18 der Verordnung v. 21. Juli 1846; Plenarbeschlüsse des Ober-Trib. v. 17. Dezbr. 1838 und 2. Septbr. 1839 (J.-M.-Bl. von 1839 S. 24 u. 316).

Der Kostenpunkt war nach §. 18 der Verordn. vom 14. Dezember 1833 zu bestimmen.

II.

Einige Mängel,

welche

bei den wissenschaftlichen Probearbeiten

für die dritte juristische Prüfung häufig wahrgenommen
worden sind.

Die Erfahrung hat gelehrt, daß die durch das Prüfungsregulativ vom 14. Juni 1847 vorgeschriebene wissenschaftliche Arbeit den Kandidaten des dritten juristischen Examens vielfache Schwierigkeiten darbietet, indem ein großer Theil derselben das Mißlingen der Prüfung hauptsächlich der Mangelhaftigkeit ihrer wissenschaftlichen Probearbeit beizumessen hat. Nach der in dem Justiz-Ministerialblatt von 1859. S. 55 veröffentlichten Geschäfts-Uebersicht der Immediat-Justiz-Examinations-Kommission war im Jahre 1858 bei 122 nicht bestandenen Kandidaten in 92 Fällen, also in der überwiegenden Mehrzahl, die wissenschaftliche Arbeit mißrathen. Aehnlich war das Verhältniß im Jahre 1857, wo unter 125 nicht bestandenen Kandidaten bei 88 die wissenschaftliche Arbeit für mangelhaft erachtet worden war.

Diese auffallende Erscheinung hat von selbst zu einer näheren Erwägung der Frage geführt:

> worin eigentlich die Mängel der wissenschaftlichen Probearbeiten bestehen,
>
> und ob nicht gewisse Regeln aufgestellt werden können, welche die Kandidaten bei Anfertigung dieser Arbeit zu beobachten haben.

Die Beantwortung der letzteren Frage hat in so fern ihre Schwierigkeiten, als einerseits die Aufgaben zu den wissenschaftlichen Probearbeiten aus dem gesammten Gebiete der Rechtswissenschaft entnommen werden, der Gegenstand derselben daher ein überaus mannigfaltiger ist, und als andererseits die Form der Darstellung in jedem einzelnen Falle je nach dem Inhalt der Aufgabe verschiedenartig sein wird. Von der Ertheilung bestimmter positiver Anweisungen für die Anfertigung der wissenschaftlichen Arbeit wird man deshalb Abstand nehmen müssen.

Dagegen hat die Durchsicht einer großen Zahl dieser Probearbeiten, welche in den Akten des Justiz-Ministeriums aufbewahrt werden, und eine Prüfung der von den Examinatoren dagegen gemachten Ausstellungen zu der Ueberzeugung geführt, daß bei den mißlungenen Arbeiten gewisse Verstöße häufig wiederkehren, und daß diese Verstöße meistentheils solche sind, welche weniger in dem Mangel natürlicher Anlagen, als vielmehr in dem Mangel an Fleiß, Umsicht und Sorgfalt ihren Grund haben, und deshalb bei einiger Aufmerksamkeit füglich vermieden werden können. Auf diese Verstöße sollen die Kandidaten hierdurch aufmerksam gemacht, und ihnen durch den nachfolgenden Abdruck einer wissenschaftlichen Probearbeit, welche von der Immediat-Justiz-Examinations-Kommission das Prädikat „sehr gut" erhalten hat, zugleich ein Beispiel vor Augen geführt werden, aus welchem sie wenigstens im Allgemeinen entnehmen können, wie sie bei Anfertigung der wissenschaftlichen Probearbeit zu verfahren haben.

I.

Der erste Fehler, welcher bei den wissenschaftlichen Arbeiten häufig wahrgenommen ist, besteht darin, daß die Kandidaten den Inhalt der Aufgabe nicht gründlich zu erforschen suchen, und deshalb ihre Arbeit nicht genau an das Thema anschließen. Die erste Pflicht des Kandidaten ist: jedes Wort der Aufgabe genau zu prüfen; er muß dabei von der Annahme ausgehen, daß jedes Wort absichtlich in die Aufgabe aufgenommen ist, daß nicht zu viel und nicht zu wenig gesagt ist; wo eine doppelte Deutung der Worte möglich ist, wird er annehmen müssen, daß diese Doppeldeutigkeit eine beabsichtigte ist, und er hat deshalb die Aufgabe nach beiden Bedeutungen hin zu entwickeln. Wer die Interpretation des Prätoren-Edikts durch die Römischen Juristen, und die Deutung der Juristenfragmente durch die Lehrer des Gemeinen Rechts kennt, wer ferner die Auslegungen des Allgemeinen Landrechts und des Strafgesetzbuchs durch das Ober-Tribunal mit Aufmerksamkeit gelesen hat, wird den tiefen Sinn, der häufig in einem unscheinbaren Worte verborgen ist, begreifen, und darin eine Anleitung für die Interpretation der Worte in den zur Bearbeitung ertheilten wissenschaftlichen Aufgaben finden. Dem Verfasser werden dabei zahlreiche Zweifel und Bedenken aufsteigen, deren nähere Erwägung ihm den Inhalt der Aufgabe um so klarer machen und ihm (namentlich bei der Bearbeitung von Rechtsfällen, welche verschiedene Rechtsmaterien berühren) die einzelnen Fragen, die bei der Arbeit zur Erörterung kommen müssen, an die Hand geben wird.

Es mag hier an einigen Beispielen gezeigt werden, in welcher Weise die Kandidaten sich dieser ersten Mühe überheben:

1. Es war folgender Rechtsfall zur Bearbeitung gestellt worden:

> A. hat dem B. auf Grund eines schriftlichen unter ihnen geschlossenen Vertrages sein Rittergut für 50,000 Thlr. verkauft und übergeben. Nach Jahresfrist fordert A. auf Grund einer mündlichen Abrede bei jenem Vertrage, daß B. ihm dasselbe Rittergut für 40,000 Thlr. zurückverkaufe. Quaeritur: Ist diese Forderung gerechtfertigt, und zu welchem anderweiten Antrage ist A. eventuell befugt?

Ein Kandidat hatte sich dafür entschieden (aus welchen Gründen interessirt hier nicht), daß die Forderung des Rückverkaufs ungerechtfertigt sei; er führte dagegen aus, daß der Kauf in Wahrheit ein wucherliches Darlehnsgeschäft enthalte, und daß A. deshalb „die Ungültigkeitserklärung des schriftlichen Kaufvertrages und die Beurtheilung des Inhalts desselben als Pfandvertrages" werde beantragen können. Diese Ausführung war natürlich nicht befriedigend; eine eingehendere Prüfung der Frage würde den Kandidaten dahin geführt haben, den Antrag, welchen A. eventuell zu stellen hatte, speciell und genauer anzugeben.

2. Es war zur Aufgabe gestellt worden:

> ob und aus welchen Gründen es rathsam und zeitgemäß erscheine, die Beschränkungen des Allgemeinen Landrechts bezüglich der Intercessionen der Frauen aufzuheben.

In einem Zusatz war ausgesprochen, daß von einem Rückblick über das Detail der Vorschriften des Römischen Rechts über diese Materie abstrahirt werden könne. Ein Kandidat hatte diesen Zusatz dahin verstanden, daß nicht blos von den Detailvorschriften des Römischen Rechts, sondern vom Römischen Recht überhaupt abgesehen werden könne, und er hatte sich deshalb darauf beschränkt, das Senatus Consultum Vellejanum nur gelegentlich einmal ganz kurz zu erwähnen.

3. Es war die Aufgabe gestellt:

> ob die nach den Vorschriften des Allgemeinen Landrechts in der Gütergemeinschaft lebende Ehefrau an den zum

gemeinschaftlichen Vermögen gehörenden beweglichen Sachen einen Diebstahl im Sinne des Strafgesetzbuchs begehen könne.

Mehrere Kandidaten supponirten, daß die Ehefrau in allgemeiner Gütergemeinschaft mit dem Ehemanne lebe, übersahen aber, daß das Allgemeine Landrecht auch eine Gemeinschaft des Erwerbes kennt, und ließen diese ganz unerwähnt.

Diese Beispiele ergeben zur Genüge, daß der Kandidat, welcher die Worte der Aufgabe nicht ganz genau prüft, leicht zu einer unrichtigen oder nicht erschöpfenden Auffassung des Themas gelangen wird.

II.

Der zweite Fehler, welchen viele Kandidaten begehen, besteht in der ungenügenden Berücksichtigung der Gesetze und der Literatur.

Hat der Kandidat sich über den Inhalt der Aufgabe im Allgemeinen informirt, so muß er sich den nöthigen Stoff, das nöthige Material sammeln, d. h. die einschlagenden Gesetze und die Literatur fleißig studiren.

Daß dem Kandidaten bei einem sorgfältigen Studium dieser Gesetze eine die Aufgabe betreffende Vorschrift entgehen könne, erscheint kaum glaublich; und dennoch ist es z. B. vorgekommen, daß bei der Frage: über das Recht des Staats, die von Ausländern und von Preußen im Auslande begangenen Verbrechen zu bestrafen, die §§. 24 und 70 des Strafgesetzbuchs von einem Kandidaten gar nicht berücksichtigt wurden.

Eben so wichtig, wie das Studium der Gesetze, ist das Studium der Literatur; sie wird dem Kandidaten in zweierlei Hinsicht die Lösung der ihm gestellten Aufgabe erleichtern. Einmal wird er dadurch die Form einer wissenschaftlichen Arbeit kennen lernen, die namentlich in der neueren Literatur einen gewissen Höhepunkt erreicht hat. Zweitens aber (und das ist die Hauptsache) wird er daraus ersehen, von welchen verschiedenen Gesichtspunkten eine Rechtsfrage wissenschaftlich beleuchtet werden muß, welche mannichfachen Gründe und Gegengründe für eine Ansicht geltend zu machen, und welche Einzelheiten bei der wissenschaftlichen Bearbeitung einer Aufgabe zu berücksichtigen sind.

Das Studium der Literatur kann daher den Kandidaten nicht genug empfohlen werden. Bei einem Prozesse hat jede der streitenden Parteien das Streben, dem Richter darzulegen, daß sie sich im Rechte und der Gegner im Unrechte befinde. Durch dieses entgegengesetzte Interesse werden dem Richter von selbst alle für den Rechtsstreit bedeutsame und erhebliche Fragen aufgedeckt; für jede Rechtsansicht wird eine Begründung, und ebenso oft eine Widerlegung gegeben, welche dem Referenten bei Anfertigung der Relation und bei der Beleuchtung des Rechtsstreits zu statten kommen. Die Aufgabe, welche an den Verfasser einer wissenschaftlichen Arbeit gestellt wird, ist weit schwieriger; er soll ebenfalls ein bestimmtes Urtheil über einen Rechtsfall oder über eine Rechtsfrage fällen, es fehlen ihm aber die Parteien, die ihm gleichsam vorarbeiten. Wodurch anders kann er sich Ersatz dafür schaffen, als durch das Studium der Literatur, welche ihn auf das pro und contra aufmerksam macht, die für seine Aufgabe wesentlichen Momente hervorhebt, diese nach allen Seiten hin entwickelt, mit Gründen unterstützt, das Unerhebliche ausscheidet, das scheinbar Widersprechende erklärt.

Dabei ist nicht außer Acht zu lassen, daß die Literatur, welche der Kandidat bei seiner Arbeit zu berücksichtigen hat, nicht etwa blos in Kompendien besteht. Diese haben nur den Zweck, die großen Abtheilungen des gesammten Rechtsgebiets (das Privatrecht, das Strafrecht u. s. w.) in ihren Grundprinzipien darzustellen und eine Uebersicht der Rechtsverhältnisse zu geben, dagegen können sie specielle Fragen nur andeuten, am wenigsten alle dabei zur Sprache kommenden Umstände erörtern. Dies ist die Aufgabe der Monographien, und es wird deshalb der Kandidat in den Monographien, zum Theil auch in den veröffentlichten Entscheidungen der Gerichtshöfe das hauptsächlichste Material zu seiner Arbeit finden.

Genaue Nachweisungen der Literatur geben für das Gemeine Privatrecht das bekannte Werk von Vangerow, sowie die (selten genug berücksichtigte) Theorie und Casuistik von Holzschuher, und Eichhorns Privatrecht; für das Gemeine Strafrecht die Lehrbücher von Feuerbach (in den von Mittermaier besorgten Ausgaben), Heffter und Wächter; für das Preußische Recht die Ergänzungen von v. Rönne ꝛc. und von Hiesemenzel, ferner die bekannten Werke von Koch und Bornemann, für das Preußische Strafrecht die Sammelwerke von Oppenhoff, Hahn u. A. Außerdem mag für civilprozessualische Fragen auf die Werke von Bayer und Linde, für kirchenrechtliche Fragen auf die von Richter und Vogt hingewiesen werden. —

In allen diesen Werken ist eine reichhaltige Literatur angeführt, deren Studium bei den betreffenden Materien ganz unerläßlich erscheint. Gerade hierin wird am häufigsten gefehlt. In vielen Arbeiten findet man lediglich Kompendien über Preußisches Recht, in anderen über Gemeines Recht citirt; entgegengesetzte Ansichten sind in solchen Arbeiten mit der allgemeinen Phrase: „einige Juristen meinen" und „andere sind der Ansicht" eingeleitet. Manche Kandidaten citiren zwar Monographien; allein eine nähere Prüfung der Arbeit ergiebt sehr bald, daß sie dieselben gar nicht gelesen haben, daß sie vielmehr einzelne Behauptungen daraus lediglich auf Grund der in einem Kompendium enthaltenen Angaben allegiren, ohne auch nur die specielle Stelle oder die Seite der angezogenen Monographie anzuführen.

Eine solche Oberflächlichkeit kann natürlich nicht gebilligt werden. Das erste Erforderniß einer wissenschaftlichen Arbeit ist, daß sie die Aufgabe erschöpfend behandle. Je schwieriger die Aufgabe, desto größer muß der Fleiß und die Sorgfalt des Arbeiters sein. Findet der Kandidat in dem einen Werke ein anderes über denselben Gegenstand angeführt, so darf er nicht die Mühe scheuen, das letztere gleichfalls einzusehen, wenn auch der Inhalt desselben in dem ersteren mitaufgenommen sein sollte. Denn abgesehen davon, daß ein solches Allegat gewöhnlich nur einen kurzen Auszug enthält, so hängt die Darstellung einer fremden Ansicht immer von der Auffassung, d. h. der Individualität des Darstellers ab, und der Kandidat ist daher nicht sicher, daß der allegirte Auszug ungenau ist.

Wie ein rother Faden zieht sich in den Censuren über ungenügende wissenschaftliche Arbeiten der Vorwurf der „Dürftigkeit" hindurch, und zwar nicht etwa in der Weise, daß der Mangel an schöpferischem Talent, an besonderer Produktivität gerügt würde — solche Eigenschaften werden in den Censuren mit Lob oder Auszeichnung hervorgehoben, — das, was vorgeworfen wird, ist der Mangel an Gedanken überhaupt, und hiervon liegt der Grund in nichts Anderem, als in der ungenügenden Berücksichtigung der Literatur, in welcher sich in der Regel eine Fülle von Gedanken niedergelegt findet, die der Kandidat für seine Aufgabe trefflich benutzen könnte.

Es versteht sich von selbst, daß der Kandidat die Literatur nicht blos oberflächlich lesen, sondern eingehend studiren muß. Er muß den Gedanken des Schriftstellers in sich aufzunehmen suchen, und seiner Entwickelung Schritt für Schritt folgen; nur dann wird er den Stoff beherrschen. Davon, daß dies nicht geschehen ist, legen viele wissenschaftliche Arbeiten, in denen eine reiche Literatur angeführt ist, Zeugniß ab. Sie sind zusammengesetzt aus bloßen Andeutungen von Ideen, welche ohne innere Begründung hingestellt worden, aus aphoristischen Bemerkungen, die unter sich in keinem logischen Zusammenhange stehen. Die Examinations-Kommission hat solche „scheinbar gelehrte Arbeiten" stets für oberflächlich erklärt und als ungenügend verworfen.

III.

Der dritte Fehler besteht darin, daß die Bearbeitung der Aufgabe oft ohne logische Folgeordnung, ohne Disposition geschieht.

Der Sammlung des Materials muß seine Sichtung folgen. In dem Gefundenen wird in der Regel Vieles vorhanden sein, was ganz bei Seite gelassen werden muß, Vieles, was nur obenhin berührt werden darf. Die Sichtung des Stoffes besteht darin, daß die Hauptfragen, von welchen ausgegangen werden soll, gesucht und aufgestellt werden. Sie bilden die Grundpfeiler der Arbeit, von ihnen aus muß das Detail entwickelt werden. Werden diese Hauptfragen mit Geschick und Verständniß aufgestellt, so ist damit zugleich die richtige Disposition der Arbeit gegeben; diese Disposition ist nichts Aeußerliches, von der Willkür des Arbeitenden Abhängiges; sie liegt vielmehr in der Aufgabe selbst. So verschiedenartig die Aufgabe ist, so wird auch die Disposition in jedem einzelnen Falle verschieden sein.

Folgende Bemerkungen dürften hierbei Beachtung verdienen.

Die Aufgaben, welche von der Immediat-Justiz-Examinations-Kommission gestellt werden, lassen sich im Allgemeinen auf folgende Kategorien zurückführen. Sie betreffen

entweder die Darstellung eines Rechtsinstituts;

oder die Untersuchung einer einzelnen Rechtsfrage,

namentlich die Erörterung einer Streitfrage, oder einer Rechtsanomalie, die Beurtheilung eines neuen Gesetzes, die Beantwortung einer legislativen Frage;

oder endlich die Entscheidung eines Rechtsfalles.

1. Bei der Darstellung eines Rechtsinstituts ist die Hauptaufgabe, den Charakter d. h. die Grundgedanken desselben aufzusuchen und aus denselben die Details herzuleiten. Da die

Einfachheit immer das Ziel der Wissenschaft ist, so wird es darauf ankommen, eine möglichst geringe Anzahl von Grundgedanken aufzustellen, und diese selbst so zu construiren, daß möglichst einfache Rechts-Elemente darin begriffen werden. Der specifische Inhalt des Instituts wird hierdurch am meisten klar werden. Hierauf folgt die Abgränzung des Instituts nach außen, d. h. die Entwickelung seiner Verschiedenheit von anderen verwandten Rechtsinstituten. In beiden bisher erwähnten Theilen der Arbeit sind die Details, die sich aus den Grundgedanken resp. den Grundverschiedenheiten ergeben, in Kürze darzulegen. Endlich sind in einem dritten Theile die Unterabtheilungen des Instituts, die singulären Rechtsvorschriften, sowie allenfalls diejenigen Rechtsverhältnisse anzugeben, bei denen die Vorschriften des behandelten Instituts eine analoge Anwendung finden.

Ein Beispiel mag das Gesagte veranschaulichen.

Würde eine concentrirte Darstellung des Depositum nach Römischem Recht und nach dem Allgemeinen Landrecht verlangt (vgl. das in dem Werke von Simon „Geschichtliches über die Immediat-Justiz-Examinations-Kommission" mitgetheilte Thema 191), so würden als Grundgedanken aufzustellen sein: der Begriff des Realvertrages und des einseitigen Vertrages; aus diesen beiden Momenten in Verbindung mit dem Begriff des Deponirens ergeben sich die Grundgesetze des Depositum; seine Perfektion, die speciellen Verpflichtungen der Kontrahenten, namentlich hinsichtlich der Prästation eines gewissen Grades der Aufmerksamkeit. Daran wäre zu schließen die Abgränzung des Depositum nach der Seite verwandter Verträge: dem Darlehn (depositum irregulare), dem Mandat (mandatum custodiae), dem Kommodat (Gebrauchsbefugniß). Endlich müßte die Darstellung der Sequestration, sowie der singulären Rechtsvorschriften (z. B. der landrechtlichen Anzeigepflicht), und die Angabe der Rechtsverhältnisse folgen, auf welche manche Vorschriften aus dem Depositum übertragen sind (z. B. Pfand). —

2. Die Erörterung einer Streitfrage beginnt mit der Feststellung des Streitpunktes; ihr folgt die Darlegung der verschiedenen Ansichten, und zwar nicht blos in allgemeiner Weise, sondern unter genauer Mittheilung und Prüfung aller Gründe und Gegengründe. Es ist nicht zu billigen, wenn (was namentlich bei Incidentpunkten häufig geschieht) der Kandidat sich auf die „überzeugenden Gründe" eines Schriftstellers beruft; denn

nicht darauf kommt es an, daß der Kandidat überzeugt sei, sondern daß er den Leser überzeuge. —

Es verdient hervorgehoben zu werden, daß in den Aufgaben häufig nicht die nackte Streitfrage zur Erörterung gestellt, sondern die Beantwortung einer allgemeinen Frage verlangt wird, auf welche die Streitfrage den wesentlichsten Einfluß übt; in solchem Falle darf der Kandidat sich nicht auf die Erörterung der Streitfrage beschränken. Wenn also z. B. die Aufgabe gestellt ist: ob die nach dem Allgemeinen Landrecht in Gütergemeinschaft lebende Ehefrau an den gütergemeinschaftlichen Sachen einen Diebstahl begehen könne, so würde nicht blos zu erörtern sein, ob (was streitig ist) die gütergemeinschaftliche Sache für die Ehefrau fremd sei, sowie ob sie den Mitbesitz daran habe; vielmehr muß ebenso auf die Wegnahme und die rechtswidrige Absicht eingegangen werden. Wenn ferner die Frage gestellt wird: was nach Römischem Recht und dem Allgemeinen Landrecht zur Aktivlegitimation dessen gehöre, der eine letztwillig ihm vermachte Schuldforderung einziehen oder sonst darüber disponiren will, so ist für das Römische Recht nicht blos zu untersuchen, ob (was streitig ist) eine Cession, Einwilligung der Erben beigebracht werden muß, es ist vielmehr auch das Erforderniß des Erbschaftsantritts zu behandeln. In beiden gedachten Aufgaben haben mehrere Kandidaten dies nicht beobachtet.

3. Die Behandlung einer Rechtsanomalie (z. B. Hypothek des Eigenthümers, condictio indebiti) beginnt am passendsten mit der Darstellung und Begründung der Rechtsregel; ihr mag dann die Darstellung der Ausnahme (Rechtsanomalie) folgen; hierauf die Untersuchung über das praktische Bedürfniß derselben; sodann ihre theoretische Begründung und zwar in einer solchen Weise, daß die allgemeinen Grundsätze des Rechts durch die Anomalie möglich wenig verletzt werden; endlich die Anwendung dieser theoretischen Begründung auf specielle Fälle, wodurch ihre Richtigkeit und Brauchbarkeit gezeigt wird.

Nach diesen Grundsätzen wird z. B. bei der Erörterung der Hypothek des Eigenthümers (vgl. das bei Simon mitgetheilte Thema 168) der Satz, daß Niemand an seiner Sache ein Pfand haben könne, vorangestellt und begründet werden müssen; hierauf die Darstellung der Hypothek des Eigenthümers, sodann ihr praktisches Bedürfniß, endlich die Untersuchung der bekannten drei Begründungsmethoden und ihre Anwendung auf specielle Fälle.

4. Die kritische Beurtheilung eines Gesetzes, sowie die Behandlung einer legislativen Frage kann nicht anders als auf historischem Wege erfolgen; es muß die Entwickelung der betreffenden Materie bei den verschiedenen Völkern verfolgt und dabei insbesondere nicht blos auf das Römische und Gemeine Recht, sondern auch auf die modernen Gesetzgebungen zurückgegangen werden. Es ist die Aufgabe des Kandidaten, diese historische Entwickelung in ihren Grundzügen darzustellen, die Abweichungen und Fortbildungen überall hervorzuheben, namentlich auch das Verhalten der Praxis in der betreffenden Rechtsmaterie zu berücksichtigen, damit durch Alles dies der Leser in den Stand gesetzt werde, der späteren Kritik des Kandidaten zu folgen. Endlich wird die Betrachtung socialer Zustände und ihr Einfluß auf das Recht, sowie umgekehrt die Umbildung socialer Zustände durch das Recht in solchen Arbeiten unerläßlich sein. Das Lesen von Gesetzesmotiven wird hier sehr fördern.

Wieviel in diesen Beziehungen gefehlt wird, ergeben die Arbeiten, welche über die vor nicht langer Zeit gestellten Themata: über die Abschaffung der Beschränkungen, welchen nach dem Allgemeinen Landrecht die Frauen bei Intercessionen unterworfen sind, sowie die Beurtheilung des Gesetzes vom 13. Februar 1854, betreffend die Konflikte bei gerichtlichen Verfolgungen wegen Amts- und Diensthandlungen, verfaßt worden sind.

5. Für die Bearbeitung eines Rechtsfalles hat der Kandidat in seiner praktischen Laufbahn bereits die nöthige Anleitung erhalten. Umsicht und Aufmerksamkeit, Prüfung und Berücksichtigung aller Thatsachen, endlich ihre Subsumtion unter die Rechtsregeln, in deren Darstellung eine maaßvolle Kürze zu empfehlen ist — Alles dies muß, wie bei dem Votum in einer Prozeßsache, so auch bei der wissenschaftlichen Bearbeitung eines Rechtsfalles beobachtet werden (vergl. S. 15 ff. 46 ff.).

Dies sind die wichtigsten Punkte, auf welche die Kandidaten bei Anfertigung der wissenschaftlichen Probearbeiten zu achten haben. Die hier gerügten Mängel zu vermeiden, liegt ganz in ihrer Hand, sobald sie mit Fleiß, Aufmerksamkeit und Umsicht an die Arbeit gehen, und sofern sie bis zum Stadium der dritten Prüfung nicht etwa versäumt haben, neben ihrer praktischen Ausbildung auch für ihre wissenschaftliche Fortbildung zu sorgen, die Quellen des Rechts und die Schriften berühmter Rechtslehrer fleißig zu studiren, und sich mit den Entscheidungen des Ober-Tribunals sorgfältig bekannt zu machen.

IV.

Schließlich mögen noch einige Mängel angedeutet werden, die zwar untergeordneterer Art, aber doch erheblich genug sind, um sie hier zu erwähnen.

In dieser Beziehung ist vor zwei Fehlern besonders zu warnen.

1. Der eine betrifft die Einleitung. Manche Kandidaten finden an langen Einleitungen ein ganz besonderes Gefallen, und — was die unmittelbare Folge davon ist — sie erörtern darin eine Menge Fragen, die gar nicht zur Sache gehören, oder doch nur obenhin berührt werden dürfen. So gab z. B. ein Kandidat bei der Aufgabe, in welchen Fällen nach dem Landrecht der Ehemann, der nicht in Gütergemeinschaft lebt, mit Forderungen der Ehefrau, und in welchen Fällen gegen ihn mit Schulden der Ehefrau kompensirt werden könne, als Einleitung eine detaillirte Darstellung des landrechtlichen Gütersystems. Bei der Frage, was zur Legitimation dessen gehöre, der eine letztwillig ihm vermachte Schuldforderung einziehen oder sonst darüber disponiren will, erörterte ein Kandidat in der Einleitung auf das genaueste den Gegensatz von dinglichen und persönlichen Rechten und schloß daran eine Entwickelung der Lehre von der Unübertragbarkeit der Forderungen. In einer Arbeit über die Frage, ob eine in Gütergemeinschaft nach dem Landrecht lebende Ehefrau an den gemeinschaftlichen Sachen einen Diebstahl begehen könne, las man sogar in der Einleitung eine Definition der Ehe und eine Geschichte der verschiedenen Gütersysteme bei den Römern und Deutschen.

Solche Abschweifungen sind nicht zu billigen: die Einleitung soll zur Aufgabe hinüberführen; sie muß also zwar von einem allgemeineren Standpunkte ausgehen, zugleich aber die in der Aufgabe zur Sprache kommenden Fragen in ihrem Schooße bergen. Findet man eine solche Einleitung nicht, so ist es viel besser, den Leser sogleich in medias res zu führen, man erspart ihm dadurch die Aufgabe, mit dem Kandidaten Gedankensprünge zu machen. —

2. Der zweite Fehler ist der triviale oder im Gegensatz hierzu der schwülstige Styl. In einer Arbeit über die Beschränkungen, welchen nach dem Landrecht Frauen bei Intercessionen unterworfen

sind, bezeichnete ein Kandidat die Ehefrau zur rechten und linken Hand und die verwittwete und unverheirathete Frau als „vier Frauensarten“, und stellte ihnen das männliche „Publikum“ gegenüber; eine überlegt handelnde Frau nannte er eine „Verstandesfrau“; er sprach von dem „moralischen Standpunkte der Frau“, von den „unangenehmen Folgen“ einer Bürgschaft, sowie davon, daß der Bürge durch die Bürgschaft leicht „inkommodirt“ werde. In einer anderen Arbeit hieß es, daß die Frau die Verwarnung des Richters nicht beachten werde; denn „sie wird nicht schon nach dem bei ihr in noch höherem Grade als beim Manne vorhandenen Schamgefühl einer reuigen Sünderin gleichen wollen, und abgehend von dem betretenen Wege den Richter den Triumph ihrer Bekehrung feiern lassen, indem sie selbst sich als wortbrüchig und wankelmüthig öffentlich prostituirt“.

Solche Ausdrucksweisen gehören nicht in eine wissenschaftliche Probearbeit. Der Styl muß vielmehr ernst und würdevoll, dem Gegenstande der Aufgabe angemessen sein, und sich überall in derjenigen wissenschaftlichen Höhe erhalten, welche von einem Kandidaten, der sich zur höheren richterlichen Laufbahn qualificiren will, mit Recht gefordert werden darf (vergl. S. 19 ff.).

Wenn die Kandidaten des dritten juristischen Examens die vorstehenden Andeutungen gehörig beachten, so darf erwartet werden, daß die Zahl der mißlungenen Probearbeiten künftig geringer sein wird, als sie es bisher gewesen ist.

Thema:

Kann eine mit ihrem Ehemanne nach den Vorschriften des Preußischen Allgemeinen Landrechts in der Güter-Gemeinschaft lebende Ehefrau an den zu dem gemeinschaftlichen Vermögen gehörenden beweglichen Sachen einen Diebstahl, im Sinne des Preußischen Strafgesetzbuches, begehen?

Es ist mir die Aufgabe gestellt, zu erörtern, ob eine Ehefrau, welche nach den Vorschriften des Preuß. Allg. Landrechts in der Gütergemeinschaft lebt, an den zu dem gemeinschaftlichen Vermögen gehörenden, beweglichen Sachen einen Diebstahl im Sinne des Preußischen Strafgesetzbuches begehen könne?

Den Begriff des Diebstahls giebt der §. 215 des Strafgesetzbuches folgendermaßen an:

> Einen Diebstahl begeht, wer eine fremde bewegliche Sache einem Andern in der Absicht wegnimmt, dieselbe sich rechtswidrig zuzueignen.

Es geht daraus hervor, daß zum Thatbestande des Diebstahls wesentlich drei Merkmale gehören:

1. eine fremde bewegliche Sache, welche
2. Jemand dem Inhaber wegnimmt, und zwar
3. in der Absicht rechtswidriger Zueignung.

Ob jedes dieser drei Merkmale bei dem in der Frage angegebenen Fall zutreffen könne, davon hängt die Lösung der mir gestellten Aufgabe ab; und es ist deshalb jedes Merkmal einer besonderen Prüfung zu unterziehen.

In Bezug auf das erste Merkmal ist hervorzuheben, daß die Aufgabe selbst eine „bewegliche" Sache voraussetzt; es bleibt mir daher zu untersuchen übrig, ob bewegliche Sachen, welche zum gemeinschaftlichen Vermögen zweier in Gütergemeinschaft nach dem Allg. Landrecht lebenden Ehegatten gehören, in Bezug auf die Ehefrau fremdes Eigenthum sind.

Die Beantwortung dieser Frage erheischt eine kurze Darlegung der landrechtlichen Principien über Gütergemeinschaft überhaupt; dieselbe wird jedoch meines Erachtens nicht genügend geschehen, wenn nicht zugleich auf die Theorien eingegangen wird, welche die Lehrer des gemeinen Rechts über die Gütergemeinschaft aufgestellt haben: — aus einem doppelten Grunde, zuerst nämlich deshalb, weil, wie im Allgemeinen, so auch in der vorliegenden Materie das Gemeine Recht und die Anschauungen der gemeinrechtlichen Praktiker und Lehrer die Grundlagen des Landrechts bilden; zweitens deshalb, weil die Lehrer des Preuß. Rechts bei Darstellung der landrechtlichen Principien über die Gütergemeinschaft von den Ansichten der Schriftsteller des Gemeinen Rechts ihren Ausgangspunkt genommen haben.

Die Gütergemeinschaft zerfällt bekanntlich in zwei Arten: in die allgemeine und in die partikuläre, welche letztere im Allg. Landrecht als Gemeinschaft des Erwerbes auftritt. Man ist jedoch einig, daß das Rechtsverhältniß bei beiden Arten der Gütergemeinschaft nicht seiner Natur nach, sondern durch den Umfang des Gegenstandes verschieden ist. Die Schriftsteller über Gütergemeinschaft untersuchen deshalb das bei der partikulären Gütergemeinschaft stattfindende Rechtsverhältniß nicht besonders, sondern verweisen in dieser Beziehung auf die Darstellung der allgemeinen Gütergemeinschaft.[1])

Dieser Weg dürfte auch hier als angemessen erscheinen.

Ich darf behaupten, daß es wenig Materien giebt, in welchen eine solche Fülle von theils sich entgegengesetzten, theils sich modificirenden Theorien aufgestellt worden sind, als in der vorliegenden.[2]) Zählen wir die Ansichten der Schriftsteller über Gütergemeinschaft zusammen, so sind es nicht weniger als sieben verschiedene Weisen, in welchen die juristische Construktion der Gütergemeinschaft versucht wurde. Sie lassen sich kurz folgendermaßen bezeichnen:

1. die Theorie der Societät,
2. " " der Rechtsgemeinschaft oder des Miteigenthums,
3. " " der ehelichen Genossenschaft,
4. " " des Gesammteigenthums,
5. " " der juristischen Person,
6. " " des Alleineigenthums des Mannes,
7. " " der äußeren Gütereinheit.

Der genauere Inhalt dieser Theorien ist folgender:

Die Theorie der Societät ist die älteste;[3]) ihre Anhänger wollen die allgemeine Gütergemeinschaft nach den Grundsätzen der Römischen Societät beurtheilt wissen; zwar, daß davon die Partikularrechte vielfach

---

[1]) Walter, §. 224. Gerber, §. 234. Runde, eheliche Güterr., §. 80. Hasse, Revision, §§. 44. 55 ff. Ausführlicher ist Schmidt, Preuß. Familienrecht, §. 50.

[2]) Mittermaier, Deutsches Privatrecht, §. 399. IV., behauptet sogar, die Gütergemeinschaft sei ein eigenthümliches Institut, das sich unter keinen der bisher angenommenen Rechtsbegriffe bringen lasse. Er will also eine allgemeine Theorie überhaupt nicht gelten lassen. Die Darstellung der Theorie der Rechtsgemeinschaft (des Miteigenthums) wird dies hoffentlich widerlegen.

[3]) Sie ist aufgestellt von Lauterbach in einer Dissertation vom Jahre 1661. Ihre Anhänger sind besonders Mevius, Huber, Leyser, Heineccius. Nähere Nachweisungen vgl. bei Dunker, Gesammteigenthum, §. 20. N. 1. 2.

Abweichungen statuiren, geben sie zu,[4]) allein sie urgiren, daß dies nur **partikularrechtliche** Festsetzungen seien. Sie lassen also auf der einen Seite den Grundsatz unbeachtet, daß eine Societät nur durch **Vertrag** entstehen könne; dieser Entstehungsgrund giebt dem Verhältniß der Gesellschafter sein eigenes Gepräge, bestimmt die gegenseitige Haftbarkeit, die Befugnisse der Gesellschafter gegenüber dritten Personen, die Gründe der Aufhebung u. s. w.; wie deshalb das gemeine und Preußische Recht die durch Verordnung eines Dritten oder Zufall entstandenen Gemeinschaften genau von den durch Vertrag entstandenen trennen, und sie anderen Grundsätzen unterwerfen,[5]) so giebt es auch kein Partikularrecht, welches verordnete, daß die eheliche Gütergemeinschaft nach den Grundsätzen der Societäten beurtheilt werden solle; die Partikularrechte schreiben im Gegentheil vor, daß, wo die Gütergemeinschaft durch Vertrag begründet wird, die gesetzlichen Vorschriften über die Gütergemeinschaft zur Anwendung kommen sollen,[6]) und sie geben damit genugsam zu erkennen, daß die allgemeine Gütergemeinschaft unter dem Einfluß von anderen Rechtsprincipien als dem im Vertrag geeinigten Willen zweier Kontrahenten stehe. Gerade das ist es, was die Anhänger der Societätstheorie auf der anderen Seite unbeachtet lassen; sie übersehen den historischen Zusammenhang der allgemeinen Gütergemeinschaft mit dem altdeutschen ehelichen Güterrecht des Sachsen- und Schwabenspiegels; sie setzen bei Seite das öffentliche Interesse, welches der Staat an der Ehe, mittelbar an einer gesunden Regelung des ehelichen Güterrechts hat; sie lassen unberücksichtigt die sittliche Stellung der Geschlechter, welche kraft der Ordnung der Natur und des Sittenbegriffes des Volkes in der Ehe einerseits besondere Rechte des Mannes, andererseits besondere Rechte der Frau hervorbringen muß.

Alle diese Motive (rechtlicher und socialer Natur) haben zu der Theorie der sogenannten Rechtsgemeinschaft, oder, wie wir sie im Preußischen Recht nennen können, des Miteigenthums[7]) hingeführt. Nach der Auffassung dieser Theorie[8]) vereinigen sich die beiden Vermögens-

---

[4]) So sagt Mevius: die allgemeine Gütergemeinschaft sei societatis genus admodum improprium et anomalum.

[5]) Vgl. Runde, Deutsches eheliches Güterrecht, §. 64. Hasse, §. 57.

[6]) So auch das A. L. R. II. 1. §. 360.: **Wo Verträge** u. s. w.

[7]) Im Preuß. Recht ist nämlich der Begriff des Eigenthums auf Rechte, insbesondere auf Forderungen ausgedehnt; das Gemeine Recht hält dagegen streng fest, daß nur bei körperlichen Sachen von Eigenthum gesprochen werden könne; es muß deshalb im vorliegenden Fall zu dem Ausdrucke „Rechtsgemeinschaft" greifen, unter welchen Eigenthum, dingliche Rechte, Forderungen u. s. w. fallen.

[8]) Ihre Anhänger sind Runde (Güterrecht, §. 63), Maurenbrecher, Schmitheuer, Walter (Privatrecht, §. 208), Gerber (Privatrecht, §. 233); im Preuß. Recht: der Justiz-Minister im Reskript vom 1. März 1840 (Justiz-Ministerial-Blatt 1840. Seite 106); Bornemann in der von Temme besorgten zweiten Ausgabe des Civilrechts, Band 5. S. 119. 120; das Geh. Ober-Tribunal in der Entscheidung vom 22. September 1838 (Entsch. 4 S. 157. Worte: „**nicht nur überhaupt**, sondern namentlich auch nach dem Münster'schen Provinzialrecht u. s. w.", ferner Entsch. 14, 52. 20, 264) und in seinem Bericht vom 20. März 1844 (Beilage zu Nr 33 des Justiz-Minist. Bl. S. 3. 4; von dem Gutachten des Ober-Tribunals vom 24. August 1840 wird unten die Rede sein); Grothe in der juristischen Wochenschrift 1840.

massen in eine einzige, an welcher nunmehr den beiden Ehegatten intellektuelle Theile zustehen. Regelmäßig besteht der intellektuelle Theil eines Jeden in der Hälfte des vereinigten Vermögens, nach Partikularrechten hat jedoch der eine Ehegatte bald schlechthin einen größeren Antheil, bald richtet sich dieser nach der Anzahl der Kinder.[9])

Der Grund der Rechtsgemeinschaft (des Miteigenthums) liegt nicht in einem Vertrage der Ehegatten, sondern im Gesetze, und zwar enthält das Gesetz keine willkürliche Bestimmung, es ist vielmehr der Ausdruck des lebendigen Volksbewußtseins, so daß, wenn irgendwo die Gütergemeinschaft nicht principaliter vom Gesetz vorgeschrieben, aber im Ehevertrage verabredet wird, hierin nur eine Anerkennung des Volksbewußtseins und eine Unterwerfung unter die gesetzlichen Bestimmungen über die Gütergemeinschaft unter Ausschluß der Societäts-Vorschriften gefunden wird. — Die historische Anknüpfung der allgemeinen Gütergemeinschaft an das altdeutsche Mundium des Mannes über die Frau einerseits, sowie andererseits die sittliche Stellung der Frau im Hause haben zu besonderen Grundsätzen in Betreff der Verfügungsrechte der Ehegatten über das gemeinschaftliche Vermögen geführt. In der Regel hat der Ehemann freies Verfügungsrecht über das gemeinschaftliche Vermögen, und er verpflichtet dasselbe durch seine einseitigen Handlungen vollständig; nur Grundstücke, das altdeutsche Erb und Eigen, woran der Eigenthümer in alter Zeit nie ein freies Verfügungsrecht gehabt hatte, sind von der Regel ausgenommen. Im inneren Hauswesen hingegen steht der Frau die volle Herrschaft zu; sie verpflichtet daher das gemeinschaftliche Vermögen in allen dahin bezüglichen Geschäften; weitergehende Rechte hat sie, insofern, als sie Beauftragte des Ehemannes, oder bei Abwesenheit, Krankheit u. s. w. des Mannes als Geschäftsführerin (negotiorum gestrix) handelt oder mit Bewilligung des Ehemannes ein Handelsgeschäft betreibt.[10])

Diese besondere Abgrenzung des beiderseitigen Verfügungsrechtes widerspricht nicht der Idee der Rechtsgemeinschaft; es leidet keinen Zweifel, daß bei Societäten ein ähnliches Verhältniß durch Vertrag eingeführt werden kann; wenn demnach ein dem Volksbewußtsein entnommenes Gesetz eine gleiche Anordnung trifft, so ist immer noch die Rechtsgemeinschaft (das Miteigenthum) der beiden Ehegatten an dem vereinigten Vermögen die Grundlage der allgemeinen Gütergemeinschaft geblieben.[11])

S. 625; Deiters (eheliche Gütergemeinschaft, §. 136); Koch in seinem Kommentar, Anm. 36 zu I. 17. §. 60 (von seiner früheren Ansicht ist unten Seite 176 ff. die Rede).

[9]) Vgl. Runde, §. 59. S. 141. In diesem letzteren Falle scheint zwar der intellektuelle Theil einer Aenderung unterworfen zu sein; aber er scheint es nur: denn er ist bestimmt durch die Anzahl der bei der Auflösung der Ehe vorhandenen Kinder. Nur das läßt sich sagen, daß er während des Bestehens der Ehe in suspenso ist.

[10]) Vergl. Runde, §§. 60. 41.

[11]) Vergl. Runde, eheliche Gütergemeinschaft, §. 63. Nr. 2. Andrer Meinung sind Dunker, Gesammteigenthum S. 218, und Schüler, in der Note 20 citirten Abhandlung S. 505 ff. Wenn Dunker S. 217 mit Bezug auf die Rechte des Ehemannes in der allgemeinen Gütergemeinschaft behauptet, die ältere Vormundschaft des Ehemannes über die Frau könne nicht als Grundlage der ehemännlichen Rechte angesehen werden, weil jene Vormundschaft untergegangen sei, so ist dies nichts als petitio principii; gerade die

Es widerspricht ferner nicht der Idee der Rechtsgemeinschaft des Miteigenthums, daß während der Dauer der Ehe die Theilungsklage ausgeschlossen ist. Wie die Unauflöslichkeit einer Societät durch Vertrag nach Gemeinem Recht[12]) wenigstens für die Lebenszeit der Socien, nach Preuß. Recht[13]) sogar darüber hinaus bestimmt werden kann, so ist es essentiale der allgemeinen Gütergemeinschaft, daß sie mit der Ehe steht und fällt; denn wie es schon der Ausdruck ankündigt, ist die eheliche Gütergemeinschaft eben eine eheliche, d. h. an die Ehe gebunden, von ihr unzertrennlich.[14])

In neuester Zeit suchte Beseler[15]) einen neuen juristischen Begriff zu construiren, welchen er als eine Vermittelung der Römischen universitas und communio hinstellte, und welchen er die deutschrechtliche Genossenschaft nannte.

Nach Beseler's Ansicht kennt das Römische Recht für die Vereinigung der Menschen zu bestimmten Zwecken nur zwei einander schroff gegenüber stehende Formen: die universitas und die communio, welche letztere, wenn sie durch Vertrag eingegangen ist, societas heißt; bei ersterer sind die Mitglieder gar nicht berechtigt und verpflichtet, bei letzterer wiederum nur die Mitglieder; bei ersterer ruht die selbstständige Persönlichkeit in der universitas, bei letzterer nur in den einzelnen Socien, welche deshalb nach außen hin nur in ihrer Einzelheit auftreten können. Die Vermittelung zwischen beiden Extremen ist nach Beseler im Deutschen Rechte durchgeführt; das Deutsche Recht verbindet die universitas und communio zu einem neuen Institut der Genossenschaft;[16]) ihre charakteristischen Merkmale bestehen darin:

1. daß sie auf die Dauer errichtet sei,
2. die Rechte einer juristischen Person genieße,
3. und daß bei ihr die Befugnisse der Gesammtheit mit denen der einzelnen Mitglieder durchwachsen seien.[17])

Rechte des Ehemannes beweisen die Fortdauer der Vormundschaft. Der von Dunker behauptete Zusammenhang der Vormundschaft mit der Waffenunfähigkeit der Frau soll nicht geleugnet werden; ist es denn aber etwas so abnormes, daß im Laufe der Jahrhunderte das Motiv eines Rechtsinstituts sich ändert, dennoch aber das Rechtsinstitut sich erhält. Die Regel: cessante ratione legis cessat lex ipsa ist bekanntlich falsch. An die Stelle der Waffenunfähigkeit der Frau trat für alle Arten des ehelichen Güterrechts die Idee, daß der Mann das Haupt der Ehe und der Frau übergeordnet sei; daher die merkwürdige Erscheinung, daß bei noch so verschiedenem materiellem Güterrecht dennoch die Befugnisse des Mannes so vielfach dieselben sind.

Diese Fortdauer des maritalischen Mundium erklärt auch den Umstand, daß der Mann die Frau selbst in Bezug auf ihren ideellen Vermögensantheil verpflichtet; er ist ihr gesetzlicher Stellvertreter in derselben Weise, wie der Vormund den Mündel vertritt. Däs hat Schüler a. a. O. vollständig übersehen.

[12]) l. 1. l. 14. pr. pro soc. 17. 2. l. 14. §§. 2. 3 comm div. 10. 3.

[13]) A. L. R. I. 17. § 278 ff.

[14]) Vergl. Runde, §. 63. Nr. 1. Man unterscheide übrigens hiervon die Aufhebung der Gütergemeinschaft, welche im A. L. R. II. 1. §. 417 ff. zugelassen ist.

[15]) In „Volksrecht und Juristenrecht", S. 158—194.

[16]) a. a. O. S. 163ff.

[17]) S. 161.

Als einzelne Arten der Genossenschaft führte Beseler politische und kirchliche Verbindungen (Deutsche Bund, Zollverein, Kirchspiel), die Vereinigungen zu Handels- und Gewerbszwecken, zur Beförderung der Religion, Kunst und Wissenschaft u. s. w. an.[18]) In der Ehe fand er das genossenschaftliche Princip vielfach beschränkt, weil sie nicht über das Leben der Ehegatten hinausdauere, und weil, so innig auch die Verbindung der Ehegatten sei, dennoch es die Ehe zu keiner selbstständigen Persönlichkeit (zur juristischen Person) bringe. Beseler faßte deshalb die Ehe als eine Rechtsgemeinschaft.[19]) Dagegen wandten Schüler und Bluntschli[20]) den Beseler'schen Begriff auch auf die Ehe an, und Beseler selbst trat ihnen in seinem Deutschen Privatrecht[21]) bei.

Einer allgemeinen Kritik des Beseler'schen Begriffs der Genossenschaft kann ich mich hier, wo es sich nur um seine Anwendung auf die Ehe, und die daraus herzuleitende Erklärung der allgemeinen Gütergemeinschaft handelt, überheben, das jedoch ist meine Aufgabe[22]) zu erörtern, ob er bei der Ehe zutrifft oder nicht.

Ich glaube dies verneinen zu müssen.[23])

Als Merkmal der ehelichen Genossenschaft stellen die oben gedachten Schriftsteller lediglich das von Beseler für alle Genossenschaften sub 3 aufgeführte auf. Sie führen dies näher in folgender Weise aus:[24])

Die Eheschließung bewirkt in dem objektiven Bestand der Vermögensverhältnisse (Eigenthum, dingliche Rechte, Forderungen) keine Aenderung; sie bewirkt keine Societät und keine Rechtsgemeinschaft (Miteigenthum) und ebensowenig eine juristische Person oder Gesammteigenthum. — (Begriffe, die ich weiter unten zu erörtern haben werde.) — Sie erzeugt nur eine Aenderun gin dem berechtigten Subjekt, und zwar in der Weise, daß, wo früher der eine Ehegatte, jetzt beide zusammen berechtigt und verpflichtet werden: die Vereinigung der beiden Ehegatten hebt ihre individuelle Persönlichkeit nicht auf, schafft vielmehr, um Bluntschli's Wort zu gebrauchen, eine „Zweieinigkeit"; dieselbe ist ebenso sehr von der communio, wie von der universitas verschieden, und bildet die organische Vermittelung dieser Institute.

In dieser Anschauung ist auf eine sonderbare Weise Wahres mit Falschem vermischt.

---

[18]) S. 165 ff.

[19]) S. 169.

[20]) Schüler in den juristischen Abhandlungen, herausgegeben von Ortloff, Heimbach, Schüler und Guyet, Nr. 15. S. 485 bis 540; Bluntschli, Privatrecht, §§. 39 162.

[21]) §. 140 Merkwürdiger Weise deutet Beseler in diesem Werke nicht an, daß er seine frühere Ansicht aufgegeben habe

[22]) Insbesondere ist zu bemerken, daß von den Anhängern der Genossenschaft diese letztere als Produkt des sogenannten Volksrechts hingestellt wird; es wäre deshalb der Fall möglich, daß auch die Redactoren des Landrechts unbewußt das genossenschaftliche Princip in der allgemeinen Gütergemeinschaft durchgeführt hätten.

[23]) Hierbei konnte ich die Thölsche Widerlegung von Beseler nicht benutzen, weil das Wesen der ehelichen Genossenschaft erst in den nach Thöl erschienenen Werken von Schüler, Bluntschli und Beseler (Privatrecht) auseinander gesetzt ist.

[24]) Vergl. besonders Schüler a. a. O. S. 492 ff., 504 ff.

Es ist wahr, daß die Eheschließung eine Aenderung im berechtigten Subjekt hervorbringt, es ist unrichtig, daß der objektive Bestand des Eigenthums trotz der Aenderung im berechtigten Subjekt derselbe bleibe. Gerade die letztere muß das bisherige Alleineigenthum zu einem Miteigenthum machen, das Alleingläubigerrecht zu einem Mitgläubigerrecht u. s. w. Die Persönlichkeit der beiden Ehegatten wird, wie jene Rechtslehrer selbst zugeben, in der Ehe nicht aufgehoben; wie aber soll dies möglich sein, wenn nicht ein Sonderrecht des einzelnen Ehegatten am gemeinschaftlichen Vermögen angenommen wird? Wären nicht gesetzliche Vorschriften vorhanden, welche die Befugnisse von Mann und Frau genau bestimmten, so würde jene Theorie sich bald durch die lebendigen Vorgänge widerlegt sehen; es würde die „Zweieinigkeit" sich oft genug als „Zweiheit" zeigen, und oft genug ein gemeinsames Handeln der Ehegatten ausbleiben. Daß aber solche Rechtsvorschriften vorhanden sind, berechtigt noch nicht zu einer juristischen Construktion der Gütergemeinschaft, welche sich in einen ewigen Widerspruch zu den Thatsachen setzt. Es ist thatsächlich unmöglich, in zwei Menschen nur einen Willen anzunehmen, und sie als ein einziges Rechtssubjekt aufzufassen; es wäre nur dann denkbar, wenn dem einen Menschen die Persönlichkeit genommen, die Anerkennung seines Willens versagt würde (Sklaverei, sowie zum Theil patria potestas der Römer); gerade dies soll nach der Ansicht der Anhänger des Genossenschaftsbegriffs nicht stattfinden, sie behaupten, daß Gemeinschaft der Gesinnung und Interessen, sowie die Stellung des Mannes als Haupt der Ehe stets die Willenseinigkeit hervorbringen werden; es bedarf wohl aber keines Beweises, daß hierbei theils zufällige, theils ethische, jedenfalls aber unjuristische Momente in Rücksicht gezogen sind.

Ich knüpfe hieran die Theorie des Gesammteigenthums, welche, wie die von der ehelichen Genossenschaft an einem logischen Fehler, nur in einer anderen Beziehung leidet.[25]) Auch diese Theorie behauptet eine Verschiedenheit des Römischen und Deutschen Rechts, sie legt sie aber nicht darein, daß das Deutsche Recht mehrere Persönlichkeiten in eine einzige vereine; sie behauptet vielmehr, daß nach Deutschem Rechte mehrere Personen an derselben Sache jede zu gleicher Zeit und selbstständig das Eigenthum an einer Sache haben können. Eine besondere Darstellung dieses Begriffs findet sie in der ehelichen Gütergemeinschaft.[26])

Es ist schwierig, aber auch überflüssig, eine nähere Ausführung dieser Theorie zu geben; schwierig: denn sie enthält den inneren Widerspruch, daß, wiewohl das Eigenthum ausschließliche Gewalt über die Sache ist, dennoch zwei Personen von einander unabhängig diese ausschließliche Gewalt zustehen solle.[27]) Ueberflüssig: denn der eben gerügte

---

[25]) Aufgestellt ist sie gerade in Bezug auf die allgemeine Gütergemeinschaft von dem Nürnberger Juristen Justus Veractus Ihre Anhänger sind Runde (der ältere), Danz, Lange, Scherer. Vergl. die näheren Nachweisungen bei Dunker, Gesammteigenthum, §. 20.

[26]) Fast scheint es, als wenn einige Römische Juristen eine ähnliche Ansicht aufstellten; denn es heißt in l. 1. Dig. rer. amot. 25. 2: Rerum amotarum judicium singulare introductum est adversus eam, quae uxor fuit, quia non placuit, cum ea furti agere posse, quibusdam existimantibus, ne quidem furtum eam facere, ut Nervae, Cassio, quia societas vitae quodammodo dominam eam faceret.

[27]) Die erste Hälfte der Hasse'schen Abhandlung, Revision der bisherigen

Widerspruch ist heute fast allseitig anerkannt, und selbst von den Germanisten mit sehr wenigen Ausnahmen aufgegeben.[28]) Es giebt gewisse Grundbegriffe des Rechts, welche in ihrem inneren Kerne unabhängig von jeder Nationalität sind, und höchstens in unwesentlichen äußerlichen Beziehungen eine nationale Färbung annehmen; dazu gehört gewiß das Eigenthum. Jeder Versuch, demselben einen andern Begriff und Inhalt nach Deutschem Rechte, einen andern nach Römischem Recht zu geben, hätte von vornherein als verfehlt angesehen werden müssen.

Dagegen hat bis in die neueste Zeit die von Hasse[29]) aufgestellte Theorie der juristischen Person ihre Anhänger gefunden.[30]) Hasse vermeidet den Fehler, welchen später die Anhänger der Genossenschaftstheorie begangen haben; er läßt die Persönlichkeit der beiden Ehegatten unverändert fortbestehen und schafft *neben* derselben eine dritte Persönlichkeit: die juristische Person der Ehe; sein Begriff ist deshalb logisch denkbar, daß er juristisch richtig, glaube ich verneinen zu müssen. Als Gegengrund stelle ich nicht auf,[31]) daß sich in der Ehe nicht füglich eine Verfassung denken lasse, während diese doch sonst bei der juristischen Person nöthig ist; denn dieser Umstand, so sehr auch das *Leben* der juristischen Person mit ihm zusammenhängt, ist dennoch für den *Begriff* derselben unwesentlich. Auch nicht der Umstand spricht gegen Hasse, daß kein Gesetz die Eigenschaft der Ehe als juristische Person ausspricht; denn ob zu der Entstehung der juristischen Person ein Gesetz gehöre, ist eine der bestrittensten Fragen.[32]) Die Hasse'sche Theorie wird vielmehr durch die Betrachtung widerlegt, daß die juristische Person ein *fingirtes* Rechtssubjekt, mithin eine Ausnahme ist, und daß sie deshalb nur dann zur Erklärung eines Rechtsinstituts benutzt werden darf, wenn sie dasselbe auf durchaus befriedigende Weise zur Darstellung bringt, eine Erklärung in anderer Art aber geradezu unmöglich ist. Beides trifft bei der allgemeinen Gütergemeinschaft nicht zu. Daß dieselbe durch Annahme der Theorie der Rechtsgemeinschaft (Miteigenthum) eine konsequente juristische Konstruktion erhält, glaube ich bereits oben gezeigt zu haben. Die Annahme der juristischen Person hingegen führt zu mannichfachen Zweifeln

---

Theorie der ehelichen Gütergemeinschaft, namentlich §. 10—21 beschäftigen sich mit dieser Widerlegung; ebenso das Werk von Dunker: Das Gesammteigenthum bes S. 212; vergl. auch Runde, §. 15.

[28]) Zu diesen Ausnahmen gehört Philipps. — Dabei habe ich zu bemerken, daß die Anhänger des Genossenschaftsbegriffs häufig das Vermögen der Genossenschaften Gesammt-Eigenthum nennen. Wie die obige Darstellung ergiebt, ist damit blos ein *alter* Name auf einen *neuen* Begriff übertragen. Ueberhaupt ist der Ausdruck: Gesammt-Eigenthum in neuerer Zeit in vielfach verschiedenem Sinne gebraucht worden, so z. B. gebraucht ihn Eichhorn §. 169 für das Eigenthum einer juristischen Person.

[29]) In dem oben Note 27 citirten Werke.

[30]) Dazu gehört vor Allem Eichhorn, Pr. R §. 169. 300. VIII, sodann Albrecht, Pfeiffer, Deiter, Schmithenner (vergl. Dunker Ges., S. 200) Im Preuß. Recht das Ober-Tribunal in dem Gutachten vom 24. August 1840 (Justiz-Ministerial-Blatt S. 875 ff.). Bornemann, 1. Ausg. 5. 166. Ges. Revis. Pens. 15. S 243., und Rönne zu Klein Civilr., §. 623 Anm. Letzterer giebt jedoch zu, daß die Redaktoren des Landrechts von der Idee der communio ausgegangen sind.

[31]) Das ist Seitens Runde §. 66 geschehen.

[32]) Vergl. Savigny System, Bd. 2. §. 89. Beseler Volksrecht, §. 172 ff.

und Unbilligkeiten.[33]) Es bleibt der Zweifel, ob der als handelnd auftretende Ehegatte als Mitglied der juristischen Person oder als selbstständiges Individuum auftrete, und ob er also die juristische Person der Ehe oder nur sich verpflichtet habe. Es entsteht die Unbilligkeit, daß, wenn er, wie namentlich bei Delittsschulden, nur sich verpflichtet hat, die Exekution, da alles Vermögen der Ehegatten der juristischen Person gehört, nicht vollstreckt werden kann.[34]) Es entsteht der Zweifel, ob, wenn die juristische Person durch Tod eines Ehegatten aufgelöst wird, von einem Nachlaß des verstorbenen Ehegatten und einer Intestatsuccession der Blutsverwandten die Rede sein könne, sowie ferner, ob ein Ehegatte über einen Theil der Vermögensmasse testiren könne, da doch letztere Eigenthum der juristischen Person ist, und die Ehegatten nur als Mitglieder der juristischen Person in Betracht kommen.[35]) Es entsteht endlich konsequenter Weise die Unbilligkeit, daß, wenn nach beendigter Gütergemeinschaft Konkurs eröffnet ist, kein Ehegatte mit seinem später erworbenen Vermögen haftet.[36])

So verschiedenartig auch die bisher dargestellten Theorien sind, so stimmen sie doch darin überein, daß sie auf Grund eines juristischen Princips eine G e m e i n s c h a f t unter den Ehegatten statuiren. Dagegen haben sich in neuster Zeit zwei Theorien gebildet, welche vom entgegengesetzten Grundsatze ausgehen.

Es gehört hierher die von Sarauw aufgestellte, von Dunker namentlich mit Bezug auf das französische Recht vertheidigte Theorie des Allein-Eigenthums des Mannes.[37]) Dunker stützt sich wesentlich auf das Verfügungsrecht des Mannes über sein eigenes Vermögen, und das der Ehefrau; er behauptet, daß dies aus dem Mundium nicht erklärt werden könne, da zur Zeit, wo die allgemeine Gütergemeinschaft sich entwickelte, das Mundium nicht mehr existirte. Die Frau hat nach Dunkers Ansicht nur ein eventuelles Recht, indem bei Auflösung der Ehe Eigenthum und Forderungsrechte an sie fallen; hieraus will Dunker die Testamentsfähigkeit der Frau und die Intestatsuccession in ihren Nachlaß herleiten.

Daß diese Theorie historisch sich nicht erweisen läßt, ist bereits von anderer Seite bemerkt;[38]) auch habe ich bereits in Note 11 darauf hingewiesen, daß dasjenige, was Dunker über das Mundium behauptet, nichts als petitio principii ist. Aber auch dogmatisch scheint mir Dunkers Ansicht unhaltbar. Es liegt in der Construction der ehefräulichen Rechte eine offenbare Künstlichkeit, und es ist außerdem nicht dargethan,

---

[33]) vergl. Runde §. 66. Dunker S. 215 ff. Bornemann 2. Ausgabe 5. S. 515 ff.

[34]) Dazu bekennt sich Hasse §. 53.

[35]) Hasse sagt selbst im Rhein. Mus. Jahrgang 3 S. 493: Freilich nach reiner Consequenz wird hier über eine aliena hereditas, nämlich über den Nachlaß der juristischen Person testirt, aber das m u ß hier des praktischen Bedürfnisses wegen gestattet werden, und auch eine strenge und nur nicht ganz ungeschmeidige Theorie legt sich das zu rechte." Hierzu bemerkt Dunker S. 230 mit Recht: „Wozu nützt eine Theorie, die, um nicht absurd zu werden, bei ihren wichtigsten Consequenzen durchlöchert werden muß?"

[36]) Dazu bekennt sich Hasse S. 174.

[37]) Dunker S. 207 ff. 219—231.

[38]) Walter Pr. R. §. 310 V.

wie die Frau durch Rechts-Geschäfte in Bezug auf den Haushalt den Mann verpflichten könne.[39])

Der Sarauw-Dunker'schen Ansicht entgegen haben Cropp, Donandt und Pauli, die Bearbeiter des hamburgischen, bremischen und lübischen Partikularrechts die Ansicht aufgestellt,[40]) daß auch bei der allgemeinen Gütergemeinschaft das alte System des Sachsenspiegels (äußere Gütereinheit) unabgeändert sei, daß die Illaten das besondere Eigenthum des inferirenden Ehegatten verblieben, die Errungenschaft aber dem Manne ausschließlich gehöre.

Verstehe ich diese Ansicht recht, so ist damit der Jurisprudenz des Deutschen Privatrechts der Vorwurf gemacht, daß sie ohne Grund einen Begriff, der sich durch historische Geltung, besondere Einfachheit, praktische Brauchbarkeit auszeichnete, bei Seite geworfen habe, um dafür einen neuen, complicirten, und darum weniger praktischen an die Stelle zu setzen. Wenn nun dies schon an und für sich Bedenken erregen wird, so spricht noch insbesondere der Umstand gegen die Theorie, daß auch nach hamburgischem, bremischem und lübischem Recht bei dem Tode eines Ehegatten dem Ueberlebenden und den Verwandten des Verstorbenen die Hälfte des ganzen Vermögens zufällt. Die Behauptung Cropp's, daß hieraus nicht auf ein Miteigenthum durante matrimonio zurückgeschlossen werden dürfe, halte ich nicht für zutreffend; es ist unnatürlich, daß erst im Augenblick des Todes eines Gatten das Alleineigenthum sich in ein Miteigenthum verwandle.

Dies sind in Uebersicht die Theorien, welche über die allgemeine Gütergemeinschaft aufgestellt worden sind. Ich habe mich bereits oben darüber ausgesprochen, daß die Theorie der Rechtsgemeinschaft (des Miteigenthums) gemeinrechtlich die allein richtige sei. Die Partikulargesetzgebungen haben sich jedoch oft auch einer anderen Theorie angeschlossen[41]) und es entsteht hiernach die fernere Frage, welches die in das A. L. R. übergegangene ist. Meines Erachtens ist diese Frage dahin zu beantworten, daß im A. L. R. die Theorie des Miteigenthums (der Rechtsgemeinschaft) angenommen ist. Es sprechen dafür sowohl die ganze Anlage der landrechtlichen Gütergemeinschaft als bestimmte Worte des Gesetzes.

Die landrechtliche Gütergemeinschaft bewirkt eine Vereinigung der Vermögensmassen der Ehegatten; dieselbe ist nicht wie beim Illatensystem eine rein äußere, sondern eine innerliche, auf die Aktiva und Passiva der Ehegatten verändernd einwirkende. Deshalb heißt sie allein eine Gemeinschaft der Güter und deshalb werden die vorehelichen Schulden beider Ehegatten „gemeinschaftlich" (§. 391 d. T.). Während der Ehe „gebührt"[42]) die Verwaltung und deshalb die Verfügung des gemein-

---

[39]) Dunker behauptet nirgends, daß hier auf nützliche Verwendung zurückgegangen werden müsse. Er kann dies auch nicht, da er dann jedenfalls die allgemein angenommene Contraktsklage gegen den Ehemann ausschließen mußte.

[40]) Dieselbe ist ausführlich referirt bei Dunker S. 203 ff: Ihrer Ansicht sind für das Preuß. Recht Koch im Schles. Arch. 4, 42 ff., und Schmidt, Familienrecht S. 256 ff. Heidemann, Grundriß zum A. L. R. II, 1 Abschn. 6. Im Gemeinen Recht hat die Theorie keinen Anhang gefunden.

[41]) Nachweisungen giebt Eichhorn §. 308 Note a, sowie Philipps, Gütergemeinschaft S. 140 ff. und Gerber, Privat-Recht §. 233 Note 7.

[42]) Ich glaube diesen Ausdruck des §. 377 besonders betonen zu dürfen; es liegt darin eine Hinweisung auf die sittliche Grundlage der Rechte des Ehemannes.

schaftlichen Vermögens mit einigen Ausnahmen dem Ehemanne; (§. 377 ff.) die Ehefrau ist zu Rechtsgeschäften in Bezug auf den Haushalt befugt, weitergehende Rechte hat sie nur aus besonderen Gründen (§. 389 ff.). Den Gläubigern haftet das ganze gemeinschaftliche Vermögen. Die Gütergemeinschaft endigt sich mit der Ehe, und nimmt der überlebende Ehegatte die eine Hälfte des Vermögens als sein Eigenthum „zurück"[43]) (§. 637), während die andere Hälfte den Nachlaß des Verstorbenen bildet (§. 638). Dies ist der Grundriß des landrechtlichen Systems; ich finde in demselben die oben bei der Rechtsgemeinschaft aufgeführten Momente wieder: Die Verwandtschaft mit dem alten Deutschen Güterrecht der Ehegatten, die sittliche Unterordnung der Frau unter den Mann und ihre Selbstständigkeit im Hauswesen. Einzelne positive Bestimmungen, welche das Landrecht hinzufügt, können den Grundcharakter des Systems nicht ändern.

Das Landrecht bedient sich aber ferner solcher Ausdrücke, daß über die Theorie kein Zweifel sein kann. Es bezeichnet einzelne Stücke der gemeinschaftlichen Vermögensmasse ausdrücklich als Miteigenthum der beiden Ehegatten (§§. 365. 373 d. T.) und es führt im 17. Titel unter den durch Vertrag entstandenen Gemeinschaften die eheliche Gütergemeinschaft auf (A. L. R. I. 17. §. 176). Wenn nun auch der Regel nach die eheliche Gütergemeinschaft nur durch Provinzial-Gesetz oder Statut entsteht, so müssen doch, wie schon Note 6 bemerkt ist, nach A. L. R. II. 1. §. 360 auch auf die durch Vertrag entstandene Gütergemeinschaft die Vorschriften des 6. Abschn. 1. Tit. 2 Thl. subsidiär angewendet werden, ein Beweis, daß beide Arten sich wohl in ihrem Entstehungsgrunde, nicht aber in ihrem Wesen unterscheiden. Daraus aber glaube ich schließen zu dürfen, daß der im 17. Titel festgestellte Begriff des Miteigenthums (der Rechtsgemeinschaft) auch der Grundgedanke der allgemeinen Gütergemeinschaft überhaupt ist, und daß derselbe in Abschnitt 6 Tit. 1 Theil 2 für den Fall der allgemeinen Gütergemeinschaft nur näher präcisirt worden ist. Unterstützendes Moment hierfür ist, daß auch der 1. Abschn. des 17. Titels, dessen Vorschriften für das gemeinschaftliche Eigenthum überhaupt gelten, in §. 81 der Gütergemeinschaft gedenkt, ohne zu unterscheiden, ob sie durch Vertrag oder Gesetz entstanden ist. Deshalb sagt auch Suarez, daß in der allgemeinen Gütergemeinschaft „condominium fundi der Frau pro indiviso competirt"[44]), und wenn hingegen geltend gemacht ist, daß die Germanisten des vorigen Jahrhunderts das condominium pro indiviso zur Bezeichnung des Gesammteigenthums gebrauchen[45]), so muß ich letztere Bemerkung zwar zugeben; allein die oben citirten Gesetzesstellen ergeben meines Erachtens mit Gewißheit, daß Suarez dem condominium pro ind. nicht jene mißbräuchliche Bedeutung beilegte.

Was, darf man fragen, ist denn von den preußischen Juristen überhaupt zur Widerlegung der Theorie des Miteigenthums (der Rechts-Gemeinschaft) und zur Begründung einer anderen angeführt worden?

---

[43]) Gleichfalls ein sehr bezeichnender Ausdruck.

[44]) Die Stelle ist mitgetheilt bei Bornemann 1. Ausg. Band 5 S. 186. 187. 2. Ausg. Band 5. S. 138.

[45]) Schmidt Preuß. Familienrecht S. 257 Note 9. Zu den hierselbst angeführten Schriftstellern ist noch hinzuzufügen: Runde, Deutsches Privatrecht §. 603, welcher das condominium pro ind. für das „Gesammteigenthum der moralischen Person der Ehe" erklärt.

Dem Geh. Obertribunal kam es bei Abgabe seines Gutachtens vom 24. August 1840,[46]) wesentlich darauf an, zu zeigen, daß die §§. 4. 9. 60—74 A. L. R. I. 17 bei der Gütergemeinschaft nicht zunächst zur Richtschnur dienen. Darin ist ihm vollständig beizustimmen; denn die Gütergemeinschaft ist eine ganz specifische Art des Miteigenthums, das A. L. R. behandelt sie deshalb abgesondert und trifft für sie selbstständige Vorschriften, die Bestimmungen des 17. Titels finden deshalb zunächst auf die Gütergemeinschaft keine Anwendung.[47]) Wenn aber das Geh. Obertribunal als das berechtigte Subject der Gütergemeinschaft „die eheliche Gesellschaft, das Ehepaar, als moralische Person verschieden von dem Individuum" bezeichnet: so hat es Gründe hierfür weder im Allgemeinen noch im Anschluß an die Bestimmungen des A. L. R. angeführt; es hat auch in seinem späteren Bericht vom 20. März 1844[48]) sowie in seinem Plenar-Beschluß vom 22. März 1847 und in seiner Senatsentscheidung vom 29. November 1850[49]) die Theorie des Miteigenthums (der Rechtsgemeinschaft) angenommen. Ebensowenig hat der Gesetzesrevisor (Pens. XV 243) seine Ansicht, daß der allgemeinen Gütergemeinschaft die Idee der juristischen Person zu Grunde liege, näher motivirt. Bornemann, der in der 1. Ausgabe seines Civilrechts Bd. 5, 166 sich gleichfalls dazu bekennt, weist zur Begründung darauf hin, daß ein Ehegatte nicht wie andere Miteigenthümer über ideelle Theile des gemeinschaftlichen Vermögens einseitig verfügen, deren Realisirung verlangen, und zu diesem Behuf die Aufhebung der Gemeinschaft in Antrag bringen dürfe. Daß dieses Alles nicht der Theorie des Miteigenthums widerspricht, daß es vielmehr in geschichtlichen und sittlichen Motiven, welche das Institut der Gütergemeinschaft beeinflußten, seinen Grund hat, glaube ich bereits oben gezeigt zu haben.

Endlich haben meines Erachtens auch die Anhänger einer dritten Ansicht, daß nämlich die Gütergemeinschaft von der äußern Gütereinheit sich nicht unterscheide, weder die von mir vertheidigte Ansicht widerlegt, noch die ihrige gehörig begründet. Diese Ansicht findet sich in einem Aufsatze von Koch[50]) und in dem Familienrecht von Schmidt S. 256 ff.; freilich bei Beiden nicht mit großer Bestimmtheit ausgesprochen, doch aber immer so, daß sie sich nicht verkennen läßt. Ich halte es deshalb für nothwendig auf ihre Ausführungen näher einzugehen. Koch äußert sich so:

> a. a. O. 42. 43. Wir halten zwar jene Ansicht von einem Gesammteigenthum an sich für durchaus grundlos und sind der Meinung, daß nach der innersten Natur der ehelichen Verhältnisse und der geschichtlichen Entwickelung des Instituts die Gütergemeinschaft der Eheleute ein Rechtsverhältniß ist, nach welchem das beiderseitige Vermögen zu Einem Vermögen, zu einer universitas juris verschmolzen, und während der Ehe der Verfügung des Mannes unterworfen, bei Auflösung der Ehe aber zu theilen ist, so daß der Mann für den Eigenthümer des Ganzen gelten kann, mit der Beschränkung, daß er darüber unter Lebendigen nicht Verfügungen treffen kann, welche dem Wesen und dem Fortbestehen

[46]) Justiz-Ministerial-Blatt 1840 S. 371 ff.

[47]) Das ist der Irrthum von Grothe in der Juristischen Wochenschrift 1840 S. 625 ff.

[48]) Beilage zu Nr. 33 des Justiz-Ministerial-Blatts von 1844.

[49]) Entscheidungen Band 14, 52. Bd. 20, 265.

[50]) Schlesisches Archiv 18⁴¹/₄₂ Bd. 4 S. 41 ff.

der ehelichen Gütergemeinschaft widerstreiten würden, und daß er von Todeswegen nur mit Vorbehalt der Theilnehmungsrechte der Frau verfügen kann.

Dieser Passus ist meines Erachtens nicht recht klar; man weiß nicht, welchen Inhalt die universitas des verschmolzenen Vermögens hat, ob der Mann bloß Verfügungsrecht oder Eigenthum an derselben hat, und worin die Theilnehmungsrechte der Frau bestehen. Man gewinnt das Verständniß des Passus, wenn man die Note 6 auf S. 49 hinzunimmt, welche also lautet:

„. . . . . . es ist gar nicht nöthig mit den Gesetzrevisoren eine moralische (juristische) Person der ehelichen Gesellschaft zu fingiren. Der Mann ist noch jetzt wie in älterer Zeit der wirkliche Disponent, ja Eigenthümer der Gesammtmasse und die positive Gesetzgebung hat ihm nur in Beziehung auf einzelne Gegenstände sein Mundium genommen, und auf die Frau soweit übertragen, daß diese ihn erst autorisiren muß. Das ist etwas rein Positives und läßt sich aus dem Begriff der Gütergemeinschaft sowenig wie aus der Natur der ehelichen Verhältnisse erklären."

Hier sieht man klar, daß Koch das ältere Recht noch heute fortdaurend erklärt; dasselbe bestand in einer äußeren Vereinigung des Vermögens beider Ehegatten in der Hand des Mannes, das frühere Eigenthum blieb unverändert, nur konnte der Mann über das Vermögen der Frau, abgesehen von ihren Immobilien[51]), frei verfügen. Dieses äußerlich vereinigte Vermögen versteht Koch unter der univ. juris; um des Verfügungsrechts halber „könne" (nach Koch) der Mann „als Eigenthümer gelten" und das Theilnehmungsrecht der Frau besteht in der Abforderung ihres Vermögens, oder was nach dem Gesetze an dessen Stelle tritt. Diese Ansicht beweist Koch mit einem einzigen Umstand, welcher, wie er behauptet, sicheres Merkmal der Gesammtmasse sei: dem nämlich, daß einseitige Schulden aus unerlaubten Handlungen aus der Gesammtmasse bezahlt werden müssen (S. 47). Sieht man die Gewährsmänner an, so findet sich, daß jenes Merkmal ein sehr bestrittenes sei;[52]) prüft man ferner die Bestimmung des §. 385 A. L. R. II. 1, worin jenes Merkmal sich nach Koch wiederfinden soll, so kommt man sogar zu dem Schlusse, daß Delictsschulden nicht aus der Gesammtmasse, sondern dem quoten Theile des Ehegatten bezahlt werden; denn die Zahlung aus der Gesammtmasse verhindert nicht die Abrechnung des Gezahlten auf die Quote des delinquirenden Ehegatten bei der Auseinandersetzung; reicht die Quote nicht zu, so glaube ich behaupten zu dürfen, daß der andere Ehegatte ein Forderungsrecht an den delinquirenden resp. dessen Erben erwirbt. Die Delictsschuld wird also aus der Quote des delinquirenden bezahlt. Die Miteigenthumstheorie will Koch S. 46 damit widerlegen, daß, wenn auch das Landrecht in Theil 2 Titel 1 §§. 365, 373 vom Miteigenthum spricht, es doch nirgend intellectuelle Theile des Miteigenthums scheidet.[53]) Ich habe dagegen schon oben aufmerksam gemacht,

---

[51]) Die Behauptung Koch's, der Mann habe auch über diese verfügen können, und er sei jetzt beschränkter als früher ist unrichtig. Vergl. Eichhorn §. 296 Nr. 3. §. 298. Gerber §. 231 Note 6.

[52]) Eichhorn §. 308 Note m, dessen Ansicht der von Koch citirte Philipps bloß adoptirt hat.

[53]) So auch Philipps, Gütergemeinschaft S. 141. 142. Eigenthümlich ist die Ansicht von Temme in seinem Civilrecht. In der 2. Ausgabe von Borne-

daß §. 637 von der Zurücknahme der Hälfte des Ehegatten spricht, daß also das Landrecht allerdings intellectuelle Theile ausdrücklich scheidet. Wäre aber dies nicht der Fall, so mußte doch immer noch die Vermuthung von A. L. R. I. 17 §. 2 Platz greifen, wonach jeder Miteigenthümer gleiches Recht hat. Koch hat denn auch in seinem Commentar zum A. L. R. die Miteigenthumstheorie angenommen.

Tiefer ist Schmidt auf die Sache eingegangen. Das beiderseitige Vermögen, heißt es S. 258 bei ihm, wird in der Hand des Mannes zu Einer Vermögensmasse vereinigt; diese Vereinigung hat überhaupt keinen Bezug auf das Eigenthum selbst, sondern lediglich auf die Gewalt des Mannes über das Gut der Frau. Es fällt nichts Anderes als die Unterscheidung der besonderen Dominia fort, und es darf mithin die Frage nicht gestellt werden, wer Eigenthümer dieser und wer Eigenthümer jener Sache sei. Dagegen hört das Eigenthum, welches jedem Ehegatten zusteht, weder ganz noch zum Theil auf, und in besonderen Ausnahmefällen, wo die quaestio dominii aus besonderen Gründen erhoben werden darf, steht es der Frau allerdings zu, ihr Eigenthum zu beweisen. Die Gütergemeinschaft besteht hiernach ähnlich einer Obligation lediglich als eine Beziehung von Person zu Person, welche auf das besondere Eigenthum der Sachen keinen Einfluß äußert, wie factisch, nicht juristisch sich darstellt.

Dem Vorwurf der Unklarheit, welcher dieser Ansicht gemacht worden ist,[54]) kann ich nicht beistimmen; ich finde darin das alte deutsche Güterrecht der äußeren Gütereinheit, und nur darin mag Schmidt gefehlt haben, daß er nicht ausdrücklich auf dasselbe Bezug genommen hat. Schmidt stützt seine Ansicht auf folgende Momente (§. 260—266):

1) es komme in der landrechtlichen Gütergemeinschaft noch immer eine Scheidung von Eingebrachtem und übrigem Vermögen vor, wie aus §§. 379. 382. 386. A. L. R. II. 1., A. L. R. II. 2 hervorgehe. Diese Unterscheidung sei unmöglich, wenn die Gütergemeinschaft das besondere Eigenthum vernichte und durch eine allgemeine Vermischung der Güter aufhebe.
2) In den Fällen der §§. 755, 812. A. L. R. II. 1 werde bei Trennung der Ehe die Vermögensmasse in ihre ursprünglichen Bestandtheile aufgelöst; darin liege keine Singular-Succession, und deshalb könne vorher nicht Miteigenthum vorhanden gewesen sein.
3) Dasselbe gelte von der Aufhebung der Gütergemeinschaft in den Fällen der §§. 414. 416. A. L. R. II. 1 (es soll wahrscheinlich §. 417 heißen).
4) Der §. 431 A. L. R. II. 1 sei bei der Ansicht, daß die Gütergemeinschaft Miteigenthum begründe, unerklärlich.

---

mann 5, 119, 120 hatte er die Miteigenthumstheorie angenommen, und dabei bemerkt, daß die ideellen gleiche Antheile der Ehegatten während der Dauer der Gütergemeinschaft nicht in die rechtliche Erscheinung treten. Dieser Zusatz war überflüssig; denn ein Rechtsverhältniß verliert dadurch nicht an Gehalt und Kraft, daß man es nicht besonders wirken sieht; es ist genug, daß es überhaupt ist. In seinem Civilrecht 2, 46 behauptet aber Temme, daß bestimmte Antheile des einzelnen Ehegatten am gemeinschaftlichen Vermögen während der Dauer der Gütergemeinschaft nicht existiren (!) und er will dies als ungefähr dasselbe aufgefaßt wissen, was er früher in Bornemann gesagt (!). Ich glaube vielmehr, daß die jetzige Temme'sche Ansicht eine neue und leider eine nicht verständliche ist.

[54]) In Bornemann 2. Ausgabe Bd. 5, 117.

5) Auch bei der Absonderung im Falle des §. 392 ff. A. L. R. II. 1, trete das Vermögen des Mannes und das Eingebrachte der Frau in besondere rechtliche Erscheinung, und trotzdem dauere die Gütergemeinschaft fort.

Ich glaube nicht, daß diese von Schmidt hervorgehobenen Gesetzesvorschriften seine Ansicht begründen, und die von mir vertheidigte widerlegen.

Nicht den allgemeinen Einwand will ich ihm entgegensetzen, daß einzelne Bestimmungen ein Princip nicht vernichten, (exceptio regulam firmat) ich halte vielmehr das Princip des Miteigenthums gar nicht als im Widerspruch mit jenen Bestimmungen. Oder ist es nicht bei dem Miteigenthum Rechtsvorschrift, daß ein Miteigenthümer nicht ohne den Anderen über die gemeinschaftliche Sache disponiren darf, und wenn diese Rechtsvorschrift bei dem ehelichen Miteigenthum im Großen und Ganzen aufgegeben, dennoch aber bei Capitalien, die auf den Namen der Frau u. s. w. verschrieben sind, zum Schutz der Frau beibehalten ist: ist dies ein Beweis gegen die Miteigenthumstheorie?

Und wenn ferner die Frau, wenn sie bei der Auseinandersetzung nicht einmal so viel empfängt, als ihr Illatum betrug, die vom Ehemann gemachten Schenkungen widerrufen (§. 380), und die den Kindern gegebenen reichlichen Ausstattungen zurückfordern kann (II, 2, §. 326); wenn die Gläubiger die von der Frau inferirten Grundstücke und Gerechtigkeiten wegen einseitiger Schulden des Mannes, die dieser bei der Auseinandersetzung auf seinen Antheil sich anrechnen lassen mußte, nur dann angreifen können, wenn das übrige Vermögen nicht hinreicht: (§. 386 II, 1) — ist in diesen Vorschriften das Eingebrachte fortdauernd als ein selbstständiges Vermögen der Frau gedacht, oder ist nicht vielmehr bloß auf eine historische Thatsache (die Illation) hingewiesen, und daran eine bestimmte Folge geknüpft?

In den Fällen der §§. 755. 811. 812[55]) A. L. R. erfolgt allerdings die Auflösung der gemeinschaftlichen Masse in ihre ursprünglichen Bestandtheile; daß aber diese Vorschrift singularer Natur ist, geht daraus hervor, daß, was sich nicht als Eingebrachtes erweist, nicht etwa nach den Regeln des Illatensystems beurtheilt, sondern als beiden Eheleuten gemeinschaftlich angesehen und deshalb unter Beide gleich getheilt wird (§. 755. 756). Noch deutlicher ist dies im Falle des §. 812, indem hier die Absonderung von der Wahl des unschuldigen Theils der geschiedenen Ehegatten abhängt, mithin jedenfalls die Begünstigung des unschuldigen Theils zu einer positiven Gesetzesbestimmung Anlaß gegeben hat.

Schmidt selbst vermeidet es, diese Positivität der Gesetzesbestimmung auch nur anzudeuten, umsomehr betont er, daß die Anhänger der Mit-

---

[55]) Diese §§. lauten:

§. 755. Hat unter den geschiedenen Eheleuten Gemeinschaft der Güter obgewaltet, so nimmt jeder Theil sein in die Ehe gebrachtes, oder während derselben durch Erbschaft, Vermächtnisse, Geschenke oder bloße Glücksfälle erlangtes Vermögen zurück und das übrige wird unter beide Eheleute gleich getheilt.

§. 811. Hat unter den geschiedenen Eheleuten eine Gemeinschaft aller Güter vorgewaltet; so kann der unschuldige Theil wählen: ob er die Hälfte des gemeinschaftlichen Vermögens fordern, oder auf Absonderung der Güter antragen wolle.

§. 812. Wählt er letzteres: so erfolgt die Absonderung nach den §. 755 – 758 ertheilten Vorschriften.

eigenthumstheorie die Absonderung nur als Singularsuccession auffassen, und deshalb die Zahlung von Stempel, Laudemien, sowie die Umschreibung der Grundstücke vor dem Hypothekenrichter verlangen müssen. — Schmidt fügt hinzu, daß dies noch Niemandem eingefallen ist. Nun muß ich, was die Besitztiteländerung betrifft, zugeben, daß noch kein preußischer Jurist sich darüber ausgesprochen hat, ob bei erfolgender Absonderung auch der Besitztitel geändert werden müsse; ich darf aber behaupten, daß sich Viele dazu bekennen. Es ist nämlich unter den preußischen Juristen streitig, ob bei bestehender gesetzlicher Gütergemeinschaft der Besitztitel derjenigen Grundstücke, die im Bezirke der Gütergemeinschaft liegen, umgeschrieben werden müsse;[56]) wer dies bejaht, muß gewiß die Umschreibung im Falle der Absonderung verlangen; wer es verneint, kann sie nicht verlangen, weil bei der Eingehung der Gütergemeinschaft im Hypothekenbuch nichts abgeändert ist. Was aber die Zahlung von Stempeln und Laudemien betrifft, so stehe ich nicht an, die absondernden Ehegatten dazu für verpflichtet zu erklären. Was also berechtigt Schmidt zu der Behauptung, daß in der Absonderung keine Singularsuccession liege?

Seine fernere Ansicht, daß, wenn die Gütergemeinschaft in den vom Gesetz für zulässig erklärten Fällen durch Vertrag aufgehoben wird, keine Singularsuccession eintrete, hat Schmidt nicht anders begründet; die eben dargelegten Gründe treffen jedenfalls auch hier zu, so daß ein weiteres Eingehen mir nicht erforderlich erscheint.

Schmidt beruft sich ferner auf §. 431 A. L. R., wonach, wenn die Gütergemeinschaft während der Ehe (in den gesetzlich zulässigen Fällen) aufgehoben wird, den Gläubigern, deren Forderungen während der Dauer der Gütergemeinschaft entstanden sind, ihre Rechte an das gemeinschaftlich gewesene Vermögen unverändert bleiben. Die Deduction von Schmidt ist folgende:

„Der bloße Forderungsberechtigte (obligatorische Gläubiger) hat nur einen Anspruch an die Person des Schuldners, nie ein dingliches Recht an dem Vermögen des letzteren; erst durch die Execution erlangt er ein Pfandrecht am exequirten Object;[57]) so lange die Gütergemeinschaft dauert, exequirt der Gläubiger das vereinigte Vermögen, weil die quaestio dominii fortfällt; nach ihrer Aufhebung sollte er nur das Vermögen desjenigen Ehegatten, der mit ihm contrahirt hat, exequiren können. So ist es auch im lübischen Recht, das Landrecht aber hat aus Rücksicht auf den Credit im §. 431 den entgegengesetzten Grundsatz aufgestellt; dieser Grundsatz ist eine positive Modification der Theorie der äußeren Gütereinheit; mit der Theorie des Miteigenthums steht er nicht im geringsten Zusammenhange."

Soweit Schmidt. Ich muß gestehen, daß meines Erachtens seinem Raisonnement jede Schlüssigkeit abgeht. Der §. 431 ist, wie Schmidt ausdrücklich sagt, eine Modification seiner Theorie; warum sollte er nicht dasselbe in der Theorie des Miteigenthums bedeuten? Ich glaube sogar dem §. 431 eine Erklärung geben zu können, welche ihn nicht als Modification erscheinen läßt, sondern als consequente Entwickelung des Princips. Sie ist folgende:

---

[56]) cf. Ergänzungen zur Allg. Hypothekenordnung Titel 2 Abschnitt 2 §. 49—54 III (3. Ausg. Bd. 9, S. 74 ff.).

[57]) Doch wohl nicht nach Preußischem Recht? Man vergleiche die A. G. O. I, 50 §. 447—449. Verordn. vom 4. März 1834 §. 21. Ges. v. 8. Mai 1855 §. 362 ff.

Während der Dauer der Gütergemeinschaft gebührt die Disposition der Regel nach dem Manne allein, in Ausnahmefällen ihm und der Frau, im Haushalt der Frau allein; disponiren beide zusammen, so ist unzweifelhaft jeder von Beiden Contrahent; dasselbe muß behauptet werden, wenn der Mann oder die Frau in den zulässigen Fällen allein disponirt; der Mann verpflichtet dann sich und die Frau, ebenso die Frau sich und den Mann; denn sie handeln jeder für sich und sind zugleich einander gesetzlicher Stellvertreter; sie verpflichten deshalb jeder den andern, wie der Vormund den Mündel, der Bevollmächtigte den Vollmachtgeber.[88])

Die Aufhebung der Gütergemeinschaft kann die bereits bestandene Verpflichtung der Ehegatten nicht mindern; sie bleiben jeder wie früher verpflichtet. Dies und nichts anderes ist im §. 431 verordnet. Wenn hier der Ausdruck das „gemeinschaftlich gewesene Vermögen" gebraucht ist, so stehe ich nicht an, denselben für ungenau zu erklären; er würde streng genommen die Haftbarkeit des zukünftig erworbenen Vermögens bei beiden Ehegatten ausschließen; dies wird wohl Niemand vom Manne behaupten; meines Erachtens gilt es aus den obengedachten Gründen ebensowenig von der Frau. Das Resultat des Ganzen aber ist: der §. 431 ist aus dem ehelichen Mundium und der Stellung der Frau im Hause zu erklären, welches ebensowohl in der Theorie der äußeren Gütereinheit als in der des Miteigenthums anerkannt ist; er verträgt sich deshalb mit jeder von beiden Theorien, und kann weder für die eine noch die andere angeführt werden.

Zuletzt beruft Schmidt sich nochmals auf die in den §. 392—395 d. T. behandelte Absonderung. Dieselbe bewirke nicht Aufhebung der Gütergemeinschaft gegenüber den vor der Absonderung, aber während der Ehe entstandenen Forderungen; dennoch stelle sie unter den Ehegatten den Unterschied der verschiedenen Vermögensbestandtheile fest, und es gebe nunmehr ein Vermögen des Mannes und ein Eingebrachtes der Frau; daran zeige sich, daß das getrennte Vorhandensein dieser Momente dem Begriff der Gütergemeinschaft überhaupt nicht widerstrebe. Meines Erachtens hat Schmidt das Verhältniß unrichtig aufgefaßt. Die Absonderung bewirkt, wie mir scheint, völlige Aufhebung der Gütergemeinschaft, und jeder Ehegatte erwirbt wiederum das Alleineigenthum an dem Vermögen, welches er bei der Eheschließung hatte; nur kann diese Absonderung nicht die während der Dauer der Gütergemeinschaft eingegangenen, beide Ehegatten bindenden Verpflichtungen modificiren; mit andren Worten: die Bestimmung des §. 394 ist durchaus der des oben erklärten §. 431 analog; §. 394 wird also von Schmidt ganz mit Unrecht dafür angeführt, daß trotz der Absonderung Gütergemeinschaft fortbestehe; es existirt jetzt nur getrenntes Vermögen, welches in keiner Beziehung sich zur Gütergemeinschaft einigt.

Da ich nun gezeigt zu haben glaube, daß die Theorie des Miteigenthums (der Rechtsgemeinschaft) nicht bloß nach Gemeinem Recht die richtige, sondern auch die ins Preußische Recht aufgenommene ist, so halte ich dieses gewonnene Resultat im ferneren Verlauf der Darstellung fest; dabei ist der Umstand, daß die Gütergemeinschaft durch Gesetz oder Vertrag entstand, unerheblich, denn durch den Vertrag kann höchstens

[88]) Die Ansicht von Koch in Anm. 76 zu A. L. R. II, 1 §. 324 kann ich nicht theilen.

die Miteigenthumsquote der beiden Ehegatten verschieden bestimmt werden. Daher ist es auch gleichgiltig, daß in der mir gestellten Frage, der Ursprung der Gütergemeinschaft (Particulargesetz oder Vertrag) nicht näher angegeben ist.

Es entsteht zunächst die Frage: welchen Einfluß hat das Miteigenthum an einer Vermögens masse auf die einzelne zu der Vermögensmasse gehörige körperliche Sache?

Man sollte meinen, daß das Eigenthum des Ganzen das der einzelnen zum Vermögen gehörigen Sache zur Folge hat, weil sonst das Eigenthum am Ganzen ein in der Luft schwebender, jeder realen Basis ermangelnder Begriff sein würde.[58a] Auch spricht das A. L. R. II, 1 §§. 365, 373 vom Miteigenthum der Ehegatten an den zur Gütergemeinschaft gehörigen Grundstücken und Capitalien und im Einklang hiermit sagt das Geh. Obertribunal in dem Plenar-Beschluß vom 22. März 1847,[59]) daß nach der Natur der landrechtlichen Gütergemeinschaft die Ehefrau als wahre Miteigenthümerin eines jeden Bestandtheils der gemeinschaftlichen Gütermasse erscheint. Koch hingegen, der sich, wie oben angemerkt, jetzt gleichfalls zur Miteigenthumstheorie bekennt, behauptet, der Ehegatte habe keinen ideellen Antheil an den einzelnen in der univ. juris befindlichen Sachen,[60]) und er leitet dies nicht aus der Natur der Gütergemeinschaft, sondern aus dem Wesen der universitas juris ab, daher er ganz dieselben Grundsätze bei der Erbschaft hinsichtlich der Miterben maßgebend hält.

Koch hat seine Ansicht nicht näher begründet; der Umstand, daß das Geh. Ober-Tribunal bezüglich der Erbschaft mit ihm gleiche Grundsätze anwendet, kann nicht zu seiner Unterstützung dienen; denn grade die besondere landrechtliche Auffassung des Erbrechts, nicht die der universitas juris im Allgemeinen, ist für das Geh. Obertribunal der Grund der Entscheidung gewesen,[61]) auch hat das Geh. Obertribunal nicht sowohl das Miteigenthum der Miterben an der einzelnen Sache, als ihre Verfügungsfähigkeit darüber verneinen wollen (vergl. S. 366 367 a. a. O.). Wenn nun schon diese letztere Ansicht wie im Obertribunal selbst[62]), so unter den übrigen Praktikern[63]) vielen Widerspruch gefunden hat, so ist jedenfalls die weitergehende Behauptung Koch's eine ganz singuläre, ihre Widerlegung ist schon dadurch unmöglich gemacht, daß Koch, wie bemerkt, sie nicht begründet hat.

Ich halte demnach fernerweit fest, daß jeder Ehegatte bei bestehender Gütergemeinschaft Miteigenthümer jeder einzelnen zum gemeinschaftlichen

[58a]) Ich übersehe, indem ich diese Ansicht ausspreche, nicht, daß die Römischen Juristen eine vindicatio gregis zuließen, trotzdem der Vindicant das Eigenthum der einzelnen Stücke nicht hatte. l. 1 §. 3 l. 2 l. 3 pr. de rei vind. 6, 1. Ob hieraus ein Eigenthum an der ganzen Heerde folge, ist gemeinrechtlich sehr bestritten; vergl. die bei Brinz, Pand. §. 50 angeführte Literatur, zu welcher noch die Abhandlung von Girtanner in Gerber und Ihering's dogmatischen Jahrbüchern 1858 Nr. 2 hinzuzufügen ist. Ich selbst nehme an, daß in der vindicatio gregis nur eine Klage auf die Heerde, nicht aber ein Eigenthum der Heerde.

[59]) Entscheidungen 14, 52.

[60]) Comment. z. Land-Recht I, 17 §. 60 Anm. 36, II, 1 §. 378 Anm. 29.

[61]) vgl. Entscheidungen 35, 352—368.

[62]) Der 4. Senat war einstimmig dagegen.

[63]) vergl. Gruchot's Beiträge zur Erläuterung des Preuß. Rechts Bd. 2, S. 377 ff.; Köchling im Arnsberger Archiv 9, 84 ff.; Dane, ebend. S. 432 ff.

Vermögen gehörigen Sache ist und dies sowohl bei der allgemeinen Gütergemeinschaft als bei der Gemeinschaft des Erwerbes, da, wie ich oben S. 166 bemerkt, beide Institute nur bezüglich des Umfangs sich unterscheiden, im Uebrigen aber von demselben juristischen Charakter sind. Es entsteht jetzt die zweite Frage, ob ein Miteigenthümer die gemeinschaftliche Sache stehlen könne.

Im Römischen Recht ist dies entschieden[64]), und auch die Criminalisten des Gemeinen wie des Preuß. Rechts sind darüber, abgesehen von der dissentirenden Stimme einiger Preußischen Gerichtshöfe, einig.[65])

Der eine dieser dissentirenden Gerichtshöfe behauptet, es lasse sich vom Miteigenthümer weder sagen, daß er eine „fremde" Sache,) noch daß er sie einem „Anderen" wegnehme. Es sind diese Gründe näher zu prüfen.

Der Behauptung, daß die gemeinschaftliche Sache für den Miteigenthümer keine fremde sei, setzt das Obertribunal entgegen, daß der ideelle Antheil des andern Miteigenthümers für den wegnehmenden Miteigenthümer eine fremde Sache sei;[67]) in derselben Entscheidung sagt es, der entwendende Miteigenthümer (der Fall betraf eine in Gütergemeinschaft lebende Ehefrau) entziehe dem Anderen eine ihm wenigstens zum Theil fremde Sache.[68])

Ich glaube behaupten zu dürfen, daß damit die Widerlegung nicht genügend geschehen ist. Denn die Behauptung, daß der ideelle Antheil des andern Miteigenthümers für den Wegnehmenden eine fremde Sache sei, mag civilrechtlich ganz zutreffend sein; er ist es aber nicht criminalrechtlich in Bezug auf das Vergehen des Diebstahls. Civilrechtlich fassen wir auch Rechte, also Unkörperliches, unter den Begriff der Sache; beim Diebstahl hat man bisher unbestritten eine körperliche Sache als Gegenstand des Vergehens[68a]) verlangt; der ideelle Antheil des Miteigenthums ist aber keine körperliche Sache. Vielleicht liegt übrigens in jenen Worten des Obertribunals nur eine Ungenauigkeit des Ausdrucks, denn wie schon bemerkt, sagt das Obertribunal in derselben Entscheidung, der entwendende Miteigenthümer entziehe dem Andern eine ihm wenigstens zum Theil fremde Sache. Hier sind wir scheinbar an einen Punkt gekommen, wo Gründe nicht mehr vorhanden sind, und jeder nur sein Nein oder sein Ja geben kann.

Das Gesetz verlangt zum Thatbestande des Diebstahls eine „fremde" Sache; diesen Thatbestand leugnet der eine bei der Wegnahme einer gemeinschaftlichen Sache, weil die Sache nicht ganz fremd für den Wegnehmenden ist; der andere nimmt ihn an, weil doch die Sache wenigstens zum Theil fremd sei. Weder das „ganz" noch das „zum Theil"

---

[64]) cf. l. 45 sq. pro soc. 17. 2. l. 45 de furt. 47, 2.

[65]) vergl. Klein, Revision der Grundsätze über den Diebstahl S. 272 ff. Feuerbach §. 349 Note. Tittmann §. 446. Wächter §. 189. N. 57. Heffter §. 493. Abegg §. 370 Anm. Oppenhoff zu §. 215 Nr. 9 (der die Preuß. Literatur vollständig angiebt) und Goltdammer, Mat. 2, 458 Anm. 1, wo die Bestimmungen der neueren Strafgesetzbücher angegeben sind. Auch mag hier bemerkt werden, daß das mittelalterliche Westgötalag (Schweden) den Diebstahl des Miteigenthümers ausdrücklich erwähnt. Wilda's Strafrecht der Germanen S. 869. 870.

[66]) So auch das Kreis-Gericht zu Quedlinburg und das Appellations-Gericht zu Halberstadt (Goltdammer, Archiv 1, 397).

[67]) Goltdammer 6, 118 ff.

[68]) So auch Temme, Lehrbuch §. 218 Nr. 4c.

[68a]) Goltdammer, Mat. 2, 458 Nr. 2. Temme, Lehrbuch §. 218 Nr. 23.

ist in den Strafparagraphen 215 aufgenommen. Wie ist hier zu entscheiden?

Die Redactionsgeschichte des §. 215 giebt meines Erachtens den Ausschlag zu Gunsten der letzteren Ansicht. Es ist bekanntlich ein Hauptunterschied im Begriff des Diebstahls nach Römischem und Deutschem Recht, daß jenes den Diebstahl an der res, der possessio und dem usus begehen läßt, während dieses nur das furtum rei ipsius kennt. Man ist gewöhnt dies so auszudrücken: das Deutsche Recht kenne nur die Sachentwendung, während nach Römischem Recht auch an Besitz und Gebrauch ein Diebstahl möglich sei.[69]) Darin liegt meines Erachtens ein (uns freilich schon von den Römern überkommener) mißbräuchlicher Sprachgebrauch. Denn Sache einerseits und Besitz und Gebrauch andererseits sind keine conträr entgegengesetzte Begriffe; die Sache ist das Objekt eines Rechts; Besitz und Gebrauch sind Bezeichnungen für den Inhalt des Rechts, welches an dem Objecte (der Sache) Statt findet. Der Römer pflegte für dominium sehr häufig res zu setzen;[70]) wir, die wir Eigenthum und Sache nicht gleichbedeutend gebrauchen, sollten nicht das furtum rei mit Sachentwendung übersetzen. Entwendet kann in allen Fällen nur die Sache werden; denn die Sache ist es, an welcher der Dieb seine Handlung (die Entwendung) vollzieht. Durch die Entwendung aber können einerseits verschiedene Rechte verletzt werden: Eigenthum, Besitz, Gebrauchsrecht, andererseits kann der Entwendende beabsichtigen, sich Eigenthum oder bloß Besitz oder Gebrauch anzumaßen. Nach Römischem Recht ist überall Diebstahl vorhanden, welches dieser drei Verhältnisse auch durch die Entwendung der Sache verletzt wird; und welches Verhältniß auch der Dieb sich anmaßen will. Das Deutsche Recht nimmt nur dann Diebstahl an, wenn Eigenthum verletzt wird, und der Dieb Eigenthum an der Sache gewinnen will.

Den deutschrechtlichen Begriff hat man in unser Strafgesetzbuch aufgenommen, und man hat dies durch das Wort „fremd" des §. 215 bezeichnet.

Das A. L. R. II. 20 §. 1110 hatte sich bezüglich des furtum possessionis zu der Römischen Ansicht bekannt, die ersten beiden Entwürfe zu unserm Strafgesetzbuch waren dabei stehen geblieben; später ist man zu dem Deutschrechtlichen Begriffe übergegangen, und hat deshalb das Wort „fremd" in den Strafparagraphen eingeschaltet.[71])

Machen wir von dieser historischen Auseinandersetzung Gebrauch bei der Frage, ob ein Miteigenthümer an der gemeinschaftlichen Sache einen Diebstahl begehen könne! Die Frage muß bejaht werden. Der Miteigenthümer nimmt die Sache weg, und er verletzt dadurch Eigenthum, nämlich das Miteigenthum des Genossen, indem er mit dem Mit-

---

[69]) So sagt z. B. Abegg §. 348 Anm. (S. 458): „Der deutschrechtliche Begriff bezieht sich nur auf die Sachentwendung, und Goltdammer, Mat. S. 458 sagt ähnlich für das Preußische Recht: „Sonach ist der Begriff in unserem Strafgesetzbuch lediglich auf die Sachentwendung beschränkt." Aehnlich Temme, Lehrbuch S. 904 („er kann also auch keinen Sachdiebstahl begehen, und einen anderen Diebstahl kennt das Gesetz nicht.") — Vergl. endlich Feuerbach §. 313.

[70]) Also nicht bloß beim Diebstahl (furtum rei), sondern auch anderwärts bei der condictio (condicere rem, — possessionem) der alienatio (alienare rem — possessionem) der traditio (tradere rem — possessionem) vergl. Brinz, Pand. §. 49 S. 173. Rudorff in der Zeitschr. f. gesch. Rechtsw. 13, 182. 231.

[71]) Goltdammer, Mat. S. 457, 458.

eigenthum sich nicht begnügt, sondern das Eigenthum an der (ganzen) Sache haben will.

Dieses Miteigenthum ist zwar nicht das Alleineigenthum an der Sache, denn jeder Miteigenthümer ist durch den andern beschränkt; aber es ist dennoch ein besonderes Eigenthum (A. L. R. I. 17 §. 10) und es zeigt sich als solches in dem Recht auf den Besitz und den Fruchtgenuß, in dem Recht, das Miteigenthum zu veräußern und die Theilung zu beantragen u. s. w.

Ist diese Ausführung richtig, (— und dafür spricht der Umstand, daß sie nicht bloß für das Preußische, sondern auch für das Römische und für das Deutsche Recht, welche beide Diebstahl an einer gemeinschaftlichen Sache zulassen, paßt —) so ist zugleich klar, warum ich den obenangeführten Worten des Obertribunals:

„der ideelle Antheil des Miteigenthümers bildet für den anderen condominus eine fremde Sache, welche der rechtswidrigen Zueignung fähig ist"

nicht beistimmen kann. Der ideelle Antheil ist keine fremde Sache, sondern ein Rechtsverhältniß, also ein rein Gedachtes, Unkörperliches; und er ist nicht rechtswidriger Zueignung fähig, weil Niemand ein Unkörperliches sich zueignen kann. Der Miteigenthümer kann nur die Sache nehmen und nur die Sache sich zueignen wollen. Weil die Wegnahme nur an der Sache und nicht am ideellen Theile möglich ist, deshalb ist auch die Zueignung der Sache eine rechtswidrige, es ist meines Erachtens unerheblich, daß dem Miteigenthümer ein ideeller Theil zusteht, und die thatsächliche Feststellung darf deshalb im concreten Falle nur in der Weise geschehen, daß der Miteigenthümer „die gemeinschaftliche Sache" nicht etwa in der Weise, daß er „den ideellen Antheil des anderen Miteigenthümers" sich habe rechtswidrig zueignen wollen.

Es ist ferner klar, warum in den Worten des Obertribunals:

„(der Miteigenthümer) entzieht eine ihm wenigstens zum Theil fremde Sache einem Andern,"

die Wahrheit verborgen liegt. Ich sage „verborgen", weil das Obertribunal nicht die Redactionsgeschichte des §. 215 zu Hilfe nimmt, um die Bedeutung des Wortes „fremd" zu zeigen.

Es ist endlich klar, warum das Wort „fremd" in §. 215 mit den Worten „einem Anderen" in keiner Verbindung steht. Dies behauptete das obengedachte Gericht, welches den Diebstahl an einer gemeinschaftlichen Sache unmöglich erklärte und ausführte, es lasse sich vom wegnehmenden Miteigenthümer nicht sagen, daß er die Sache „einem Andern" wegnehme. Es gab diesen Worten den Inhalt, daß darunter der Eigenthümer verstanden werden müsse. Dies ist unrichtig. Es ist in sämmtlichen Entwürfen festgehalten worden, daß nicht bloß dann, wenn die Sache dem Eigenthümer, sondern auch wenn sie dem Inhaber weggenommen wird, ein Diebstahl vorliege, nur der Entwurf von 1829 schwieg hierüber, und stellte die Wegnahme der Sache durch den Miteigenthümer zu der Unterschlagung.[72]) Das Wort „fremd" steht hiernach mit „einem Andren" in keiner Verbindung, selbst der Alleineigenthümer einer Sache kann dieselbe „einem Andern", nämlich dem zeitigen Inhaber, wegnehmen; nur begeht er keinen Diebstahl, weil die Sache keine fremde ist.

Ich habe oben zu zeigen versucht, daß die nach dem A. L. R. in Gütergemeinschaft lebenden Ehegatten Miteigenthümer der einzelnen zum

---

[72]) vergl. Goltdammer, Mat. S. 458, 459. Temme, Lehrbuch §. 218.

gemeinschaftlichen Vermögen gehörigen beweglichen Sachen seien. Ich habe jetzt nachgewiesen, daß auch für den Miteigenthümer die gemeinschaftliche Sache als „fremd" im Sinne des §. 215 bezeichnet werden muß. Ich komme sonach zu dem Schlusse, daß die zum gütergemeinschaftlichen Vermögen gehörige bewegliche Sache in Bezug auf die Ehefrau für „fremd" im Sinne des §. 215 zu erachten ist.

Hiermit ist das erste im Anfang meiner Darstellung aufgestellte Criterium erledigt.

Bevor ich jedoch weiter gehe, will ich noch einen kurzen Rückblick auf die übrigen oben mitgetheilten Theorien über Gütergemeinschaft werfen, und untersuchen, welches Resultat dieselben in Bezug auf die vorliegende Frage ergeben.[78])

Zwei Theorien litten meines Erachtens an einem logischen Fehler: die Theorie des Gesammteigenthums und der Genossenschaft.

Kein Wunder, daß nach ihnen auch nicht entschieden werden kann, ob die gütergemeinschaftliche Sache in Bezug auf den einzelnen Ehegatten fremd ist oder nicht. Je nachdem man sich auf den Standpunkt des entwendenden Ehegatten oder des andern stellt, wird man die gütergemeinschaftliche Sache als nicht fremd oder fremd bezeichnen.

Die übrigen Theorien ergeben sämmtlich ein bestimmtes Resultat.

Die Societätstheorie stimmt mit der Theorie der Rechtsgemeinschaft (des Miteigenthums), wie sich von selbst ergiebt, in diesem Punkte ganz überein.

Aus der Theorie der juristischen Person folgt, daß kein Ehegatte an der gütergemeinschaftlichen Sache Eigenthum hat.

Dasselbe behauptet für die Ehefrau diejenige Theorie, welche ein Alleineigenthum des Ehemannes an dem Gesammtvermögen aufstellt. Bei der Theorie der äußeren Gütereinheit ist zu unterscheiden, ob die weggenommene Sache zu den Illaten der Ehefrau gehört oder nicht. Je nach dem Resultat dieser Unterscheidung im concreten Falle wird auch die vorliegende Frage verschieden zu beantworten sein.

Zum Thatbestande des Diebstahls gehört, wie ich im Anfang angegeben habe, als zweites Merkmal, daß die Sache deren Inhaber weggenommen wird.

Ich glaube meine Aufgabe richtig verstanden zu haben, wenn ich voraussetze, daß ich hier nicht das Wesen der Gewahrsam und der Wegnahme im Allgemeinen behandeln soll. Der in der Aufgabe gesetzte Fall ist von den Preußischen Gerichtshöfen verschieden beurtheilt worden, und ich soll eine wissenschaftliche Erörterung dieses Streitfalles geben. Die allgemeinen Grundsätze über den Inhaber und die Wegnahme interessiren deshalb hier nur insofern, als es sich frägt, ob sie auf die in allgemeiner Gütergemeinschaft lebenden Ehegatten angewendet werden können. Meines Erachtens habe ich also jetzt die Frage zu erörtern: ob die Ehefrau eine gütergemeinschaftliche Sache ohne Willen des Ehemannes wegnehmen könne?

Die Frage läßt sich füglich durch eine andere ersetzen, durch die,

[78]) Es kommt hiernach im Folgenden die Theorie der Rechtsgemeinschaft nicht mehr in Betracht, jedoch habe ich noch zu bemerken, daß Koch, der jetzt dieselbe gleichfalls angenommen hat, dennoch den Ehegatten das Eigenthum an der einzelnen gütergemeinschaftlichen Sache abspricht.

ob es möglich ist, daß die Ehefrau an einer gütergemeinschaftlichen Sache keine Gewahrsam habe?

Setzen wir nun den Fall, daß der Ehemann die Sache bei einem Dritten deponirt, verpfändet u. s. w. habe, so ist es klar, daß dieser Dritte Inhaber der Sache ist, die Gewahrsam also bei keinem der Ehegatten ist. In diesem Falle ist die aufgestellte Frage unbedingt zu bejahen.[74])

Dasselbe wird man mir wohl für den Fall zugeben, wenn der Ehemann die gütergemeinschaftliche Sache in das von der Wohnung entfernte Geschäftslokal, in die Speicher und Scheuern gebracht hat. Der Ehemann, welchem nach §. 370 A. L. R. II, 1 die Verwaltung des gemeinschaftlichen Vermögens gebührt, hat die Gewahrsam des Geschäftslokals u. s. w., in welchem er allein thätig ist; indem er eine Sache dorthin schafft, erlangt er die Gewahrsam derselben, wenn er sie nicht schon vorher gehabt hat.

Schwieriger ist die Entscheidung hinsichtlich derjenigen Sachen, welche sich in der Wohnung der beiden Ehegatten befinden. Ein Appellationsgericht stellt die Ansicht auf, diese Sachen seien, namentlich in Fällen der Abwesenheit des Mannes, auch im Besitze der Frau; und es könne deshalb von der Wegnahme der Sachen aus der Gewahrsam eines Andern nicht die Rede sein. Das Obertribunal stellt dem entgegen, das gütergemeinschaftliche Vermögen befinde sich in der Gewehre des Mannes; und er habe demnach den Besitz an den gütergemeinschaftlichen Sachen, sofern sich dieselben nicht in der Gewahrsam eines Dritten befinden.[75])

Es will mir scheinen, daß in den Ausführungen beider Gerichtshöfe der Begriff des Besitzes und der Gewahrsam nicht streng geschieden, und daß deshalb von beiden meines Erachtens unrichtige Schlüsse gezogen worden sind. Ich muß es dem Appellationsgerichte zugeben, daß die Ehefrau in der Regel auch im Besitz (nämlich im Mitbesitz) der gütergemeinschaftlichen Sachen ist, und ich muß die entgegengesetzte Behauptung des Obertribunals in Abrede stellen; ich muß aber auch dem Appellationsgericht bestreiten, daß es erlaubt sei, von dem Besitz auf die Gewahrsam zu schließen und zu behaupten, daß, weil die Ehefrau Mitbesitzerin sei, sie auch die Gewahrsam habe, und daß sie deshalb die gütergemeinschaftliche Sache nicht aus der Gewahrsam eines Anderen (ihres Mannes) wegnehme. Das Obertribunal, welches die Gewahrsam der Frau leugnete, war zum Theil im Rechten, nur waren seine Gründe meines Erachtens nicht beweisend.

Dies erhellt aus folgender Betrachtung:

Der Besitz entsteht durch die Apprehension mit dem animus domini; die Apprehension kann in eigener Person oder durch Stellvertreter geschehen; im ersteren Falle hat der Besitzer die Gewahrsam der Sache, im letzteren Falle der Stellvertreter.[76]) Diese ganz unbestrittenen Rechtssätze ergeben, daß von dem Besitz auf die Gewahrsam kein Schluß zulässig ist; wer Besitzer einer Sache ist, ist darum noch nicht Inhaber.

---

[74]) Es ist bereits oben bemerkt, und muß hier behufs Entscheidung der Hauptfrage wiederholt werden, daß es zum Thatbestand des Diebstahls nicht gehört, daß die weggenommene Sache der Gewahrsam des Eigenthümers entzogen wird.

[75]) Goltdammer 6, 118 ff.

[76]) Vergl. Savigny, Besitz. §. 26. Koch, B. §. 14.

Ich mache hiervon Anwendung auf die in allgemeiner Gütergemeinschaft lebenden Ehegatten.

Die Ehegatten sind, wie ich sagte, Miteigenthümer des Gesammtvermögens, sowie jeder einzelnen dazu gehörigen beweglichen Sache. Befindet sich die bewegliche Sache in der Gewahrsam des Mannes, so hat in der Regel[77]) sowohl er als die Frau den Mitbesitz der Sache; denn in der Regel hat jeder von ihnen den animus domini, und der Mann als durch das Gesetz konstituirter Verwalter des gemeinschaftlichen Vermögens ist der Stellvertreter der Frau. Allein die Gewahrsam ist bei dem Manne und zwar bei ihm allein geblieben. Umgekehrt hat die Frau eine selbstständige Stellung im Hause, sie handelt in dieser Stellung nicht blos für sich, sondern ist zugleich hier und ferner bei Abwesenheit, Krankheit des Mannes u. s. w. (II. 1. §§. 324 ff. 389) seine Stellvertreterin; sie kann endlich mit Genehmigung des Mannes ein Geschäft betreiben. Was sie hierbei erwirbt, davon erhält der Mann Miteigenthum und Mitbesitz, letzteren deshalb, weil er den Willen hat, Alles von der Frau bei jenen Gelegenheiten Erworbene mitzuerwerben (animus domini) und die Frau bezüglich der Apprehension seine Stellvertreterin ist. Allein die Gewahrsam ist bei der Frau geblieben. Es kann ferner der Fall eintreten, daß die Frau außerhalb jener Gelegenheiten und ebenso der Mann außerhalb seiner Eigenschaft als Verwalter des gemeinschaftlichen Vermögens (durch Geschenk u. s. w.) etwas erwirbt; das Miteigenthum ist hier ipso jure dem Ehemann resp. der Ehefrau zugefallen, nicht also der Besitz, weil dem Manne resp. der Frau der animus domini fehlt, und keiner der Stellvertreter des anderen bei der Apprehension ist, gleichfalls nicht die Gewahrsam, welche vielmehr bei dem Erwerber, d. h. bald bei dem Manne, bald bei der Frau ist. Endlich kann sowohl bei dem Manne als bei der Frau eine Sache deponirt werden; die Gewahrsam hat hier der Depositar, d. h. bald der Mann, bald die Frau. — Inferirt nun der Mann oder die Frau eine Sache, welche der eine von ihnen in seiner Gewahrsam hat, in die gemeinschaftliche Wohnung, so geht in der Gewahrsam zunächst keine Aenderung vor; denn der Mann resp. die Frau behalten noch immer das physische Vermögen, über die Sache ausschließlich zu verfügen (A. L. R. I. 7. §§. 1. 111). Soll eine Aenderung geschehen, so muß die Frau resp. der Mann die Sache apprehendiren; dies kann in doppelter Weise geschehen: so daß der Apprehendent die alleinige Gewahrsam, oder so daß er nur die Mitgewahrsam haben will; der andere Ehegatte verliert in dem ersten Falle die Gewahrsam völlig, im anderen behält er die Mitgewahrsam zurück. Eine solche Mitgewahrsam zu ideellen Theilen ist kein juristisches Unding, und es widerspricht ihr nicht, daß in der Gewahrsam das Moment der Ausschließlichkeit liegen soll; dasselbe Moment liegt auch im Begriff des Eigenthums, und trotzdem ist das Miteigenthum ein anerkannt juristisches Institut. Wenn deshalb auch Lehrbücher und Monographien gewöhnlich von einer Mitgewahrsam überhaupt nicht sprechen, so kann ich doch Savigny's Autorität (Obligationenrecht, I, 317) für mich anführen, und ich brauche nur auf das Beispiel zweier oder mehrerer Depositarien hinzuweisen, um zu zeigen, daß der Begriff der Mitgewahrsam auch ein durchaus praktischer ist.

---

[77]) Der Ausnahmefall wird sogleich erwähnt werden.

Das Resultat meiner Ausführung ist, daß sich keine allgemeine Regel darüber aufstellen läßt, wer die Gewahrsam der gütergemeinschaftlichen Sachen habe, daß es vielmehr lediglich auf die Umstände des konkreten Falles ankommt. Sowohl der Mann als auch die Frau, als auch beide zugleich, als endlich ein Dritter kann die Gewahrsam der gütergemeinschaftlichen Sache haben. Es existiren aber jedenfalls Fälle, in denen die Frau die Gewahrsam nicht hat. Dies allein muß im konkreten Falle festgestellt werden, es ist überflüssig zu untersuchen, ob die Frau den Besitz (im Gegensatz zur Gewahrsam) der weggenommenen Sache habe; nur darauf kommt es an, daß nicht sie, sondern der Mann oder ein Dritter Inhaber der Sache ist. Wie bereits oben bemerkt, ist man in sämmtlichen Entwürfen zum Strafgesetzbuch davon ausgegangen, daß nicht blos dann Diebstahl vorliege, wenn eine Sache dem Eigenthümer, sondern auch wenn sie dem Inhaber weggenommen würde. In einigen Entwürfen war dies ausdrücklich ausgesprochen worden, man hat später die jetzige Fassung („einem Anderen") gewählt, um bei der Unklarheit der landrechtlichen Begriffe von Besitz und Gewahrsam irrige Gesetzesinterpretationen zu beseitigen.[78]) Wenn es nun gewiß ist, daß der, welchem die Sache weggenommen wird, nicht Eigenthümer, nicht Besitzer, sondern nur Inhaber zu sein braucht, so folgt argumento e contrario mit Nothwendigkeit, daß es zum Thatbestande des Diebstahls genügt, daß der Wegnehmende Nichtinhaber ist, d. h. zur Zeit der Wegnahme die Gewahrsam nicht hat.[79]) Daß der Wegnehmende Besitzer der Sache ist, befreit ihn nicht von der Strafe des Diebstahls.[80])

Man könnte vielleicht aus §. 225 des Strafgesetzbuches ein Gegen-Argument herleiten und behaupten wollen, daß, falls der Wegnehmende Besitzer sei, er keinen Diebstahl, sondern höchstens eine Unterschlagung begehe. Dies würde jedoch nicht zutreffen; denn der im §. 225 erwähnte Besitz ist — (das bedarf wohl keines Beweises) — ein mit der Gewahrsam verbundener Besitz; den Thatbestand des Diebstahls fand ich aber nur dann vor, wenn der Wegnehmende zwar Besitzer, aber kein Inhaber sei.

Ist nun festgestellt, daß es zum Thatbestande des Diebstahls nur gehört, daß der Wegnehmende die Gewahrsam nicht hat, und ferner festgestellt, daß es Fälle giebt, in denen an den beweglichen Sachen des gemeinschaftlichen Vermögens nicht die Frau, sondern der Mann oder ein Dritter die Gewahrsam hat, so ist zugleich erwiesen, daß die Ehefrau in diesen Fällen die gütergemeinschaftliche Sache deren Inhaber (Ehemann oder Dritter) wegnehmen könne.

Es giebt bekanntlich drei Theorien über die zum Thatbestand des Diebstahls erforderliche Entwendung: die Kontrektationstheorie, die Ap-

---

[78]) Goltdammer, Mat. 2. S. 459.

[79]) Freilich muß er auch Nichteigenthümer sein, dies hängt aber mit einem andern Merkmale des Thatbestandes des Diebstahls zusammen.

[80]) Man denke an den Fall, wo ein unredlicher Besitzer die Gewahrsam der Sache verloren hat. Er ist trotz seiner Unredlichkeit Besitzer, und er bleibt es trotz des Verlustes der Gewahrsam (A. L. R. I. 7. §. 112). Nimmt er nun die Sache dem Inhaber weg, so begeht er unbedingt einen Diebstahl. Bei einem redlichen Besitzer würde ich allerdings das Gegentheil annehmen, allein nicht deshalb, weil er Besitzer bleibt, sondern weil der zum Diebstahl erforderliche dolus fehlt.

prehensionstheorie und die Ablationstheorie. Die Redaktionsgeschichte des Strafgesetzbuches erweist, daß man sich zur Apprehensionstheorie bekannt hat.[31]) Seit dem Entwurf von 1843 hatte man bezüglich der Vollendung des Diebstahls noch einen besonderen §. hinzugefügt, welcher wörtlich

„Der Diebstahl ist vollendet, sobald der Thäter die Sache an sich genommen hat."

lautete, und welcher ein genauer Ausdruck der Apprehensionstheorie ist. In dem Entwurf von 1850 und im jetzigen Strafgesetzbuch hat man diesen §. weggelassen, nicht aber, weil man ihn für irrig hielt, sondern, weil er wegen der Bestimmungen über die Strafbarkeit des Versuchs seine Bedeutung verloren habe.[32]) Nichts hindert uns, daß wir den Grundsatz jenes §. als im Sinne des Strafgesetzbuchs liegend erachten, und Doktrin und Praxis haben sich bereits vielfältig dafür entschieden,[33]) zumal derselbe Grundsatz jetzt im Gemeinen Recht und den neuen Gesetzgebungen angenommen ist.

Nach der Apprehensionstheorie hat die Wegnahme den Sinn, daß der Entwendende die Sache ohne Willen des Eigenthümers in seine Gewahrsam bringt. Nun habe ich oben den Gegensatz zwischen Eigenthum, Besitz und Gewahrsam bei der allgemeinen Gütergemeinschaft gezeigt, und insbesondere gezeigt, daß es rein quaestio facti ist, ob die in allgemeiner Gütergemeinschaft lebende Ehefrau die Gewahrsam an einer gemeinschaftlichen Sache hat oder nicht, sowie daß in Bezug auf diese Frage die Gütergemeinschaft ganz ohne Einfluß ist.

Wenn aber die Frau eine Gewahrsam haben kann, so kann sie auch eine solche erwerben, d. h. die Ehefrau kann an einer gütergemeinschaftlichen Sache, deren Gewahrsam sie nicht hat, sich ohne den Willen des Ehemannes die Gewahrsam und zwar die alleinige Gewahrsam verschaffen, mit anderen Worten, die gütergemeinschaftliche Sache einem Anderen (Ehemann oder Dritten) wegnehmen.

Welches aber, muß man fragen, ist das Verhältniß dann, wenn Mann und Frau jeder die Mitgewahrsam haben, oder wenn die Ehefrau nur die Mitgewahrsam gewinnen will?

In dem ersten Falle, d. h. wenn beide Ehegatten Mitinhaber der gütergemeinschaftlichen Sache sind, halte ich eine Wegnahme gleichfalls für möglich. Denken wir uns, daß zwei zugleich eine Sache angefaßt halten, und daß einer nunmehr ohne den Willen des Anderen die Sache in seine alleinige Gewalt bekommt, so werden wir wohl unzweifelhaft sagen, die Sache sei dem Anderen weggenommen: denn der Andere hatte vorher die Sache in seiner Gewahrsam, — allerdings nur zugleich mit dem jetzigen Alleininhaber — jetzt aber hat er gegen seinen Willen nichts mehr. Geht nun vermöge Rechtssatzes die Gewahrsam resp. Mitgewahrsam bei der bloßen Entfernung von der Sache nicht verloren, und eignet sich der eine Mitinhaber nach Entfernung des Anderen von der Sache die Alleingewahrsam an, so liegt hier konsequenter Weise gleichfalls eine Wegnahme der Sache vor, denn die Mitgewahrsam des Anderen ist aufgehoben.[34])

---

[31]) Vergl. Goltdammer, Mat. 2. 462. 463.

[32]) Daß dieses Motiv unrichtig, zeigt Goltdammer, Mat. 2. 463.

[33]) Vergl. Oppenhof zu §. 215. Nr. 47.

[34]) Als Beispiel führe ich folgenden Fall an: Einer in allgemeiner

In dem zweiten Falle, d. h. wenn die Frau blos die Mitgewahrsam haben will, möchte ich nicht behaupten, daß sie die Sache dem Inhaber (Ehemann oder Dritten) wegnimmt. Denn die Wegnahme besteht darin, daß der Entwendende die Sache in seine Alleingewahrsam bringt; in dem gedachten Falle aber bleibt der, welcher bisher die Alleingewahrsam hatte, in der Mitgewahrsam der Sache, d. h. die Sache ist ihm nicht weggenommen.[85])

Hiernach habe ich das zweite Erforderniß des Thatbestandes des Diebstahls im bejahenden Sinne entschieden. Ich habe zu zeigen versucht, daß es zwar quaestio facti sei, ob die in allgemeiner Gütergemeinschaft lebende Ehefrau ohne Willen des Ehemannes die gütergemeinschaftliche Sache deren Inhaber weggenommen hat, daß es aber jedenfalls Fälle giebt, in welchen dies möglich sei, — daß also von diesem Erforderniß aus gesehen es möglich sei, daß die Ehefrau an der gütergemeinschaftlichen Sache einen Diebstahl begehe.

Bevor ich die Erörterung dieses Punktes schließe, habe ich nur noch darauf aufmerksam zu machen, daß auf meine Entscheidung die Theorie, welche ich in Bezug auf die Gütergemeinschaft vertheidigt habe, keinen Einfluß gehabt hat. Der Grund davon lag in der Natur der Gewahrsam und der Wegnahme. Dieselben beruhen auf thatsächlichen Vorgängen, Handlungen eines Menschen, welche eine Rechtstheorie weder hervorrufen, noch ungeschehen machen kann. Welcher Theorie man demnach in Bezug auf die allgemeine Gütergemeinschaft beistimmt: das oben gefundene Resultat bleibt davon unberührt.

Das dritte Erforderniß zum Thatbestande des Diebstahls ist, daß der Wegnehmende in der Absicht rechtswidriger Zueignung handle.

Es ist das weitgreifendste Erforderniß.

Gütergemeinschaft lebenden Frau wird das Meublement zu einem Zimmer geschenkt, und ihr in Person übergeben. Die Meubles werden in die Wohnung der Ehegatten gebracht und gemeinschaftlich benutzt, so daß die Mitgewahrsam des Mannes keinem Zweifel unterliegt. Nunmehr veräußert die Frau die Meubles in Abwesenheit des Mannes. Oder beide Ehegatten haben jeder den Schlüssel zu einem gemeinschaftlichen Geldspinde, und zwar soll die Ehefrau Geld daraus nehmen zur Bestreitung der Wirthschaftskosten; dies ist einem Freunde von ihr bekannt, nichtsdestoweniger nimmt er eine Summe Geldes, die, wie er weiß, aus dem Spinde herrührt, von der Frau als Geschenk an.

[85]) Als Beispiel führe ich folgenden Fall an: Ein in allgemeiner Gütergemeinschaft lebender Mann ist Eigenthümer eines Gemäldes, welches ein Bilderhändler kaufen möchte, das aber der Ehemann für alles Geld nicht verkaufen will. Der Bilderhändler wendet sich an die Frau; diese braucht zu Privatzwecken Geld, hält sich aber nur in Bezug auf die ideelle Hälfte verfügungsberechtigt, und bietet diese dem Bilderhändler an, indem sie meint, er könne nachher die act. com. divid. anstellen und das Bild in der Auktion erstehen. Der Bilderhändler weiß sehr wohl, daß die rechtlichen Anschauungen der Frau falsch sind, kauft aber trotzdem die ideelle Hälfte und läßt sich dieselbe tradiren; doch bleibt das Bild in der Wohnung des Besitzers, wie bisher. Ich glaube nicht, daß trotzdem die Frau zuerst die Mitgewahrsam sich angeeignet und sie dem Bilderhändler demnächst verschafft hat, die Frau oder der Bilderhändler sich eines Vergehens schuldig macht, dies geschieht meines Erachtens erst dann, wenn der Bilderhändler das ganze Bild sich übergeben läßt, um es fortzuschaffen.

Es schließt durch das Wort „rechtswidrig" einmal in sich den dolus des Wegnehmenden über die ersten beiden Erfordernisse, d. h. der Wegnehmende muß wissen, daß die bewegliche Sache, welche er wegnimmt, eine fremde sei; und er muß ferner wissen, daß er sie wegnehme, d. h. daß der Eigenthümer — (nur gegen diesen kann nach Deutschem und Preußischem Rechte der Diebstahl gerichtet sein[86]) — in die Aufhebung seiner eigenen Gewahrsam oder die des zeitigen Inhabers der Sache nicht willige, daß er (der Wegnehmende) die Sache also eigenmächtig (aber ohne Gewalt) aus fremder Gewahrsam entziehe.

Es schließt durch das Wort „Zueignung" noch deutlicher den deutschrechtlichen Begriff des Diebstahls in sich, als es das Wort „fremd" gethan hatte. Denn der Wegnehmende muß, um als Dieb gestraft zu werden, die Sache sich zueignen wollen; er muß sie also wie ein Eigenthümer haben wollen, und es genügt nicht mehr, wie im Römischen Recht, daß er irgend welchen Vortheil (Besitz oder Gebrauch) durch die Wegnahme erlangen wolle (animus lucri faciendi); der beabsichtigte Vortheil muß vielmehr in dem vollen Haben der Sache bestehen. Darin ist zugleich ausgesprochen, daß die Absicht der rechtswidrigen Zueignung stets den animus lucri faciendi, freilich aber nicht den allgemeinen des Römischen Rechts, sondern den speciellen bestimmten des Deutschen Rechts in sich begreift, daß also Wegnahme in der Absicht der Selbsthülfe oder Beschädigung nicht zum Thatbestand des Diebstahls genügt.[87])

Es frägt sich: ist die allgemeine Gütergemeinschaft von solcher Bedeutung, daß sie die Möglichkeit einer Absicht der rechtswidrigen Zueignung ausschließt?

Diejenigen, welche leugneten, daß die in allgemeiner Gütergemeinschaft lebende Ehefrau einen Diebstahl am gütergemeinschaftlichen Vermögen begehen könne, haben sich hierüber nicht ausgesprochen; sie stützten ihre Entscheidung auf den Mangel der ersten beiden zum Thatbestand des Diebstahls gehörigen Erfordernisse. Ich selbst muß die Möglichkeit der rechtswidrigen Zueignung behaupten, denn, um es mit kurzen Worten zu beweisen, die Absicht der rechtswidrigen Zueignung ist rein quaestio facti, richtet sich nach den Umständen des konkreten Falles.

Damit die Absicht rechtswidriger Zueignung angenommen werden könne, ist es nothwendig, aber auch möglich, daß die Frau wisse, daß die von ihr weggenommene Sache zu demjenigen Theile des güter-

---

[86]) Willigt der Inhaber in die Apprehension, so ist Unterschlagung vorhanden. Goltdammer 2. 463.

[87]) Man hat meines Erachtens ganz mit Recht den animus lucri faciendi in der Definition des Diebstahls nicht erwähnt, er liegt von selbst in der Absicht der Zueignung und er ist stets mit ihr verbunden. Das hat bereits 1826 Wächter in seinem Strafrecht §. 189. Note 63 erwiesen. Freilich hat diese Theorie durch das Gesetz vom 14. April 1856, welches den §. 349. Nr. 3 des Strafgesetzbuches veränderte, einen Bruch erhalten, denn man sieht nicht ein, warum die in der Absicht rechtswidriger Zueignung geschehene Entwendung von Früchten, Eßwaaren und Getränken, weniger die gewinnsüchtige Absicht enthalten sollte, als die Entwendung anderer Sachen, und warum hier die gewinnsüchtige Absicht besonders festgestellt sein müsse. Auch ist es im Gemeinen Recht unbestritten, daß es für den Thatbestand des Diebstahls gleichgültig ist, ob die weggenommene Sache aus Früchten u. s. w. besteht oder nicht (vergl. Feuerbach, §. 319., Klein, Revision, S. 308. 309. 324. Note n., Wächter, §. 189. Note 63).

gemeinschaftlichen Vermögens gehöre, worüber sie nicht verfügen darf. Weiß sie dies, so weiß sie zugleich (und das braucht im konkreten Falle nicht besonders erwiesen zu werden), daß die weggenommene Sache im Sinne des §. 215 für sie fremd sei. Ich habe im Anfang meiner Erörterung gezeigt, daß jeder Ehegatte Miteigenthümer der einzelnen gütergemeinschaftlichen Sache sei; dieses theils aus der ganzen Anlage des Gesetzes, theils aus seinen ausdrücklichen Worten sich ergebende Resultat enthält eine Rechtsvorschrift, und die Unkenntniß der Rechtsvorschriften (Rechtsirrthum) bewirkt nicht Unanwendbarkeit des Strafgesetzes.[88]) Zwar ist diese Frage wie im Gemeinen Recht, so auch im Preußischen Recht streitig;[89]) indessen halte ich die so eben ausgesprochene Meinung im Preußischen Recht für die richtige; denn es ist in den sämmtlichen Entwürfen zum Strafgesetzbuch, mit Ausnahme desjenigen von 1843, davon ausgegangen worden, daß Rechtsunkenntniß die Strafbarkeit nicht aufhebe, und die betreffende Vorschrift fehlt in dem jetzigen Strafgesetzbuch nur deshalb, weil man die Grundsätze von dolus und culpa (und dazu rechnete man den Irrthum) der Wissenschaft überlassen wollte.[90]) Daraus rechtfertigt sich aber noch nicht die Behauptung Temme's, daß dem Strafgesetzbuche gegenüber res integra vorhanden sei.[91]) Denn sowohl das A. L. R. Einl. §§. 10. 12 als das Gesetz v. 3. April 1846. §. 3[92]) geben dem Gesetz Anwendbarkeit ohne Rücksicht auf die Wissenschaft der Einzelnen,[93]) und so ist meine oben ausgesprochene Ansicht jedenfalls theoretisch erwiesen; sie ergiebt zugleich ein konsequentes praktisches Resultat; das, was Temme an die Stelle setzen will, der Grundsatz nämlich, daß Rechtsunkenntniß die Strafe ausschließe, außer wenn die begangene Handlung nicht blos strafrechtliches, sondern zugleich sittliches Unrecht enthalte, läuft, um Hälschner's treffende Worte zu gebrauchen, auf einen sittlichen Subjektivismus hinaus, der sich überall damit begnügt, nach eigenem Wissen und Gewissen, gleichviel wie es beschaffen ist, gehandelt zu haben.

Es ist ferner, damit die Absicht der rechtswidrigen Zueignung angenommen werde, nothwendig aber auch möglich, daß die Ehefrau wisse, sie nehme die gütergemeinschaftliche Sache deren Inhaber (Ehemann oder Dritten) weg, d. h. daß sie wisse, daß sie ohne Einwilligung des Ehemannes[94]) handle und die Gewahrsam der Sache sich eigenmächtig anmaaße. Weiß sie dies, so kann die Behauptung, daß sie ihren Ehemann für einwilligend gehalten oder doch erwartet habe, er werde die Wegnahme genehmigen, die Absicht der rechtswidrigen Zueignung nicht

[88]) Wenn auch selbst Juristen das Vorhandensein der Rechtsvorschrift leugnen! Der erkennende Strafrichter erklärt ihre Ansicht für eine irrige.

[89]) Heffter, §. 56. Feuerbach, §. 90. Wächter, §. 73. Note 43. Goltdammer Mat. 1. 377 ff. Temme, Lehrbuch, S. 185. Hälschner, S. 169. 170.

[90]) Goltdammer Mat. 1. 377 ff. Temme, Lehrbuch, §. 40. Anm. 3.

[91]) Lehrb. S. 185.

[92]) Die Kommission der 1. Kammer nahm auf diese Gesetze Rücksicht, vergl. Temme, S. 190.

[93]) Die Ausnahme des §. 13 der Einleitung zum A. L. R. trifft bei der in allgemeiner Gütergemeinschaft lebenden Ehefrau nicht zu, bedarf also keiner besonderen Erörterung.

[94]) Von der Einwilligung des detinirenden Dritten habe ich hier nicht zu sprechen, da sonst kein Diebstahl, sondern Unterschlagung vorläge. Oben Note 86.

aufheben. Denn wer Jemanden für einwilligend hält, ohne daß ihm die Einwilligung ausdrücklich oder stillschweigend erklärt worden ist, setzt sich als denkendes Rechtssubjekt geradezu über die fremde Einwilligung hinweg, und macht seinen eigenen Willen zum Herrn über den Willen Anderer. Darin aber liegt rechtswidriges Handeln. Wer ferner die Einwilligung Jemandes erwartet, handelt selbst für den Fall hin, daß die Einwilligung nicht erfolge, will also wiederum seinen Willen selbst gegen den Willen des Anderen zur Geltung bringen.[95])

Es ist endlich, damit die Absicht rechtswidriger Zueignung angenommen werde, nothwendig aber auch möglich, daß die Ehefrau sich die Sache zueignen wolle, d. h. daß sie sie haben wolle, um darüber wie ein Eigenthümer zu schalten, und zwar, weil sie einen Gewinn machen will. Das ist dasjenige Erforderniß, bei dessen Feststellung die größte Vorsicht angewendet werden muß.

Denn wenn uns der Römische Jurist daran erinnert, daß man bei dem socius condominus in den meisten Fällen annehmen müsse, daß er nicht in strafbarer Gesinnung, sondern um sein Recht wahrzunehmen, die Sache apprehendire:[96]) um wieviel öfter werden wir die Absicht der Zueignung bei der Ehefrau leugnen müssen, da sie nicht bloß an Erhaltung ihrer Vermögensquote, sondern auch derjenigen ihres Ehemannes das größte Interesse hat, da sie sich und den Kindern Lebensunterhalt gewähren will, da sie endlich durch die Rechtsgemeinschaft mit ihrem Ehemanne nicht ihre sittliche Persönlichkeit aufgegeben hat.

Bekümmert sich der Mann um gemeinschaftliche Sachen nicht und veräußert sie deshalb die Frau, oder nimmt die Frau dem Manne Geld weg, um Sachen, die zu des Mannes Geschäfte (also nicht blos zum Haushalt) nothwendig sind, anzuschaffen, oder um dem Manne die Mittel zum Spiele u. s. w. zu entziehen: so hat sie nicht die Absicht der Zueignung, vielmehr will sie, da der Mann ein schlechter Wirthschafter ist, vom gemeinschaftlichen Vermögen Schaden abwenden. Gewährt der Mann Frau und Kind keinen Lebensunterhalt, und eignet sich die Frau, um den Unterhalt zu bestreiten, etwas an: so hat sie nicht die Absicht der Zueignung; sie will sich und ihren Kindern vielmehr nur zu ihrem Rechte verhelfen. Dies muß selbst für den Fall gelten, wenn der Mann zwar den Lebensunterhalt gewährt, dies jedoch in so knapper Weise, daß er den durch Stand und Vermögensverhältnisse gegebenen Anforderungen nicht genügt. Auch hier liegt nichts als Selbsthülfe vor, da die Höhe der Alimente durch Stand und Vermögensverhältnisse bestimmt wird. (A. L. R. II. 1. §. 185 ff.)

Betheiligt sich die Frau ohne Wissen und Willen des Mannes bei einem wohlthätigen Vereine, und nimmt sie, um die Beiträge zu leisten, dem Manne etwas weg: so hat sie nicht die Absicht der Zueignung. Sie will nur ihrem sittlichen Gefühle genügen, und sie hat ein Recht dazu, weil sie sonst der allgemeinen Menschenpflicht zur Barmherzigkeit, welche ihr als Hausfrau besonders obliegt, nicht genügen könnte.[97])

---

[95]) Die entgegengesetzte Entscheidung der Römischen Juristen (Gaius, III. §. 198) halte ich nicht für folgerichtig.

[96]) l. 51 pr. pro soc. 17. 2.

[97]) Den Crispinianismus im Allgemeinen halte ich zwar für Diebstahl, allein er ist es nicht in dem oben gedachten besonderen Falle. Die Ehefrau hat, abgesehen von den Ausnahmefällen, nur in Bezug auf den Haushalt

Liegen solche Ausnahmefälle nicht vor, eignet sich z. B. die Frau gütergemeinschaftliche Sachen an, um ihrer Liederlichkeit zu fröhnen, um ihrem Hausfreunde Geschenke zu machen: dann ist auch die Absicht der Zueignung vorhanden; denn sie will die Sachen haben, um darüber wie ein Eigenthümer zu schalten, und darin ist von selbst die gewinnsüchtige Absicht enthalten.

Bei der Untersuchung dieses dritten Erfordernisses des Thatbestandes des Diebstahls bin ich wiederum davon ausgegangen, daß die Gütergemeinschaft Miteigenthum der beiden Ehegatten an jeder einzelnen zum gemeinschaftlichen Vermögen gehörigen Sache bewirke. Die Anhänger der anderen Theorien kommen zum Theil zu entgegengesetzten Resultaten.

Die Theorie der Societät, der juristischen Person und des Alleineigenthums des Mannes stimmen mit der der Rechtsgemeinschaft (des Miteigenthums) überein, erstere deshalb, weil sie Miteigenthum des einzelnen Ehegatten an der gütergemeinschaftlichen Sache annimmt, die zweite deshalb, weil sie das Eigenthum der Ehegatten an der gütergemeinschaftlichen Sache leugnet[98]) und der juristischen Person zuschreibt, die dritte endlich deshalb, weil sie jedenfalls der Ehefrau das Eigenthum abspricht. Aus den Grundsätzen dieser drei Theorien folgt, daß die Ehefrau wissen könne, sie nehme eine fremde Sache ohne Einwilligung des Ehemannes weg, und daß sie die Absicht haben könne, sich dieselbe zuzueignen.

Die Theorie des Gesammteigenthums und der ehelichen Genossenschaft kommen konsequenter Weise dahin, die Absicht rechtswidriger Zueignung in Abrede zu stellen, weil die gütergemeinschaftliche Sache für keinen der Ehegatten fremd sei, mithin keiner, der sie sich aneigne, dies wissen könne, die Absicht der Zueignung aber sich nur bei einer fremden Sache denken lasse.

Die Theorie der äußeren Gütereinheit endlich muß fragen, ob die weggenommene Sache zum Illatum der Ehefrau gehört oder nicht, und muß je nach Beantwortung dieser Vorfrage im konkreten Falle eine verschiedene Entscheidung treffen.

Nach der von mir vertheidigten Theorie der landrechtlichen Gütergemeinschaft findet man, daß die drei zum Thatbestande des Diebstahls gehörigen Merkmale bei der Ehefrau wohl möglich sind; ich muß demnach die mir gestellte Frage dahin beantworten, daß es möglich ist, daß eine mit ihrem Ehemanne nach den Vorschriften des Landrechts in allgemeiner Gütergemeinschaft lebende Ehefrau an den zum gemeinschaft-

---

Verfügungsfähigkeit. Nun gehört aber Wohlthätigkeit nicht zu den Haushaltszwecken. Ebensowenig kann die Frau auf Grund der Alimentationspflicht des Mannes Mittel behufs Uebung von Barmherzigkeit verlangen. Und man wird nicht leugnen, daß die Hausfrau besondere Gelegenheit hat, die Leiden des Menschen kennen zu lernen, sich also doppelt zur Barmherzigkeit aufgefordert fühlt. — Aus diesen Gründen möchte ich aber den im Text erwähnten Fall auf die allgemeine Gütergemeinschaft beschränken, und nicht auf die des Erwerbes ausdehnen, weil hier die Frau noch außer dem gemeinschaftlichen Vermögen Sondergut hat. Hat sie kein solches oder will ihr der Mann nichts davon geben, so würde ich auch bei der Gemeinschaft des Erwerbes die im Text erwähnte Ansicht annehmen.

[98]) Dies thut auch Koch bei seiner eigenthümlichen Auffassung der Miteigenthumstheorie.

lichen Vermögen gehörenden beweglichen Sachen einen Diebstahl im Sinne des Preußischen Strafgesetzbuches begehe.

Trügt mich mein Rechtsbewußtsein nicht, so ist die von mir getroffene Beantwortung der Frage im Sinne der Volksanschauung und des Gesetzgebers ausgefallen. Beide wollen sie nicht, daß Bestrafungen von Eigenthumsverletzungen Zwietracht in das Familienleben hineintragen, und es ist durch §. 228 des Strafgesetzbuches dafür gesorgt, daß der Diebstahl von einem Ehegatten gegen den anderen straflos bleiben solle. Wo jener Zweck wegfällt, wo es sich also um Theilnehmer, Hehler handelt, muß die Strenge des Gesetzes wieder eintreten; denn nur um der Ehegatten willen und nicht aus Rücksicht auf außer der Ehe stehende Personen hat das Gesetz auf seine Macht verzichtet.

III.

Anleitung

zur Anfertigung von

Anklageschriften

und

Anträgen auf vorläufige Versetzung in den Anklagestand

(nebst sechs Probe-Beispielen).

I.

Einleitung.

§. 1.

Nach der Verordnung vom 3. Januar 1849, welche in Verbindung mit dem Gesetze vom 3. Mai 1852 die Grundlage unseres gegenwärtigen Strafverfahrens bildet, darf der Richter bei strafbaren Handlungen nicht mehr von Amts wegen einschreiten, sondern muß den Antrag der Staatsanwaltschaft abwarten. Zur Eröffnung der Untersuchung gegen eine bestimmte Person ist daher

1. die Anklage des Staatsanwalts und
2. der Beschluß des kompetenten Gerichts

erforderlich.

Die **Anklage***) hat den Zweck, den Richter von der strafbaren Handlung, welche Gegenstand der Untersuchung werden soll, in Kenntniß zu setzen, ihm die Person des Thäters namhaft zu machen, die Thatsachen, welche den Gegenstand der Anklage bilden, vorzuführen, den rechtlichen Gesichtspunkt, von dem sie aufgefaßt, die Beweismittel, durch welche sie erhärtet werden sollen, näher darzulegen, und zugleich dem Angeklagten die Möglichkeit zu gewähren, seine Vertheidigung genügend vorzubereiten. Sie ist also dazu bestimmt, *eine geordnete und erschöpfende mündliche Verhandlung der Sache einzuleiten, und ihr als Grundlage zu dienen.*

---

*) Vergleiche:

1. Die Allg. Verfügung des Justizministers v. 29. März 1853 (J. M. Bl. S. 134–138) über die Abfassung der Anklageschriften und der Anträge auf Versetzung in den Anklagestand 2c.

2. Ueber die Anfertigung von Anklagen und Anträgen auf vorläufige Versetzung in den Anklagestand von **Brohm**, Ober-Staatsanwalt bei dem Appellationsgericht in Halberstadt, Druck von Dölle und Sohn daselbst.

Außer dieser praktischen Bedeutung hat die Anklage aber auch einen prozeßrechtlichen Zweck zu erfüllen. Sie dient nämlich dazu, das Untersuchungs-Verfahren in bestimmte Grenzen einzuschließen.

Zwar ist der rechtliche Gesichtspunkt, unter welchen die Anklage die von ihr behaupteten Thatsachen bringt, für das weitere Verfahren nicht bindend; diese Thatsachen unterliegen vielmehr, ebenso wie die näheren Umstände, von welchen sie begleitet sind, der Prüfung des Gerichts nach allen Richtungen hin, dergestalt, daß auch solche Umstände, welche die Handlung des Angeklagten als eine Gesetzesverletzung anderer, und sogar schwererer Gattung darstellen, nicht ausgeschlossen sind (Gesetz vom 3. Mai 1852. Art. 30. 86).

Dagegen wird die That selbst, d. h. die That, wie sie sich in ihrer äußeren Erscheinung, abgesehen von ihrer rechtlichen Qualifikation, darstellt, durch die Anklageschrift dergestalt fixirt, daß derselben eine andere materielle That nicht substituirt, und ebenso wenig aus den vorliegenden Verhandlungen neben jener ersten That eine zweite, davon thatsächlich verschiedene, konstruirt werden darf.*)

Uebrigens ist auch die Qualifikation, welche der That des Angeschuldigten in der Anklage beigelegt wird, für den Fortgang der Untersuchung nicht ohne rechtliche Bedeutung. Denn wenngleich sie den Gesichtskreis des erkennenden Richters nicht beengen kann, so bestimmt sie doch die Richtung, nach welcher sich seine Prüfung zunächst zu erstrecken hat. Um nämlich die Anklage vollständig zu erledigen, muß sich das Urtheil des Gerichts unter allen Umständen darüber aussprechen, ob die von der Anklage behauptete Gesetzesübertretung vorliege, und es ist daher unzulässig, den in der Anklage aufgestellten Anschuldigungspunkt zur Erledigung in einem anderweiten Verfahren vorzubehalten.**)

§. 2.

Die Anklage wird von der Staatsanwaltschaft erhoben. Handelt es sich jedoch um eine Zuwiderhandlung gegen die Vor-

*) Erkenntniß des Ober-Tribunals vom 6. April 1853 (Entscheidungen, Bd. 25. S. 286—290).

**) Erkenntniß des Ober-Tribunals vom 14. Februar 1856 (J. M. Bl. Seite 77).

schriften über die Erhebung öffentlicher Abgaben und Gefälle, so kann die zur Verwaltung der letzteren bestellte Behörde, sofern die Staatsanwaltschaft nicht einschreitet, die Anklage selbstständig erheben, über welche sodann nach Vernehmung der Staatsanwaltschaft Beschluß gefaßt wird (Gesetz vom 3. Mai 1852. Art. 135. 138. 139). Ausnahmsweise wird in folgenden Fällen zur Hauptverhandlung geschritten, ohne daß es der Einreichung einer Anklageschrift bedarf, und ohne daß über die Eröffnung der Untersuchung Beschluß gefaßt ist:

1. in Untersuchungssachen wegen der so eben erwähnten Zuwiderhandlungen gegen die Finanzgesetze, sofern die Verwaltungsbehörde von dem ihr zustehenden Recht, einen vorläufigen Strafbescheid zu erlassen, in den zulässigen Fällen Gebrauch gemacht, und der Beschuldigte auf rechtliches Gehör provocirt hat (Art. 136 a. a. O.).
2. in Uebertretungssachen, wenn von Seiten der Ortspolizeibehörde eine vorläufige Strafverfügung erlassen ist, und der Beschuldigte auf gerichtliche Entscheidung anträgt (Gesetz vom 14. Mai 1852. §§. 1. 5. 6. G. S. S. 245.)

II.

Verfahren bei der Vorbereitung der Anklage und bei Fassung des Anklage-Beschlusses.

Dieses Verfahren ist verschieden, je nachdem für die Hauptuntersuchung der Einzelrichter (Polizeirichter) oder die aus 3 Mitgliedern bestehende Gerichtsabtheilung oder endlich das Schwurgericht zuständig ist.

§. 3.

A. Zur Kompetenz des Einzelrichters gehören:

1. alle Uebertretungen (Strafgesetzbuch §. 1);
2. alle Zuwiderhandlungen gegen das Holzdiebstahlsgesetz vom 2. Juni 1852 (G. S. S. 305), mit Ausnahme der in den §§. 16 und 46 bezeichneten Fälle (§§. 24. 48. a. a. O.);
3. die in dem Art. XX. des Einführungsgesetzes zum Strafgesetzbuch bezeichneten Fälle mit den dort angegebenen Ausnahmen;*)

4. diejenigen Vergehen, welche in den §§. 105. 116. 117 bis 119. 146. 254. 273. 274 und 275 des Strafgesetzbuchs vorgesehen sind, (Gesetz vom 14. April 1856. Art. I. §. 1. G. S. S. 208).

§. 4.

In allen diesen Fällen (§. 3) findet ohne Unterschied ein gerichtliches Vorverfahren nicht statt;**) der Vertreter der Staatsanwaltschaft (Polizei-Anwalt) hat sich vielmehr — insofern nicht einer der im §. 2. Nr. 1 und 2 bezeichneten Fälle vorliegt — die zur Begründung der Anklage erforderliche Information auf dem kürzesten Wege, geeigneten Falls durch Requisitionen an andere Behörden zu verschaffen.***)

§. 5.

B. Vor die Gerichtsabtheilung gehören:

1. alle Vergehen (Strafgesetzbuch §. 1), insoweit dieselben nicht ausnahmsweise der Kompetenz des Einzelrichters überwiesen sind (§. 3. Nr. 3 und 4);
2. folgende Verbrechen:
   a. der schwere Diebstahl (Strafgesetzbuch §. 218), insofern nicht der §. 58 oder der §. 219 a. a. O. zur Anwendung kommt;
   b. der einfache Diebstahl im Falle des §. 219 a. a. O.;
   c. die Hehlerei in den Fällen der §§. 238 u. 239 a. a. O.;
   d. die einfache Hehlerei im Falle des §. 240 a. a. O.

   Gesetz vom 22. Mai 1852. Art. I. §. 1 (G. S. S. 250).

---

*) Der Art. XX. lautet:

Soweit durch besondere Gesetze über Materien, hinsichtlich welcher das Strafgesetzbuch nichts bestimmt, eine über die gegenwärtigen Grenzen der Polizeistrafen (§§. 333. 334. 335 des Strafgesetzbuches) hinausgehende Strafe angeordnet, und den Polizeigerichten eine höhere Kompetenz beigelegt ist, behält es dabei sein Bewenden. Jedoch sind von der Kompetenz des Polizeirichters die Fälle ausgeschlossen, in welchen nach den bisherigen besonderen Gesetzen auf den Verlust von Aemtern, oder auf den Verlust des Rechts zum Gewerbebetriebe für immer oder auf Zeit, oder auf Stellung unter Polizei-Aufsicht zu erkennen ist. Diese Fälle sind als Vergehen zu behandeln.

**) Vergl. Allg. Verf. v. 6. August 1851 (J. M. Bl. S. 266); Gesetz v. 14. April 1856. Art. I. §. 2. Abs. 1 (G. S. S. 208).

***) Das Nähere hierüber enthält die Instruktion für die Polizei-Anwalte vom 24. November 1852 (J. M. Bl. von 1853. S. 10—25) in den §§. 13 ff. — In Bezug auf Holzdiebstahlsachen vergl. die Zusatz-Instruktion vom 1. Juli 1853 (ebendas. S. 242—244).

3. alle Verbrechen strafunmündiger Personen, d. h. solcher Personen, welche zur Zeit der That das sechszehnte Lebensjahr noch nicht vollendet hatten (Gesetz vom 22. Mai 1852. Art. IV.).

§. 6.

Auch in diesen Sachen ist es — insofern nicht schon die polizeilichen Verhandlungen und Berichte das nöthige Material zur Begründung der Anklage gewähren*) — zwar zunächst der Beurtheilung des Staatsanwalts überlassen, auf welchem Wege er die zur Aufklärung der Sache erforderlichen Erkundigungen einziehen, und ob er demnächst je nach deren Ausfall entweder die Anklage erheben oder von der weiteren Verfolgung der Sache Abstand nehmen will.**) Hat er jedoch zu diesem Zwecke den Antrag auf förmliche gerichtliche Voruntersuchung für erforderlich erachtet — §. 42. a. a. O. — (wozu ein Bedürfniß der Regel nach nur bei verwickelten und weitläuftigen Sachen anzunehmen ist***), so ist dadurch die Entscheidung über den weiteren Fortgang der Untersuchung auf das Gericht übergegangen. Wenn daher der Staatsanwalt nach Abschluß der Voruntersuchung die Sache zur Erhebung einer Anklage nicht für angethan erachtet, so hat er die Einstellung des weiteren Verfahrens bei dem Gericht zu beantragen, und das letztere hat alsdann hierüber zu befinden. Geht der Beschluß desselben dahin, daß die Einleitung der Untersuchung begründet sei, so hat der Staatsanwalt die Anklageschrift einzureichen — §. 47 a. a. O.

§. 7.

C. Vor das Schwurgericht gehören alle Untersuchungen wegen Verbrechen (Strafgesetzbuch §. 1), mit Ausnahme:

1. der oben im §. 5. Nr. 2 und 3 bezeichneten, vor die Gerichtsabtheilung gehörigen Sachen,

---

*) Auf deren Vollständigkeit ist in geeigneter Weise hinzuwirken. Allg. Verfügung vom 25. November 1850. Nr. 2 (J. M. Bl. S. 398).

**) Wegen der ferneren Aufbewahrung der Akten in diesem Falle vergl. die Allg. Verfügungen vom 13. November 1849 (J. M. Bl. S. 460—463) §. 11 und vom 16. September 1850 (J. M. Bl. S. 336).

***) Allg: Verfügungen vom 3. September 1849. Nr. 2 (J. M. Bl. S. 387—388), vom 25. November 1850. Nr. 2 (J. M. Bl. S. 336) und vom 4. April 1854. Nr. III. (J. M. Bl. S. 147).

2. der in den §§. 74. 76 und 78 des Strafgesetzbuchs vorgesehenen Verbrechen, für welche nach dem Gesetz v. 25. April 1853 (G. S. S. 162—165) das Kammergericht zuständig ist.

§. 8.

Dem mündlichen Verfahren vor den Geschworenen muß stets eine gerichtliche Voruntersuchung vorangehen, in welcher der Angeklagte zu hören ist — Verordnung vom 3. Januar 1849. §. 75.*) Nach dem Abschluß derselben hat der Staatsanwalt bei dem Gericht erster Instanz einen Antrag zu stellen, welcher entweder auf vorläufige Versetzung des Beschuldigten in den Anklagestand, oder auf Einstellung der weiteren Verfolgung gerichtet ist. Ueber diesen Antrag hat eine aus drei Mitgliedern bestehende Abtheilung des Gerichts erster Instanz (Rathskammer) zu befinden. Erklärt sie sich für die Versetzung in den Anklagestand, so hat sie dies in einem Beschlusse auszusprechen, worauf die Akten der betreffenden, aus fünf Mitgliedern bestehenden Abtheilung des Appellationsgerichts (Anklagesenat) eingereicht werden,**) von welcher sodann nach Anhörung des Ober-Staatsanwalts der definitive Beschluß zu fassen ist (Verordn. vom 3. Januar 1849. §§. 76. 78 und Gesetz vom 3. Mai 1852. Art. 63).

Lautet dieser Beschluß auf Versetzung in den Anklagestand und Verweisung der Sache vor das Schwurgericht, so werden die Akten dem Ober-Staatsanwalt zugestellt, welcher alsdann die Anklageschrift ausarbeitet, und solche mit den Akten an das Appellationsgericht zur Weiterbeförderung an das zur Abhaltung des Schwurgerichts zuständige Gericht abgiebt (Verordn. v. 3. Januar 1849. §. 78).

---

*) Bei den vor die Schwurgerichte gehörigen Untersuchungen hat das Ober-Tribunal eine gerichtliche Voruntersuchung dergestalt für wesentlich erklärt, daß, wenngleich auf specielle Requisitionen des Staatsanwalts der Angeschuldigte über die Beschuldigung gerichtlich gehört und die Zeugen gerichtlich und eidlich vernommen sind, das Gericht dennoch befugt ist, die Versetzung des Angeschuldigten in den Anklagestand aus dem Grunde abzulehnen, weil nicht in Gemäßheit des §. 75 a a O. eine förmliche Voruntersuchung beantragt worden war.

**) Ueber das hierbei und bei dem Appellationsgericht zu beobachtende Verfahren vergl. die Allgemeine Verfügungen vom 2. und 24. Oktober 1849 (J. M. Bl. S. 411 und 443).

Findet dagegen das Appellationsgericht bei seiner Beschlußfassung, daß die dem Angeschuldigten zur Last fallende Handlung zwar kein zur Kompetenz des Schwurgerichts gehöriges Verbrechen, wohl aber eine Strafthat geringeren Grades enthalte, so hat es dieserhalb die Eröffnung der Untersuchung selbst auszusprechen (Gesetz vom 3. Mai 1852. Art. 63. Abs. 4).

Sowohl in diesem Falle, als auch, wenn das Appellationsgericht den Beschuldigten gänzlich außer Verfolgung setzt, ist der betreffende Beschluß dem Ober-Staatsanwalt zuzustellen*), welcher — insofern er nicht Beschwerde bei dem Ober-Tribunal führen will — denselben an den Staatsanwalt bei dem Gericht erster Instanz gelangen läßt.

§. 9.

Bei den zur Kompetenz des Kammergerichts gehörigen Verbrechen (§. 7. Nr. 2) findet mit den hierdurch gebotenen Modifikationen dasselbe Verfahren Anwendung. Hat jedoch das Kammergericht, wozu es befugt ist, die Einleitung oder Fortsetzung der Voruntersuchung an sich gezogen, so findet eine Einwirkung der Rathskammer nicht statt — Gesetz vom 25. April 1853. §§. 6 und 7 (G. S. S. 162).

III.

Verhältniß des Anklagebeschlusses zur Anklageschrift.

§. 10.

Der Anklagebeschluß (welcher in den zur Kompetenz der Schwurgerichte und des Kammergerichts gehörigen Sachen (§§. 7 bis 9) „Beschluß über die Versetzung in den Anklagestand", in allen übrigen Untersuchungssachen (§§. 3—6) „Beschluß über die Eröffnung der Untersuchung" genannt wird) bestimmt die Richtung, in welcher die Anklage zugelassen wird.

Daher muß in allen Fällen die in der Anklageschrift erhobene Anschuldigung mit dem Inhalte des Anklagebeschlusses über-

*) Vergl. Allg. Verfügung v. 7. Februar 1851 (J. M. Bl. S. 42).

einstimmen. Dies gilt nicht blos in Schwurgerichtssachen, in welchen die Anklageschrift von dem Ober-Staatsanwalt „nach Maaßgabe" des Beschlusses über die Versetzung in den Anklagestand angefertigt wird — Verordnung vom 3. Januar 1849. §. 78 — sondern ebenso sehr auch in den zur Kompetenz der Gerichtsabtheilung und des Einzelrichters gehörigen Untersuchungen. Denn wenngleich hier der Regel nach die Anklage dem Eröffnungsbeschluß der Zeit nach vorangeht, so hat sie doch zunächst nur den Charakter eines Antrags auf Eröffnung der Untersuchung, und erlangt die rechtliche Bedeutung einer zur Mittheilung an den Angeklagten, und als Grundlage des weiteren Verfahrens dienenden Anklageschrift erst durch jenen Beschluß, also auch nur in so weit, als derselbe mit ihrem Inhalt übereinstimmt. Daraus folgt, daß, wenn das Gericht wegen einer anderen als der in der Anklage behaupteten Strafthat die Eröffnung der Untersuchung beschließt, oder dabei einen in der Anklage nicht hervorgehobenen gesetzlichen Erschwerungsgrund in Betracht zieht, alsdann von der Staatsanwaltschaft eine anderweite, der Auffassung des Gerichts entsprechende Anklageschrift eingereicht werden muß.*)

IV.

Anklageschriften.

A. Erfordernisse derselben.

§. 11.

Die Anklageschrift muß nach §. 39 der Verordnung vom 3. Januar 1849 enthalten:

1. den Namen des Angeschuldigten (s. §. 12),
2. eine Darstellung der ihm zur Last gelegten That (s. §§. 13. 14),
3. die Beweismittel dafür, insbesondere die Namen der

*) Vergl. den Beschluß des Ober-Tribunals v. 4. November 1859 und den diesem Beschluß vorausgegangenen Antrag des General-Staatsanwalts (J. M. Bl. von 1860. S. 35—37).

Belastungszeugen, deren Abhörung der Staatsanwalt verlangt (s. §§. 18. 19),

4. die Bezeichnung des Verbrechens, dessen der Angeklagte beschuldigt wird. Diese Bezeichnung geschieht durch die sogenannte Anklageformel, über deren Fassung in der Allg. Verfügung vom 29. März 1853 (J. M. Bl. S. 134 bis 138) das Nähere vorgeschrieben ist (s. §§. 15. 17).

B. Einrichtung der Anklageschrift.

§. 12.

Die Bezeichnung des Angeklagten geschieht in der Ueberschrift (Rubrum). Stand, Vor- und Zuname und Aufenthaltsort des Angeklagten, und wenn er verhaftet ist, die Behörde, bei der er sich in Haft befindet, sind dabei anzugeben.

Der besseren Uebersicht wegen empfiehlt es sich, auch die sonstigen persönlichen Verhältnisse des Angeklagten, insoweit sie für die Beurtheilung oder Behandlung der Sache von Interesse sind, in die Ueberschrift aufzunehmen. Dahin gehören namentlich:

1. sein Alter;
2. seine Religion;
3. sein Aufenthalts- oder Heimathsort, sofern der letztere nicht mit dem Aufenthaltsort identisch ist. Ist der Angeklagte ein Ausländer, so ist dies ausdrücklich hervorzuheben;
4. seine Vermögensverhältnisse;
5. seine etwaigen besonderen Berechtigungen, wie z. B. der Besitz von Orden oder Ehrenzeichen, eines Civilversorgungsscheines u. dgl.;
6. bei minderjährigen Angeklagten der Name und Aufenthaltsort des Vaters oder Vormundes;
7. bei Angeklagten männlichen Geschlechts, welche im militairpflichtigen Alter stehen, die Angabe ihres Militärverhältnisses, oder daß sie sich in solchem nicht befinden;
8. die früheren Bestrafungen des Angeklagten, in so weit sie für den unter Anklage gestellten Fall von Erheblichkeit sind, unter genauer Angabe der betreffenden rechtskräftigen Erkenntnisse. Eine Vorbestrafung ist erheblich, wenn in Folge derselben entweder

a. die jetzt vorliegende That den Charakter des Rückfalles an sich trägt (s. unten §. 16. Nr. 11),

oder doch

b. der Angeklagte als ein Mensch erscheint, zu dem man sich der ihm zur Last gelegten That versehen kann.

Bei allen diesen Anführungen sind am Rande die Aktenfolien, aus welchen die Angabe entnommen ist, zu vermerken.

Sind die bezeichneten persönlichen Verhältnisse des Angeklagten noch nicht hinreichend aufgeklärt, so darf aus diesem Grunde allein die Erhebung der Anklage nicht aufgehalten werden, es wäre denn von diesen Feststellungen die Kompetenz des Strafrichters oder die Anwendung eines bestimmten Strafgesetzes z. B. beim Rückfalle oder bei einem im Auslande begangenen Verbrechen (Str. G. B. §§. 219. 4. 24. 78) abhängig.

Ist eine Anklage gegen mehrere Angeschuldigte gerichtet, so sind diese in der Ueberschrift in derjenigen Reihenfolge aufzuführen, in welcher die gegen sie erhobenen Beschuldigungen im Kontext der Anklage vorgetragen werden (§. 14. Nr. 7ᵃ und 8ᵇ).

§. 13.

Der Kontext der Anklageschrift beginnt mit der Darstellung der dem Angeklagten zur Last gelegten That.

Faßt man blos den prozeßrechtlichen Zweck der Anklage in's Auge, so würde es genügen, wenn darin nur einfach diejenigen Thatsachen, auf Grund deren die Anwendbarkeit des Strafgesetzes behauptet wird, angegeben, und nach Ort, Zeit und Personen in so weit individualisirt werden, daß über die Identität der materiellen That ein Zweifel nicht aufkommen kann.*)

Wie jedoch schon im §. 1 hervorgehoben ist, hat die Anklageschrift zugleich den praktischen Zweck zu erfüllen, als Leitfaden für die mündliche Verhandlung zu dienen. Daher kann die bloße Hervorhebung der zum gesetzlichen Thatbestande der Strafthat gehörigen thatsächlichen Elemente — wie sie durch die Anklageformel (§. 15) geschieht — nur in solchen Fällen ausreichen, wo diese Elemente sich sämmtlich durch die angegebenen

---

*) Auf diesen Gesichtspunkt hat sich daher auch die Prüfung der Gerichte hinsichtlich der Vollständigkeit der in der Anklage gegebenen Darstellung zu beschränken. Beschluß des Ober-Tribunals vom 6 Januar 1859 (J. M. Bl Seite 90).

Beweismittel unmittelbar feststellen lassen, z. B. wenn ein umfassendes Geständniß des Angeschuldigten vorliegt, oder wenn bei einer einfachen Mißhandlung die That durch Augenzeugen erwiesen werden kann. Ist dagegen jene Feststellung ganz oder zum Theil durch den Nachweis anderweiter Thatsachen vermittelt, kommt es insbesondere zur Ueberführung des Angeklagten auf einen Indicienbeweis an, dann muß die Anklageschrift alle zu diesem Zwecke dienenden Thatsachen dergestalt aufführen, daß auf Grund ihres Vortrags, ohne daß ein Zurückgehen auf die Vorverhandlungen erforderlich ist, das Verhör des Angeklagten und der Zeugen erschöpfend bewirkt werden kann.

In einfacheren Sachen kann es zur Vermeidung von Wiederholungen zweckmäßig sein, die Anklageformel (§. 15) vorauszuschicken, und die Aufzählung derjenigen Thatsachen, welche zum Beweise des Thatbestandes dienen, nachfolgen zu lassen. Als Regel gilt jedoch, daß die Anklage mit einer gedrängten historischen Darstellung des Sachverhältnisses beginnt.

§. 14.

Ueber die Art, wie diese Darstellung einzurichten ist, lassen sich natürlich keine für alle Fälle passenden Vorschriften ertheilen, sie wird in jedem einzelnen Falle je nach der eigenthümlichen Beschaffenheit der Sache verschieden sein. Es sind indeß folgende allgemeine Andeutungen zu beachten.

1. Die Darstellung hat den Zweck, dem Leser oder Hörer nach Analogie einer guten Erzählung eine klare, deutliche Vorstellung von dem ganzen Sachverhältniß zu geben; sie wird es daher namentlich vermeiden müssen, sich in spezifisch juristischen Formen oder in technischen Fremdwörtern zu bewegen, und sich vielmehr durch eine zwar ernste und würdige, aber doch schlichte und ungezwungene Schreibweise dem allgemeinen Verständnisse anzupassen haben.

2. Nur solche Thatsachen sind anzuführen, welche auf die Begründung der Anklage von wesentlichem Einflusse sind. Dabei ist jedes erhebliche Faktum möglichst in einen besonderen Satz, oder den selbstständigen Theil eines solchen aufzunehmen. Ist es zum besseren Verständnisse der Sache unumgänglich, unwesentliche Nebenumstände zu erwähnen, so sind diese Mittheilungen auf das Nothwendigste zu beschränken.

3. Die in den Akten enthaltenen Ermittelungen bilden zwar die Grundlage dieser Darstellung; jedoch ist nicht das Ergebniß jeder einzelnen Ermittelung, z. B. jeder Zeugenaussage, abgesondert zu erwähnen, sondern es sind die nach Ansicht des Verfassers ermittelten Thatsachen in kategorischer Weise hinzustellen, wobei es nicht nöthig ist, die Erkenntnißquelle für jeden einzelnen Umstand anzugeben.

4. Die Auslassungen des Angeklagten in der Voruntersuchung sind nur in so weit zu berühren, als sie ein Geständniß enthalten, oder aus sonstigen Gründen, z. B. wegen der darin enthaltenen Widersprüche, zur Unterstützung der Anschuldigung geeignet sind.

5. Alle weitschweifigen Ausführungen zu dem Zweck, um die Erheblichkeit der vorgetragenen Thatsachen hervortreten zu lassen, sind zu vermeiden. Dieser Zweck muß vielmehr durch eine angemessene Gruppirung des thatsächlichen Materials erreicht werden.

6. Eine Sonderung zwischen dem objektiven und subjektiven Thatbestande ist zwar nicht gerade wesentlich; sie wird jedoch in verwickelten Sachen zur Erleichterung des Verständnisses beitragen. Dies gilt namentlich in solchen Fällen, wo der Beweis der Thäterschaft auf einer Reihe einzelner Indicien beruht.

In Fällen der Art wird es sich empfehlen, die einzelnen belastenden Thatsachen unter getrennten Nummern aufzuführen. Dabei ist jedoch jeder erhebliche Umstand nur einmal zu erwähnen, sollte er auch nach verschiedenen Richtungen hin als Verdachtsgrund in Betracht kommen.

7. Wird die Anklage gegen mehrere Angeschuldigte, die als Urheber, Theilnehmer oder Begünstiger in Bezug auf eine nnd dieselbe Strafthat in Betracht kommen, gerichtet, so ist auch in diesem Falle eine zusammenhängende historische Darstellung des Sachverhalts zu geben.*) Bei verwickelten Sachen oder bei einer großen Anzahl von Angeklagten wird es jedoch der Regel nach nothwendig sein, die gegen jeden Einzelnen sprechenden Thatsachen gesondert aufzuzählen. In Bezug auf die Reihenfolge ist alsdann der Grundsatz festzuhalten, daß unter mehreren in gleicher Art Be-

*) Vergl. Probe-Beispiel Nr. 3.

theiligten mit Demjenigen begonnen wird, welcher ein Geständniß abgelegt hat.

8. Betrifft die Anklage mehrere selbstständige Anschuldigungspunkte, so ist jeder derselben abgesondert vorzutragen.*) Für die Reihenfolge ist die chronologische Ordnung nicht unbedingt maaßgebend. Es wird vielmehr

a. wenn die Anklage nur gegen einen Angeschuldigten gerichtet ist, meistens angemessen sein, ohne Rücksicht auf die Zeitfolge den schwersten Anklagepunkt, und wenn es sich um mehrere gleich schwere handelt, denjenigen vorauszuschicken, bei welchem die Verurtheilung am wahrscheinlichsten ist.

Handelt es sich

b. um mehrere Angeschuldigte, so wird es sich meistens empfehlen, die Reihenfolge durch die Person desjenigen Angeklagten, gegen welchen die größte Anzahl von Anschuldigungen vorliegt, dergestalt bestimmen zu lassen, daß die ihn berührenden Anklagepunkte hintereinander, sowohl in Betreff seiner als seiner Komplicen, abgehandelt werden, worauf sodann derjenige der Letzteren, welcher bei den meisten der übrig gebliebenen Punkte interessirt, für die weitere Folgeordnung den Ausschlag giebt.

9. So oft in der Darstellung die Person des Angeschuldigten erwähnt wird, genügt es, ihn einfach durch den Ausdruck „der Angeklagte" zu bezeichnen, der Familienname ist nur dann beizufügen, wenn es auf die Unterscheidung mehrerer Angeklagter ankommt.

§. 15.

An die Darstellung des Sachverhalts schließt sich der Regel nach unmittelbar die Anklageformel nebst der Bezeichnung des Strafgesetzes an.

Die Anklageformel ist dazu bestimmt, die dem Angeklagten zur Last gelegten Thatsachen, welche den Thatbestand des als anwendbar behaupteten Strafgesetzes bedingen, zusammenzufassen. Sie bildet also den Kern der Anklageschrift, und dient zugleich als Grundlage für die in Schwurgerichtssachen den Geschwornen vorzulegenden Fragen — Gesetz vom 3. Mai 1852

*) Vergl. Probe-Beispiel Nr. 2.

Art. 81 — oder in anderen Sachen für die von dem Gerichte zu treffende thatsächliche Feststellung — Art. 31 a. a. O.

§. 16.

Ueber die Fassung der Anklageformel lassen sich im Allgemeinen folgende Regeln aufstellen.

1. Eingeleitet wird die Anklageformel durch die Worte:

„Demnach (hier folgt die Erwähnung des gerichtlichen Anklagebeschlusses, falls ein solcher vorausgegangen ist) wird N. N. angeklagt."

Hieran schließt sich in der Ausdrucksweise des Gesetzes der gesammte subjektive und objektive Thatbestand der den Gegenstand der Anklage bildenden strafbaren Handlung. Insbesondere sind auch die inneren Thatsachen, welche zu diesem Thatbestande gehören, z. B. die Absicht des Thäters, der Vorsatz, die Fahrlässigkeit desselben hervorzuheben.

Auch Zeit und Ort der That sind, jedoch ohne ängstliche Begrenzung aufzunehmen.*)

Den Schluß der Anklageformel bildet die Bezeichnung des Strafgesetzes. Beispielsweise würde die Anklageformel wegen eines einfachen Diebstahls zu lauten haben:

Demnach wird der N. N. angeklagt, in der Zeit vom . . . bis . . . zu (Ort) dem (Name des Bestohlenen) eine diesem gehörige goldene Ankeruhr in der Absicht, sich dieselbe rechtswidrig zuzueignen, weggenommen, und sich dadurch des in den §§. 215 und 216 des Strafgesetzbuches vorgesehenen Vergehens eines einfachen Diebstahls schuldig gemacht zu haben.

2. Aus den Umständen des einzelnen Falles ist zwar soviel in die Formel aufzunehmen, als zur Individualisirung desselben erforderlich ist, und es ist dabei namentlich der Gesichtspunkt festzuhalten, daß der Angeklagte in der Lage sein muß, seine Vertheidigung gehörig vorzubereiten, und daß auch ein späterer Zweifel darüber, welche individuelle That Gegenstand des Verfahrens gewesen, möglichst auszuschließen ist. So müssen z. B. bei einer Körperverletzung (§§. 187. 198 a. a. O.) die Handlungen, durch welche dieselbe verursacht worden, und der Körpertheil,

*) Vergl. die citirte Allg. Verfügung vom 29. März 1853 (J. M. Bl. S. 134) lit. A. Nr. 1.

welcher davon betroffen worden, bei einem Betruge (§. 241 a. a. O.) die falschen Thatsachen, welche von dem Angeklagten vorgebracht worden,*) bei dem Verbrechen der Urkundenfälschung (§§. 247. 249. 253. 254 a. a. O.), insofern es durch Verfälschen einer ursprünglich ächten Schrift begangen ist, die Veränderungen, worin die Verfälschung bestanden hat,**) bei einer Bestechung (§§. 310. 311 a. a. O.) die Handlungen oder Unterlassungen, welche die Verletzung der amtlichen Pflicht enthalten, aus der Anklageformel hervorgehen.

Andrerseits ist aber bei Angabe dieser konkreten Umstände alle unnütze Weitschweifigkeit zu vermeiden. So genügt es z. B. bei einem Diebstahl, wenn die gestohlenen Gegenstände ihrer Gattung nach bezeichnet werden, ohne daß es einer Specifikation derselben bedarf.

3. Ebenso sind solche Umstände, welche lediglich dazu dienen, das richterliche Ermessen bei der Arbitrirung der Strafe zu leiten, aus der Anklageformel wegzulassen, z. B. bei einer vorsätzlichen Zerstörung fremder Sachen der Betrag des angerichteten Schadens.

4. Treten dagegen zu einer That, welche schon in ihrer einfachen Gestalt strafbar sein würde, Umstände hinzu, welche nach ausdrücklicher gesetzlicher Vorschrift die Anwendung einer härteren Strafe bedingen, so sind dieselben in der Formel besonders hervorzuheben (vergl. Gesetz vom 3. Mai 1852 Art. 80. 84. 91). Es würde z. B. die Anklageformel, wenn die Anschuldigung auf Mord (Strafgesetzbuch §. 175), also auf einen mit Ueberlegung verübten Todtschlag gerichtet ist, dahin zu fassen sein:

am . . . zu . . . den X. X. vorsätzlich getödtet zu haben und zwar:

mit Ueberlegung,

und sich dadurch des im §. 175 des Strafgesetzbuches vorgesehenen Verbrechens des Mordes schuldig gemacht zu haben.

Treffen mehrere erschwerende Umstände in dem oben angegebenen Sinne, z. B. beim Diebstahl Einsteigen und Einbruch zusammen, so sind die thatsächlichen Merkmale eines jeden der-

---

*) Vergl. Probe-Beispiel Nr. 1.

**) Vergl. Erkenntniß des Ober-Tribunals vom 16. Juli 1858 (J. M. Bl. S. 316).

selben unter einer besonderen Nummer hervorzuheben, also in dem angegebenen Beispiel etwa in folgender Weise:

am .... zu .... dem N. N. eine goldene Ankeruhr in der Absicht, sich dieselbe rechtswidrig zuzueignen, weggenommen zu haben,

und zwar, nachdem er

a. in das Wohngebäude des N. N. durch ein Fenster eingestiegen war,

b. im Innern dieses Gebäudes einen verschlossenen Schrank durch gewaltsames Aufbrechen der Thüre desselben eröffnet hatte,

sich dadurch aber des in den §§. 215. 218 Nr. 2. 222. 223 Nr. 2 des Strafgesetzbuches vorgesehenen Verbrechens eines schweren Diebstahls schuldig gemacht zu haben.

Dasselbe gilt auch in solchen Fällen, wo die Anklage mehrere Thatsachen kumulativ behauptet, während das Gesetz schon an jede einzelne derselben alternativ die Folge einer härteren Bestrafung geknüpft hat. Hier ist die Sonderung zweckmäßig, um die Befugniß des Richters (resp. der Geschworenen), die eine Thatsache zu bejahen, die andere aber zu verneinen, deutlich hervortreten zu lassen. Beispielsweise würde bei einer auf erhebliche Mißhandlung (§. 192a a. a. O.) gerichteten Anschuldigung die Formel zu lauten haben:

..... vorsätzlich eine Mißhandlung zugefügt zu haben, welche

a. erhebliche Nachtheile für die Gesundheit oder Gliedmaßen des Verletzten,

b. eine länger andauernde Arbeitsunfähigkeit desselben zur Folge gehabt hat,

und sich dadurch u. s. w.*)

Die obige Regel darf jedoch auf solche Umstände, welche den Thatbestand der einfachen That bedingen, nicht ausgedehnt werden. So würde es z. B. in einem Falle des Mordes unrichtig sein, die Anklage, wie folgt, zu formuliren:

---

*) Eine ähnliche Formulirung kann in den Fällen der §§. 147. 199. 259. 261. 263 a. a. O. nothwendig werden, sofern nämlich mehrere derjenigen Thatsachen zusammentreffen, von denen schon jede, für sich allein betrachtet, die Strafbarkeit nach dem Gesetz begründet.

. . . den X. X. getödtet zu haben, und zwar
a. vorsätzlich,
b. mit Ueberlegung.

Denn würde eine dem entsprechende Frage den Geschworenen vorgelegt, und dieselbe von ihnen, unter gleichzeitiger Verneinung der besonders hervorgehobenen Umstände, in der Hauptsache bejaht werden, so könnte eine Verurtheilung trotz des anscheinend bejahenden Verdiktes nicht erfolgen, es würde also gerade diejenige Inkonvenienz herbeigeführt werden, welche der Art. 80 des Gesetzes vom 3. Mai 1852 verhüten will, indem er die Theilung der Hauptfrage untersagt.

5. Handelt es sich um den Versuch eines Verbrechens oder Vergehens (Strafgesetzbuch §. 31), so müssen die von dem Gesetze bezeichneten Erfordernisse eines strafbaren Versuchs in die Anklageformel aufgenommen werden. Dagegen ist eine specielle Angabe der Handlungen, durch welche der Versuch an den Tag gelegt, und der Umstände, durch welche er gehindert worden oder ohne Erfolg geblieben ist, überflüssig, und daher um so mehr zu vermeiden, als sie in Schwurgerichtssachen zu einer Beengung des Urtheils der Geschworenen führen kann.*) Beispielsweise würde der Fall einer durch einen fehlgegangenen Pistolenschuß versuchten Tödtung, wie folgt, zu formuliren sein:

am . . . . zu . . . . den N. N. durch einen Pistolenschuß zu tödten dergestalt versucht zu haben, daß dieser Versuch durch Handlungen, welche einen Anfang der Ausführung der That enthalten, an den Tag gelegt worden, und nur durch äußere, von dem Willen des Angeklagten unabhängige Umstände ohne Erfolg geblieben ist.

Zu bemerken ist übrigens, daß das Strafgesetzbuch nicht überall, wo es von einem „Versuchen" spricht, darunter einen Versuch im Sinne des §. 31 a. a. O. versteht. Vielmehr ist an mehreren Stellen unter jenem Ausdruck nur das absichtliche Handeln in einer bestimmten Richtung gemeint, und ist daher in diesen Fällen der Ausdruck ohne Auflösung in die Formel aufzunehmen, namentlich in den Fällen der §§. 84. 90. 96. 130. 212. 234. 311 des Strafgesetzbuchs.

6. In der Anklageformel gegen einen Theilnehmer an

---

*) Vergl. Oppenhoff, Strafgesetzbuch, Ausgabe 2. zum §. 31. Note 2. 16 bis 19.

der That (§. 34 a. a. O.) wird es sich in Schwurgerichtssachen meistens empfehlen, die namentliche Bezeichnung des Thäters zu unterlassen, um auf diese Weise den Geschworenen einen bejahenden Ausspruch auch für den Fall möglich zu machen, daß sie die Begehung der Hauptthat durch den in der Anklage bezeichneten Thäter nicht für erwiesen erachten sollten.*) Beispielsweise würde bei einer vorsätzlichen Brandstiftung im Sinne des §. 285. Nr. 1 a. a. O. die Anklage gegen den Anstifter (§. 34. Nr. 1 a. a. O.) dahin zu formuliren sein:

> Denjenigen, welcher am .... zu .... das dem N. N. gehörige Gebäude,
>
> und zwar ein solches, welches zur Wohnung von Menschen diente,
>
> vorsätzlich in Brand gesetzt hat, zur Begehung dieser That durch Geschenke oder Versprechungen verleitet und bestimmt zu haben u. s. w.**)

7. Sind in dem gesetzlichen Thatbestande der Strafthat solche Begriffe enthalten, deren Würdigung die Hülfe der Rechtswissenschaft erfordert, so sind an deren Stelle diejenigen thatsächlichen Momente des Einzelfalles zu setzen, durch welche der fragliche Begriff hergestellt wird. So ist z. B. bei der Urkundenfälschung in dem Falle des §. 247 a. a. O. die Urkunde, um deren Fälschung es sich handelt, der Regel nach ihrem Wortlaute oder doch ihrem wesentlichen thatsächlichen Inhalte nach in die Formel aufzunehmen.***)

Stimmt jedoch die gesetzliche Bedeutung des Rechtsbegriffes mit dem Sprachgebrauche des gemeinen Lebens überein (wie z. B. beim „umschlossenen Raum", §. 221 a. a. O.), oder sind zu dessen Verständniß nur unter gewissen besonderen Voraussetzungen rechtliche Kenntnisse erforderlich (wie z. B. bei der „gewinnsüchtigen Absicht"),†) so ist es der Regel nach vorzuziehen, den Begriff in der Fassung des Gesetzes in die Frage aufzunehmen, und die Erwägung, ob eine Auflösung geboten sei, der mündlichen Verhandlung zu überlassen (vergl. Gesetz vom 3. Mai 1852 Art. 82).

---

*) Vergl. Oppenhoff a. a. O. zu §. 34 Note 19.

**) Vergl. im Probe-Beispiel Nr. 2 die Formel zu IV. 1.

***) Vergl. Oppenhoff a. a. O. zu §. 247 Note 58—61.

†) Vergl. Oppenhoff a. a. O. zu §. 247 Note 5. 8.

Eine Ausnahme tritt jedoch in solchen Fällen ein, wo sich schon bei Erhebung der Anklage voraussehen läßt, daß der von dem Gesetze gebrauchte Ausdruck in der mündlichen Verhandlung zu Mißverständnissen Veranlassung geben werde. So ist namentlich bei der Meuterei (Strafgesetzbuch §. 96) der Begriff des „Zusammenrottens" erfahrungsmäßig nicht selten einer unrichtigen Auffassung von Seiten der Geschworenen ausgesetzt, und es ist daher, um dieser Gefahr vorzubeugen, gerathen, die Anklageformel beispielsweise in folgender Art zu fassen:*)

> am . . . . in der Gefangenanstalt zu N. sich mit seinen Mitgefangenen zu einem gemeinsamen Ausbruche durch Verabredung vereinigt, und zu der in der darauf folgenden Nacht gewaltsam bewerkstelligten Ausführung dieses Ausbruches mitgewirkt zu haben,
>
> (und zwar dergestalt, daß er zu diesem Zwecke Gewaltthätigkeiten an Sachen selbst verübt hat.)

Eine gleiche Vorsicht ist anzurathen, wenn ein Beamter beschuldigt ist, amtlich empfangene Gelder unterschlagen und zugleich deren Eintragung in die von ihm zu führenden Bücher unterlassen zu haben (§§. 324. 325 a. a. O.). In diesem Falle könnten nämlich bei einer dem Wortlaut des Gesetzes entsprechenden Fragestellung die Geschworenen leicht in Zweifel darüber gerathen, ob jene Verabsäumung unter den Begriff einer „unrichtigen Buchführung" fällt. Deshalb ist es zweckmäßig, diese, dem Gebiete der Gesetzesauslegung angehörende Frage**) durch eine entsprechende Formulirung der Entscheidung des Gerichtshofes vorzubehalten, beispielsweise in folgender Art:

> im Jahre 1859 zu . . . in seiner Eigenschaft als Rendant der dortigen Kreiskasse 122 Thlr. Steuern, die er von dem Gutsbesitzer N. mit der Verpflichtung in Empfang genommen hatte, dieselben zur Kasse abzuliefern, zum Nachtheile derselben vorsätzlich verbraucht zu haben,
>
> und zwar dergestalt, daß er zugleich mit Beziehung auf diese That es unterlassen hat, jene Zahlung in das von ihm geführte, zur Kontrolle der Einnahmen dienende Kassenbuch einzutragen,
>
> und sich dadurch u. s. w.

*) Vergl. Oppenhoff a. a. O. zu §. 96 Note 7—10.

**) Vergl. Oppenhoff a. a. O. zu §. 325 Note 12.

8. Wenngleich die Anklageformel auf eine bestimmte, im Gesetze vorgesehene Strafthat gerichtet sein muß, und es daher unstatthaft ist, den Angeklagten alternativ der einen oder der anderen Strafthat zu beschuldigen, so ist es doch in solchen Fällen, wo ein und dasselbe Strafgesetz verschiedene Begriffe als auf gleicher Linie stehend alternativ neben einander gestellt hat, im Allgemeinen nicht unzulässig, diese Begriffe in gleicher Weise in die Anklageformel aufzunehmen.

Dies ist namentlich in solchen Fällen unbedenklich, wo das Strafgesetz eine und dieselbe Thatäußerung in eine verschiedene Beziehung auf den Erfolg gesetzt hat, z. B. bei den verschiedenen Arten der Hülfsleistung (§. 34. Nr. 2 a. a. O.), je nachdem sie in Bezug auf vorbereitende, erleichternde oder vollendende Handlungen geschehen ist.*) Das Gleiche muß in solchen Fällen gelten, wo von zweien allein möglichen Begehungsformen der Thäter mit Nothwendigkeit die eine gewählt haben muß, die Feststellung aber, welche dies gewesen, durch seine eigene Veranstaltung vereitelt hat, z. B. wenn der Dieb das verschlossen gewesene Vorhängeschloß einer von ihm geöffneten Thüre bei Seite geschafft hat, und es daher nicht zu ermitteln ist, ob dasselbe mittelst Gewalt (§§. 218. Nr. 2. 223 a. a. O.) oder mittelst falscher Schlüssel (§§. 218. Nr. 3. 224 ebendas.) eröffnet worden ist.**) Aehnlich liegt die Sache, wenn es bei einem schweren Diebstahle ungewiß ist, ob der Angeklagte oder ein anderer Miturheber der That diejenigen Handlungen vorgenommen hat, welche den Charakter des Diebstahls als eines schweren begründen. In einem solchen Falle ist es unbedenklich zulässig, der Formel eine alternative Fassung zu geben.***)

Dahingegen ist der Ausdruck „beziehungsweise“ in der Anklageformel zu vermeiden, da er zu Feststellungen führen kann, welche es ganz im Unklaren lassen, welche Thatsachen der Richter für bewiesen erachtet hat.

---

*) Vergl. Erkenntniß des Ober-Tribunals vom 20. December 1855 (J. M. Bl. von 1856. S. 18), Oppenhoff a. a. O. zu §. 34. Note 53. Einen ähnlichen Fall siehe ebenda zu §. 284. Note 7.

**) Vergl. Oppenhoff a. a. O. zum §. 218. Note 3.

***) Vergleiche die Formeln in den Probe-Beispielen Nr. 3 und Nr. 2. I. bis III., und über die Zulässigkeit einer entsprechenden Fragestellung Oppenhoff a. a. O. zum §. 218. Nr. 2. Note 17 und zu §. 218. Nr. 3. Note 2.

9. Bei solchen Angeklagten, welche zur Zeit der That das sechszehnte Lebensjahr noch nicht vollendet hatten, macht das Strafgesetzbuch — §. 43 — die Bestrafung von der Feststellung abhängig, daß sie mit Unterscheidungs-Vermögen gehandelt haben. In diesen Fällen muß daher auch die Anklageformel die Behauptung enthalten, daß der Angeklagte die That mit Unterscheidungs-Vermögen begangen habe.

10. Der Strafantrag des Verletzten, wo solcher zur Bestrafung einer Gesetzes-Verletzung erfordert wird (wie in den Fällen der §§. 81. 103. 149. 152. 198. 209. 229. 271. des Strafgesetzbuches und §. 15 des Gesetzes vom 11. Juni 1837 — Ges.-Samml. S. 165 folg. —), bildet zwar kein Merkmal des Thatbestandes und gehört daher nicht in die Anklageformel. Dagegen muß die Anklage den Nachweis, daß ein solcher Antrag gestellt worden, enthalten. Diese Darlegung wird am geeignetsten der Anklageformel unmittelbar vorausgeschickt*).

11. Behauptet die Anklage, daß die That im Rückfall (§. 58. Strafgesetzb.) begangen worden sei, so muß sie diese Behauptung durch den Nachweis begründen, daß

a. der Angeklagte bereits wegen eines gleichen Verbrechens oder Vergehens von einem inländischen Gerichte verurtheilt worden ist,
b. dieses Urtheil zu der Zeit, wo die neue That verübt worden, bereits die Rechtskraft beschritten hatte;
c. seit der Abbüßung der Freiheitsstrafe oder Zahlung der Geldbuße oder seit dem Erlasse dieser Strafen bis zu der neuen That nicht 10 Jahre verflossen sind.

Geht die Behauptung dahin, daß die That im wiederholten Rückfalle verübt sei, (wie in den Fällen der §. 118 Nr. 2. und 219 a. a. O.) so muß das Vorhandensein der nämlichen Voraussetzungen in Bezug auf die fernere Verurtheilung und die denselben gefolgte fernere That erhellen**). Diesen Nachweis in die eigentliche Anklageformel aufzunehmen, erscheint jedoch um deßhalb nicht passend, weil die Voraussetzungen des Rückfalls, wenn gleich sie thatsächlicher Natur sind***), doch in Schwurge-

*) Vergl. Probe-Beispiel Nr. 3.

**) Allg. Verf. v. 14. November 1859 (J. M. Bl. S. 378).

***) Erkenntnisse des Königl. Ober-Tribunals vom 10. Oktober 1859 (J. M. Bl. S. 379) und v. 7. December 1859 (J. M. Bl. für 1860. S. 92).

richtssachen nicht von den Geschworenen, sondern von dem Gerichtshofe festzustellen sind, (Einführungsgesetz vom 14. April 1851 Art. XXVI). Daher geschieht die Hervorhebung dieser Voraussetzungen am geeignetsten in demjenigen Nachsatze der Anklageformel, welcher die Bezeichnung des Strafgesetzes enthält. Wenn die Vorbestrafung nach der im §. 12 gegebenen Anleitung bereits in der Ueberschrift der Anklage aufgeführt worden ist, so wird aus dieser Erwähnung in der Regel das Vorhandensein der Erfordernisse zu a. und c. erhellen und es genügt daher alsdann die Verweisung auf diese Notiz, wobei jedoch in Betreff des Erfordernisses ad b. noch kurz zu bemerken ist, an welchem Tage die frühere Verurtheilung rechtskräftig geworden ist*). Bedarf es jedoch zum Nachweise des Rückfalls noch einer näheren Erläuterung oder handelt es sich um den komplicirteren Fall eines wiederholten Rückfalls, so wird die betreffende Darlegung in einen besonderen Satz aufzunehmen sein**).

12. Ist die Anklage gegen mehrere Angeschuldigte gerichtet (s. oben §. 14 Nr. 7), so muß in der Regel gegen Jeden eine besondere Anklageformel aufgestellt werden. Dabei ist es jedoch zulässig, in der Anklageformel gegen den Theilnehmer, Begünstiger oder Hehler hinsichtlich der Merkmale der Hauptthat auf die Anschuldigungsformel gegen den Hauptangeklagten zu verweisen***).

13. Liegen mehrere selbstständige Anklagepunkte vor (s. oben §. 14 Nr. 8), so ist bei jedem derselben unmittelbar an die Darstellung des Sachverhältnisses sofort die Anklageformel in Betreff sämmtlicher bei diesem Punkt betheiligter Angeklagten anzureihen. Ausnahmsweise können in einfacheren Sachen mehrere gleichartige Anschuldigungen zur Vermeidung von Wiederholungen in eine Anklageformel zusammengefaßt werden, wobei jedoch die einzelnen Punkte, um ihre getrennte Feststellung in der Hauptverhandlung vorzubereiten, jederzeit nach Nummern gesondert hervorzuheben sind.†)

---

*) Vergl Probe-Beispiel Nr. 3.

**) Vergl. Probe-Beispiel Nr. 4.

***) Vergl. Oppenhoff a. a. O. zu §. 34. Note 17.

†) Vergl. Probe-Beispiel Nr. 2.

§. 17.

Rechtliche Ausführungen zu dem Zweck, um die Anwendbarkeit des von der Staatsanwaltschaft in Anspruch genommenen Strafgesetzes darzuthun, gehören nicht in die Anklage. Hält die Staatsanwaltschaft in Sachen, die vor den Einzelrichter oder die Gerichtsabtheilung gehören, eine nähere Begründung ihrer Rechtsansicht für zweckmäßig, so mag dies in einem besonderen Begleitschreiben geschehen*).

§. 18.

Den Schluß der Anklageschrift bildet die Angabe der Beweismittel für die dem Angeklagten zur Last gelegte That, insbesondere die Benennung der Belastungs-Zeugen, deren Abhörung die Staatsanwaltschaft für erforderlich hält.

In Sachen, die vor eine Gerichtsabtheilung oder vor den Polizeirichter gehören, ist es üblich dieser Angabe einen förmlichen Antrag auf Eröffnung der Untersuchung vorauszuschicken.

Es ist nicht nöthig, bei jedem einzelnen Zeugen anzugeben, welche Thatsachen er bekunden soll. Denn indem die Zeugen über den gesammten thatsächlichen Inhalt der Anklage in Vorschlag gebracht werden, muß sich der Angeklagte darauf gefaßt halten, daß jeder einzelne Zeuge über jede einzelne factische Behauptung als Beweismittel in Anspruch genommen werde; seine Vertheidigung wird daher durch eine solche generelle Anführung der Beweismittel nicht erschwert oder beschränkt. Praktisch betrachtet, ist es zwar allerdings von Wichtigkeit, daß aus der Anklage in Bezug auf jeden Zeugen diejenigen Punkte ersichtlich sind, auf welche sein Verhör zn richten ist. Dieser Zweck wird jedoch durch Randbemerkungen, welche bei jeder in der Anklage vorgetragenen Thatsache auf die betreffenden Beweismittel und Aktenfolien verweisen, eben so sicher erreicht, als durch die Aufnahme dieser Bemerkungen in den Context, welche zu einer Zersplitterung der sachlichen Darstellung, oder, wenn sie am Schluß erfolgt, zu schleppenden Wiederholungen führt.

§. 19.

Die Zeugen, derer Vorladung die Staatsanwaltschaft beantragt, sind nummernweise, unter genauer Angabe ihres vollstän-

*) Vergl. Probe-Beispiel Nr. 2.

digen Vor- und Zunamens, ihres Standes und Aufenthaltsortes aufzuführen.

Bei Aufstellung dieser Liste ist zwar einerseits auf die Vermeidung unnöthiger Kosten Bedacht zu nehmen, und namentlich wenn für eine und dieselbe Thatsache mehrere Zeugen vorhanden sind, deren Zahl auf das entsprechende Maß zurückzuführen*); andrerseits aber ist darauf zu sehen, daß die zur Aufklärung der Sache erforderlichen Beweise vollständig zur mündlichen Verhandlung herbeigeschafft werden, damit nicht eine in der Beweisführug hervortretende Lücke zu einer Vertagung der mündlichen Verhandlung, wenn nicht gar zu einer ungerechtfertigten Freisprechung führe.

In Schwurgerichts-Sachen kommt in Betracht, daß ein in der Voruntersuchung abgelegtes Geständniß des Angeklagten die Ladung von Belastungszeugen, wenigstens über die Hauptumstände der That nicht entbehrlich macht. Denn falls der Angeklagte sich für nicht schuldig bekennt, ja sogar wenn er nur in den gesetzlich zulässigen Fällen mildernde Umstände behauptet und die Staatsanwaltschaft oder der Gerichtshof solche anzuerkennen Anstand nehmen, muß die Mitwirkung der Geschwornen eintreten, und also mit der Beweisaufnahme verfahren werden: Gesetz vom 3. Mai 1852 Art. 75. 76.

Bei Aufzählung der Zeugen ist diejenige Folgeordnung einzuhalten, welche für das Verhör in der mündlichen Verhandlung zweckmäßig erscheint**).

Sind Zeugen jüdischer Religion in der Voruntersuchung noch nicht vereidet worden, so ist es rathsam hierauf aufmerksam zu machen, damit die rechtzeitige Beiladung des jüdischen Schwurpersonals nicht übersehen werde.

In den Fällen des §. 21 der Verordnung vom 3. Januar 1849 und des Art. 24 des Gesetzes vom 3. Mai 1852, wenn nämlich die Vernehmung eines Zeugen wegen Krankheit, Altersschwäche, großer Entfernung oder wegen anderer unabwendbarer Hindernisse in dem Audienztermine nicht erfolgen kann, oder wenn Mitglieder des Königl. Hauses als Zeugen zu vernehmen sind, ist anstatt der persönlichen Vorladung der Zeugen die Verlesung

*) Allg. Verfüg. v. 4. April 1854 Nr. III. (J. M. Bl. S. 147).

**) Allg. Verfüg. v. 4. April 1854 (a. a. O.) Nr. IV.

der betreffenden Verhörsprotokolle, und falls die Vernehmung oder Vereidigung noch nicht erfolgt ist, deren vorgängige Bewirkung zu beantragen.

V.

Anfertigung der Anträge auf vorläufige Versetzung des Angeschuldigten in den Anklagestand.

§. 20.

Diese Anträge (vergl. §. 8) müssen dergestalt eingerichtet werden, daß sie für die Anklageschrift des Ober-Staatsanwalts als Grundlage dienen können — Allgem. Verfügung vom 29. März 1853 A. Nr. 1 (J. M. Bl. S. 134—138).

Sie beginnen daher, nachdem die persönlichen Verhältnisse des Beschuldigten in der Ueberschrift angegeben sind (§. 12), mit einer Darstellung des Sachverhältnisses (§§. 13. 14). Hierauf folgt, insofern die Beurtheilung der Sache in rechtlicher Beziehung Zweifel darbietet, eine gedrängte Entwickelung der Gesichtspunkte, von welchen der Staatsanwalt bei Stellung seines Antrages ausgegangen ist. Diese Darlegung ist deßhalb erforderlich, weil das Appellationsgericht, wenn es die Versetzung in den Anklagestand nicht in Uebereinstimmung mit dem Antrage der Staatsanwaltschaft beschließt, nach Art. 63 Abs. 3 des Gesetzes vom 3. Mai 1852 in seinem Beschlusse hervorheben muß, inwiefern derselbe auf einer *abweichenden* Beurtheilung der *Thatsachen oder* des *Rechtspunktes* beruht, diese Angabe dem Appellationsgericht aber nur dann möglich ist, wenn der Staatsanwalt mit der Begründung der von ihm vertretenen Rechtsansicht vorausgegangen ist.

Hieran schließt sich der Antrag selbst, welcher eine vollständige Anklageformel und die Bezeichnung des Strafgesetzes (§. 15) in folgender Gestalt enthält:

Demgemäß wird darauf angetragen:

den N. N. als hinreichend belastet,

(folgt die Anklageformel)

Auf den Grund des §. . . . . des Strafgesetzbuches vorläufig in den Anklagestand zu versetzen, und behufs definitiver Beschlußnahme hierüber die Einsendung der Akten an das Appellationsgericht anzuordnen*)

Von einzelnen Staatsanwalten wird die Darstellung des Sachverhältnisses nicht mit dem Antrage unmittelbar verbunden, sondern demselben auf einem besonderen Blatte als Anlage beigefügt. Dies gewährt den Vortheil, daß dieselbe, ohne eines nochmaligen Abschreibens zu bedürfen, als ein Theil der von dem Ober-Staatsanwalt zu fertigenden Anklageschrift benutzt werden kann. Diese Form ist namentlich dann zu empfehlen, wenn der Staatsanwalt sich in der Lage befindet, wegen eines anderen Angeschuldigten oder wegen anderer Anklagepunkte, auf welche die Voruntersuchung sich erstreckte, die Einstellung der Untersuchung zu beantragen. Die in dieser Beziehung erforderliche Begründung und sämmtliche Rechtsausführungen werden alsdann in den Antrag selbst, in dessen Anlage aber nur dasjenige thatsächliche Material aufgenommen, welches der künftigen Anklage zu Grunde gelegt werden soll.**)

Uebrigens empfiehlt es sich, daß der Staatsanwalt des Gerichts erster Instanz bei Anfertigung des Antrages auf Versetzung in den Anklagestand gleichzeitig eine Zeugenliste (§. 19) in seinen Büreau-Akten entwirft und bei jedem Zeugen angiebt, ob derselbe bereits vereidigt ist, oder nicht.

*) Vergl. Probe-Beispiel Nr. 5.
**) Vergl. Probe-Beispiel Nr. 6.

Probe-Beispiele.

№ 1.

Anklageschrift in einer Abtheilungs-Sache.

(Betrug.)

Anklageschrift

des Staatsanwalts bei dem Königl. Kreisgericht zu H.,
wider
die Wittwe Sandmeier, Wilhelmine geb. Grabert, zu D.,
am 9. Mai 1826 zu Blattenfeld geboren, evangelischer Konfession, ohne Vermögen, noch nicht bestraft.

Die Fabrikbesitzer A. Meier und J. Speller betreiben unter der Firma J. C. Rander u. Sohn zu W. die Fabrikation von Cichorien. Sie pflegen im Anfang jedes Jahres mit Ackerbesitzern der Umgegend Lieferungsverträge über Cichorienwurzeln, die im September abgeliefert werden sollen, einzugehen, und bei Abschluß des Vertrages den Lieferanten eine Quantität Cichoriensaamen und einen Vorschuß in baarem Gelde zu verabfolgen.

Dies Verhältniß war der Angeklagten bekannt. Sie kam am 19. März d. J. in das Randersche Comtoir zu W. und bewog den zum Abschluß derartiger Lieferungsverträge ermächtigten Kommis Priemer ein solches Abkommen mit ihr einzugehen, ihr auch 1½ Pfund Cichoriensaamen und 2 Thlr. zu geben, indem sie ihm fälschlich vorspiegelte, sie sei an G. Hausmann zu D. verheirathet, dieser besitze ½ Morgen Acker in dortiger Flur, und sie solle einen Lieferungsvertrag über die auf diesem Acker zu erbauenden Cichorien abschließen. Sie besitzt aber in der That gar keinen Acker, hat den erhaltenen Cichoriensaamen an den Gärtner F. Habermann zu D. verkauft und den Erlös sowie die von Priemer empfangenen 2 Thlr. für sich verausgabt.

Sie wird daher angeklagt,

am 19. März d. J. zu W. in gewinnsüchtiger Absicht das Vermögen der Fabrikbesitzer A. Meier und J. Speller dadurch beschädigt zu haben, daß sie bei deren Kommis Priemer durch Vorbringen der falschen Thatsache:

sie sei mit G. Hausmann, einem Manne, der ½ Morgen Acker in der Feldflur von D. besitze, verheirathet und von demselben

zum Abschluß eines Lieferungsvertrages über Cichorienwurzeln beauftragt,
einen Irrthum erregte,
und sich dadurch des in den §§. 241 und 242 des Strafgesetzbuchs vorgesehenen Vergehens schuldig gemacht zu haben.

Demgemäß trage ich darauf an,
gegen die Angeklagte wegen Betruges die Untersuchung zu eröffnen und zu dem Audienztermine als Belastungszeugen vorzuladen den Kommis Wilhelm Priemer zu W. Die Vorverhandlungen füge ich bei.

H., den 14. Juli 1854.

Der Staatsanwalt.

№ 2.

Anklageschrift in einer Abtheilungs-Sache, verschiedene Anklagepunkte gegen mehrere Angeklagte betreffend, nebst Begleitschreiben.

(Schwerer und einfacher Diebstahl, Theilnahme daran, Hehlerei.)

Anklageschrift

des Staatsanwalts bei dem Königl. Kreisgericht zu H.
wider

I. den Arbeiter Friedrich Wohla, bei dem Kreisgericht zu H. in Haft,
— am 2. Januar 1825 geboren, in H. wohnhaft, evangelischer Konfession, verheirathet mit Caroline geb. Goesich, Vater von 2 Kindern, ohne Vermögen, Landwehrmann II. Aufgebots, Inhaber der Hohenzollernschen und der Großherzoglich Badenschen Medaillen, noch nicht bestraft, —

II. den Arbeiter Wilhelm Kärmer, bei der Kreisgerichts-Kommission II, zu O. in Haft,
— am 7. Mai 1831 geboren, in H. wohnhaft, evangelischer Konfession, verheirathet mit Wilhelmine geb. Gering, Vater eines Kindes, ohne Vermögen, nicht in Militärverhältnissen, innerhalb der letzten 10 Jahre nicht bestraft —

III. den Arbeiter Christoph Elening, bei der Kreisgerichts-Kommission II zu O. in Haft,
— 43 Jahr alt, in H. wohnhaft, evangelischer Konfession, unverheirathet, ohne Vermögen, Soldat gewesen, noch nicht bestraft, —

IV. den Lohgerbergesellen Gottlieb Schneitler, bei der Kreisgerichts-Kommission II zu O. in Haft,
— am 3. Januar 1817 geboren, in H. wohnhaft, evangelischer Konfession, verheirathet mit Dorothee geb. Jancke, Vater von 5 Kindern, ohne Vermögen, Soldat gewesen, bereits bestraft:

zufolge rechtskräftigen Erkenntnisses der vereinigten Kreisgerichts-Kommissionen zu O. vom 16. Januar 1856 wegen einfacher Hehlerei mit vier Wochen Gefängniß —

V. die verehelichte Schneitler, Dorothee geb. Jancke, zu H. — 43 Jahr alt, evangelischer Konfession, verheirathet mit dem Lohgerber Gottlieb Schneitler, Mutter von 5 Kindern, ohne Vermögen, noch nicht bestraft.

A.

Am Dienstag dem 16. März d. J. fand in H. ein Jahrmarkt statt. Denselben hatte der Schneidermeister und Kleiderhändler Robert Summer aus O. bezogen und auf dem Marktplatze eine Verkaufsbude errichtet. Aus dieser ist ihm in der Nacht vom 16. zum 17. März eine verschlossene Kiste mit Kleidungsstücken und anderen Waaren im Werthe von etwa 100 Thlr. gestohlen, die Kiste aber am nächsten Morgen bei der Kirche von H. erbrochen und nur noch Waaren im Werthe von ungefähr 25 Thlr. enthaltend wieder gefunden worden.

Die Angeklagten Wohla, Kärrner und Elening sind der Ausführung dieses Diebstahls verdächtig; den Angeklagten Schneitler trifft der Verdacht der Theilnahme an demselben und die verehelichte Schneitler der Verdacht der Hehlerei.

I. Was den Angeklagten Wohla anlangt, so hat derselbe in der Voruntersuchung ein Geständniß abgelegt. Nach seinen Angaben ist er am Abende des 16. März mit Kärrner, Elening und Schneitler in der Wohnung des letzteren zusammengetroffen. Alle vier verabredeten, in der Nacht aus der Summer'schen Bude auf dem Markte eine Kiste mit Kleidungsstücken zu stehlen. Bald nach dem Abendessen fanden sie sich in dem Katz'schen Gasthof, wo Tanzmusik war, ein, blieben dort bis gegen 1 Uhr Nachts und gingen dann nach dem Marktplatz. Während Schneitler verabredeter Maaßen den Nachtwächter Plack aufsuchte und ihn in ein Gespräch verwickelte, nahmen Wohla, Kärrner und Elening aus der Summer'schen Bude eine verschlossene Kiste weg und brachten diese nach dem Schneitler'schen Hause. Die verehelichte Schneitler öffnete ihnen die Hausthür und ließ sie in's Haus. Die Kiste wurde in die Küche gebracht, dort durch Kärrner, der das Schloß mit einem Stemmeisen erbrach, geöffnet, Wohla, Kärrner, Elening und die verehelichte Schneitler nahmen diejenigen Sachen heraus, die ihnen gefielen, worauf die Kiste mit den übrigen Sachen von Elening und dem inzwischen nach Hause zurückgekehrten Schneitler wieder weggetragen wurde. Die gestohlenen Sachen wurden noch in der nämlichen Nacht nach der Sandgrube am Trittelberge gebracht und dort versteckt, nach einigen Tagen aber von den Dieben in ihre Wohnung geschafft. Dies Geständniß stimmt mit dem objektiven Thatbestande und den sonst ermittelten Umständen überein und wird hinsichtlich des Wohla dadurch bestätigt, daß bei einer am 13. April in seiner Wohnung vorgenommenen polizeilichen Nachsuchung ein neuer blauer Kittel, 4 Paar neue Gummihosenträger, eine broncirte Uhrkette mit Schlüssel, ein Paar grüne wollene Handschuhe vorgefunden sind, welche zu den dem Summer gestohlenen Sachen gehörten.

II. Der Angeklagte Kärrner hat in der Voruntersuchung gleichfalls ein mit den Angaben des Wohla übereinstimmendes Geständniß abgelegt. Von den ihm bei der Vertheilung des gestohlenen Guts zugefallenen Sachen will er eine gesprenkelte Sommerhose später an Elening gegeben, 2 Westen aber weggeworfen haben; 2 Tücher und einige Kämme hat seine Frau an die Polizei-Verwaltung zu H. abgeliefert.

III. Was den Angeklagten Elening betrifft, so hat derselbe in der Voruntersuchung jede Betheiligung an dem Diebstahl geleugnet und will in der Nacht vom 16. zum 17. März sich bis gegen Morgen in dem Katz'schen und dem Faust'schen Gasthofe aufgehalten haben, mit Wohla, Kärrner und Schneitler aber gar nicht zusammengetroffen sein. Gegen ihn spricht jedoch:

1) die von Wohla und Kärrner gegen ihn vorgebrachte Bezüchtigung;
2) die Aussage der verehelichten Kärrner, welche ihn in der beregten Nacht in der Schneitler'schen Küche bei der gestohlenen Marktkiste gesehen haben will;
3) der Umstand, daß er im Besitz einer zu den gestohlenen Sachen gehörigen Hose gewesen ist, welche seine Frau am 15. April an die Polizei-Verwaltung zu H. abgeliefert hat.

IV. Was den Angeklagten Schneitler anlangt, so hat derselbe in der Voruntersuchung seine Theilnahme an dem Diebstahle geleugnet. Er räumt zwar ein, daß Wohla ihm den Antrag dazu gemacht, er will denselben aber abgelehnt haben. Auch gesteht er zu, daß er sich in der Nacht des Diebstahls von 12¾ Uhr ab wohl ¾ Stunden lang mit dem Wächter Plack auf dem Markte unterhalten habe; er behauptet jedoch, daß dies nur zufällig, weil er mit Plack bekannt sei, aber nicht in der Absicht geschehen sei, die Ausführung des Diebstahls zu erleichtern. Bei seiner Heimkehr will er freilich Wohla, Kärrner und Elening in seiner Küche beim Auspacken der Sachen aus der gestohlenen Kiste angetroffen, an der Vertheilung des gestohlenen Guts sich betheiligt und die Kiste demnächst mit nach der Thurmecke gebracht haben. Dafür, daß er sich nicht bloß auf die hiernach eingestandene Hehlerei beschränkt, spricht indeß die von Wohla und Kärrner gegen ihn vorgebrachte Bezüchtigung.

Von dem gestohlenen Gut ist übrigens am 13. April ein ziemlich bedeutender Theil in seiner Wohnung in Beschlag genommen worden.

V. Was die Angeklagte verehelichte Schneitler betrifft, so hat sie geständlich Wohla, Kärrner und Elening mit der gestohlenen Kiste in ihr Haus eingelassen. Sie giebt auch zu, daß die Kiste dort in ihrer Gegenwart erbrochen und von jenen ein Theil der Sachen für ihren Mann zurückgelegt worden ist. Außerdem spricht gegen sie:

1) die Bezüchtigung des Angeklagten Kärrner, daß sie beim Eröffnen der Kiste und dem Herausnehmen der Sachen mit einer Lampe geleuchtet;
2) die Bezüchtigung des Angeklagten Wohla, daß sie selbst mehrere Sachen herausgenommen;
3) die Aussage der verehelichten Kärrner, daß sie sich mehrere Sachen von Wohla habe geben lassen.

B.

In der Nacht vom Donnerstag dem 1. zum Freitag dem 2. April d. J. sind dem Mühlenbesitzer Carl Petzer zu W. aus einer im oberen Stockwerk eines unbewohnten, durch eine Freitreppe mit dem Wohnhause verbundenen Nebengebäudes belegenen Kammer 4 Speckseiten, 2 Schinken, eine große Anzahl Würste, mehrere Rippenstücke, ein Hut Zucker, 18¾ Pfund Kaffee, 8 Servietten, mehrere Handtücher, 2 Bettlaken, 20 Ellen zu einem Sophaüberzug bestimmtes Zeug, mehrere Hemden und andere Sachen im Gesammtwerth von ungefähr 90 Thaler gestohlen worden. Der Diebstahl ist mittelst Einbruchs verübt; denn am Morgen des 2. April fand Petzer die Thür der Kammer noch verschlossen, aber in der nach dem Eckerflusse zu befindlichen Fachwand unter einem mit eisernen Stäben verwahrten Fenster eine gewaltsam gemachte Oeffnung, welche etwa 15 Zoll im Durchmesser hielt und so groß war, daß ein Mensch hindurchkriechen konnte. Die Oeffnung war, nach den vorhandenen Spuren zu schließen, mittelst eines scharfen Instruments von außen eingebrochen. Sie befand sich 10 bis 12 Fuß über dem Wasserspiegel der dicht vorbeifließenden Ecker und unter ihr stand eine dem Einwohner Olzen zu W. gehörige Leiter, welche an dessen Stall gehangen und von da entwendet war, angelehnt.

Die große Menge und das bedeutende Gewicht des gestohlenen Gutes läßt darauf schließen, daß mehrere Personen bei dem Diebstahl thätig gewesen sind. Eine Spur der Diebe, welche auf eine Strecke von etwa 80 Schritt an verlorenen Kaffeebohnen deutlich zu erkennen war, führte in der Richtung nach H. zu.

Der Ausführung des Diebstahls erscheinen die Angeklagten Wohla, Kärrner, Elening und Schneitler verdächtig; die verehelichte Schneitler aber trifft der Verdacht der Begünstigung.

I. Was den Angeklagten Wohla anlangt, so hat derselbe in der Voruntersuchung ein Geständniß abgelegt. Danach hat er mit Kärrner, Elening und Schneitler den Diebstahl verabredet. Alle vier haben sich am 1. April etwa um 10 Uhr Abends aus Schneitlers Wohnung nach W. begeben, wo sie zwischen 11 und 12 Uhr Nachts ankamen. Schneitler und Elening holten vom Olzenschen Stall eine Leiter, die sie mit einem Messer um 7 oder 8 Sprossen verkürzten. Alsdann gingen alle nach der Petzerschen Mühle. Schneitler, der dort Bescheid wußte, setzte die Leiter in den Eckerfluß, lehnte sie an das Petzersche Nebengebäude, stieg hinauf, durchbrach mit einem Stemmeisen die Wand, stieg ein, und brachte die entwendeten Sachen herunter. Die übrigen drei blieben unten. Nach vollführtem Diebstahl wurde das gestohlene Gut sofort getheilt und alle vier begaben sich nach H. zurück. Dies Geständniß, welches mit dem objektiven Thatbestande übereinstimmt, wird hinsichtlich des Wohla auch dadurch bestätigt, daß bei einer am 2. Mai von den Polizeisergeanten Pernitz und Barter vorgenommenen Nachsuchung auf einem von Wohla von der Sanitäts-Räthin Schlütter erpachteten Ackerstück am Hackelberge da, wo Wohla den ihm zugefallenen Theil des gestohlenen Guts: eine Speckseite, 2 Schlackwürste, 2 Kugelwürste, mehrere kleine Würste, eine oder zwei Servietten, ein oder zwei Handtücher und zwei Hemden, vergraben haben will, eine verschiedenes Schlachtgut enthaltende Kiste, welches die Nanny Petzer und der Hausschlächter Niels als zu dem gestohlenen gehörig rekognoscirt haben, aufgefunden worden ist.

II. Was den Angeklagten Kärrner betrifft, so hat derselbe in der Voruntersuchung seine Betheiligung an dem Diebstahle geleugnet. Gegen ihn sprechen indeß folgende Umstände:

1) die von Wohla wider ihn vorgebrachte Bezüchtigung;
2) der Umstand, daß der Kaufmannssohn Sigismnnd Schwarze im April d. J. in dem so genannten Holandschen Winkel, auf welchen eine Hinterthür aus der Kärrnerschen Scheune führt, unter einem Haufen Mauersteinen versteckt einen mit einer Serviette zugebundenen Packen gefunden hat, der unter andern zwei Mannshemden, zwei Handtücher und eine Serviette enthielt, welche von

der verehelichten Petzer und deren Tochter als zu dem gestohlenen Gute gehörig rekognoscirt sind; sowie der Umstand, daß der Fuhrmann August Damarth am 27. April in einem nicht weit von einem Pachtacker des Vaters des Angeklagten Kärrner entfernten Abzugsgraben einen Sack vergraben gefunden hat, der eine Kugelwurst und einen angeschnittenen Schinken enthielt, welche Nanny Petzer und Niels als zu dem gestohlenen Gute gehörig rekognoscirt haben;

3) der Umstand, daß der Angeklagte Kärrner geständlich im Gefängniß zu O. am 5. Juni der verehelichten Schneitler einen dieser abgenommenen, an seine Frau gerichteten Zettel zur Weiterbeförderung zugeworfen hat, in welchem er seine Frau anwies, wenn sie im Termin nach Wurst und Speck gefragt würde, zu sagen, daß sie davon nichts wisse.

III. Der Angeklagte Elening hat in der Voruntersuchung jede Wissenschaft von dem Diebstahl geleugnet; gegen ihn spricht jedoch die von dem geständigen Wohla wider ihn vorgebrachte Bezüchtigung.

IV. Ebenso hat der Angeklagte Schneitler in der Voruntersuchung seine Thäterschaft geleugnet. Gegen ihn spricht indeß Folgendes:

1) die von Wohla wider ihn vorgebrachte Bezüchtigung;
2) bei der polizeilichen Nachsuchung sind am 13. April in seiner Wohnung 2 Schlackwürste, 2 Piepwürste, 1 Kugelwurst, 3½ Rothwürste, 2 kleine Rothwürste, sowie später ein Handtuch, 1 Serviette, 2 Mannshemden und, unter einem Aschenhaufen in der Küche versteckt, 2 Tischtücher aufgefunden worden; alle diese Sachen aber sind von der verehelichten Petzer, deren Tochter und resp. dem Hausschlächter Niels als zu dem gestohlenen Gut gehörig rekognoscirt. Ueber den redlichen Erwerb dieser Sachen hat der Angeklagte sich nicht auszuweisen vermocht. Wie das Leinenzeug in sein Haus gekommen, will er gar nicht wissen; die Würste will er sammt einem Sacke, worin sie steckten, am Sonnabend vor Ostern — am 9. April — in einer Lehmkuhle auf dem Wege nach seinem Pachtacker am Iberge gefunden haben; eine Besichtigung der Lokalität hat dies aber als unwahr erwiesen;
3) am 29. April hörte der Gefangenwärter Nammau, wie der damals noch nicht geständige Angeklagte Wohla aus der Zelle Nr. 6 dem in der Zelle Nr. 3 des Gefängnisses zu O. inhaftirten Angeklagten Schneitler zurief: „ich glaube, sie haben wieder etwas gefunden; wenn sie man nicht an deinen Berg gerathen sind!“

Auf die Mittheilung hiervon wurde am 1. Mai auf dem Acker des Schneitler am Iberge eine polizeiliche Nachsuchung veranstaltet und hierbei ein Tubben und ein Steintopf vergraben gefunden, worin unter andern 2 angeschnittene Schinken enthalten waren, die der Hausschlächter Niels und die Nanny Petzer als zu dem gestohlenen Gute gehörig rekognoscirt haben.

V. Was die Angeklagte verehelichte Schneitler betrifft, so hat sie in der Voruntersuchung behauptet, von den in ihrer Wohnung aufgefundenen Würsten nichts zu wissen. Gegen sie spricht indeß:

1) die Angabe ihres Ehemannes, daß sie dieselben von seinem Acker nach Hause getragen habe;
2) die Aussage der Caroline Röhler, welche sie mit einer Kiepe nach Hause kommen und nachher im Zimmer Würste aufhängen gesehen hat.

C.

Der Angeklagte Schneitler stand vom Sommer 1856 bis Ostern d. J. bei dem Lohgerbermeister Julius Pfannenschmidt zu H. als Geselle in Arbeit. Geständiger Maaßen hat er demselben im Laufe des vergangenen Jahres aus der Zurichtestube, wo er arbeitete, verschiedene Stücke Leder gestohlen. Diese sind am 13. April bei der polizeilichen Nachsuchung in seiner Wohnung vorgefunden; sie bestehen in einem vollständig zugerichteten krausen Kalbfell, dem Reste eines halben Fahlleders, einem Riemen von Mastrichter Sohlleder und einem Riemen Brandsohlleder im Werthe von ungefähr 4 Thlr.

Hiernach werden angeklagt:

I. der Angeklagte Wohla,

II. der Angeklagte Kärrner und

III. der Angeklagte Elening:

1) in der Zeit vom 16. zum 17. März 1858 zu H. dem Schneidermeister Summer eine Kiste mit Marktwaaren in der Absicht rechtswidriger Zueignung weggenommen zu haben;

2) im April 1858 zu W. dem Mühlenbesitzer Petzer verschiedenes Schlachtgut, Leinenzeug und andere bewegliche Sachen in der Absicht rechtswidriger Zueignung weggenommen zu haben,

und zwar: in einem Gebäude, in welches er oder eine andere mit ihm in Gemeinschaft handelnde Person

a) mittelst Gewalt an Vorrichtungen, die das Eindringen verhinderten, einen vorher nicht vorhanden gewesenen Eingang sich öffnete,

b) durch eine nicht zum Eingang bestimmte Oeffnung eindrang;

(Vergehen und Verbrechen vorgesehen theils durch die §§. 215 u. 216 theils durch die §§. 218 Nr. 2. 222. 223 Nr. 1 u. 56 des Strafgesetzbuchs.)

IV. der Angeklagte Schneitler:

1) in der Zeit vom 16. zum 17. März 1858 zu H. anderen Personen, welche dem Schneidermeister Summer eine Kiste mit Marktwaaren in der Absicht rechtswidriger Zueignung wegnahmen, in Handlungen, welche die That erleichterten, wissentlich Hülfe geleistet zu haben;

2) im April 1858 zu W. dem Mühlenbesitzer Petzer verschiedenes Schlachtgut, Leinenzeug und andere bewegliche Sachen in der Absicht rechtswidriger Zueignung weggenommen zu haben,

und zwar: in einem Gebäude, in welches er oder eine andere mit ihm in Gemeinschaft handelnde Person,

a) mittelst Gewalt an Vorrichtungen, die das Eindringen verhinderten, einen vorher nicht vorhanden gewesenen Eingang sich öffnete,

b) durch eine nicht zum Eingang bestimmte Oeffnung eindrang;

3) im Jahre 1857 zu H. dem Lohgerbermeister Pfannenschmidt einige demselben gehörige Stücke Leder in der Absicht weggenommen zu haben, sich dieselben rechtswidrig zuzueignen,

und zwar aus der Werkstätte oder dem Waarenlager des rc. Pfannenschmidt, während er bei demselben in Arbeit stand;

(Verbrechen und Vergehen vorgesehen theils durch die §§. 215 und 216 in Verbindung mit §. 34 Nr. 2, theils durch §. 218 Nr. 2 in Verbindung mit §§. 222 und 223 Nr. 1, theils durch §. 217 Nr. 4 unter gleichzeitiger Beachtung des §. 56 des Strafgesetzbuches.)

V. die Angeklagte verehelichte Schneitler:
1) im März 1858 zu H.
a) eine dem Schneidermeister Summer gestohlene Kiste mit Marktwaaren verheimlicht,
b) einen Theil der in derselben befindlichen Marktwaaren an sich gebracht zu haben,
wissend, daß die Kiste nebst Inhalt gestohlen war;
2) im April 1858 ihrem Ehemann, welcher mit anderen Personen dem Mühlenbesitzer Petzer zu W. bewegliche Sachen in der Absicht rechtswidriger Zueignung weggenommen hatte, nach Verübung der That wissentlich Beistand geleistet zu haben, um ihm deren Vortheile zu sichern.
(Vergehen vorgesehen theils durch den §. 237, theils durch den §. 37 unter Berücksichtigung des §. 56 des Strafgesetzbuchs.)

Es wird darauf angetragen:
gegen die Angeklagten Wohla, Kärrner und Elening wegen eines einfachen und eines schweren Diebstahls,
gegen den Angeklagten Schneitler wegen Theilnahme an einem einfachen Diebstahl, wegen eines schweren und wegen eines einfachen Diebstahls,
gegen die Angeklagte verehelichte Schneitler wegen einfacher Hehlerei und wegen Begünstigung eines Diebes
die Untersuchung zu eröffnen und zu dem Audienz-Termine als Belastungszeugen vorzuladen:
1) den Schneidermeister Robert Summer zu O.
2) den Wächter Plack zu H.
3) die verehelichte Kärrner, Wilhelmine geb. Gering zu H.
4) den Mühlenbesitzer Carl Petzer
5) dessen Ehefrau Emilie geb. Schmid
6) dessen Tochter Nanny Petzer
7) den Schlächter Christoph Niels
} zu W.
8) den Polizeisergeanten Pernitz
9) den Kaufmannssohn Sigismund Schwartze
10) den Fuhrmann August Damarth
11) den Bürgermeister Schultze
12) die unverehelichte Caroline Röhler
13) den Lohgerbermeister Pfannenschmidt
} zu H.

H., den 16. August 1858.

Der Staatsanwalt.

Begleitschreiben.

Indem ich dem Königlichen Kreisgericht in der Anlage eine Anklageschrift gegen den Arbeiter Friedrich Wohla von hier und Genossen zur gefälligen Beschlußfassung überreiche, bemerke ich zugleich ergebenst, daß ich in dem Falle zu A der Anklage den Thatbestand eines schweren Diebstahls deshalb für ausgeschlossen erachte, weil die Erbrechung der Kiste nicht als Mittel zur Verübung des Diebstahls gedient hat, vielmehr erst nach vollbrachtem Diebstahl, dessen Gegenstand die verschlossene Kiste war, geschehen ist.

Die Vorverhandlungen, bestehend aus 1 General- und 3 Special-Fascikeln sind nebst 1 Vol. gegen den Angeklagten Schneitler ergangener Vorstrafakten (S. 509/55) beigefügt.

H., den 16. August 1858.

Der Staatsanwalt.

№ 3.

Anklageschrift in einer Schwurgerichtssache gegen zwei Complicen.

(Schwerer Diebstahl, Rückfall.)

Anklageschrift

des Ober-Staatsanwaltes bei dem Königl. Appellationsgericht zu N.
wider

1) den Schuhmacher Johann Friedrich Riehl zu E.
46 Jahr alt, evangelisch, Familienvater und bereits durch Urtheil des Königlichen Kreisgerichts zu G. vom 17. Februar 1856 wegen Diebstahls mit zwei Monaten Gefängniß und einjähriger Untersagung der Ausübung der bürgerlichen Ehrenrechte bestraft;
2) den Schlächter Carl Raffert zu E.
35 Jahr alt, evangelisch, Landwehrmann 2. Aufgebots, Familienvater und bereits im Jahre 1850 wegen Unterschlagung bestraft.
(Beide zu A. in gerichtlicher Haft.)

Der Baumann Christian Roth zu E. wohnt dort in der Mühlenvorstadt. Sein Wohnhaus liegt mit der Front nach Westen an der Mühlenstraße. Hinter dem Wohnhause befindet sich der Wirthschaftshof, welcher von allen Seiten theils durch Stallungen und Scheunen, theils durch Verzäunungen so eingeschlossen ist, daß der Zutritt nur durch verschließbare Eingänge genommen werden kann.

Am 2. Dezember 1858, einem Donnerstag, war Christian Roth mit seiner ganzen Familie zu einer auswärtigen Hochzeitsfeier verreist. Der im Hause allein zurückgebliebene Vater des Roth, Altsitzer Roth, verschloß mit Eintritt der Dämmerung den in den Hof führenden Thorweg durch zweimaliges Umdrehen des auf der inneren Seite angebrachten Schlosses, ohne jedoch den Schlüssel abzuziehen. Der außerdem vorhandene zweite Thorweg war schon seit Monaten durch vorgebundene Stricke festgeschlossen, und erforderte daher keine weitere Vorkehr. Es blieb nun zwar noch der Zugang durch die unverschließbare hintere Hausthüre offen, welche die Verbindung zwischen Haus und Hof vermittelt. Allein ein Zutritt von dieser Seite her war deshalb von außen her nicht möglich, weil der Altsitzer Roth die vordere Hausthüre, welche von der Straße aus den einzigen Eingang bildet, schon um 4 Uhr Nachmittags von innen verriegelt hatte.

Am Abende desselben Tages zwischen 8 und 9 Uhr verließ der Lehrer Bottan aus B., welcher in E. Geschäfte hatte, die Stadt. Er ging an dem Roth'schen Hause vorbei und bemerkte, daß zwei Personen mit Mützen vor dem gegenüberliegenden Cantor Jahn'schen Hause standen, mit einander sprachen und ihm in der Richtung nach der Hessenthal'schen Vorstadt, wo der Angeklagte Riehl wohnt, auswichen.

Von dieser Vorstadt aus gingen um dieselbe Zeit der Zimmerlehrling Takmann und der Schuhmachersohn Knappe nach der Stadt zu. Als sie an den Eingang der Teichstraße in der Nähe der Riehlschen Wohnung gelangt waren, hörten sie, daß auf der unfern belegenen Brücke geflüstert wurde, und daß ein Schaaf daselbst blökte. Sie standen deshalb still, und bemerkten nun, daß ein Mensch in gebückter Stellung auf den Zehen bis auf 10 Schritte an sie herangeschlichen kam, sich aber bald wieder nach der Brücke hin entfernte, worauf das Flüstern von Neuem begann. Dies Manöver wiederholte sich mehrere Male. Indessen hatten Takmann und Knappe den Knecht des Bäckers Rasch herbeigeholt, fanden jedoch, als sie mit diesem auf einem anderen Wege nach der Brücke gelangten, dort nichts Verdächtiges mehr vor. Noch an demselben Abend machte Knappe von seinen Wahrnehmungen Mittheilung im elterlichen Hause. Es wurde dort sofort die Vermuthung ausgesprochen, daß der in demselben Hause wohnende Angeklagte Riehl die Abwesenheit seines Schwagers Christian Roth zur Entwendung eines diesem gehörigen Hammels benutzt haben könne. Knappe fand sich daher zur genauen Beobachtung der Riehlschen Wohnung, die einen getrennten Eingang hat, bewogen. Gegen 10 Uhr Abends sah er von seiner Hausthür aus, daß 2 Personen, in denen er alsbald die Angeklagten Riehl und Raffert erkannte, im Begriff waren, von dem Eckhause der Teichstraße kommend, nach der Riehlschen Wohnung zu gehen. Beide trugen zwischen sich einen Sack, gingen aber, als sie Knappe erblickten, nicht in das Haus hinein, sondern an demselben vorüber. Als aber Knappe durch Anschlagen der Hausthürglocke sie glauben gemacht haben konnte, daß er in's Haus zurückgetreten sei, kehrten sie Beide um und betraten die Riehl'sche Wohnung. Dies die Vorgänge am Abende des 2. Dezember.

Als am folgenden Morgen der Altsitzer Roth den Hofraum seines Sohnes betrat, fiel ihm auf, daß die Thür des darin befindlichen Stallgebäudes, welche regelmäßig angelehnt wird, weit offen stand. Beim Nähertreten entdeckte er nun, daß aus dem Stall ein so genannter englischer Hammel, 5 Thlr. werth, fortgekommen war. Als er jetzt die Pforte des in den Hof führenden gangbaren Thorweges untersuchte, zeigte es sich, daß dieselbe zwar eingeklinkt aber unverschlossen war. Spuren von Gewalt fehlten, und konnte daher die Oeffnung des Schlosses nur von innen mit dem noch darin steckenden Schlüssel bewirkt sein. Jetzt wurde auch alsbald bemerkt, daß außerhalb des Thorwegs eine der unfern befindlich gewesenen Eggen aufrecht an denselben angelehnt stand, und daß sich dieser Stelle entsprechend auf der inneren Seite des Thorwegs auf einer Querleiste eine Spur von frischem Schmutz vorfand, welche auf ein Uebersteigen hinwies.

Da sich in Folge einer Anzeige bei der Polizeibehörde ergab, daß sich der Angeklagte Schlächter Raffert an demselben Morgen in aller Frühe nach A. begeben hatte, so wurde demselben nachgeschickt. Man traf ihn auch an, und in seinem Besitz ein Tuch, welches Spuren von Hammelfett zeigte.

Raffert hat in Folge dessen zugestanden, daß er am 2. Dezember Nachmittags von Riehl aufgefordert worden sei, ihm am Abend einen Hammel zu schlachten. Zu diesem Behufe will er sich Abends nach 7 Uhr in die Wohnung des Riehl begeben und einen Jährlingshammel, den Riehl nach längerer Abwesenheit gegen 8 Uhr in's Haus gebracht, in der Riehl'schen Küche geschlachtet haben, das Fleisch soll dort zurückgeblieben sein, während er das Fell an Zahlungsstatt für das Schlachtgeld erhalten und am nächsten Morgen in A. für 17½ Sgr. verkauft habe.

Riehl hat zwar bei seiner gerichtlichen Vernehmung von dem Diebstahl nichts wissen wollen. Er hat jedoch außergerichtlich, als der Webermeister Retzow darauf zu reden kam, geäußert, er sei zu fein, um sich kriegen zu lassen, und dem Schneidermeister Kluge gegenüber hat er sogar ein umfassendes Bekenntniß der That abgelegt. Er hat diesem nehmlich mitgetheilt, daß er mit Raffert gemeinschaftlich nach dem Roth-schen Grundstücke hingegangen, daß er, Riehl, übergestiegen sei, und dem Raffert, welcher auf einer Egge gestanden, das Schaaf zugereicht, und daß dieser sich sodann mit der Beute eine Strecke weit entfernt habe. Demnächst habe Raffert den Hammel in seiner, des Riehl, Küche geschlachtet, und am Morgen darauf Fell und Fleisch in A. verkauft, den Erlös aber unterschlagen.

Der Bestohlene hat die Bestrafung seines Schwagers Riehl beantragt.

Demgemäß und auf den Grund des Beschlusses des Anklagesenats des Königlichen Appellationsgerichtes zu N. vom 19. Juli 1859 werden angeklagt:

1) der Schuhmacher Riehl

am 2. Dezember 1858 zu E. allein oder in Gemeinschaft mit einem Anderen dem Baumann Roth einen diesem gehörigen Hammel in der Absicht rechtswidriger Zueignung weggenommen zu haben,

und zwar: aus der Stallung in einem umschlossenen Hofraum, nachdem er oder eine mit ihm gemeinschaftlich handelnde Person in denselben eingestiegen war,

sich dadurch aber des in den §§. 215. 218 Nr. 2, §§. 221. 222 des Strafgesetzbuchs vorgesehenen Verbrechens eines schweren Diebstahls, und zwar — in Betracht seiner am 20. Juni 1856 rechtskräftig gewordenen Vorbestrafung wegen Diebstahls — im Rückfalle (§. 58 a. a. O.) schuldig gemacht zu haben;

2) der Schlächter Raffert:

sich genau derselben Handlung, wie zu 1. formulirt ist, jedoch mit Ausnahme des Rückfalls, und somit ebenfalls eines schweren Diebstahls — strafbar nach den §§. 215. 218 Nr. 2, §§. 221 und 222 a. a. O. — schuldig gemacht zu haben.

Ich stelle den Antrag:

A. zu der mündlichen Verhandlung der Sache nachstehende

Zeugen:

1) Andres Jacob Roth, Baumann,
2) Jürgen Christian Roth, Altsitzer,
3) Carl Bottan, Lehrer,
4) Carl Johann Theodor Knappe, Schuhmachersohn,
5) Ludwig Retzow, Webermeister,
6) Emil Friedrich Kluge, Schneidermeister,

zu 3. in B., die übrigen in E. wohnhaft, vorzuladen;

B. in der Verhandlung nachbenannte
Schriftstücke:

1) Verhandlung über die Lokalbesichtigung vom 5. Januar 1859 Bl. 7 u. 8,
2) Handzeichnung über die Lage der Roth'schen Wohn- und Wirthschaftsgebäude Bl. 9,
3) Handzeichnung betreffend die Beschaffenheit des Thorweges Bl. 10,

vorlesen, beziehungsweise vorlegen zu lassen.

N., den 21. Juli 1859.

Der Ober-Staatsanwalt.

№ 4.

Anklageschrift in einer Schwurgerichtssache.

(Schwerer Diebstahl im wiederholten Rückfall.)

Anklageschrift

des Ober-Staatsanwalts zu B.
wider
den Schneidergesellen August Schatz aus Sch.

— 38 Jahr alt, evangelisch, nicht Soldat, und bereits bestraft:

1) durch Erkenntniß des vormaligen Oberlandesgerichts zu B. vom 12. April 1844 wegen gewaltsamen Diebstahls mit 2 Jahren Zuchthausstrafe und Detention bis zum Nachweise des ehrlichen Erwerbs,
2) durch Erkenntniß der Königlichen Kreisgerichts-Deputation zu N. vom 11. September 1856 wegen einfachen Diebstahls mit 2 Monaten Gefängniß und Untersagung der Ausübung der bürgerlichen Ehrenrechte auf ein Jahr,

— zur Zeit in M. in gerichtlicher Haft.

Dem Schneidergesellen Werner zu W. sind am 7. Oktober d. J. verschiedene Kleidungsstücke und andere Gegenstände, die er in einer verschlossenen Bodenkammer seines Meisters, des Schneiders Taucher verwahrt hatte, darunter namentlich ein Rock, eine Weste, zwei Paar Beinkleider und eine Cigarrenspitze entwendet worden.

Der Angeklagte, welcher als Mitgeselle des Werner bei Taucher arbeitete, hat geständiger Maaßen diesen Diebstahl verübt, um sich Kleider zu seiner bevorstehenden Verheirathung zu verschaffen. Er räumt auch ein, daß er seinen Eingang in die Kammer durch eine Oeffnung des Lattenverschlages genommen habe, leugnet jedoch, diese Oeffnung selbst gemacht zu haben. Es ist jedoch durch die Aussage des 2c. Taucher festgestellt, daß am Morgen vor dem Diebstahle der fragliche Verschlag sich noch in vollkommen unversehrtem Zustande befand, während kurz darauf die eine der Latten von der Befestigung am oberen Ende losgerissen war. Diese Befestigung war durch einen 3 bis 4 Zoll langen Brettnagel bewirkt worden, welcher noch in der Latte steckte; auch zeigte die Holzleiste, an welcher die Latte auf diese Weise festgemacht gewesen war, die noch ganz frische Spur eines früher darin eingeschlagen gewesenen Nagels.

Demgemäß und auf den Grund des Beschlusses des hiesigen Königlichen Appellationsgerichtes vom 22. November d. J. wird der Schneidergeselle Schatz hierdurch angeklagt:

am 7. Oktober 1859 zu W. dem Schneidergesellen Werner Kleidungsstücke und andere bewegliche Gegenstände in der Absicht, sich dieselben rechtswidrig zuzueignen, weggenommen zu haben,

und zwar: im Inneren eines Gebäudes mittelst gewaltsamer Eröffnung eines verschlossenen Lattenverschlages.

Hierdurch hat sich der Angeklagte eines schweren Diebstahls im Sinne der §§. 215, 218 Nr. 2, und 223 Nr. 2 Strafgesetzbuchs schuldig gemacht, und zwar ist diese That im wiederholten Rückfalle verübt, also nach §. 219 Nr. 2, a. a. O. strafbar, denn

1) die Strafe, zu welcher der Angeklagte durch das Erkenntniß vom 12. April 1844 verurtheilt worden war, hat er bis zum 17. Juli 1846 in der Strafanstalt zu B. abgebüßt;
2) er hat hierauf am 30. März 1856, also vor Ablauf von 10 Jahren denjenigen Diebstahl begangen, welcher ihm die Verurtheilung vom 11. September 1856 zugezogen hat;
3) dieses letztere Erkenntniß ist am 22. September 1856, sonach vor Verübung der jetzt in Rede stehenden That rechtskräftig geworden.

Zu dem anzuberaumenden Termine zur mündlichen Verhandlung beantrage ich als Zeugen:

1) den Schneidergesellen Werner,
2) den Schneidermeister Taucher, beide zu W.,

vorzuladen.

B., den 25. November 1859.

Der Ober-Staatsanwalt.

№ 5.

Antrag auf Versetzung in den Anklagestand.

(Mord.)

Antrag

auf

Versetzung in den Anklagestand

wider

den Tischlergesellen Carl Friedrich Vater, geboren am 22. Dezember 1836 in B., ortsangehörig in Berlin, evangelisch, nicht Soldat, und noch nicht bestraft.

Am 8. August 1859 Morgens gegen 8 Uhr fand der Druckerei-

Besitzer Lubatki hierselbst in seinem auf dem Hofe des Grundstücks Neue Jakobsstraße Nr. 6, im Seitengebäude linker Hand belegenen unverschlossenen Keller den Leichnam einer Frauensperson auf der Erde ausgestreckt liegend. In der halbgeschlossenen rechten Hand hielt dieselbe den Blatt 1 der Akten befindlichen Zettel, auf dem sich unter Anderem die mit Bleistift geschriebenen Worte finden:

„Karl Vater seine Braut, und ich bin in's Wasser gesprungen"

und

„Bernburger Straße Nr. 29 bei P., das ist ihre Schwester."

Der Hals der Frauensperson war mit einer graumelirten Männerkravatte bedeckt, unter welcher sich mehrere mit Blut unterlaufene Flecke am Halse fanden. Auf ihrer Brust stand eine Untertasse, in der das aus schwarzem Papier geschnittene Brustbild eines Mannes lag, während die dazu gehörige Obertasse und zwei kleine Figuren von Porzellan etwas seitab lagen.

Die sofort angestellten Nachforschungen ergaben, daß die Verstorbene die am 11. März 1831 zu G. geborene unverehelichte Josepha Marianne Sadowska war.

Am 9. August erfolgte die gerichtliche Obduktion der Leiche. Es fanden sich als einzige Verletzungen an dem ganzen, genau untersuchten Leichnam nur am Halse und zwar

a) an der rechten Seite einen Zoll vom Unterkiefer-Rande entfernt ein schwach halbmondförmiger, mit der Höhlung nach rechts gerichteter, ³/₄ Zoll langer, blutrother, härtlich zuschneidender, nicht blutunterlaufener Streifen;

b) ³/₄ Zoll davon entfernt und ebenso weit vom rechten Ohrläppchen ein ¹/₄ Zoll langer, schwach halbmondförmiger, genau ebenso beschaffener Streifen, mit der Höhlung nach dem Ohr gerichtet;

c) fast dicht unter demselben Ohrläppchen ein von oben nach unten verlaufender Streifen, genau ebenso beschaffen und eine Linie lang;

d) einen Zoll davon entfernt schon nach dem Nacken zu ein ganz schwach halbmondförmiger, mit der Höhlung nach oben gerichteter, zwei Linien langer, ganz gleicher Streifen;

e) genau auf der Mitte des Halses und des Kehlkopfs ein unregelmäßiger, etwas dreieckig geformter, sehr hart zuschneidender, nicht blutunterlaufener Fleck, 5 Linien lang und 3 Linien breit;

f) einen halben Zoll davon entfernt nach rechts herüber 5 in der Richtung von oben nach unten stehende ganz gleiche Flecke von Linsenform.

Von dem inneren Befunde sind besonders zu erwähnen: sehr starke Anfüllung der Blutgefäße der Hirnhäute, blutreiche Adergeflechte, ziemlich starke Anfüllung der Blutleiter im Schädel mit dunkelem flüssigem Blute, ungewöhnliche Bluterfüllung der Schilddrüse, ungewöhnliche Ausdehnung der sehr viel Luft und viel dunkelschäumiges Blut enthaltenden Lungen, eine Anfüllung der Luftröhre mit schmutzig blutiger Flüssigkeit und scharlachrothe Färbung ihrer Schleimhaut, ja selbst 3—4 kleine Blutunterlaufungen in derselben, weniges Blut im Herzen, dagegen sehr starke Anfüllung der großen Gefäße und endlich im Unterleib die außerordentlich starke Bluterfüllung der Nieren, und in der Gebärmutter eine männliche Leibesfrucht von etwa 4 Monaten.

Mit Rücksicht auf diesen Befund haben der gerichtliche Physikus Dr. Casper und der gerichtliche Wundarzt Losson ihr Gutachten dahin abgegeben, daß die Sadowska den Erstickungstod gestorben, und dieser Tod durch Erwürgung veranlaßt sei.

Diese Tödtung vollbracht zu haben, hat der Angeklagte vor dem Untersuchungsrichter wiederholt eingestanden. Darnach und unter Hinzunahme der sonstigen Ermittelungen hat sich die That wie folgt zugetragen.

Seit dem Sommer 1858 hatte der Angeklagte mit der Sadowska ein vertrautes Liebesverhältniß angeknüpft. Um Weihnachten 1858 erfuhren seine Eltern von diesem Verhältniß, ohne anfänglich Einspruch dagegen zu erheben. Nachdem ihnen aber die Mittheilung zugegangen war, daß die Sadowska ein unordentliches Frauenzimmer sei, richteten sie wiederholte Ermahnungen an ihren Sohn, jenen Umgang abzubrechen, in Folge deren sich dieser veranlaßt sah, im Juni 1859 das elterliche Haus zu verlassen, und in die Wohnung des Webergesellen Zedlitz hierselbst zu ziehen. Die letzte derartige Verwarnung fand am 1. August 1859 statt, nachdem dem Vater des Angeklagten zu Ohren gekommen war, daß sein Sohn die Absicht habe, sich mit der Sadowska zusammen eine Stube zu miethen. Dabei hatte der Vater des Angeklagten namentlich erklärt, daß er ein „unverheirathetes Zusammenleben" mit der Sadowska unter keiner Bedingung gestatten werde, und daß der Angeklagte, wenn er von dem Mädchen nicht lassen könne, lieber das elterliche Haus meiden möge.

Einige Tage darauf theilte der Tischlergeselle Haserich dem Angeklagten mit, daß auch seine Mutter sich über sein liederliches Leben beklagt und dabei geäußert habe, daß wenn ihr Sohn durchaus mit dem Frauenzimmer zusammen leben wolle, ihr Mann dafür sorgen werde, daß es aus Berlin verwiesen würde.

Nach diesem in Gegenwart der Sadowska geführten Gespräch will der Angeklagte zuerst von derselben aufgefordert sein, ihr lieber das Leben zu nehmen, als sie zu verlassen. Auf seine Erwiderung, daß er die Sache noch eine Weile mit ansehen wolle, habe die Sadowska ihr Verlangen wiederholt und hinzugefügt, daß er in den letzten Tagen ihres Lebens noch vergnügt mit ihr sein solle. Die Nacht vom 6. zum 7. August brachte die Sadowska zusammen mit dem Angeklagten in dem Bade'schen Tanzlokal in der Frankfurterstraße zu, wohin sie auch die derzeitig mit ihr zusammen wohnende unverehelichte Hartmann bestellt hatte. Nachdem der Tanz etwa um 4 Uhr Morgens zu Ende war, trennte sich die Hartmann von der Sadowska, während diese mit dem Angeklagten nach dem in der Roßstraße belegenen Kaffeelokal des Schankwirths D. ging. Dort verweilten beide bis 3 Uhr Nachmittags, und begaben sich dann nach der Hasenhaide, wo sie sich theils an verschiedenen Vergnügungsorten, theils im Freien bis zum späten Abend aufhielten. Etwa um 11 Uhr Abends nach der Stadt zurückgekehrt, ließ sich der Angeklagte das Haus Neue Jakobsstraße Nr. 6, in welchem seine Eltern wohnen, durch den Nachtwächter aufschließen, und führte die Sadowska in den Eingangs erwähnten Keller, in welchem er sie ihrem angeblich auf dem Heimwege wiederholt ausgesprochenen Wunsche gemäß um's Leben zu bringen beschlossen hatte. Seiner Angabe nach legte sich die Sadowska in dem Keller der Länge nach auf den Fußboden, mit dem Gesicht nach oben gewendet; er, der Angeklagte, knieete neben ihr nieder, knüpfte seine beiden Hosenträger zusammen, machte an dem einen Ende derselben eine Schleife, durch welche er das andere Ende steckte, legte die dadurch gebildete Schlinge um den Hals der Sadowska, und zog dann mit der einen Hand die Schlinge fest zusammen, während er mit der anderen Hand, und zwar mit den Knöcheln der krummgebogenen

3 Mittelfinger die geknüpfte Schleife fest an den Kehlkopf drückte. Nachdem der Angeklagte etwa 10 Minuten in dieser Stellung verblieben war, und nun an der Kälte der Stirn der Sadowska wahrnahm, daß der Tod eingetreten sei, lös'te er die Schlinge vom Halse, und legte sich, ohne den Leichnam weiter zu berühren, an einer andern Stelle des Kellers nieder, wo er bis gegen 5 Uhr Morgens schlief. Sodann schrieb er den schon erwähnten Zettel, welchen er der Verstorbenen in die Hand steckte, um über deren Persönlichkeit keinen Zweifel zu lassen, legte über deren Hals seine eigene Halsbinde, damit seine Eltern ihn als den Thäter erkennen sollten, und verließ hierauf den Keller, nachdem er seinen früher gefaßten und auch der Sadowska gegenüber mehrfach ausgesprochenen Entschluß, sich selber ebenfalls das Leben zu nehmen, wieder aufgegeben hatte.

Dieses Geständniß stimmt nun

1) mit dem Ergebnisse der Leichenöffnung in sofern überein, als darnach die Sadowska unzweifelhaft durch Erwürgung ihren Tod gefunden hat. Nur darin täuscht sich der Angeklagte, daß er die tödtliche Wirkung der Zuschnürung des Halses mit den Hosenträgern zuschreibt. Denn wäre der Tod durch ein derartiges Werkzeug hervorgebracht worden, so müßte sich am Halse eine Strangulationsmarke oder doch ein einzelner rinnenförmiger Streifen finden, wovon aber die Leiche keine Spur zeigte. Dagegen hatten die am Halse vorgefundenen Verletzungen in ihrer halbmondförmigen Gestalt wie in ihrer Lage zu einander genau diejenige Form, wie man sie bei tödlich gewordenen Fingereindrücken zu finden pflegt, und muß man daher die Todesursache nicht in der Zusammenschnürung des Halses, sondern vielmehr darin finden, daß der Angeklagte zum Zweck der letzteren, wie er zugesteht, seine Fingerknöchel fest auf Hals und Kehlkopf der Sadowska gedrückt hat.

Es folgt aber aus diesem Bekenntnisse auch

2) daß der Angeklagte die Tödtung in Folge eines längst beschlossenen Planes, also mit überlegtem Vorsatz bewirkt hat.

Es ist nun zwar

3) auch die Angabe des Angeklagten, daß die Sadowska mit ihrer Tödtung einverstanden war und dieselbe mit dem Angeklagten vorher verabredet hatte, als bewahrheitet anzusehen. Denn nicht nur haben sich weder an dem Leichnam noch an den Kleidern der Verstorbenen Spuren einer versuchten Gegenwehr entdecken lassen, sondern es hat auch die Sadowska in der letzten Zeit ihres Lebens in Gesprächen mehrfach auf ein nahes Ende desselben hingedeutet. Namentlich hat sie im Bade'schen Lokal zu der unverehelichten Hartmann die Bemerkung gemacht, sie und der Angeklagte seien zum letzten Male zusammen, und an demselben Tage, als sie von der Wittwe Wetter auf die schmutzige Beschaffenheit ihres Kleides aufmerksam gemacht worden war, geäußert: das könne sich statt ihrer waschen lassen wer da wolle, und schon früher hatte sie der unverehelichten Dübner mitgetheilt, daß wenn ihre Heirath mit dem Angeklagten an dem Widerspruche der Eltern desselben scheitern sollte, er und sie sich das Leben nehmen würden.

Allein der Thatbestand des Mordes wird dadurch nicht alterirt, daß die Tödtung mit Einwilligung des Getödteten erfolgt ist.

Vergl. Goltdammer, Materialien Bd. II S. 363—367 und die Erkenntnisse des Königlichen Ober-Tribunals bei Oppenhoff Strafgesetzbuch zum §. 175 Not. 16.

Demgemäß stelle ich den Antrag:

den Tischlergesellen **Carl Friedrich Walter** als hinreichend belastet: zu Berlin in der Nacht vom 7. zum 8. August 1859 die unverehelichte **Josepha Marianne Sadowska** vorsätzlich getödtet zu haben, und zwar:

mit Ueberlegung,

auf den Grund des §. 175 des Strafgesetzbuches wegen Mordes vorläufig in den Anklagestand zu versetzen, und Behufs definitiver Beschlußnahme hierüber die Einreichung der Akten an das Königliche Kammergericht anzuordnen.

Ein Band Voruntersuchungs-Akten ist beigefügt.

Berlin, den 22. September 1859.

Der Staats-Anwalt.

№ 6.

Antrag auf Versetzung in Anklagestand resp. Einstellung der Untersuchung nebst einer besonders gefertigten Darstellung des Sachverhalts.

(Aufruhr.)

Dem Königlichen Kreisgericht übersende ich in der Anlage die wider den Losmann **Daniel** und Genossen zu **P.** verhandelten, aus einem Bande bestehenden Voruntersuchungs-Akten nebst 3 vol. Adhibend. mit dem ergebensten Bemerken, daß ich bei den weiter unten formirten Anträgen von folgenden rechtlichen Gesichtspunkten ausgegangen bin.

Zunächst kann es wohl keinem Bedenken unterliegen, daß die den Gegenstand der Untersuchung bildenden Vorgänge überhaupt den Thatbestand eines Aufruhrs an sich tragen; denn wie unzweifelhaft die Zusammenrottung einer Mehrheit von Personen stattgefunden hat, so muß auch nach Lage der Sache für festgestellt erachtet werden, daß diese Personen mit vereinten Kräften den Bürgermeister **Ries** und die Steuer-Einschätzungs-Commission durch Gewaltthätigkeiten oder Drohungen zur Vornahme von Amtshandlungen gezwungen haben. Dabei erlaube ich mir zu bemerken, daß der Ausdruck „mit vereinten Kräften" im §. 91 des Strafgesetz-Buchs nach richtiger Auffassung nicht dahin zu verstehen ist, daß, um den Thatbestand des Aufruhrs herzustellen, alle zusammengerotteten Personen Gewaltthätigkeiten verübt oder doch Drohungen ausgestoßen haben müssen, sondern daß es genügt, wenn diese Handlungen nur von Einzelnen geschehen sind, und die übrigen Theilnehmer an der Zusammenrottung nur durch ihre bloße Anwesenheit den drohenden Rückhalt jener Einzelnen gebildet haben.

Vergl. Goltdammer, Materialien Bd. II S. 135 fg.
Oppenhoff, Strafgesetzbuch zu §. 91 Not. 7.

Die Gewaltthätigkeiten und Drohungen, von welchen der zweite Absatz des §. 91 spricht, sind deshalb eben nur dieselben, welche zum Thatbestande des Aufruhrs an sich erforderlich sind, welche aber zugleich für diejenigen, denen sie persönlich nachgewiesen werden können, die härtere Strafe bedingen.

Vergl. Oppenhoff, a. a. O. Not. 12.

Diese letzteren Handlungen (einzelne Gewaltakte und Drohungen) brauchen nun zwar nicht einmal direkt gegen diejenigen physischen Personen gerichtet zu sein, auf welche der Zwang ausgeübt werden soll;

(Vergl. Goltdammer, a. a. O. S. 135 Nr. 4.)

sofern aber in dieser Beziehung im vorliegenden Falle Bedenken laut werden sollten, so glaube ich noch darauf hinweisen zu müssen, daß nach dem Erkenntniß des Königl. Ober-Tribunals vom 13. März 1857 (Goltdammer's Archiv Band V S. 561) eine Einkommensteuer-Einschätzungs-Commission für eine öffentliche Behörde erachtet worden ist.

Dies vorausgeschickt, so mußte gegen die unten ad 1—5 bezeichneten Angeschuldigten die Versetzung in den Anklagestand auf Grund des cit. §. 91 Absatz 2 beantragt werden, da ihnen spezielle Gewaltthätigkeiten gegen einzelne Mitglieder der Einschätzungs-Commission nachgewiesen sind, in welcher Beziehung die anliegende, als Grundlage für die künftige Anklageschrift bestimmte Darstellung des Sachverhältnisses die einzelnen belastenden Thatsachen enthält.

Was dagegen die übrigen zur Voruntersuchung gezogenen Personen betrifft, so sind in dieser Beziehung die Grenzen, innerhalb deren sich die weitere Verfolgung zu bewegen hat, nicht ganz ohne Bedenken. Ich habe in dieser Beziehung für maßgebend halten zu müssen geglaubt:

1) daß der Anzuklagende an der Zusammenrottung Theil genommen, daß er sich also mit der Menschenmenge vereinigt haben und mit dieser auf das Rathhaus gezogen sein muß, um dort eine Ermäßigung der Steuern, sei es auch nur durch seinen Anschluß an die Menge, zu erwirken, oder daß er zu gleichem Zweck an der Abholung der Mitglieder der Einschätzungs-Commission sich betheiligt haben muß;

2) daß der Anzuklagende auch durch sein Verhalten bei den späteren Vorgängen auf dem Rathhaus, wenn auch nur durch sein hartnäckiges Dableiben, sein Einverständniß damit, daß die Herabsetzung der Steuern durch Gewalt oder Drohung erzwungen werde, zu erkennen gegeben hat. Dies wird man bei allen denen als erwiesen ansehen müssen, deren Namen entweder von dem Bürgermeister in dem Schriftstücke fol. 7 der Akten verzeichnet sind, oder deren drohende Haltung bei den fraglichen Vorgängen durch glaubwürdige Zeugen bekundet ist.

Diese beiden Momente treffen bei den unten ad 6—22 bezeichneten Personen zusammen, worüber die bereits erwähnte Anlage die nähere Nachweisung enthält.

Dahingegen sind meinerseits außer weiterer Verfolgung gelassen:

a) alle diejenigen, von welchen nicht erwiesen ist, daß sie mit der Menschenmenge auf das Rathhaus oder in die Wohnungen der Mitglieder der Einschätzungs-Commission gezogen sind, deren Angabe also, daß sie erst nach dem Auseinandergehen der Menge einzeln auf das Rathhaus gegangen sind, nicht widerlegt werden kann;

b) alle diejenigen, von denen, wenn sie auch an dem Zug nach dem

Rathhaus theilgenommen haben, doch nicht erwiesen ist, daß sie daselbst in widerspänstiger oder drohender Weise verblieben sind, deren Angaben also, daß sie auf ergangene Aufforderung sich sofort ruhig nach Hause begeben hätten, gleichfalls nicht widerlegt werden können.

Denn die Zusammenrottung allein macht für sich so wenig den Thatbestand einer strafbaren Handlung aus, wie es strafbar erscheint, wenn ein Einzelner, ohne Anschluß an die Menge seinen Wunsch um Ermäßigung der Steuern ausgesprochen hat.

Hiernach stelle ich nun den Antrag:

1) den Losmann Julius Daniel,
2) den Büdner Johann Brand,
3) den Büdner Gottlieb Lotter,
4) den Losmann Gottlieb Schlauer,
5) den Losmann Friedrich Drust,

da ein Jeder von ihnen hinreichend belastet ist:

sich am 23. Mai 1859 zu P. mit anderen Personen öffentlich zusammengerottet und mit vereinten Kräften den Bürgermeister Ries und die Einkommensteuer-Einschätzungs-Commission daselbst durch Gewalt und Drohung zur Herabsetzung der ausgeschriebenen Steuerbeiträge gezwungen zu haben,

und zwar:

indem er selbst gegen Mitglieder der genannten Commission Gewaltthätigkeiten verübt hat,

wegen Aufruhrs im Sinne des §. 91 Abs. 2 Str.-G.-B.,

6) den Instmann Johann Rasch,

(folgen die übrigen 16 Namen)

als hinreichend belastet:

sich am 23. Mai 1859 zu P. mit anderen Personen öffentlich zusammengerottet, und mit vereinten Kräften den Bürgermeister Ries und die Einkommensteuer-Einschätzungs-Commission daselbst durch Gewalt und Drohung zur Herabsetzung der ausgeschriebenen Steuerbeiträge gezwungen zu haben

wegen Aufruhrs im Sinne des §. 91 Abs. 1 a. a. O.

vorläufig in den Anklagestand zu versetzen.

In Betreff der übrigen zur Voruntersuchung gezogenen Personen, nehmlich (folgen deren Namen) beantrage ich, wegen Mangels ausreichender Belastung das weitere Verfahren einzustellen.

N., den 30. Juni 1859.

Der Staats-Anwalt.

Darstellung des Sachverhältnisses

in der Untersuchungssache
wider
den Losmann Julius Daniel und Genossen
wegen Aufruhrs.

Im April d. J. hatte in P. eine neue Einschätzung der Einwohner zur Communalsteuer stattgefunden, und waren bei derselben insbesondere verschiedene Personen aus dem Arbeiter- und Handwerkerstande zu höheren Steuerbeiträgen herangezogen worden. Dies hatte bei den Letzteren eine große Unzufriedenheit erregt, welche sich bei verschiedenen im Schanklokal des Gastwirths **Bock** stattgehabten Zusammenkünften in lauten Klagen kundgegeben hatte. Auf Anrathen des Gastwirths **Bock**, daß die Unzufriedenen sich mit ihren Beschwerden an den Bürgermeister wenden sollten, wurde zur Berathung über diesen Vorschlag auf Montag den 23. Mai d. J. eine Versammlung im **Bock**'schen Lokale verabredet, und fand sich zu derselben auch eine große Anzahl Personen ein. Sämmtliche Anwesende beschlossen nun in Masse auf das Rathhaus zu ziehen, um bei dem Bürgermeister die Ermäßigung der Steuerbeiträge durchzusetzen. Unter Anführung der Angeklagten **Daniel** und **Brand** setzte sich demnächst auch der Zug nach dem Rathhause in Bewegung. Hier angekommen drangen sogleich einzelne Personen in das Zimmer des Magistrats-Dirigenten, Bürgermeisters **Ries** ein, und **Daniel** und **Brand** redeten den letzteren sofort mit barschen Worten an:

„Wir kommen hierher um wegen der Abgaben zu verhandeln, heute muß das ausgefochten werden."

Der Bürgermeister entgegnete ihnen, daß er mit ihnen Allen nicht verhandeln könne, daß, falls sie eine Auskunft wünschten, zwei oder drei kommen möchten, und versuchte dabei die Thür zuzumachen, um das Eindringen noch anderer Personen zu verhindern. Es gelang ihm dies jedoch nicht, da sowohl **Daniel** als **Brand** die Schließung der Thüre nicht geschehen ließen und erklärten, daß, wo eines sei, sie Alle sein müßten. Auch die anwesenden Polizeidiener **Rinka** und **Willich**, sowie der Gensd'arm **Knarr** vermochten nicht, die nachdringende Menge abzuhalten, so daß das Zimmer alsbald mit einer großen Anzahl von Menschen angefüllt war.

Nunmehr richtete der Bürgermeister **Ries** an die versammelte Menge die Frage, was sie begehre. Er erhielt zur Antwort, daß die Abgaben-Angelegenheit jetzt geordnet werden müsse, und daß er die Namen der Einschätzungs-Commissarien nennen solle, damit solche herbeigeholt werden könnten. Da die Anwesenden einstimmig erklärten, daß Niemand eher vom Platze gehen werde, bevor sie dies nicht erreicht, da namentlich die Angeklagten **Daniel** und **Brand** sogar einzelne Personen, welche sich entfernen wollten, festhielten und sie zwangen dort zu bleiben, und da stürmisch ein Namens-Verzeichniß der Einschätzungs-Commissarien gefordert wurde, so sah sich der Bürgermeister endlich gezwungen, diesem Verlangen nachzugeben, und händigte der Menge ein solches Verzeichniß ein. Als die Namen vorgelesen wurden, gab sich insbesondere bei der Nennung des Fleischermeisters **Kannau** großer Unwille kund, und namentlich **Daniel** schrie:

„Seht Ihr, er hat immer gesagt, er ist nicht dabei gewesen, hier steht er doch darauf, nun kommt, nun wollen wir ihn holen."

Unter allseitiger Zustimmung verließ darauf die Menge das Rathhaus, um die Einschätzungs-Commissarien herbeizuholen.

1. Unter Anführung der Angeklagten **Daniel** und **Brand** begab sich zunächst ein Trupp von 15—20 Arbeitern zu dem Tischlermeister **Klos**, einem Mitgliede der Einschätzungs-Commission. Als sämmtliche Personen in das Haus des **Klos** eingedrungen waren, redete ihn der Angeklagte **Daniel** in heftigem Tone mit den Worten an:

„Nun kommen sie 'mal mit auf das Rathhaus, nun wollen wir die Sache abmachen."

Brand wiederholte dieselbe Aufforderung, die auch in verworrenem Tone aus der Menge heraus an Klos gerichtet wurde. Letzterer erklärte sich, um Thätlichkeiten zu vermeiden, auch sofort bereit der Menge zu folgen und begab sich demnächst auch wirklich auf das Rathhaus.

2. Demnächst ging eine Anzahl Arbeiter in die Wohnung des Fleischermeisters Kannau, und als sie erfuhren, daß dieser im Heckerschen Gastlokale sei, folgten sie ihm dorthin nach. Der Angeklagte Brand hielt dem Kannau einen Zettel vor, welcher die Aufforderung an ihn enthalten sollte, sich sofort auf das Rathhaus zu begeben. Da der Zettel dies aber nicht enthielt, so erklärte Kannau, daß er nicht gehen werde, und forderte die Anwesenden auf, sich nach Hause zu verfügen. Es wurde ihm indeß erwiedert, heute müsse die Sache abgemacht werden, und der Angeklagte Brand schnitt ihm alle weiteren Ermahnungen ab, indem er die Menge aufforderte:

nicht auf den Kannau zu hören, derselbe habe nichts zu sprechen, man solle ihn fassen und auf das Rathhaus bringen.

Sofort sprangen auch der Angeklagte Schlauer und der Angeklagte Lotter auf ihn los. Der Erstere ergriff ihn am Halse, indem er in die Halsbinde faßte, der Letztere faßte ihn unter dem Arme, und Beide versuchten, ihn aus dem Zimmer zu ziehen. Durch das Dazwischentreten des rc. Hecker und die wiederholten Versicherungen des Kannau, daß er freiwillig gehen wolle, bewogen, ließen die Angeklagten zwar von ihm ab, führten ihn jedoch, von der Menge umschlossen, nach dem Rathhaus, und verließen ihn dann mit dem Bemerken, daß sie nun die Anderen holen würden.

3. Inzwischen hatte sich ein Trupp Arbeiter zur Aufsuchung und Einholung des Grundbesitzers Marner, welcher gleichfalls Mitglied der fraglichen Commission war, aufgemacht. Man fand denselben endlich im Lokal des Kaufmanns Raumer. Marner, der die Menge hatte herbeikommen sehen, versuchte durch eine Hinterthür zu entfliehen, in demselben Augenblick sprangen jedoch die Angeklagten Daniel, Drust und Brand auf ihn los und hielten ihn fest. Zwei von den Angeklagten faßten ihn von vorne, der dritte, Drust, von hinten, und zogen und schoben ihn auf diese Weise bis vor das Rathhaus, wo er endlich auf seine Bitten losgelassen wurde.

Da die übrigen Mitglieder der Einschätzungs-Commission, welche von den verübten Gewaltthätigkeiten gehört hatten, inzwischen freiwillig auf dem Rathhaus erschienen waren und sich mit dem Bürgermeister in dem Sitzungszimmer versammelt hatten, kehrte nunmehr auch die ganze Menge auf das Rathhaus zurück und drang in das Sitzungszimmer ein. Auch jetzt waren nach dem Zeugniß aller Anwesenden Daniel und Brand die Wort- und Rädelsführer. Auf die Aufforderung des Bürgermeisters, ruhig nach Hause zu gehen, erklärten sie, daß er kein Recht habe, ihnen die Thüre zu weisen, da ihnen das Rathhaus ebenso gut gehöre, wie ihm, und schrieen wiederholt:

„Du hast uns nichts zu befehlen."

Als ihnen der Bürgermeister die Strafbestimmungen über den Aufruhr vorlas, erklärten sie, das sei Alles nicht wahr, das sei Unsinn, sie fürchteten sich nicht vor der Strafe.

Als wiederholte Ermahnungen an die tobende Menge, sich zu entfernen, ohne allen Erfolg geblieben waren, richtete der Bürgermeister noch einmal die Frage an sie, was ihr Begehren sei. Daniel und Brand antworteten sofort, daß sie keine Communalsteuer zahlen wollten, daß die Sache heute zum Austrag gebracht werden müsse, und daß sie nicht eher das Lokal verlassen würden. Aus der Menge wurde stets in lärmender Weise Zustimmung ertheilt. Dem Bürgermeister, welcher die Menge fortwährend zu beschwichtigen suchte, rückten namentlich Brand und Daniel wiederholt mit übereinandergeschlagenen Armen auf den Leib, indem sie riefen:

„Thun sie uns jetzt 'mal etwas, Sie sehen, welche Masse wir hinter uns haben,“

und vertraten ihm in Gemeinschaft mit dem Angeklagten Schlauer, als er mehrfach im Begriff stand das Zimmer zu verlassen, den Weg mit den Worten:

Hierbleiben! nicht fortgegangen! heute muß die Sache abgemächt werden.

Ja, nach der Angabe des Mitangeklagten Klaczki hielten Daniel und Brand den Bürgermeister sogar am Rocke zurück.

Als endlich der Ruf nach Befreiung von der Communalsteuer immer heftiger wurde, als auch das Versprechen, die Reklamations-Commission zu berufen, nichts fruchtete, sah sich der Bürgermeister gezwungen, dem Verlangen der tobenden Menge dadurch nachzugeben, daß er eine schriftliche Bescheinigung ausstellte, welche dahin lautete:

Nachstehenden Instleuten

(folgen die Namen)

wird die Communal-Einkommensteuer auf ihr Verlangen auf denselben Betrag, wie sie pro a. pr. veranlagt gewesen, festgesetzt.

P., den 23. Mai 1859.

Der Magistrat.

(gez.) Ries.

Die Ausstellung geschah in der Weise, daß die Anwesenden einzeln an den Bürgermeister herantraten und ihren Namen nannten und der letztere alsdann auf dem gedachten Schriftstücke verzeichnet wurde.

Der Angeklagte Brand dagegen verlangte für sich allein vollständigen Erlaß der Abgaben, und erhielt daher eine Bescheinigung ausgestellt, welche dahin lautete:

Dem Büdner Brand wird auf Verlangen die Communalsteuer pro anno erlassen.

P., den 23. Mai 1859.

Der Magistrat.

(gez.) Ries.

Nun erst verließ die Menge das Rathhaus.

Was nun die Betheiligung der einzelnen Angeklagten anlangt, so ist,

I. der Angeklagte Losmann Julius Daniel zu P., 30 Jahr alt, evangelisch, nicht Soldat, noch nicht bestraft,

nach Obigem nicht nur einer der Anführer des Unternehmens gewesen, sondern hat auch durch den thätlichen Angriff auf den Grundbesitzer Marner und den gewaltsamen Transport desselben nach dem Rathhause selbst Gewaltthätigkeiten verübt.

II. (folgt nun unter fortlaufenden Nummern in Betreff der übrigen Angeklagten die Angabe ihrer Personalien und der Art ihrer Betheiligung am Aufruhr.)

N., den 23. Juni 1859.

Der Staats-Anwalt.

IV.

Anleitung

zur

Anfertigung der Referate und Vota

in

Untersuchungssachen

(mit zwei Beispielen).

I. Einleitung.

Die Anleitung, welche die Kriminalordnung in den §§. 488 bis 494 zur Anfertigung der Relationen in Untersuchungssachen giebt, schließt im §. 495 mit der Bemerkung:

> Diese Vorschriften sollen jedoch keineswegs das Verfahren des Referenten dergestalt bestimmen, daß in allen Fällen die Relation genau danach einzurichten; sie dienen vielmehr nur zu einer allgemeinen Anweisung, wie Kriminal-Relationen in gewöhnlichen Fällen abzufassen, und die Anwendung bleibt der pflichtmäßigen Beurtheilung des Referenten überlassen, so weit es die jedesmalige Beschaffenheit der Sache zuläßt.

Diese Bemerkung findet auch auf die Anfertigung der Referate in Untersuchungssachen nach dem jetzigen Verfahren Anwendung.

Es kommt darauf an, sich den Begriff und den Zweck dieser Referate recht klar zu machen, damit man erkenne, welches Ziel dabei im Auge zu behalten ist. Das klare Bewußtsein dieses Zieles ist am geeignetsten, die leitenden Grundsätze an die Hand zu geben, welche bei Anfertigung der Referate zu befolgen sind.

Aelteres Verfahren. a. Relationen erster Instanz.

Eine Relation in dem früheren schriftlichen Inquisitionsverfahren war eine schriftliche, geordnete Darlegung des Inhalts der Untersuchungsakten, verbunden mit einer an die einzelnen Thatumstände angeknüpften rechtlichen Beurtheilung der Sache. Sie mußte in Erkenntnißform abgefaßt werden, dergestalt, daß die Erkenntnißformel, welche eigentlich das Final-Votum des Referenten bildete, vorangestellt und die Entscheidungsgründe, welche den Haupttheil der Relation ausmachten, angeschlossen wurden. Diese eigentliche Relation sollte zuvörderst die Veranlassung der Untersuchung, und sodann den zur Untersuchung gekommenen Hergang vortragen. Entnommen aus den Geständnissen des Angeschuldigten, aus den Zeugenaussagen und den übrigen Verhandlungen, sollte diese Darstellung dazu dienen, dem erkennenden Kollegium eine vorläufige Uebersicht zu geben, damit dasselbe in den Stand gesetzt werde, der nun weiter sich anschließenden Erörterung des Referenten zu folgen. Denn nach jenem Eingange hatte der Referent, nachdem er die Formalien geprüft, zu untersuchen, ob der objektive Thatbestand des Verbrechens vollständig ausgemittelt sei, ob die That gegen den Angeschuldigten durch sein Bekenntniß oder auf andere Art ganz oder zum Theil erwiesen worden und ob daher eine Freisprechung oder eine Verurtheilung des Angeklagten zu erfolgen habe. Der Zweck der Kriminal-Relation mußte stets darauf gerichtet sein, daß das Kollegium, dessen einzelne Mitglieder nur durch den Referenten, eventuell noch durch einen Korreferenten, zur Kenntniß des Inhalts der Akten gelangen konnten, in den Stand gesetzt werden sollte, jedes einzelne Moment der Untersuchung genau kennen zu lernen und dessen Einfluß auf die Beurtheilnng der Sache zu würdigen, um hierauf gestützt ein sachgemäßes Urtheil zu fällen.

b Relationen zweiter Instanz.

In der zweiten Instanz konnte die Relation nur ein gleiches Ziel verfolgen, und wenn auch nach §. 528 der Kriminalordnung der Appellationsrichter in dem abzufassenden Erkenntnisse seine Beurtheilung in der Regel darauf einzuschränken hatte, ob Gründe vorhanden seien, welche eine Freisprechung oder eine Herabsetzung der in der ersten Instanz erkannten Strafe zur Folge haben könnten, so hat doch diese Bestimmung in dem Zwecke und somit auch in der Art zu referiren nichts geändert; vielmehr wird in dieser Beziehung im §. 528 a. a. O. ausdrücklich auf die für die erste Instanz gegebenen Regeln verwiesen.

Referate im neueren Verfahren.

Einen ganz anderen Zweck wie die Relationen der früheren Zeit haben bei dem jetzigen, auf mündliche Verhandlung vor dem erkennenden Gerichtshofe gegründeten Strafverfahren[1]) die Referate.

a. Entbehrlichkeit derselben für die erste Instanz.

Zuvörderst kann in der ersten Instanz von einem Referat keine Rede sein. Denn die mündliche Verhandlung vor dem erkennenden Gerichtshofe beginnt mit Verlesung der Anklageschrift. Damit erhält das Kollegium eine Uebersicht der Sache und wird zugleich in den Stand gesetzt, der mündlichen, von dem

[1]) Verordnung vom 3. Januar 1849. — Gesetz vom 3. Mai 1852.

Vorsitzenden allein geleiteten Verhandlung zu folgen. Der Angeklagte, sofern er anwesend ist, wird vor dem erkennenden Gerichtshofe vernommen, und der Beweis, so weit es nöthig erscheint, erhoben. Nach Anhörung des Staatsanwalts und nach der Schlußvernehmung des Angeklagten erkennt derselbe Gerichtshof, vor welchem dies Verfahren Statt gefunden hat, und zwar muß derselbe, auch wenn die Verhandlung mehrere Tage hindurch gedauert haben sollte, durchaus von denselben Gerichtsmitgliedern gebildet sein, welche allen Verhandlungen beigewohnt haben.[1]) Es leuchtet von selbst ein, daß eine Relation, die etwa, bevor das Kollegium über das Erkenntniß in Berathung tritt, vorgetragen werden könnte, eine ganz nutzlose Arbeit wäre, da ja nicht aus den Akten, sondern einzig und allein aus dem Ergebniß der mündlichen Verhandlung das Erkenntniß geschöpft werden darf, und alle Mitglieder des erkennenden Gerichts der Verhandlung beigewohnt haben.[2])

Wohl aber ist ein Referat für die zweite Instanz erforderlich, jedoch in anderer Form wie früher;[3]) denn nach dem jetzigen Verfahren ist nicht nur die Art und Weise, wie der zweite Richter seine Aufgabe zu lösen hat, eine andere geworden, sondern es hat sich auch die Aufgabe des Appellationsrichters selbst wesentlich verändert. Es existirt nicht mehr das nur dem Angeklagten zustehende Rechtsmittel der weiteren Vertheidigung, welches ohne Suspensiv-Effekt nur den Zweck hatte, eine Aenderung des ersten Urtheils zu Gunsten des Angeklagten herbeizuführen, sondern es findet die Appellation Statt, ein ordentliches Rechtsmittel mit Suspensiv-Effekt, welches sowohl dem Staatsanwalte, wie dem Angeklagten, wenn auch mit der Modifikation zusteht, daß der Erstere auch zu Gunsten des Letzteren appelliren kann. b. Referate für die zweite Instanz.

Während ferner das Rechtsmittel der weiteren Vertheidigung bis zur völligen Strafverbüßung zulässig, also an gar keine Frist gebunden war, ist die Appellation nur innerhalb eines kurzen Fatale von zehn Tagen gestattet; aber mit der vollen Wirkung eines ordentlichen Rechtsmittels, weshalb eine vorläufige Antretung der Strafe nach dem ersten Urtheil nicht weiter stattfindet.

---

[1]) Verordn. v. 3. Januar 1849. §§. 14. 48. 54.

[2]) Conf. ebendas. §. 22 die Worte „aus dem Inbegriffe der vor ihm erfolgten Verhandlungen."

[3]) ebendas. §. 136.

Neue Thatsachen dürfen sowohl vom Appellanten als vom Appellaten angeführt werden, und der zweite Richter ist daher mit der ganzen Beurtheilung der Sache nach beiden Seiten hin befaßt.

Einen eigenthümlichen und von dem früheren ganz abweichenden Standpunkt hat derselbe endlich dem ersten Richter gegenüber durch die Aufhebung der alten Beweistheorie erhalten. Um diesen Standpunkt klar zu machen, ist ein Blick auf das Verfahren erster Instanz zurückzuwerfen.

c. Stellung des zweiten Richters gegenüber dem Richter erster Instanz.

Während es früher positive Regeln dafür gab, ob der Spruchrichter einen Beweis für vollständig, für minder vollständig oder für gar nicht geführt zu erachten hatte, während bestimmte Vorschriften über die Glaubwürdigkeit der Zeugen, der Urkunden und sonstigen Beweismittel existirten, ist im jetzigen Verfahren der erkennende Richter erster Instanz angewiesen, unter genauer Prüfung aller Beweise für die Anklage und Vertheidigung nach seiner freien, aus dem Inbegriffe der vor ihm erfolgten Verhandlung geschöpften Ueberzeugung zu entscheiden, ob der Angeklagte schuldig oder nichtschuldig sei. Er ist aber verpflichtet, die Gründe, welche ihn dabei geleitet haben, anzugeben.[1])

Dieser letzte kurze Satz ist die einzige Anweisung, welche die ein ganz neues Strafverfahren einführende Verordnung vom 3. Januar 1849 über die Abfassung der Urtheilsgründe enthält. Er ist von großer Wichtigkeit. Denn, wenn der erste Richter nur nach seiner *freien* Ueberzeugung über die Schuldfrage urtheilen soll, so könnte der Natur der Sache nach sein Spruch durch einen Richter zweiter Instanz niemals umgestoßen werden, da ja die freie Ueberzeugung eines Menschen nicht der besseren Beurtheilung eines anderen Menschen unterzogen werden kann. Soll daher ein Angriff gegen die thatsächliche Feststellung rücksichtlich der Schuld oder Nichtschuld zulässig sein, so ist dies nur dadurch möglich, daß die für die Ueberzeugung des ersten Richters leitend gewesenen Gründe als unrichtig angefochten werden, was aber nur dann stattfinden kann, wenn der erste Richter in seinem Urtheil diese Gründe vollständig angegeben hat.

Die Kürze jenes Satzes hat die Wichtigkeit desselben häufig übersehen lassen und es ist daher eine wesentliche Verbesserung

---

[1]) Verordn. v. 3. Januar 1849. §. 22.

der gedachten Verordnung, wenn das Gesetz vom 3. Mai 1852 im Art. 31 näher vorschreibt, daß

1. das Urtheil hervorheben müsse, welche derjenigen Thatsachen, die zu den wesentlichen Merkmalen der den Gegenstand der Entscheidung bildenden strafbaren Handlung gehören, für erwiesen oder für nicht erwiesen zu erachten seien, und daß
2. die Thatsachen und Beweismittel, auf Grund deren jener Beweis als geführt oder als nichtgeführt angenommen worden ist, in den Entscheidungsgründen anzugeben sind.

Ein gut gearbeitetes erstes Urtheil wird daher, nachdem eine kurze Uebersicht über den Gegenstand der Untersuchung, die Personalien und die Auslassung des Angeklagten gegeben worden, sich hauptsächlich damit befassen müssen, nicht etwa mechanisch alle Erklärungen des Angeklagten, der Zeugen und der Sachverständigen, sowie die Verhandlungen über die Einnahme des Augenscheins abzuschreiben, sondern nummernweise die einzelnen Momente aufzuzählen, welche zur Sprache gekommen sind, und bei jedem einzelnen Momente anzugeben, ob und auf Grund welcher Beweise dasselbe für dargethan erachtet worden ist oder nicht. Erst aus der Summe der einzelnen als erwiesen angenommenen Momente, wird dann unter Darlegung ihres Zusammenhanges und des rückwirkenden Einflusses des einen Umstandes auf den andern, die endliche thatsächliche Feststellung gefolgert und in der Art ausgesprochen werden müssen, daß darauf das Strafgesetz seine Anwendung findet.

Welches ist nun einem solchem Erkenntniß gegenüber der Standpunkt des zweiten Richters?

Während er früher die richtige Anwendung der positiven Beweisregeln zu prüfen hatte, muß er jetzt, wie Artikel 101 des Gesetzes vom 3. Mai 1852 vorschreibt:

> die in dem ersten Urtheile enthaltene Feststellung der für erwiesen oder nichterwiesen angenommenen Thatsachen seiner eigenen Entscheidung zum Grunde legen, in sofern nicht neue Thatsachen oder neue Beweise, oder die gänzliche oder theilweise Wiederholung der in erster Instanz stattgefundenen Beweisaufnahme eine abweichende thatsächliche Feststellung begründen.
>
> Eine solche Wiederholung soll das Appellationsgericht nur dann anordnen, wenn sich wesentliche und durch die bisherigen Verhandlungen nicht zu beseitigende Bedenken

gegen die im ersten Urtheile enthaltene Feststellung der Thatsachen ergeben, oder wenn die Wiederholung mit Rücksicht auf die vorgebrachten neuen Thatsachen oder Beweise nothwendig erscheint.

Der zweite Richter steht hiernach bei Beurtheilung des Beweises nicht auf dem freien Standpunkte, wie früher nach der Kriminalordnung. Er ist zunächst, was nothwendig aus der Quelle folgt, aus welcher der erste Richter seine thatsächliche Annahme geschöpft hat, gebunden, diejenigen Thatsachen für erwiesen anzunehmen, die der erste Richter als festgestellt erklärt hat, und nur erhebliche Bedenken berechtigen ihn zu einer Abweichung. Aber auch die allererheblichsten Bedenken geben ihm nicht die Befugniß: die Annahme des ersten Richters sofort zu beseitigen, sondern nur: die Beweisaufnahme zu reproduciren und je nach dem Resultat derselben eine andere Feststellung zu treffen. Wenn der zweite Richter sich vergegenwärtigt, daß eine Wiederholung der schon in erster Instanz erfolgten Beweisaufnahme ganz ebenso, wie sie vor dem ersten Richter stattgefunden hat, ein Ding der Unmöglichkeit ist und dabei im Auge behält, daß die freie Ueberzeugung des ersten Richters aus dem Inbegriff der vor ihm stattgehabten Verhandlungen geschöpft ist, von diesem Inbegriffe aber das Audienzprotokoll nur ein schwaches Bild gewähren kann, so wird der Appellationsrichter nur bei sehr erheblichen Bedenken sich veranlaßt finden können, die Beweisaufnahme zu reproduciren; namentlich wird ihn hierzu der Umstand allein, daß der Beweis nur schwach geführt erscheint, in den seltensten Fällen bestimmen dürfen.

Dieser Standpunkt des zweiten Richters, gegenüber dem von dem ersten Richter für geführt erachteten Beweise, darf nie aus dem Auge gelassen werden, und ist von wesentlichem Einflusse auf die Anfertigung des Referats.

d. Nothwendigkeit der Referate zweiter Instanz.

Die Nothwendigkeit des Letzteren und sein Zweck ist gegeben durch die Art des formellen Verfahrens in zweiter Instanz, welches ebenfalls auf Mündlichkeit vor dem erkennenden Gerichtshofe gegründet ist.

In dem zu diesem Zwecke anzuberaumenden Audienztermin kann der Natur der Sache nach nicht, wie in erster Instanz, mit Verlesung der Anklage begonnen werden — denn diese ist vorläufig erledigt und es kommt nicht auf ihre Begründung, sondern auf Prüfung des ersten Urtheils an — und ebenso wenig kann mit Anhörung des Appellanten angefangen werden, da das Kollegium dessen Vortrag nicht verstehen würde. Es ist daher die Vorschrift geboten, daß ein aus der Zahl der Mitglieder zu ernennender Referent eine Darstellung der bis dahin stattgefundenen Verhandlungen zu geben hat. Diese Darstellung ist das Referat, welches nach §. 136 der Verordnung vom 3. Januar 1849 entweder mündlich vorgetragen oder schriftlich verfaßt und verlesen werden kann.

Ueber den Inhalt des Referats, oder über die Art und Weise, wie dasselbe anzufertigen sei, sagt das Gesetz nichts; es kann daher eine Anleitung zur Ausarbeitung schriftlicher Referate nur aus dem Zweck derselben entwickelt werden, und um diesen kennen zu lernen, war die bisher gegebene Uebersicht des jetzigen Verfahrens im Vergleiche mit dem früheren nothwendig.

Aus dem Gesagten folgt nun aber für den Zweck des Referats: a. Zweck der Referate.

1. daß es zum Anknüpfungspunkte dienen soll, an welchen sich die weitere mündliche Verhandlung in zweiter Instanz anzuschließen hat, und daß es daher den mit den bisherigen Verhandlungen nicht bekannten Mitgliedern des Gerichtshofes eine solche Einsicht in die Sachlage gewähren muß, daß sie im Stande sind, die darauf folgende Verhandlung zu verstehen;
2. daß es aber auch ferner die thatsächliche Unterlage zu bilden bestimmt ist, auf Grund deren der Gerichtshof von seinem, der erstrichterlichen Beweisaufnahme gegenüber einzunehmenden Standpunkte aus, mit Hinzunahme der vor ihm selber stattgefundenen mündlichen Verhandlung, die Entscheidung zweiter Instanz fällen kann.

Faßt man diesen Zweck gehörig in's Auge, so werden sich daraus einige allgemeine Regeln

1. über den Inhalt der Referate, und
2. über die Anordnung derselben

ergeben.

II. Inhalt der Referate.

1. Keine Beurtheilung der Rechts- oder Beweis-Frage.

1. In keinem Falle darf das Referat irgend ein Raisonnement des Referenten, sei es über die Rechts-, sei es über die Beweisfrage, enthalten, denn der Vortrag ist dazu bestimmt, von den Parteien angehört zu werden. In diesem Punkte liegt der materielle Unterschied zwischen Referat und Relation; Letztere hatte den Vortrag des Thatsächlichen mit der Anwendung der Strafgesetze dergestalt zu verweben, daß Beides ein unzertrennliches Ganzes bildet.

Hierans ergiebt sich denn auch, daß der Referent bei Anfertigung des Referats auf einen ganz anderen Standpunkt sich stellen muß, wie bei der Relation. In der letzteren trägt er die Sache von oben herab gesehen, weil er darüber zugleich urtheilt, vor, gleichsam aus der Vogelperspective. Bei dem Referat hat er sich höchstens in Betreff der Anordnung des Stoffes über die Sache zu stellen; in Betreff des Inhalts aber muß er in gewissen, ihm aus der thasächlichen Feststellung des ersten Richters und aus der Appellation selbst gebotenen Grenzen verbleiben.

Daraus, daß das Referat für die zweite Instanz gegeben wird, folgt

2. Entscheidung erster Instanz und Beschwerdepunkte.

2. daß es jedenfalls den Tenor des ersten Urtheils und die Angabe der Beschwerdepunkte enthalten muß.

a. Tenor des ersten Urtheils.

a. Der Tenor des Urtheils macht keine Schwierigkeit, wenn nur ein Angeklagter und nur eine strafbare Handlung den Gegenstand des ersten Erkenntnisses bildet. Anders ist es, wenn mehrere Vergehen oder Verbrechen vorliegen.

Es kann der Fall vorkommen, daß das auf mehrere einzelne Vergehen sich erstreckende Erkenntniß in Betreff einzelner derselben die Rechtskraft beschritten hat und daher in so weit nicht mehr Gegenstand der Entscheidung zweiter Instanz sein kann. Daraus aber folgt nicht nothwendig, daß in dem Referat die rechtskräftig entschiedenen Punkte gar nicht erwähnt zu werden brauchen, vielmehr wird dies je nach der Verschiedenheit der Fälle verschieden sein.

Ist z. B. ein Angeklagter einzelner zur Anklage gestellter Vergehen für nicht schuldig erachtet und hiergegen von der Staatsanwaltschaft keine Appellation erhoben, so werden diese einzelnen Punkte allerdings nicht weiter zu erwähnen sein; es wird genügen, nach Angabe der Beschwerdepunkte kurz zu bemerken, daß rücksichtlich anderer zur Anklage gestellter Vergehen der Angeklagte rechtskräftig freigesprochen worden ist.

Ist dagegen der Angeklagte bei mehreren Punkten verurtheilt worden und hat er sich bei einigen derselben ausdrücklich beruhigt, bei anderen aber die Appellation eingelegt, so wird in den meisten Fällen auch die Erwähnung der rechtskräftig entschiedenen Punkte nöthig sein, weil der erste Richter in der Regel nur auf eine Strafe für alle Vergehen oder Verbrechen erkannt haben wird und bei der Prüfung des zweiten Richters über die Angemessenheit der Gesammtstrafe natürlich auch die Strafwürdigkeit derjenigen Vergehen, wegen deren rechtskräftig das Schuldig ausgesprochen ist, zur Sprache kommt. Es kann auf den ersten Blick scheinen, als ob hierbei unrichtiger Weise angenommen sei, daß die Gründe des ersten Urtheils in Rechtskraft übergegangen seien; dies wird indeß nicht angenommen. Ein gut gearbeitetes Urtheil erster Instanz muß nämlich nicht blos in den Gründen, sondern auch im Tenor angeben, ob und wegen welcher einzelnen Vergehen oder Verbrechen der Angeklagte für schuldig erachtet worden ist; nur bei dieser Voraussetzung ist es möglich, daß die Schuldfrage rücksichtlich einzelner strafbarer Handlungen rechtskräftig entschieden ist.

Haben von mehreren in erster Instanz verurtheilten Angeklagten nur einige die Appellation eingelegt, so bedarf es im Referat der Erwähnung derjenigen, welche sich beruhigt haben, nur in dem Falle, wenn deren That in einer gewissen Verbindung mit der That der Appellanten steht. Hat z. B. der in erster Instanz verurtheilte Dieb sich bei der Entscheidung beruhigt, der Theilnehmer des Diebstahls oder der Hehler aber die Appellation eingelegt, so wird es allemal angemessen sein, die Verurtheilung des Diebes zu erwähnen; dagegen wird man die Höhe der gegen ihn erkannten Strafe nur dann mitzutheilen haben, wenn es nöthig erscheint, bei Abmessung der Strafe des Appellanten auf die Strafe des Diebes Rücksicht zu nehmen.

Die Kenntniß des materiellen Strafrechts muß dem Referenten an die Hand geben, in wie weit das in zweiter Instanz zu beurtheilende Verbrechen oder Vergehen es nöthig macht, die rechtskräftige Entscheidung des ersten Richters mit in Betracht zu ziehen; das formelle Recht muß ihm sagen, ob wegen des Beweises der Schuldfrage diese Punkte der Berührung werth sind. Er muß dabei das Ziel des Referats, daß es die vollständige thatsächliche Grundlage für die zweite Entscheidung werden soll, stets im Auge behalten.

b. Beobachtung des Fatale.

b. Genau anzugeben ist, an welchem Tage das erste Urtheil dem Appellanten verkündet oder behändigt worden ist, und an welchem Tage er die Appellation eingelegt hat. Sollte dies Letztere nach Ablauf der zehntägigen Frist geschehen sein, so hat Referent diesen Umstand vor allen Dingen vorzutragen, weil die Rechtskraft des Erkenntnisses jedes weitere Verfahren in zweiter Instanz abschneidet.[1])

c. Beschwerdepunkte.

c. Rücksichtlich des Vortrages der Beschwerdepunkte versteht es sich von selbst, daß sowohl die Beschwerdeführer (Appellanten), als auch diejenigen Punkte der Entscheidung einzeln angegeben werden müssen, gegen welche die Beschwerde gerichtet ist. Es ist dabei zu berücksichtigen, daß jede Erklärung der Unzufriedenheit mit der ersten Entscheidung als eine Appellationsanmeldung zu betrachten ist, daß es einer Rechtfertigung der Appellation (wie in Civilsachen) gar nicht bedarf und daß daher die bloße Anmeldung oder Einlegung der Appellation den zweiten Richter zur Prüfung der ganzen Sachlage verpflichtet. Ist eine Appellationsschrift gar nicht eingereicht, oder sind in ihr die Beschwerdepunkte nicht angegeben, so ist der Referent ohnehin nur im Stande zu sagen, daß und von wem die Appellation eingelegt ist. Allein auch wenn die Beschwerden angegeben sind, kann der Referent beim Vortrage derselben sich kurz fassen. Sehr oft werden von den Rechtsanwalten, wenn sie den Angeklagten in appellatorio vertreten, die Beschwerden auch nach der im Civilprozesse gewöhnlichen Formel dahin vorgetragen, daß der erste Richter den Angeklagten dieser oder jener strafbaren That schuldig erachtet und zu dieser oder jener Strafe verurtheilt und nicht vielmehr von jener That freigesprochen eventuell auf eine niedrigere Strafe erkannt habe. Eine so umständliche Beschwerde braucht der Referent nicht wörtlich vorzutragen. Es genügt im Referat zu sagen, daß die Appellation mit dem Antrage auf gänzliche Freisprechung oder Herabsetzung der Strafe eingelegt sei.

Nur dann, wenn die Staatsanwaltschaft die Appellation

---

[1]) Verordn. v. 3. Januar 1849. §§. 126. 127. 131. Gesetz v. 3. Mai 1852. Art. 105.

eingelegt oder der appellirende Angeklagte behauptet, daß nicht die vom ersten Richter angenommene, sondern eine andere minder strafbare Gesetzesübertretung vorliege, kann es angemessen erscheinen, die Beschwerdepunkte etwas spezieller vorzutragen.

3. Die Veranlassung zur Einleitung der Untersuchung anzugeben, ist an sich niemals nöthig, weil eine Anklage vorliegt, und das, was dieser vorhergeht, den Richter nicht interessirt. Nur ausnahmsweise kann der Fall eintreten, daß der Veranlassung zur Untersuchung Erwähnung geschehen muß, z. B. wenn dieselbe auf die thatsächliche Feststellung des ersten Richters von Einfluß gewesen ist, oder wenn eine Denunciation Anlaß zur Untersuchung gegeben hat und der Angeklagte hieraus einen Einwand gegen die Glaubwürdigkeit von Zeugen entnimmt. In allen diesen Fällen wird die Veranlassung zur Untersuchung, jedoch nicht als solche und niemals (wie in Relationen) am Eingange des Vortrages sondern nur mit Rücksicht auf den Umstand, der dazu Veranlassung giebt, mithin auch an der Stelle, wo dieser Umstand vorgetragen wird, zu erwähnen sein. 3. Veranlassung zur Untersuchung.

4. Ebenso wenig ist von dem Referenten der Inhalt der Voruntersuchung mitzutheilen; dieser interessirt den zweiten Richter an sich gar nicht, da das erste Urtheil aus der mündlichen Verhandlung geschöpft ist. Nur dann, wenn in dem Audienzprotokoll erster Instanz bemerkt ist, daß der Angeklagte oder die Zeugen und Sachverständigen ihre in der Voruntersuchung gemachten Angaben wiederholt haben, [1]) wird es nöthig sein, auf die Voruntersuchung, aber eben nur so weit als in der mündlichen Verhandlung darauf Bezug genommen ist, zu rekurriren. 4 Inhalt der Voruntersuchung.

Sonst aber können nur besondere Rücksichten es gebieten, auf die Vorverhandlungen zurückzugehen; am häufigsten wird dies dann der Fall sein, wenn die dort abgegebenen Erklärungen des Angeklagten oder der Zeugen mit den im Audienztermine deponirten im Widerspruch zu stehen scheinen oder wenn ein solcher Widerspruch von dem Angeklagten oder von der Staatsanwaltschaft behauptet ist.

5. Ob und in weit der Inhalt der Anklage mitzutheilen ist, hat der Referent nach der Sache zu beurtheilen. In der Regel genügt es, kurz zu erwähnen, wegen welchen Vergehens 5. Inhalt der Anklage.

[1]) Verordn. v. 3. Januar 1849. §. 56.

oder Verbrechens Anklage erhoben und eingeleitet ist; dies wird namentlich dann genügen, wenn der erste Richter den Angeklagten verurtheilt und die strafbare Handlung desselben aus dem nämlichen rechtlichen Gesichtspunkte, wie die Anklage, beurtheilt hat. Ist das Letztere nicht geschehen, so kann, auch wenn nur der verurtheilte Angeklagte appellirt, es nothwendig erscheinen, auf den Inhalt der Anklage weiter einzugehen. Am häufigsten wird dies dann geschehen müssen, wenn die Staatsanwaltschaft die Appellation eingelegt hat.

Der Referent muß hierbei die gesetzliche Bestimmung in Betracht ziehen, daß in der Regel die Anklageschrift und der die Untersuchung einleitende Beschluß des Gerichts die Grenzen angeben, innerhalb deren sich das Strafverfahren zu bewegen hat, der erste Richter aber die Befugniß hat, diese Grenzen zu überschreiten, wenn die näheren Umstände, welche die in der Anklage erwähnten Thatsachen begleiteten, von einem andern Gesichtspunkte als dem in der Anklage aufgestellten aus die That strafbar erscheinen lassen. [1]) Ob die hierbei vom Gesetze gezogenen Grenzen inne gehalten sind, wird der zweite Richter zu beurtheilen haben; deshalb kann es nöthig werden, den Inhalt der Anklage näher zu erwähnen.

6. Einleitungsbeschluß.

6. Es ist ferner angemessen, daß der **Inhalt des Beschlusses, durch welchen die Untersuchung eingeleitet worden** ist, mindestens so weit angegeben werde, daß man ersieht, wegen welchen Vergehens oder Verbrechens die Anklage eingeleitet worden ist. Läßt dieselbe Art der strafbaren Handlung verschiedene Abstufungen zu, so müssen auch Letztere erwähnt werden und genügt es daher z. B. nicht, zu sagen, die Untersuchung sei wegen Diebstahls, Meineides, Todtschlages u. s. w. eingeleitet, sondern es muß hinzugefügt werden, wegen einfachen oder schweren Diebstahls, wegen fahrlässigen Meineides, wegen fahrlässiger Tödtung eines Menschen. Durch einen solchen Zusatz erfährt zugleich das Kollegium, ob der Gerichtshof erster Instanz ratione des Verbrechens kompetent gewesen ist.

7. Personalien des Angeklagten.

7. Der **Stand, die Vor- und Zunamen des Angeklagten**, so wie sein **Wohnort** sind im Referate allemal anzugeben; die übrigen **Personalien** nur soweit, als sie auf

[1]) Gesetz v. 3. Mai 1852. Art. 30.

die Entscheidung von Einfluß sind oder vom ersten Richter dafür erachtet worden sind.

Von selbst versteht es sich, daß die **Vorbestrafungen** des Angeklagten wegen desselben Verbrechens oder Vergehens, welches jetzt Gegenstand der Entscheidung ist, anzuführen sind, und zwar in der Art, daß vollständig beurtheilt werden kann, ob der Angeklagte sich im Rückfalle befindet. Zu diesem Zweck ist es nöthig, den Tag der Verübung der früheren Verbrechen anzugeben, damit man prüfen kann, ob der früher bestrafte Angeklagte bereits rechtskräftig verurtheilt war, als er die neue strafbare Handlung beging. [1]) Wenn es sich nicht um einen Rückfall handelt, so sind die Vorbestrafungen anderer Art nur dann vorzutragen, wenn daraus ein Rückschluß gemacht werden kann, ob der leugnende Angeklagte ein Mensch sei, zu dem man sich der vorliegenden strafbaren Handlung versehen kann.

Das Alter des Angeklagten ist allemal anzugeben, wenn dasselbe auf die Entscheidung der Schuldfrage oder auch auf die Abmessung der Strafe von Einfluß sein kann. Unbedingt ist die Angabe nöthig, wenn der Angeklagte zur Zeit der That noch nicht sechszehn Jahre alt war.

8. So einfach die zu 1 bis 7 erwähnten Punkte sind, so schwierig ist es, fernere Regeln dafür aufzustellen, was in den eigentlichen Kern des Referats aufzunehmen oder daraus wegzulassen ist. Den Kern bildet aber der Inbegriff der Verhandlungen, welche sich auf die **Schuld des Angeklagten** an der zur Anklage gestellten strafbaren Handlung beziehen. Soviel ist in dieser Beziehung unzweifelhaft, daß das Referat enthalten muß: 8. Thatsachen, die sich auf die Schuldfrage beziehen.

a) die Angabe im Allgemeinen, ob der Angeklagte sich schuldig bekannt hat oder nicht,

b) die thatsächliche Feststellung des ersten Richters, und zwar wörtlich allegirt, auf welche er das Strafgesetz angewendet oder das Nichtschuldig ausgesprochen hat,

c) die Mittheilung der einzelnen Momente, welche der erste Richter für erwiesen angenommen hat und auf Grund deren er zu seiner endlichen thatsächlichen Feststellung gelangt ist,

---

[1]) Vergl. Erkenntniß des Ober-Tribunals vom 14. November 1859. (J. M. Bl. S. 378.)

d) die Mittheilung der Beweismittel für jene Momente, wohin auch das Geständniß des Angeklagten gehört, und

e) die Bezeichnung des angewendeten Strafgesetzes.

Welche Methode aber am zweckmäßigsten anzuwenden ist, um dem zweiten Richter den Inbegriff dessen, was zur Fällung seines Urtheils nöthig ist, klar vor Augen zu stellen, das muß der Referent in jedem einzelnen Falle prüfen.

Die tadelnswertheste Art wäre die, wenn er ganz mechanisch die Auslassungen des Angeklagten, dann die Aussagen der Zeugen und Sachverständigen, so wie die Ermittelungen über den objektiven Thatbestand abschreiben und in sein Referat aufnehmen wollte. Nur da, wo ein objektiver Thatbestand von der Thäterschaft nicht zu trennen ist, oder wo es zugleich darauf ankommt, den fortlaufenden Hergang einer Begebenheit bis zur letzten Entwickelung zu schildern, darf der Referent auf Grund der Aussage des Hauptzeugen eine Schilderung des Herganges der Sache geben, daran die Auslassung des Angeklagten anknüpfen und die übrigen Beweispunkte anreihen, durch welche die Aussage des Hauptzeugen unterstützt wird. Fälle, in denen diese Art der Darstellung sich empfehlen kann, sind z. B. die thätlichen Widersetzlichkeiten gegen Beamte und Körperbeschädigungen bei einer Schlägerei.

Wo aber ein Indizien-Beweis statt findet, darf diese Methode nicht gewählt werden, und da entsteht die Frage, wie viel außer den bereits erwähnten Punkten der Referent von dem in den Acten erster Instanz enthaltenen Material vorzutragen hat.

Muß er, abgesehen von einem Schuldbekenntniß, alle Auslassungen des Angeklagten, mittheilen? Dies ist im Allgemeinen zu verneinen; es muß das Erhebliche von dem Unerheblichen gesondert werden. Was aber erheblich sei, muß der Referent beurtheilen; jedenfalls hat er das für erheblich zu achten, was der erste Richter als solches hervorgehoben, so wie dasjenige, worauf der Angeklagte in zweiter Instanz wiederholt Gewicht gelegt hat.

Nach demselben Prinzip ist die Frage zu beantworten, ob die Aussagen sämmtlicher vernommenen Zeugen und in welcher Vollständigkeit sie mitzutheilen sind.

Unbedenklich ist, daß Depositionen solcher Zeugen, auf welche der erste Richter gar kein Gewicht gelegt hat, nur dann erwähnt zu werden brauchen, wenn von irgend einer Seite in zweiter Instanz darauf Bezug genommen wird, und eben so unzweifelhaft erscheint es, daß die Aussagen derjenigen Zeugen und Sachverständigen, die der erste Richter in irgend einer Weise berücksichtigt hat, erwähnt werden müssen.

Hieraus folgt aber einerseits nicht, daß der Referent sich etwa der Mühe für überhoben erachten darf, die Aussagen der Zeugen, welche der erste Richter nicht berücksichtigt hat, gar nicht zu lesen, und andererseits nicht, daß die erheblichen Zeugenaussagen wörtlich abzuschreiben sind, wie dies in der Regel bei den Relationen im alten Verfahren geschah.

Der Referent muß durchaus die Acten Blatt für Blatt lesen, und da der zweite Richter zu prüfen hat, ob gegen die thatsächliche Feststellung des ersten Richters erhebliche Bedenken obwalten, so muß er auch diejenigen Zeugenaussagen perlustriren, welche der erste Richter nicht berücksichtigt hat. Findet der Referent in diesen Aussagen erhebliche Bedenken gegen die thatsächliche Annahme des ersten Richters, so wird er dieselben am zweckmäßigsten in dem Votum vortragen; nur ausnahmsweise wird es angemessen sein, sie schon früher, etwa am Schlusse des Referats, anzuführen. In keinem Falle ist es nöthig, eine solche vom ersten Richter übergangene Aussage mit allen Nebenumständen vollständig vorzutragen; es genügt die kurze Angabe ihres Inhalts, damit das Kollegium prüfen kann, ob sie einigermaßen erheblich ist. Wird sie dafür erachtet, so muß der Zeuge doch noch einmal vollständig vom zweiten Richter vernommen werden, da das Verlesen einer Deposition aus den Acten erster Instanz nicht als eine neue Beweisaufnahme anzusehen, eine solche aber erforderlich ist, wenn der zweite Richter von der thatsächlichen Annahme des ersten Richters abgehen will.

Was die von dem ersten Richter für erheblich erachteten Zeugenaussagen betrifft, so sind dieselben ihrem Hauptinhalte nach und zwar an der Stelle zu erwähnen, wo das vom ersten Richter als erwiesen angenommene Moment vorgetragen wird, auf welches sich die Zeugenaussagen beziehen. Es ist schon oben bemerkt worden, daß es Pflicht des ersten Richters ist, die einzelnen Momente hervorzuheben, die er für bewiesen erachtet, und auf die er seine thatsächliche Feststellung gründet. Für das Referat zweiter Instanz empfiehlt es sich, nach Erwähnung der thatsächlichen Feststellung des ersten Richters, unmittelbar die Momente, die ihn dazu führten, folgen zu lassen, und bei jedem einzelnen Moment kurz und übersichtlich diejenigen Zeugenaussagen, welche als Beweise dafür dienen und zwar soweit anzugeben, als sie sich gerade auf das betreffende Moment beziehen.

Wenn z. B. in einer Diebstahlssache der Referent die thatsächliche Feststellung des ersten Richters dahin vorgetragen hat: daß der Angeklagte an einem gewissen Tage und Orte eine fremde bewegliche Sache dem N. N. in der Absicht weggenommen hat, um sie sich rechtswidrig zuzueignen, so wird sich hieran am zweckmäßigsten die Bemerkung schließen, daß diese Annahme sich darauf gründe, daß, obwohl der Angeklagte behauptet, zur Zeit des Diebstahls an einem andern Ort gewesen zu sein, seine Anwesenheit am Orte des Diebstahls zur Zeit der Verübung desselben durch die Aussagen der Zeugen A. B. C. bewiesen ist. Hierauf ist der wesentliche Inhalt der Zeugenaussagen, soweit sie sich auf dieses Beweis-Moment, die Anwesenheit des Angeklagten am Orte der That, beziehen, anzugeben, und daran sind dann zugleich die Depositionen der über das Alibi des Angeklagten etwa vernommenen Zeugen zu knüpfen.

So ist mit der Aufzählung der übrigen Momente und mit der Angabe der Beweise dafür fortzufahren.

Mögen nun aber in dem ersten Urtheil die einzelnen Momente gesondert vorgetragen sein oder nicht, so muß der Satz, daß das Kollegium in den Stand gesetzt werden soll, vollständig zu ersehen, auf welche Art der erste Richter zu seiner thatsächlichen Feststellung gekommen ist, die Richtschnur rücksichtlich der Frage bilden, was von dem Inhalt der Acten erster Instanz aufzunehmen ist oder nicht. Je besser das erste Urtheil abgefaßt ist, je zweckentsprechender es die einzelnen Beweismomente gesondert, geordnet und begründet hat, desto leichter wird es sein, das Referat für die zweite Instanz zweckmäßig und übersichtlich zu entwerfen.

Sollte bei einem Indizienbeweise der erste Richter gänzlich unterlassen haben, anzugeben, welche einzelne Umstände er für bewiesen angesehen hat, und sollte er, wie es wohl vorgekommen ist, lediglich die Zeugenaussagen recitirt und aus dem Gesammtinhalte derselben, ohne Angabe weiterer Gründe, seine thatsächliche Feststellung geschöpft haben, dann bleibt freilich dem Referenten zweiter Instanz nur übrig, auch seinerseits die Beweisaufnahme in gleicher Weise vorzutragen. Es wird in einem solchen Falle aber zweckmäßig sein, die Bemerkung hinzuzufügen, daß der erste Richter einzelne Indizien als erwiesen nicht festgestellt hat, damit das Kollegium, auf diesen Uebelstand aufmerksam gemacht, prüfe, ob das erste Urtheil zu vernichten sei, oder ob dennoch aus dem Zusammenhange des Inhalts der Beweismittel die Unbedenklichkeit der erstrichterlichen Annahme folge; denn es muß daran erinnert werden, daß die thatsächliche Feststellung des ersten Richters fast gänzlich unangreifbar ist, wenn die einzelnen Indizien dafür nicht angegeben sind, und daß dem verurtheilten Angeklagten in einem solchen Falle beinahe die Möglichkeit entzogen ist, durch neue Thatsachen die erstrichterliche Annahme anzufechten.

9. Außer der thatsächlichen Feststellung des ersten Richters muß auch das von demselben angewendete Strafgesetz in dem Referat erwähnt werden. Sollte das erste Urtheil eine weitläuftige Rechtsausführung enthalten, so ist dieselbe in dem Referat nur kurz und soweit anzudeuten, daß die in zweiter Instanz dagegen erhobenen oder in der Audienz zu erwartenden Angriffe dem Kollegium verständlich werden. Im Allgemeinen gehören weder die Rechtsausführungen des ersten Richters, noch die des Angeklagten oder der Staatsanwaltschaft in das Referat; sie sind in der Audienz mündlich von den Parteien vorzutragen. 9. Rechtsgründe.

10. Die Nova, welche in zweiter Instanz angebracht werden, sind entweder Aufstellung neuer Rechtsansichten, oder Behauptung neuer Thatsachen und neuer Beweismittel. 10. Nova in zweiter Instanz.

Die neu aufgestellten Rechtsansichten hat der Referent nur mit kurzen Worten anzugeben.

Vollständig dagegen müssen alle in zweiter Instanz vorgebrachten neuen Beweismittel und alle neuen Thatsachen im Referat erwähnt sein, und zwar genau mit Bezug auf diejenigen vom ersten Richter für erwiesen angenommenen Momente, die dadurch angegriffen werden sollen. Es kommt dabei nicht darauf an, ob diese Nova etwa in einer verspäteten Appellationsschrift oder Appellationsbeantwortung enthalten sind, da der zweite Richter auch die Erheblichkeit solcher zu spät, ja sogar der erst in der Audienz vorgebrachten neuen Thatsachen und Beweise zu prüfen hat. Eine Präklusion neuer Thatsachen oder Beweismittel ist in Criminalsachen (mit Ausnahme des Rekurses in Uebertretungsfällen) wegen verspäteter Anbringung derselben nicht zuläßig.

11. Beschließt der Gerichtshof zweiter Instanz eine neue Beweisaufnahme oder eine Wiederholung der früheren, und findet eine solche vor dem Kollegium statt, so wird sofort erkannt, und es ist dann von einem weiteren Referat natürlich nicht die Rede. 11. Nachtragsreferate.

Läßt aber der zweite Richter den neuen Beweis, wegen zu großer Entfernung der Zeugen oder sonst aus einem anderen Grunde, durch ein auswärtiges Gericht erheben, so wird, falls schon einmal ein Audienztermin zweiter Instanz stattgefunden hat, in dem neuen Audienztermin die Verlesung des früheren Referats mit einem Nachtrage nöthig. Dieser Nachtrag wird aber eben nur den Beschluß des Kollegiums über die Aufnahme des Beweises zu enthalten brauchen, wogegen es nicht nöthig ist, das Resultat dieses Beweises vorzutragen, weil die von dem auswärtigen Gericht commissarisch aufgenommenen Verhandlungen wörtlich von Anfang bis zu Ende im Audienztermine zweiter Instanz vorgelesen werden müssen, wenn darauf irgend Rücksicht genommen werden soll.

Es ist indeß eine dem Referenten anzurathende Aufmerksamkeit gegen den Vorsitzenden, daß er in dem Nachtragsreferate das Ergebniß der neuen Beweisaufnahme vorträgt, und es kann dies auch im Uebrigen zur Erleichterung der Uebersicht besonders bei einer weitläufigen neuen Beweiserhebung dienen.

12. Votum.

12. Dem Referate muß schließlich ein Votum, d. h. ein vollständiges, mit Gründen versehenes rechtliches Gutachten des Referenten hinzugefügt werden, in welchem sich derselbe darüber ausspricht, ob er ein Resolut für nöthig erachtet, ob er das erste Erkenntniß überall bestätigen oder ob er es ganz oder theilweise abändern würde.

Am zweckmäßigsten wird das Votum sich zuerst

a. Prüfung der Förmlichkeiten.

a. mit der Prüfung der Förmlichkeiten beschäftigen, und zwar sind die wesentlichen Formalien, d. h. solche, die entweder präjudiciell oder so wichtig sind, daß ihre Nichtbeobachtung eine Vernichtung des Verfahrens erster Instanz und somit auch des ersten Urtheils nach sich ziehen würde, voranzustellen.

Präjudiciell vor Allem ist die Innehaltung des zehntägigen Fatale der Appellation, da bei Verabsäumung desselben das erste Urtheil rechtskräftig geworden ist. Nur die rechtzeitig eingelegte Beschwerde hat die Folge, daß die Sache vom ersten Richter zur Beurtheilung des zweiten Richters devolvirt wird. Hat daher der erste Richter, welcher die verspätete Appellationseinlegung durch eine einfache Verfügung hätte zurückweisen sollen, dieselbe zugelassen, so muß der Richter zweiter Instanz zwar erkennen, aber, ohne sich auf die Sache selbst einzulassen, nur dahin, daß die gegen das erste Urtheil eingelegte Appellation als nicht devolvirt (d. h. als gar nicht an den zweiten Richter gediehen) zu verwerfen oder zurückzuweisen. Zur Prüfung dieses Präjudicialpunktes gehört selbstverständlich, daß das Referat erörtert, ob und wann das erste Erkenntniß, falls es nicht dem Angeklagten in dem Audienztermin selbst eröffnet worden, gehörig zugestellt worden ist. Ist die Appellation von mehreren Angeklagten eingelegt, so muß der Referent, da in Kriminalsachen ein litis consortium nicht in dem Sinne, wie im Civilprozesse stattfindet, rücksichtlich jedes einzelnen Appellanten die Innehaltung des Fatale der Appellation prüfen. Eben so ist, wenn nicht der Angeklagte selber, sondern der Vater, Vormund, Ehegatte oder gar ein entfernterer Verwandter das Rechtsmittel für ihn angemeldet hat, zu erwägen, ob diese Personen dazu auch gesetzlich ermächtigt sind. Fehlt es ihnen an dieser Befugniß, so ist das Rechtsmittel als nicht devolvirt zurückzuweisen. Präjudiciell ist ferner die Frage, ob die eingelegte Appellation das gesetzlich zulässige Rechtsmittel sei.[1]) Hat in erster Instanz eine Gerichtsabtheilung erkannt, so ist die Appellation das einzig zulässige Rechtsmittel. Hat dagegen ein Einzelrichter erkannt, der oft identisch mit der Person des Polizeirichters ist, so muß geprüft werden, ob die strafbare Handlung ein Vergehen oder nur eine Uebertretung ist. Im letzteren Falle ist nur der Rekurs zulässig; würde daher der Appellationsrichter, ein Kollegium von fünf Mitgliedern, in appellatorio erkennen, so wäre ein solches Urtheil der Nichtigkeit ausgesetzt, da das Appellationsverfahren zur Ungebühr zugelassen ist.[2])

Sind diese Präjudicialfragen zu Gunsten des Appellanten erledigt, so ist die Appellation devolvirt und der Richter zweiter Instanz verpflichtet, weiter auf die Sache einzugehen, womit aber noch nicht ausgesprochen ist, daß er nothwendig materiell zu erkennen hat; vielmehr steht ihm die Befugniß zu, wegen Nichtbeobachtung anderer wesentlicher Förmlichkeiten das erste Urtheil zu vernichten und die Sache zur nochmaligen Verhandlung und Entscheidung in die erste Instanz oder vor einen anderen Richter zu verweisen. Der Referent hat daher sorgfältig zu prüfen, ob dergleichen wesentliche Förmlichkeiten verletzt sind.

---

[1]) Art. 101 des Ges. v. 3. Mai 1852. Ges. v. 22. Mai 1856 (G. S. S. 250—252). Ges. v. 14. April 1856 (G. S. S. 208 u. 209).

[2]) Erkenntniß des Ober-Tribunals vom 9. Juli 1855 (J. M. Blatt von 1855 S. 367).

Zu diesen gehört namentlich die Frage, ob der erste Richter **kompetent** war. Hat z. B. in erster Instanz ein Einzelrichter erkannt, während über das von ihm als vorhanden angenommene Vergehen nach gesetzlicher Vorschrift nur ein Richterkollegium erkennen durfte, so ist das erste Urtheil zu vernichten und die Sache zur nochmaligen Verhandlung und Entscheidung erster Instanz vor den kompetenten Gerichtshof zu verweisen. Der Referent hat daher diesen Punkt einer sorgfältigen Prüfung zu unterwerfen.

Es versteht sich von selbst, daß auch die Zuständigkeit des zweiten Richters, wenn dabei irgend ein Bedenken obwalten sollte, erörtert werden muß. Eine einfache Verfügung des zur Ungebühr angerufenen zweiten Richters wird dann genügen, um die Sache vor das gehörige Forum zweiter Instanz zu verweisen. Doch werden Fälle der Art sehr selten vorkommen, da sie ein Versehen des ersten Richters, des Staatsanwalts und des Oberstaatsanwalts voraussetzen.

Uebrigens wird bei dieser Kompetenzfrage an die gesetzliche Vorschrift (Art. 5 des Gesetzes vom 3. Mai 1852) erinnert, daß die Einrede der Inkompetenz, welche auf die **örtliche Begrenzung** des Gerichtsbezirks gegründet ist, bei Verlust der Einrede von dem Angeschuldigten bei seiner ersten Vernehmung, und wenn diese in der Audienz stattfindet, vor dem Beginn des Beweisverfahrens geltend gemacht werden muß. Ist dies nicht geschehen, so wird der Referent in seinem Votum den ersten Richter ratione des Grenzbezirks ohne Weiteres für kompetent zu erachten haben.

Auch darauf ist noch hinzuweisen, daß möglicherweise (conf. Art. 8 bis 10 des alleg. Ges.) die Kompetenzfrage bereits durch rechtskräftige Entscheidung festgestellt sein kann. Alsdann wird es, um weitere Debatten darüber abzuschneiden, zweckmäßig sein, dies im Referat zu erwähnen und in dem Votum auf solche Erkenntnisse hinzudeuten.

Was sonst noch zu den wesentlichen Formalitäten des Verfahrens in erster Instanz zu rechnen sei, muß nach Maaßgabe der bestehenden Vorschriften sorgfältig erwogen werden. Der angehende Jurist muß sich daran gewöhnen, **jede** gesetzliche Vorschrift, und wenn sie dem Anschein nach auch nur eine unbedeutende Formalität betrifft, für wesentlich zu erachten. Zwar bezeichnet der Art. 108 des Gesetzes vom 3. Mai 1852 ausdrücklich folgende Fälle als Verletzung wesentlicher Vorschriften des Verfahrens:

1. wenn Vorschriften verletzt sind, deren Beobachtung bei Strafe der Nichtigkeit vorgeschrieben ist;
2. wenn die gesetzlichen Bestimmungen über die Kompetenz verletzt sind;
3. wenn an der Hauptverhandlung und Entscheidung nicht die gesetzlich vorgeschriebene Zahl von Richtern Theil genommen hat, oder wenn bei der Hauptverhandlung ein Gerichtsschreiber nicht zugezogen ist;
4. wenn das Urtheil erlassen worden ist, ohne daß vorher die Staatsanwaltschaft mit ihrem Antrage gehört worden;
5. wenn unzulässigerweise dem Angeklagten die Vertheidigung abgeschnitten oder wesentlich beschränkt worden ist, oder wenn ohne gesetzlichen Grund das Hauptverfahren in Abwesenheit des Angeklagten stattgefunden hat;
6. wenn ein rechtzeitig angebrachtes, gesetzlich zulässiges Rechtsmittel als unstatthaft zurückgewiesen, oder wenn ein verspätetes oder sonst gesetzlich unstatthaftes Rechtsmittel zugelassen worden ist;
7. wenn ohne das Vorhandensein der gesetzlichen Voraussetzungen die Mitwirkung der Geschworenen ausgeschlossen worden ist.

Allein der Schlußsatz dieses Artikels bestimmt zugleich,

daß auch in anderen, als den vorstehend bezeichneten Fällen der Beurtheilung des Obertribunals überlassen bleibt, ob eine Vorschrift oder ein Grundsatz des Verfahrens, auf deren Verletzung die Nichtigkeitsbeschwerde gegründet ist, als wesentlich zu betrachten sei.

Da nun der Referent nicht wissen kann, ob eine Vorschrift, die nicht beobachtet worden, vom Kollegium für eine wesentliche erachtet werden wird, so hat er die Pflicht, eine jede Verletzung der gesetzlichen Vorschriften des Verfahrens in seinem Votum zu erwähnen und ihre Erheblichkeit zu prüfen. Ueber formelle Verstöße, welche sich durch eine einfache Verfügung vor Anberaumung des Audienztermins leicht beseitigen lassen, wie z. B. die unvollständige Unterschrift des Audienzprotokolls oder des Erkenntnisses, die unrichtige Präklusion des Appellanten oder Appellaten mit ihren Schriften und Gegenschriften &c. kann der Referent dem Kollegium mündlich Vortrag halten und die Hebung derselben veranlassen, bevor er sein Referat auszuarbeiten beginnt.

b. Materielle Entscheidung.

b. Nach Prüfung der Frömlichkeiten muß das Votum auf die materielle Entscheidung übergehen. In der Regel wird es am zweckmäßigsten sein, daß der Referent hierbei mit der Prüfung der Richtigkeit der thatsächlichen Feststellung des ersten Richters, ohne Rücksicht auf die etwaigen Nova, beginnt. Hat er erhebliche Bedenken dagegen, und können diese aus dem Inhalte der Akten nicht erledigt werden, so hat er seinen Antrag dahin zu richten, daß die Beweisaufnahme wiederholt oder ergänzt werde, niemals aber dahin, daß, ohne neuen Beweis, die thatsächliche Annahme des ersten Richters auch nur zum Theil umgestoßen oder beseitigt werde. (Art. 101 des Ges. v. 3. Mai 1852). Dies gilt jedoch streng genommen nur von der letzten Feststellung des ersten Richters, auf welche derselbe das Strafgesetz angewendet hat. Rücksichtlich der einzelnen dieselbe begründenden Momente können Bedenken obwalten, die das Kollegium für erheblich erachtet, die aber gleichwohl nicht zu einer Abänderung der schließlichen thatsächlichen Feststellung führen, weil diese auf Grund der übrigen für erwiesen angenommenen und unbedenklich gefundenen Indizien aufrecht zu halten ist.

Solche in den Akten erster Instanz liegende Momente, die zwar geeignet sind, die Annahme des ersten Richters zu unterstützen, die aber der erste Richter zu diesem Zwecke nicht herangezogen hat, dürfen in dem Erkenntnisse zweiter Instanz, wenn nicht vorher eine neue Beweisaufnahme darüber veranlaßt worden ist, als Beweise für die Richtigkeit der thatsächlichen Feststellung nicht angeführt werden; dies würde das zweite Urtheil einer Nichtigkeit aussetzen. Dem Referenten bleibt es jedoch unbenommen in seinem Votum auf solche, dem ersten Richter entgangene Momente hinzuweisen.

Sollte die thatsächliche Feststellung im ersten Urtheil einen Mangel enthalten, der die Anwendung des Gesetzes ausschließt, so kann ein solcher in der Regel ebenfalls nur durch eine neue Beweisaufnahme ergänzt werden. Besonders häufig ist z. B. in Untersuchungen wegen schriftlicher Beleidungen, verabsäumt worden, die Absicht zu beleidigen thatsächlich festzustellen, obgleich dies Requisit erfordert wird, wenn die beleidigende Schrift den Zweck hatte, zur Ausführung der Gerechtsame des Angeklagten zu dienen. Der Richter zweiter Instanz muß einen solchen Mangel ergänzen, was aber nur auf Grund einer neuen Beweisaufnahme z. B. durch Vorlesung der inkriminirten Stellen der Schrift geschehen kann. Hierauf wird der Referent in seinem Votum Rücksicht zu nehmen haben.

Giebt die thatsächliche Feststellung des ersten Richters zu keinem Bedenken Veranlassung, wird dieselbe vielmehr als richtig angenommen, und ist sie auch durch neue Beweise und Behauptungen nicht angegriffen, so dient sie zur Grundlage des zweiten Erkenntnisses und das Votum des Referenten hat sich alsdann nur noch mit der Anwendung des Strafgesetzes zu beschäftigen.

Wenn dagegen die thatsächliche Feststellung des ersten Richters in zweiter Instanz durch neue Thatsachen oder Beweise angegriffen wird, so hat der Referent die Erheblichkeit derselben zu prüfen, und wird sich diese Prüfung am zweckmäßigsten an die Erörterung über die Richtigkeit der Annahme des ersten Richters anschließen.

Es tritt häufig der Fall ein, daß die neuen Beweise unbedenklich für erheblich zu achten sind, zumal alsdann, wenn der Ober-Staatsanwalt bei Ueberreichung der Akten sich ebenfalls dafür ausgesprochen hat. In solchen Fällen ist es angemessen, daß der Referent vor Anberaumung des Audienz-Termins dem Kollegium Vortrag hält und dessen Entscheidung darüber einholt, ob zum Audienz-Termin neue Zeugen vorzuladen oder andere Beweise zu beschaffen sind oder auch, ob etwa entfernt wohnende Zeugen vor der Audienz durch den Richter ihres Wohnortes kommissarisch zu vernehmen sind, damit die Abhaltung eines nutzlosen Audienz-Termins vermieden werde.

Hat der Referent auf eine oder die andere Art die thatsächliche Feststellung gefunden, wie sie dem Urtheil zweiter Instanz zum Grunde zu legen ist, so muß er alsdann die Anwendung des Strafgesetzes auf diese Feststellung gründlich erörtern, sich dabei über die Höhe der Strafe unter Berücksichtigung der mildernden und erschwerenden Umstände auslassen und mit seinem hieraus sich ergebenden Antrage schließen.

Ist ein Angeklagter mehrerer Vergehen oder Verbrechen beschuldigt, so hat der Referent in seinem Votum jede einzelne Gesetzübertretung in der vorstehenden Art zu erörtern, am Schlusse seines Vortrages die strafbaren Thaten zusammenzustellen und hierauf die Höhe der erkannten und zu erkennenden Strafe zu begutachten.

Ist über Appellationen verschiedener Personen zu erkennen, so muß jede Appellation besonders vorgetragen und die einzelnen Beschwerden gesondert für sich erörtert werden; nur dann, wenn rücksichtlich desselben Vergehens und desselben Angeklagten eine doppelte Appellation vorliegt, also sowohl der Angeklagte als die Staatsanwaltschaft bei demselben Punkte appellirt haben, können und müssen beide Appellationen zusammen erörtert werden.

III. Anordnung des Stoffes in den Referaten.

Aus den vorstehenden Andeutungen ergiebt sich die Anordnung des Stoffes von selbst in folgender Art:

A. Wenn nur über ein Vergehen oder Verbrechen eines einzelnen Angeklagten zu entscheiden ist.

1. Die Ueberschrift (Referat ꝛc.) hat das rubrum der Sache mit dem Zusatze „in Betreff der Appellation des Angeklagten,“ oder „der Königl. Staatsanwaltschaft“ anzugeben.
2. Angabe der Verfügung, durch welche die Untersuchung eingeleitet worden ist, falls diese Angabe überhaupt nach der enthaltenen Bemerkung nöthig erscheint, mit dem eventuellen Zusatze „auf die Denunziation des N. N.“
3. Der Tenor des ersten Urtheils mit Angabe des Datums und des Gerichtshofes, welcher in erster Instanz erkannt hat.
4. Bezeichnung desjenigen, (des Staatsanwalts oder des Angeklagten) welcher die Appellation eingelegt hat, unter Angabe des Tages, wann das erste Urtheil dem Appellanten eröffnet oder behändigt, und an welchem das Rechtsmittel eingelegt worden ist.
5. Angabe ob der Appellant neue Thatsachen oder Beweise angeführt hat oder nicht. Die Nova selbst sind hier nicht weiter anzugeben.
6. Wenn sich der objektive Thatbestand von der Thäterschaft trennen läßt (z. B. beim Diebstahl), ist es zweckmäßig, denselben hier vorzutragen, mit dem Hinzufügen, was und auf Grund welcher Beweise der erste Richter für objektiv festgestellt erachtet hat.

7. Nach Nr. 5 resp. Nr. 6 folgt die Bemerkung, ob der Angeklagte sich schuldig bekannt hat oder nicht, so wie seine Auslassung, soweit eine Mittheilung derselben nöthig scheint.
8. Hieran schließt sich der Satz, daß (auf „Grund des Geständnisses des Angeklagten," oder „trotz seines Leugnens") der erste Richter für thatsächlich festgestellt erachtet hat, daß pp., worauf diese Feststellung wörtlich zu inseriren ist.
9. Kurz erwähnt wird sodann, welches Strafgesetz der erste Richter auf seine thatsächliche Annahme angewendet, und ob er etwa das Vorhandensein mildernder Umstände angenommen hat.
10. Hieran schließt sich der Vortrag derjenigen einzelnen Momente, welche der erste Richter für erwiesen angenommen und auf welche er seine thatsächliche Feststellung gegründet hat, unter Angabe der Beweise dafür.
11. Den Schluß des Referats bildet der vollständige Vortrag aller neuen Thatsachen und Beweise, welche der Appellant angeführt hat und zwar unter besonderer Hervorhebung der Momente, welche dadurch angegriffen werden sollen.

B. Wenn gegen einen Angeklagten mehrere Verbrechen oder Vergehen vorliegen.

1. Es ist angemessen, dies in der Ueberschrift des Referats mit den kurzen Worten „wegen verschiedener strafbarer Handlungen" anzudeuten. Die fernere Anordnung
2. bis 4. ist ebenso, wie oben unter Nr. 2 bis 4 angegeben worden, zu treffen.
5. Die Bemerkung, ob Appellant oder Appellat neue Thatsachen angeführt haben, ist an diesem Orte unzweckmäßig, wenn in Betreff einiger Punkte Nova angeführt sind, in Betreff anderer nicht. Den Mitgliedern des Kollegiums kann nicht zugemuthet werden, im Gedächtnisse zu behalten, daß bei einzelnen Vergehen, und bei welchen, Nova zur Sprache kommen werden.

   Nur wenn bei keinem Vergehen neue Thatsachen oder Beweismittel angeführt sind, erscheint es angemessen zu erwähnen, daß ohne Nova appellirt sei.
6. Die fernere Anordnung des Stoffes ist so zu treffen, als ob so viel einzelne Untersuchungen vorlägen, wie einzelne Gesetzesübertretungen in zweiter Instanz zu beurtheilen sind,

in ähnlicher Weise wie im Civilprozesse die sogenannten Punktensachen behandelt werden (vergl. S. 61 ff.). Nach Erledigung der Nr. 5 ist daher das Referat mit einer neuen Ueberschrift zu versehen, und mit Nr. 1 dasjenige Verbrechen oder Vergehen zu bezeichnen, welches mit der schwersten Strafe bedroht ist. Ueber dasselbe ist dann ebenso zu referiren, als ob es allein zur Beurtheilung vorläge. Das schwerste Verbrechen oder Vergehen voranzustellen, erscheint um deswillen zweckmäßig, weil bei Abmessung der Strafe in der Regel die schwerste zum Grunde gelegt und durch den Hinzutritt der leichteren Vergehen nur verschärft wird. Sodann sind die übrigen strafbaren Handlungen nummernweise in gleicher Art zu erörtern.

Hat der erste Richter indeß eine andere Anordnung bei der Beurtheilung der einzelnen Verbrechen oder Vergehen getroffen, so kann es zum besseren Verständniß der Sache angemessen erscheinen, dieselbe Anordnung beizubehalten.

Im Uebrigen aber ist über jede einzelne strafbare Handlung vollständig und zwar bei jeder derselben auch über die in zweiter Instanz vorgetragenen Nova so zu referiren, wie dies oben bei A. unter 6. bis 12. angegeben ist.

C. Wenn über mehrere Angeklagte in zweiter Instanz zu entscheiden ist, und zwar

a. als Theilnehmer an demselben Verbrechen oder Vergehen,

b. als Thäter verschiedener strafbarer Handlungen.

ad a. Haben die Angeklagten, über welche in zweiter Instanz zu erkennen ist, gemeinschaftlich die zur Sprache gekommene strafbare Handlung verübt, so ist nach dem Vortrage der unter A. Nr. 1 bis 4 erwähnten Punkte, der objektive Thatbestand und die thatsächliche Annahme des ersten Richters vorzutragen. Ist der objektive Thatbestand von dem ganzen Hergange der Sache nicht füglich zu trennen, wie dies z. B. bei Körperbeschädigungen in einer Schlägerei, oder bei fortdauernden Widersetzlichkeiten und Angriffen gegen Beamte gewöhnlich der Fall sein wird, so wird es angemessen sein, bevor die Auslassung irgend eines Angeklagten mitgetheilt wird, den Hergang der Sache, objektiv d. h. nicht als eine Zeugenaussage, so vorzutragen, wie ihn der erste Richter für erwiesen angenommen hat.

Hieran schließt sich dann die kurz mitzutheilende Aussage des von dem ersten Richter vorangestellten ersten Angeklagten, sodann die in Bezug auf ihn getroffene thatsächliche Feststellung des ersten Richters, die Beweismomente und die Beweismittel. Endlich werden die Nova, die dieser Angeklagte in zweiter Instanz vorgebracht hat, erwähnt. In gleicher Weise hat das Referat demnächst über jeden der übrigen Angeklagten zu berichten, über welchen überhaupt in zweiter Instanz zu erkennen ist.

ad b. Wenn über mehrere Angeklagte wegen verschiedener Verbrechen zu entscheiden ist, so muß nach Erledigung der vier ersten Punkte ad A. der weitere Vortrag nach den Verbrechen, also objektiv geordnet, in der Art folgen, daß das schwerste Verbrechen (oder das, welches der erste Richter vorangestellt hat) zuerst zur Erörterung zu bringen ist. Der objektive Thatbestand oder der allgemeine Hergang der Sache ist bei der zuerst zu erörternden That ebenso, wie dies ad a. erwähnt ist, vorweg vorzutragen, alsdann die Auslassung des Hauptttheilnehmers an diesem Verbrechen, die in Bezug auf ihn getroffene thatsächliche Feststellung des ersten Richters, die Momente und die Beweise, auf welchen letztere beruhen, sowie die Nova vorzutragen. Auf diese Art wird die Thäterschaft jedes einzelnen Angeklagten, sofern über ihn in zweiter Instanz zu urtheilen ist, rücksichtlich des vorliegenden ersten Verbrechens erörtert.

Ist über die erste strafbare That und über die Thäter in dieser Art referirt, so geht der Referent zu dem zweiten und zu den folgenden Verbrechen oder Vergehen, und berichtet hierüber, sowie über die Thäter in derselben Weise, wie bei dem ersten Falle.

IV. Schlußbemerkungen.

Bei der vorstehenden Anleitung konnte es natürlich nicht in der Absicht liegen, ein Schema aufzustellen, nach welchem etwa alle Referate ohne Unterschied zu bearbeiten wären, vielmehr kam es darauf an, den jüngeren Juristen die Natur und den Zweck der Referate anschaulich zu machen, und sie auf diese Weise zu befähigen, in jedem einzelnen Falle die zweckmäßigste Art für die Anfertigung der Letzteren sich selbst zu abstrahiren. Ein gleicher

Zweck ist bereits früher durch die in dem Justiz-Ministerialblatt von 1853 S. 383—392 abgedruckte Anweisung zur Anfertigung von Referaten, Rechtsgutachten und Erkenntnissen in Untersuchungssachen verfolgt, und wird es den jüngeren Juristen von Nutzen sein, sich auch mit dem Inhalte dieser Anweisung genauer bekannt zu machen.

Im Uebrigen muß ihnen empfohlen werden, sich durch fleißiges und sorgfältiges Studium der Verordnung vom 3. Januar 1849 und des Gesetzes vom 3. Mai 1852 mit dem Geiste des neuen Verfahrens vertraut zu machen und sich nicht etwa damit zu begnügen, die formellen Bestimmungen nur einzeln, ohne ihren Zusammenhang und ihre Bedeutung für das ganze Verfahren kennen zu lernen. Ist es ihnen erst gelungen, in den Geist unseres neuen Strafverfahrens einzudringen, so wird es ihnen auch nicht schwer werden, in jedem einzelnen Falle den richtigen Weg zu einer angemessen schriftlichen Darstellung der Sache zu finden.

Eine zweckmäßige Anleitung zum Studium des Strafverfahrens gewährt ihnen das vor Kurzem erschienene, mit Fleiß und Sorgfalt gearbeitete Werk des Staatsanwalts Liman, doch mögen sie sich nicht begnügen, die dort allegirten Ministerialreskripte und Entscheidungen des Ober-Tribunals nur in dem angegebenen kurzen Auszuge ihrem Gedächtnisse einzuprägen, vielmehr müssen sie dieselben in ihrem vollständigen Abdruck lesen und gehörig studiren, damit sie sich der Gründe der Entscheidung bewußt werden und auf diese Weise dahin gelangen, sich mit dem wahren Sinne des Gesetzes vertraut zu machen.

Daß der Referent sich einer ernsten, würdevollen, dem Gegenstande der Sache entsprechenden Ausdrucksweise zu befleißigen habe, ist bereits S. 19 hervorgehoben, und darf in dieser Beziehung hier auf das dort Angeführte verwiesen werden.

Beispiele von Referaten in Untersuchungssachen.

1.

Referat in der Untersuchungssache wider den Barbier Friedrich Kieper zu Sp. wegen unbefugten Kurirens auf die von der Staatsanwaltschaft eingelegte Appellation.*)

Gegen den Barbier Friedrich Kieper zu Sp., welcher 40 Jahr alt, nicht Soldat, evangelischer Religion und nicht nur im Jahre 1854 wegen Betruges, sondern auch

a. durch Erkenntniß des Kreisgerichts zu Spandau vom 1. März 1855 wegen unbefugten Kurirens, verübt im Januar 1855, zu 5 Thlr. Geldbuße, und

b. durch Erkenntniß desselben Gerichts vom 1. Juni 1855 wegen desselben Vergehens, verübt im Februar 1855 (also vor der Verurtheilung zu 1) zu 10 Thlr. Geldbuße

rechtskräftig verurtheilt worden, ist jetzt wiederum auf erhobene Anklage durch die Verfügung des Kreisgerichts zu Sp. vom 2. Januar 1859 die Untersuchung wegen unbefugten Kurirens auf Grund des §. 199 des Strafgesetzbuchs eingeleitet worden.

Das gedachte Gericht hat jedoch durch Urtheil vom 2. Februar 1859 den Angeklagten unter Niederschlagung der Kosten von diesem Vergehen freigesprochen.

Die Staatsanwaltschaft hat gegen diese Entscheidung sofort im Audienztermin die Appellation eingelegt und, ohne neue Thatsachen anzuführen, die Verurtheilung des Angeklagten beantragt. Der Letztere, dem die Appellationsschrift am 1. März 1859 behändigt worden, hat in seiner am 1. April ej. a. eingegangenen Appellationsschrift, zu der ihm nur eine vierzehntägige Frist gestattet war, die Bestätigung des ersten Urtheils unter Anführung neuer Thatsachen beantragt.

Der erste Richter hat auf Grund des Zugeständnisses des Angeklagten in Verbindung mit der zeugeneidlichen Aussage des Schiffers Nobbe den Hergang der Sache dahin für festgestellt erachtet:

Am 6. December 1858 wurde der Angeklagte, welcher eine obrigkeitliche Approbation zum Kuriren oder zu chirurgischen Hülfsleistungen nicht besitzt, zu dem Schiffer Nobbe, der an der Lungenentzündung litt, nach

---

*) Am Rande müssen an den betreffenden Stellen überall die Aktenfolien allegirt werden; sie sind hier des Raumersparnisses wegen weggelassen worden.

dessen Wohnung gerufen. Nobbe sagte zu ihm, daß der Dr. Esse das Schröpfen angeordnet und dabei auch geäußert habe, es wären so viel Barbiere zu Sp., wenn man aber einen gebrauche, sei kein solcher zu bekommen. Darauf setzte der Angeklagte dem Schiffer Nobbe, wie dieser verlangte, 12 Schröpfköpfe an und erhielt für diese seine Bemühung von demselben 15 Sgr.

Ohne eine andere thatsächliche Feststellung hervorzuheben, führt der erste Richter in seinem Erkenntnisse aus, daß zwar der von dem Angeklagten in der Audienz erhobene Einwand: er habe sich eine große Geschicklichkeit im Schröpfen erworben, zu verwerfen sei, weil es nicht auf diese Geschicklichkeit, sondern auf die obrigkeitliche Erlaubniß zum Kuriren ankomme, daß aber der Angeklagte sich dennoch nicht des §. 199 des Strafgesetzbuchs vorgesehenen Vergehens schuldig gemacht habe, weil das „Unternehmen der Heilung einer Krankheit", wovon dies Gesetz spreche, ein gewisses selbstständiges und fortgesetztes Handeln voraussetze, ein solches aber dem Angeklagten nicht zur Last falle, da er nach den Erklärungen des Schiffers Nobbe nur die ärztliche Anordnung des Dr. Esse ausgeführt habe und auch nur habe ausführen wollen.

Die Staatsanwaltschaft hält diese Ansicht für unrichtig und führt in ihrer Appellationsschrift aus, daß mit dem „Unternehmen der Heilung" auch ein einzelner, die Beseitigung einer Krankheit bezweckender Act zu verstehen sei, und übrigens auch das Gesetz beabsichtigt habe, der kunstwidrigen Ausführung chirurgischer Operationen vorzubeugen.

Der Angeklagte widerspricht dieser Ausführung und behauptet unter Berufung auf das Zeugniß des Dr. Esse, daß der Schiffer Nobbe, wenn ihm nicht schnelle Hilfe durch Schröpfen zu Theil geworden wäre, wahrscheinlich hätte sterben müssen, auch daß keine approbirte Medicinalperson habe herbeigeschafft werden können. Er bittet um Bestätigung des ersten Urtheils.

Beweis ist bis jetzt in zweiter Instanz nicht erhoben worden.

Votum des Referenten.

Die Förmlichkeiten würde ich für beobachtet annehmen.

Die Appellation ist sofort nach Verkündung des ersten Urtheils in der Audienz eingelegt. Die Appellationsschrift, welche in der dazu verstatteten vierzehntägigen Frist eingegangen war, ist dem Angeklagten zur Gegenausführung binnen 14 Tagen gehörig behändigt worden; zwar nicht ihm selber, aber seiner bei ihm wohnenden Ehefrau. Die Beantwortungsschrift, welche spätestens am 15. März 1859 einzureichen war, ist erst am 1. April eingegangen. Es wird unten geprüft werden, ob die darin enthaltenen neuen Thatsachen wesentlich sind und zuzulassen sein werden, was m. E. allerdings der Fall ist. Da in erster Instanz ein Richterkollegium erkannt hat, so ist die Appellation unbedenklich zulässig.

Zu rügen ist, daß eine am Tage vor der Audienz beim ersten Richter eingegangene Schrift des Angeklagten, in der er schon damals die jetzt in zweiter Instanz behaupteten Thatsachen anführte, gar nicht berücksichtigt worden ist. Sie ist wahrscheinlich vom Bureau nicht zeitig genug dem Decernenten vorgelegt worden, da sich darauf nur eine vom

Tage nach der Audienz erlassene Verfügung: „ad acta“ befindet. Der Angeklagte hatte aber im Audienztermine Gelegenheit, die Nichtbeachtung seiner Schrift hervorzuheben und die darin enthaltenen Thatsachen vorzutragen; da er dies verabsäumt hat, so ist in dem Verfahren des ersten Richters ein wesentlicher Verstoß gegen die Gesetze um so weniger zu finden, als jene Thatsachen noch jetzt zu berücksichtigen sein werden.

In der Sache selbst würde ich dahin antragen:

den Dr. Esse über die vom Angeklagten in zweiter Instanz behaupteten Thatsachen zu vernehmen.

Die auf dem Geständnisse des Angeklagten in Verbindung mit der eidlichen Aussage des einwandsfreien Zeugen Nobbe beruhende thatsächliche Feststellung des ersten Richters über den ganzen Hergang der Sache kann einem Bedenken nicht unterzogen werden, ist in zweiter Instanz auch von keiner Seite angegriffen worden und bleibt daher nach Art. 101 des Gesetzes vom 3. Mai 1852 auch für die zweite Instanz maßgebend.

M. E. ist sie indeß insofern mangelhaft, als sie nicht eine präcise Fassung derjenigen Thatsache enthält, auf die das Strafgesetz §. 199 a. a. O. anzuwenden ist. Wenn jedoch der festgestellte Hergang die einzelnen Momente in sich schließt, welche zum Begriffe der strafbaren That gehören, so sind mit jener Feststellung des ganzen Herganges auch die einzelnen darin enthaltenen Umstände für bewiesen zu erachten. Es ist daher anzunehmen, daß der erste Richter thatsächlich festgestellt hat:

daß der Angeklagte, ohne vorschriftsmäßig approbirt zu sein, am 6. December 1858 zu Sp. dem Schiffer Nobbe gegen Belohnung 12 Schröpfköpfe angesetzt hat.

Bei dieser thatsächlichen Voraussetzung ist es dann eine Rechtsfrage, ob hierauf der §. 199 des Strafgesetzbuchs unbedingte Anwendung auch dann erleidet, wenn das Schröpfen auf der Anordnung eines Arztes, die dem Angeklagten freilich nur durch den Schiffer Nobbe selbst mitgetheilt wurde, beruhte, und ob diese chirurgische Operation zu einem Unternehmen, eine äußere oder innere Krankheit zu heilen, zu rechnen sei.

Das Letztere hat der erste Richter mit Unrecht verneint, und darauf beruht das freisprechende Erkenntniß.

(Hierauf folgt eine weitere Rechtsausführung mit Rücksicht auf die in Oppenhoff's Werk: „das Strafgesetzbuch ꝛc.“ zum §. 199 mitgetheilten Entscheidungen und Bemerkungen.)

Ist hiernach das vom Angeklagten gegen eine Belohnung vorgenommene Schröpfen, da er nicht vorschriftsmäßig approbirt war, an sich strafbar, so kann ihn m. E. auch der Auftrag des Arztes zu dieser Handlung nicht von der Strafe befreien, weil er, da er mit einer Approbation nicht versehen war, dem Auftrage keine Folge leisten, sondern die Ausführung einem Andern, dazu Befugten überlassen mußte, zumal ihm selber speciell der Auftrag gar nicht von Dr. Esse ertheilt war.

Erheblich aber ist die Behauptung des Angeklagten, die er sowohl in seiner in erster Instanz nicht berücksichtigten Schrift, als jetzt in appellatorio aufstellt:

daß der Schiffer Nobbe, wenn ihm nicht schnelle Hilfe durch Schröpfen zu Theil geworden wäre, wahrscheinlich hätte sterben müssen und daß am 6. December 1858 eine approbirte Medicinalperson nicht habe herbeigeschafft werden können;

denn der §. 199 cit. sagt in fine: Diese (Straf-) Bestimmung findet keine Anwendung, wenn eine solche Handlung in einem Falle vorgenommen wird, in welchem zu dem dringend nöthigen Beistande eine approbirte Medicinalperson nicht herbeigeschafft werden kann.

Die Vernehmung des Dr. Esse über die eben erwähnte Thatsache würde ich wegen der zu großen Entfernung dieses Zeugen vom Sitze des Gerichtshofes zweiter Instanz durch das erste Gericht veranlassen, zumal das thema probandum ein so überaus einfaches ist. Dem kommissarisch beauftragten Gerichte würde ich zugleich die Anweisung ertheilen, bei der Vernehmung des Zeugen einen Vertreter der Staatsanwaltschaft und den Angeklagten zuzuziehen.

Zusatz-Bemerkungen:

I. Wenn der Gerichtshof dies beantragte Resolut erläßt, und der Beschluß im Audienzprotokolle zweiter Instanz bemerkt ist, so wird die Verfügung auf dies Protokoll dahin zu fassen sein:

1. Urschriftlich mit den Akten an das Königl. Kreisgericht zu Sp. mit der Anweisung, unter Zuziehung eines Vertreters der dortigen Königl. Staatsanwaltschaft und des Angeklagten den Dr. Esse über die Blatt 20 in der Appellationsbeantwortung aufgestellte Behauptung, daß 2c., als Sachverständigen und Zeugen eidlich zu vernehmen und die darüber aufgenommene Verhandlung unter Anschluß der Akten binnen . . . Wochen einzureichen.
2. Abschrift der Verf. zu 1. erhält die Königl. Oberstaatsanwaltschaft zur Kenntniß.
3. Reproducatur copia ret. der Verf. 1. nach . . . Wochen.

Datum.

Der Kriminalsenat des 2c. Gerichts.

II. Gehen die Akten und die aufgenommene Verhandlung ein, so ist ein neuer Audienztermin in zweiter Instanz anzuberaumen und dazu der Oberstaatsanwalt, wie der Angeklagte vorzuladen. Gleichzeitig ist zu verfügen, daß dem Ersteren die Akten zur Kenntnißnahme vom Resultate der Beweisaufnahme vorzulegen sind.

Dem Angeklagten ist in der Vorladung zu eröffnen, daß die Beweisaufnahme im Audienztermin durch Verlesung der das Zeugenverhör enthaltenden Verhandlung stattfinden werde.

III. Vor Abhaltung des Audienztermins ist zu dem ersten Referat ein Nachtrag hinzuzufügen, der etwa dahin lauten wird:

Nachtrag zum vorstehenden Referate.

In dem in dieser Sache bereits abgehaltenen Audienztermin hat der Gerichtshof ein Beweisresolut dahin beschlossen: (Hier folgt das Resolut, wie es im Audienzprotokoll steht.)

Der Zeuge und Sachverständige Dr. Esse ist hierauf, und zwar wegen zu weiter Entfernung vom Gerichtshofe zweiter Instanz, kommissarisch durch das Kreisgericht zu Sp. vernommen worden und hat die Behauptung des Angeklagten bestätigt. Behufs der Beweisaufnahme ist die darüber aufgenommene Verhandlung zu verlesen. Sie lautet: legatur Fol. 32.

Die Verhandlung ist nicht abzuschreiben, da sie mit Ueber- und Unterschrift ganz aus den Akten verlesen werden muß.

IV. Dem ersten Votum ist ein Nachtragsvotum hinzuzufügen, über dessen Inhalt, da er sich von selbst versteht, hier weiter nichts zu sagen ist.

2.

Referat in der Untersuchungssache wider den Dienstknecht Valentin Schulze und Genossen in Betreff der Appellation der Staatsanwaltschaft und mehrerer Angeklagten wegen schweren Diebstahls und Hehlerei.

Durch das Erkenntniß des Königl. Kreisgerichts zu X. vom 1. November 1859 ist

1. der Tagelöhner Valentin Schulze zu Adorf des schweren Diebstahls schuldig erachtet und zu 2 Jahren Zuchthaus nebst Stellung unter Polizeiaufsicht auf 2 Jahre,
2. der Arbeitsmann Justus Müller ebendaselbst der Theilnahme an einem schweren Diebstahl schuldig erklärt und zu 1 Jahr Gefängniß nebst Entziehung der Ehrenrechte auf 1 Jahr und Stellung unter Polizeiaufsicht von gleicher Dauer,
3. der Dienstknecht Markus Behrendt der schweren Hehlerei (wegen welcher Anklage erhoben und die Untersuchung eingeleitet war) nicht, wohl aber der einfachen Hehlerei schuldig erachtet und zu 6 Monaten Gefängniß nebst Untersagung der Ausübung bürgerlicher Ehrenrechte auf 1 Jahr

verurtheilt worden.

Gegen diese, den verhafteten Angeklagten in der Audienz am 1. November 1859 mit den Gründen eröffnete Entscheidung haben der Tagelöhner Valentin Schulze und der Dienstknecht Markus Behrendt am 5. November desselben Jahres, also am 4. Tage, die Appellation eingelegt, indem sie ihre Freisprechung oder doch eine Strafmilderung beantragen.

Auch die Staatsanwaltschaft hat am 10. November 1859, also am 9. Tage, die Appellation eingelegt, weil der Dienstknecht Markus Behrendt nur der einfachen und nicht der schweren Hehlerei schuldig erachtet und demgemäß verurtheilt worden ist.

Nur der der Theilnahme an dem Diebstahle schuldig erachtete Arbeitsmann Justus Müller hat sich bei dem Erkenntnisse beruhigt, auch seine Strafe schon angetreten.

Die Thäterschaft der Angeklagten bezieht sich nur auf einen Diebstahl.

Der erste Richter hat rücksichtlich des objektiven Thatbestandes für bewiesen angenommen und thatsächlich festgestellt, daß den Hüfner Abt'schen Eheleuten am 16. August 1859 in der Wohnung zu Adorf mehrere ihnen gehörige Kleidungsstücke im Gesammtwerthe von 40 Thlrn. mittelst Zerbrechens einer Fensterscheibe und demnächstigen Einsteigens durch das Fenster entwendet worden sind.

Diese Annahme gründet sich auf das eidliche Zeugniß der Abt'schen Eheleute. Dieselben, welche zwar ein Interesse zur Sache, im Uebrigen aber die allgemeinen Zeugenfragen verneint haben, hatten, wie sie übereinstimmend bekunden, am 16. August 1859 ihre zur ebenen Erde liegende Wohnung um 1 Uhr Mittags verlassen, um zur Erndtearbeit auf das Feld zu gehen. Da ihre beiden Söhne schon früher fortgegangen waren, so befand sich Niemand im Hause. Der Ehemann Abt hatte beim Weggehen die allein in das Haus führende Thür ordentlich zugeschlossen und, wie seine Ehefrau bestätigt, durch Aufdrücken der Klinke und gleichzeitiges Ziehen an der Thür, sich von dem ordentlichen Verschlusse derselben überzeugt, auch den Hausschlüssel demnächst zu sich gesteckt. Als beide Eheleute um 8 Uhr Abends vor ihren Söhnen nach Hause kamen, fanden sie die Hausthür gehörig verschlossen; sie bemerkten aber sofort nach ihrem Eintritte in die nach der Straße zu liegende Wohnstube, daß in einer der Fensterscheiben dieser Stube ein großes, früher nicht dagewesenes Loch sich befand, daß das Fenster, welches bei ihrem Weggehen zugemacht war, offen stand und sich auch Spuren von Sand und Stiefeleindrücken auf dem Fensterbrette befanden. In der durch eine offene Thür mit dem Wohnzimmer verbundenen Schlafkammer fanden sie den Kleiderschrank, in welchem der richtige Schlüssel steckte, offen stehen. Aus demselben waren mehrere den Abt'schen Eheleuten gehörige Kleidungsstücke verschwunden. Die Frauensachen, welche fehlten, hat die verehelichte Abt, die fehlenden Mannskleider hat ihr Ehemann vollständig angegeben. Den Werth sämmtlicher aus dem Spinde fehlender Sachen schätzen die Abt'schen Eheleute auf 40 Thlr.

Die Thäterschaft anlangend, so hat

I. der jetzt appellirende Angeklagte Valentin Schulz, welcher 24 Jahr alt, nicht Soldat, evangelischer Religion und bisher unbestraft ist, die Verübung des Diebstahls beharrlich in Abrede gestellt. Er behauptet, am 16. August 1859 vom Mittag bis zum späten Abend mit Erntearbeiten auf dem gutsherrlichen Felde zu Adorf beschäftigt gewesen zu sein, und beruft sich hierüber auf das Zeugniß der Dienstknechte Abel und Binder, mit denen er gemeinschaftlich gemäht und geharkt haben will. Er muß zwar zugeben, daß bei der am folgenden Tage um 9 Uhr Morgens stattgefundenen Haussuchung ein Mannsüberrock und eine Frauenjacke unter dem Fenster in seiner Wohnstube vorgefunden worden seien, welche sofort von den mitanwesenden Abt'schen Eheleuten als die ihrigen erkannt wären; allein er will nicht wissen, wie diese Sachen dorthin gekommen seien, und vermuthet, daß sie ihm von einem Feinde durch das offene Fenster hineingeworfen sein möchten.

Der erste Richter hat jedoch für thatsächlich festgestellt angenommen:

> daß der Angeklagte Valentin Schulze am 16. August 1859 zu Adorf den Büdner Abt'schen Eheleuten mehrere denselben gehörige Kleidungsstücke weggenommen hat, und zwar
>
> a. in einem bewohnten Gebäude in Gemeinschaft mit einem Andern,
>
> b. mittelst gewaltsamen Zerbrechens einer das Eindringen verhindernden Fensterscheibe und demnächstigen Einsteigens durch ein Fenster,

und den Angeklagten aus §. 215, §. 217 Nr. 6, §. 218 Nr. 2 verurtheilt.

Seine thatsächliche Feststellung gründet der erste Richter auf folgende für bewiesen angenommenen Momente:

1. Auf die Bezüchtigung des Mitangeklagten, jetzt rechtskräftig verurtheilten Arbeitsmanns Justus Müller, welcher rücksichtlich seiner Theilnahme an dem Diebstahle sofort in der Voruntersuchung und in der Audienz ein offenes Geständniß abgelegt hat. Nach seiner Angabe hat der Angeklagte Valentin Schulze ihn am Mittag des 16. August 1859 zur Mitverübung der That überredet. Beide gingen zusammen, nachdem sie das Fortgehen der Abt'schen Eheleute bemerkt, zu der Wohnung der Letzteren. Justus Müller stellte sich, um Wache zu halten, der Woh-

nung gegenüber auf und sah, wie der Angeklagte Schulze mit einem nassen Lappen, den er sich zu diesem Zwecke von Hause mitgenommen, eine Fensterscheibe in der Abt'schen Wohnung eindrückte, mit einem Arm durch die Scheibe hineinlangte, das Fenster öffnete und hineinstieg. Nach wenigen Minuten langte der Valentin Schulze mehrere Manns- und Frauenkleider dem draußen stehenden und an das Fenster herantretenden Justus Müller zu, holte dann noch einige Sachen herbei und stieg mit den letzteren im Arm zum Fenster hinaus. Justus Müller gesteht, denjenigen Theil der gestohlenen Sachen, die am folgenden Tage bei ihm gefunden worden, als seinen Antheil erhalten zu haben, giebt aber gleichzeitig an, daß der Angeklagte Valentin Schulze nicht blos einen Mannsrock und eine Frauenjacke, sondern noch weit mehr Kleidungsstücke als Antheil erhalten habe.

Justus Müller hat diese Bezüchtigung dem Valentin Schulze in's Gesicht gesagt. Der letztere hat sie für unwahr erklärt.

2. Es ist der nicht gerechtfertigte Besitz eines Theils des gestohlenen Gutes gegen den Angeklagten Valentin Schulze bewiesen. Dies nimmt der erste Richter rücksichtlich des am 17. August 1859 beim Angeklagten vorgefundenen Mannsrockes und einer Frauenjacke an, auf Grund der eidlichen Aussagen des Schulzen Dorn und des Schöppen Fuchs in Verbindung mit den Angaben der Abt'schen Eheleute.

(Hier folgt der Vortrag über den Hergang bei der Haussuchung und die eidliche Rekognition der Sachen Seitens der Bestohlenen.)

Die Vermuthung des Angeklagten Schulze, daß ihm ein feindlich gesinnter Mensch jene Sachen durch das Fenster hineingeworfen haben könnte, hält der erste Richter einer Berücksichtigung nicht werth, weil sie eben nur eine Vermuthung und deshalb unerweisbar sei; überdies aber auch gegen dieselbe spräche, daß nach der nicht eidlichen Aussage der Ehefrau des Angeklagten, dieser bei Annäherung der Dorfgerichte ein Paar Kleidungsstücke rasch aus dem Bette genommen und bei Seite geworfen habe.

Außer den bei der Haussuchung vorgefundenen Sachen hat der Angeklagte aber, wie der erste Richter für bewiesen annimmt, noch mehrere andere der gestohlenen Gegenstände besessen. Diese Annahme gründet sich darauf, daß nach der Bezüchtigung des Mitangeklagten Justus Müller der Antheil, den Angeklagter Schulze von dem Diebstahl bekommen, in weit mehreren Kleidungsstücken, als nur in einem Rock und einer Jacke bestanden hat, und daß Angeklagter Schulze am frühen Morgen, etwa um 5 Uhr des 17. August dem Mitangeklagten Markus Behrendt einige der gestohlenen Sachen zum Verkaufe übergeben hat. Dies beruht zum Theil auf den Angaben des der Hehlerei beschuldigten Markus Behrendt, zum Theil auf den eidlichen Aussagen des Kleiderhändlers Goldsand zu Z. und den eidlichen Angaben der Bestohlenen. Markus Behrendt, welcher der Hehlerei nicht geständig ist, giebt an, daß er seinen Vetter, den Angeklagten Valentin Schulze, im Vorübergehen am 17. August Morgens 5 Uhr besucht habe und daß dieser ihn beauftragt hätte, mehrere angeblich von einem verstorbenen Bruder geerbte und überflüssige Kleidungsstücke für ihn zu verkaufen. Markus Behrendt übernahm den Auftrag und hat die von Valentin Schulze erhaltenen Sachen an demselben Tage um 7 Uhr Morgens in dem eine Stunde von Adorf entfernten Städtchen Z. beim Händler Goldsand für 5 Thlr. verkauft. Auf dem Wege dorthin hatte Behrendt den ihm begegnenden Knechten Abel und Binder seine Absicht, die über seinem Arm hängenden Kleider bei Goldsand zu verkaufen, mitgetheilt. Die Knechte haben, wie sie eidlich bekunden, diese Mittheilung dem Hüfner Abt erzählt und Letzterer hat nach seiner Aussage bei Goldsand sich die Kleidungsstücke, die Markus Behrendt diesem verkauft hatte, zeigen lassen und darin die seinigen mit aller Bestimmtheit wiedererkannt. Der Händler Goldsand hat eidlich bestätigt, daß er am Morgen des 17. August um 7 Uhr vom Angeklagten Markus Behrendt diejenigen Kleidungsstücke gekauft habe, die später Abt als die seinigen anerkannt hätte.

3. Der Angeklagte hatte, wie der erste Richter für bewiesen annimmt, gute Gelegenheit, den Diebstahl am hellen Tage unbemerkt auszuführen, da (nun folgen die Beweise dafür, daß Niemand im Abtschen Hause, die meisten Bewohner von Adorf aber außerhalb mit Feldarbeiten bei der Erndte beschäftigt gewesen seien.) Endlich ist

4. der Angeklagte der Lüge überführt, insofern er behauptet hat, daß er den ganzen Nachmittag des 16. August auf dem Felde gearbeitet habe. Daß dies unwahr sei, nimmt der erste Richter für festgestellt an, da die Zeugen . . . . (Hier folgen die weiteren Beweise.)

Der Angeklagte Valentin Schulze behauptet nun in zweiter Instanz wiederholt sein Alibi, indem er die Knechte Erpel und Loos, welche er selbst die Ehemänner seiner Schwestern nennt, zu Zeugen darüber vorschlägt, daß er in der That am 16. August 1859 auf dem herrschaftlichen Felde zu Adorf und zwar den ganzen Nachmittag über gearbeitet habe. Diesen Beweis hält die Staatsanwaltschaft wegen der Schwägerschaft der Zeugen zu dem Angeklagten für unerheblich. Er ist auch bis jetzt nicht erhoben.

II. Der der schweren Hehlerei angeklagte Knecht Markus Behrendt, 30 Jahr alt, nicht Soldat, evangelischer Religion und noch nicht bestraft, gesteht zwar zu, daß er am 17. August 1859 von dem Mitangeklagten Valentin Schulze mehrere Mannskleidungsstücke zum Verkauf erhalten und daß er selber diese Sachen für 5 Thlr. bei Goldsand im nahen Städtchen Z. verkauft habe. Er bestreitet aber, daß er gewußt, diese Sachen seien gestohlen, und behauptet, daß der Angeklagte Valentin Schulze ihm erzählt habe, daß er diese Sachen von seinem Bruder geerbt habe und sie als überflüssig verkaufen wolle.

Der erste Richter hat aber thatsächlich festgestellt:

> daß Markus Behrendt zu Adorf am 17. August 1859 Sachen, von denen er wußte, daß sie gestohlen waren, an sich gebracht und daß er zu deren Absatze im Städtchen Z. bei einem Kleiderhändler mitgewirkt habe,

dagegen nicht für festgestellt angenommen:

> daß der Markus Behrendt gewußt habe, daß die Sachen von einem schweren Diebstahle herrührten.

Die Bestrafung des Behrendt ist nach §. 237 des Strafgesetzbuchs erkannt.

Der erste Richter gründet seine Annahme auf folgende Umstände:

1. Es sei unwahrscheinlich, daß der Angeklagte, der ein Vetter des Valentin Schulze ist, sich von diesem sollte haben vorreden lassen, daß die zu verkaufenden Sachen aus der Erbschaft eines Bruders herrührten. Behrendt hat nämlich zugestehen müssen, daß er von dem Tode eines Bruders des Valentin Schulze niemals etwas gehört habe und daß es ihm daher anfangs selbst auffällig gewesen sei, daß Valentin Schulze die Sachen von einem Bruder geerbt haben wollte.

2. Der Angeklagte hat, wie der erste Richter annimmt, den ihm am 17. August auf dem Wege nach dem Städtchen Z. begegnenden Knechten ein beinahe offen zu nennendes Geständniß der Hehlerei abgelegt.

Diese beiden Knechte bekunden nämlich eidlich, ... (Hier folgt ihre Aussage.)

Der Angeklagte Behrendt will sich des Gesprächs mit diesen Leuten nicht mehr erinnern, und hält der erste Richter diesen Umstand für gravirend, weil die Knechte Abel und Binder die Umstände, die sie bekunden, eben nur von dem Markus Behrendt mit solcher Sicherheit erfahren haben konnten.

3. Das Benehmen des Angeklagten Behrendt beim Verkauf der Sachen an den Händler Goldsand war ein so scheues, daß Letzterer die Sachen nicht gekauft haben würde, wenn er den Angeklagten nicht genau von Person gekannt hätte. Goldsand, der alle seine Glaubwürdigkeit betreffenden Fragen verneint und den der erste Richter für einen völlig glaubwürdigen Zeugen erachtet, bekundet nämlich eidlich: daß Markus Behrendt, mehrere Mannskleider über dem Arm tragend, am 17. August Morgens 7 Uhr in seinen Laden gekommen sei und ihm die Kleidungsstücke zum Kauf angeboten habe. (Folgt der weitere Inhalt der Goldsand'schen Aussage.)

Wenn der Richter erster Instanz auf Grund dieser Indicien auch annimmt, daß Markus Behrendt gewußt habe, daß die von ihm zum Verkaufe übernommenen Sachen gestohlen seien, so vermißt er doch den Beweis der Kenntniß eines schweren Diebstahls um deswillen, weil die Knechte Abel und Binder, welche dem Markus Behrendt am Morgen des 17. August begegneten, sich in der Audienz nicht zu erinnern vermochten, ob Markus Behrendt auch davon gesprochen habe, in welcher Art sein Vetter Valentin Schulze den Diebstahl begangen hätte. Die Knechte haben nämlich in dieser Beziehung eidlich deponirt, daß zwar aus der Erzählung des Markus Behrendt unzweifelhaft hervorgegangen sei, daß Valentin Schulze die Sachen, die er dem Behrendt gegeben, gestohlen gehabt, daß sie aber erst später von den Abt'schen Eheleuten erfahren haben, auf welche Art der Diebstahl ausgeführt worden sei, und nun nach Verlauf einiger Monate nicht mehr mit Bestimmtheit angeben könnten, ob nur die Abt'schen Eheleute, oder auch Markus Behrendt von der Art der Verübung des Diebstahls gesprochen hätten.

Da andere Beweise für die Kenntniß eines schweren Diebstahls gegen Markus Behrendt nicht vorgebracht worden, so hat der erste Richter eine solche für dargethan nicht angenommen.

In zweiter Instanz hat die Staatsanwaltschaft zwei neue Zeugen (die Knechte Y. und Z.) darüber laudirt, daß ihnen am 17. August 1859 die beiden bereits vernommenen Knechte Abel und Binder, bevor diese noch Adorf erreicht und die Hüfner Abt'schen Eheleute hätten sprechen können, begegnet seien und ihnen das mit Markus Behrendt kurz zuvor geführte Gespräch mitgetheilt hätten, wobei erwähnt worden sei, Markus Behrendt hätte auch erzählt, daß sein Vetter Valentin Schulze leicht habe einsteigen können, weil das Fenster in der Abt'schen Wohnung sehr niedrig sei.

Der Angeklagte Behrendt bestreitet wiederholt, ein solches Geständniß zu den Knechten Abel und Binder gemacht zu haben, führt selber zur Rechtfertigung seiner Appellation keine neuen Thatsachen an, sondern sucht nur darzuthun, daß der erbrachte Beweis zu schwach sei, um auf Grund dessen einen unbescholtenen Mann der Hehlerei für überführt zu halten.

Berlin, den . . . . . .

N. N., Referent.

Zusatzbemerkung.

Es ist oben hinter der Bemerkung, daß der Mitangeklagte Müller sich beim ersten Erkenntnisse beruhigt habe, der Satz angereiht: die Thäterschaft der Angeklagten beziehe sich nur auf einen Diebstahl.

Sind in zweiter Instanz mehrere Verbrechen zu erörtern, auf welche sich die Thäterschaft eines oder mehrerer Angeklagten bezieht, so ist statt jenes Satzes selbstverständlich zu sagen: Die Thäterschaft der Angeklagten, welche in zweiter Instanz als Appellanten oder Appellaten noch interessiren, bezieht sich auf verschiedene strafbare Handlungen. Dann ist unter Nr. I das schwerste Verbrechen oder Vergehen rücksichtlich der noch in zweiter Instanz interessirenden Angeklagten in eben der Weise zu erörtern, wie dies in dem vorstehenden Beispiele rücksichtlich des einen Verbrechens geschehen ist. So ist bei dem demnächst folgenden Falle in der Regel mit der Reihenfolge, die der erste Richter gewählt hat, fortzufahren.

V.

Anfertigung

der

Akten-Auszüge

in

Begnadigungssachen

(mit Beispielen).

Ueber die Anfertigung der Akten-Auszüge in Begnadigungssachen enthält die nachstehend abgedruckte Verfügung des Justiz-Ministers vom 2. Juni 1860 so bestimmte und detaillirte Anweisungen, daß es einer weiteren Belehrung darüber nicht bedarf. Um die Art und Weise, wie dergleichen Akten-Auszüge anzufertigen sind, noch besser anschaulich zu machen, sind am Schluß einige Beispiele aus verschiedenen Untersuchungen, namentlich auch über zwei Kapitalsachen, beigefügt.

Allgemeine Verfügung des Justiz-Ministers vom 2. Juni 1860, die Anfertigung der Akten-Auszüge in Untersuchungssachen betreffend.

(Justiz-Ministerial-Blatt S. 238.)

Die über die Anfertigung der Akten-Auszüge in Untersuchungssachen ergangenen Bestimmungen sind von den Gerichten in neuerer Zeit nicht immer gehörig beobachtet worden.

Der Justiz-Minister findet sich deshalb veranlaßt, folgende Anweisungen, welche im Wesentlichen den bereits früher darüber ergangenen Vorschriften entsprechen, den Gerichten zu ertheilen:

1. Die Einreichung von Aktenauszügen in Untersuchungssachen ist erforderlich:

a) bei der Einsendung der auf Todesstrafe oder auf lebenslängliche Freiheitsstrafe lautenden, der Allerhöchsten Bestätigung bedürfenden Erkenntnisse;

b) bei der Einsendung der zur Allerhöchsten Bestimmung wegen des etwa auszuübenden Begnadigungs-Rechts einzureichenden Erkenntnisse, durch welche gegen Personen adligen Standes aus dem Inlande Strafen verhängt worden sind, welche den Verlust des Adels zur gesetzlichen Folge haben;

c) bei der Erstattung solcher Berichte, in welchen die Gerichte, sei es auf Anweisung der vorgesetzten Behörde, sei es von Amtswegen, sich gutachtlich darüber äußern, ob und event. in welchen Beziehungen, die Begnadigung eines Verurtheilten Allerhöchsten Orts zu beantragen sei.

In allen diesen Fällen sind mit dem Aktenauszuge zugleich die Erkenntnisse und Untersuchungs-Akten einzureichen.

2. Die Anfertigung der Aktenauszüge liegt

a) in Schwurgerichtssachen dem zu deren Verhandlung kompetenten Stadt- oder Kreisgerichte ob.

b) In allen übrigen Untersuchungssachen hat dasjenige Gericht, welches in erster Instanz erkannt hat, den Aktenauszug anzufertigen.

3. In Betreff der äußeren Form der Akten-Auszüge ist Nachstehendes zu beachten:

a) Die Aktenauszüge erhalten die Ueberschrift:

Auszug aus den Akten in der Untersuchungssache wider N. N.

b) Am Schlusse ist Ort und Datum der Abfassung und die Unterschrift des Gerichts hinzuzufügen.

c) Die Aktenauszüge müssen auf Papier vom gewöhnlichen Aktenformat sauber und deutlich geschrieben sein; am Rande sind die Aktenfolien anzugeben.

4. Was den Inhalt der Aktenauszüge betrifft, so müssen dieselben außer der Darstellung des Faktums und den wesentlichen Ergebnissen der Beweisaufnahme enthalten:

a) die persönlichen Verhältnisse des Verurtheilten, namentlich: Stand oder Beschäftigung, Alter, Religion, und Wohnort, resp. Geburtsort unter Beifügung des landräthlichen Kreises, in welchem derselbe liegt, und wenn dies eine Kreisstadt ist, unter Angabe des betreffenden Regierungsbezirks;

b) die früheren Bestrafungen des Verurtheilten, unter Angabe des Zeitpunktes derselben und der näheren Umstände, sobald es sich um ein Verbrechen oder Vergehen im Rückfalle handelt;

c) den Tenor der in der vorliegenden Untersuchung ergangenen richterlichen Entscheidungen, und in Schwurgerichtssachen den Ausspruch der Geschworenen resp. des Gerichtshofes (Art. 98 des Gesetzes vom 3. Mai 1852 Gesetz-Sammlung S. 209);

d) die den Urtheilen zum Grunde liegenden Strafgesetze, ihrem wörtlichen Inhalte nach;

e) die erforderlichen Angaben hinsichtlich der Strafvollstreckung, insbesondere ob und an welchem Tage der Verurtheilte die erkannte Freiheitsstrafe angetreten hat, resp. zur Strafanstalt abgeliefert worden ist;

5. Ueber die Art der Darstellung des Faktums und des Resultates der Beweisaufnahme lassen sich keine allgemeine bestimmte Regeln ertheilen. Als leitender Gesichtspunkt ist festzuhalten, daß die Aktenauszüge ein vollständiges und klares Bild aller für die Verurtheilung wesentlichen Ergebnisse der Untersuchung, soweit dieselben aus den schriftlichen Verhandlungen zu entnehmen sind, zu gewähren haben. Es genügt daher nicht etwa, blos die dem Angeschuldigten zur Last fallende strafbare Handlung nach ihren wesentlichen Merkmalen anzugeben, sondern es sind auch die begleitenden Umstände und das, was sich über das Motiv des Thäters ergeben hat, hervorzuheben. Außerdem muß die Darstellung im Einzelnen ersehen lassen, auf welchen Beweisen die Verurtheilung beruht.

Hat der Verurtheilte ein mit den anderweitigen Ergebnissen der Untersuchung im Einklange stehendes Geständniß abgelegt und ist ein Widerruf desselben nicht erfolgt, so genügt die Mittheilung des Schuldbekenntnisses in Verbindung mit der Angabe, daß dasselbe mit den Resultaten der sonstigen, kurz anzudeutenden Beweiserhebungen übereinstimmt. Findet dagegen eine solche Uebereinstimmung nicht statt, so ist näher anzugeben, in welchen Beziehungen das Geständniß von dem sonst ausgemittelten Hergange der Sache abweicht. Hat endlich der Angeschuldigte sein Geständniß widerrufen, so muß über den Widerruf und die Gründe desselben das Nöthige angeführt werden. Außerdem sind in diesem Falle, so wie dann, wenn der Angeschuldigte ein Geständniß nicht abgelegt hat, die ausgemittelten Indizien vollständig und übersichtlich anzugeben.

Ist die Untersuchung gegen mehrere Personen gerichtet gewesen, und betrifft der Bericht, welchem der Akten-Auszug beizufügen ist, nur einen oder einige der Mitschuldigen, so muß sich der Akten-Auszug auf die Darstellung derjenigen Momente beschränken, welche sich auf diese Personen beziehen, sofern eine solche Trennung unbeschadet der Deutlichkeit und Uebersichtlichkeit möglich ist.

6. Auf die Akten-Auszüge in Kapitalsachen (in welchen auf Todesstrafe oder lebenswierige Freiheitsstrafe erkannt worden) ist besondere Sorgfalt zu verwenden.*)

Die Ergebnisse der Voruntersuchung und der mündlichen Verhandlung müssen darin klar und übersichtlich mit einander verbunden werden. Nach einer kurzen Darstellung der Veranlassung der Untersuchung und ihres Endresultats sind die Beweisstücke und Indizien in sachgemäßer Ordnung vorzutragen. Dieselben sind nach dem objektiven Thatbestande und der Thäterschaft zu trennen. Bei dem Thatbestande kommt es nur darauf an, die Statt gehabten Ermittelungen, und zwar sowohl rücksichtlich der thatsächlichen Umstände, als der etwa daran geknüpften gutachtlichen Aeußerungen Sachverständiger, in ihrem Endergebnisse mitzutheilen.

Ein etwaiges Geständniß ist seinem wesentlichen Inhalte d. h. soweit es sich auf die That selbst und ihre Motive bezieht, wörtlich einzuschalten. Soweit andere Beweismittel von Bedeutung sind, bedarf es deren übersichtlicher Darstellung und zwar in der Reihenfolge, daß zunächst die für die That in ihrer einfachen Gestalt wesentlichen (z. B. bei dem Verbrechen des Mordes die für die vorsätzliche Tödtung entscheidenden) und sodann die sich auf den erschwerenden Umstand (z. B. die Ueberlegung) beziehenden nach einander angegeben werden. Ob und in wie fern einzelne Zeugen nicht ganz glaubwürdig zu erachten, und falls sie nicht vereidet sind, weshalb dies unterblieben, ist an geeigneter Stelle zu erwähnen.

Sind nach rechtskräftig entschiedener Sache noch nachträglich Geständnisse abgelegt, oder sonstige Ermittelungen vorgenommen worden, welche auf die Beurtheilung des Falles von Wichtigkeit sind, so ist das Nähere hierüber ebenfalls in den Aktenauszug aufzunehmen.

7. Schließlich werden die Gerichte darauf aufmerksam gemacht, daß sie ihre gutachtlichen Aeußerungen über Milderung der erkannten Strafe oder Begnadigung des Verurtheilten nicht

---

*) Vergl. die Beispiele Nr. 8 und 9.

in den Akten-Auszug, sondern in den Begleitungsbericht aufzunehmen und die dafür sprechenden Gründe dort näher anzuführen haben. In den Sachen, welche vor den Schwurgerichten verhandelt worden sind, ist hierbei auch von den in den Berichten der Vorsitzenden etwa niedergelegten Bemerkungen (vergleiche Allgemeine Verfügungen vom 22. Oktober 1851, Justiz-Ministerial-Blatt S. 342 und 5. Januar 1857, Justiz-Ministerial-Blatt S. 10) Gebrauch zu machen.

Berlin, den 2. Juni 1860.

Der Justiz-Minister **Simons**.

An sämmtliche Gerichtsbehörden.

Beispiele
für die Anfertigung von Aktenauszügen
in Untersuchungssachen.*)

1. Wissentlicher Meineid.
(§. 126 des Strafgesetzbuches.)

Auszug
aus den Akten in der Untersuchungssache wider die unverehelichte Charlotte Zabel aus P.

Die unverehelichte Charlotte Zabel aus P., im Kreise R., 34 Jahre alt, evangelischer Konfession, war in der Injurien-Prozeßsache des Wirths Hahn wider die Schmidtfrau Koller als Zeugin benannt. Bei ihrer Vernehmung vor dem Königl. Kreisgericht zu R. am 20. April cr. bemerkte sie ad generalia: daß sie in diesem Jahre wegen Eßwaaren-Diebstahls mit einer Geldbuße von 2 Thlrn. event. 3 Tagen Gefängniß bestraft, sonst aber noch nicht in Untersuchung gewesen sei. Letztere Angabe erklärte der anwesende Verklagte für unrichtig, indem er die Zeugin darauf aufmerksam machte, daß sie vor etwa 3 Jahren in R. Kohl gestohlen und dieserhalb eine Gefängnißstrafe erlitten habe. Die Zabel stellte diesen Umstand jedoch geradezu in Abrede und beschwor sodann ihre Aussage mit dem Zeugeneide.

Die demnächst angestellten Ermittelungen, insbesondere die Vorlegung der betreffenden Untersuchungsakten haben aber ergeben, daß die Zabel wirklich durch Erkenntniß der Königl. Kreisgerichts-Deputation zu R. wegen eines Diebstahls an Kohl mit 14 Tagen Gefängniß unterm 7. Juli 1852 bestraft worden. Sie ist deshalb wegen wissentlichen Meineides in den Anklagestand versetzt, und vor das Königl. Schwurgericht zu B. gestellt. In dem Audienztermin erachtete der Gerichtshof auf Grund des mit den anderweitigen Ermittelungen übereinstimmenden Geständnisses der Angeklagten für festgestellt:

daß dieselbe als Zeugin in der Prozeßsache Hahn wider Koller am 20. April cr. wissentlich ein falsches Zeugniß dahin: daß sie nur

*) Am Rande müssen überall zu den betreffenden Stellen die Aktenfolien allegirt werden; sie sind hier des Raumersparnisses wegen weggelassen worden.

wegen eines Diebstahls an Eßwaaren bestraft worden, sonst aber noch nicht in Untersuchung gewesen sei, mit einem Eide bekräftigt habe,

und verurtheilte sie in Anwendung des §. 126 des Strafgesetzbuchs, welcher lautet:

Wer als Zeuge bei einer Civilsache oder Strafsache wissentlich ein falsches Zeugniß mit einem Eide bekräftigt, oder den vor seiner Vernehmung geleisteten Eid wissentlich durch ein falsches Zeugniß verletzt, wird mit Zuchthaus bis zu 10 Jahren bestraft,

durch Erkenntniß vom 4. Juli d. J.

wegen wissentlich geleisteten Meineides zu 2 Jahren Zuchthaus und zur Tragung der Untersuchungskosten.

Dieses Urtel ist rechtskräftig geworden, die Vollstreckung aber vorläufig ausgesetzt geblieben.

B., den 18. August 1859.

Königl. Kreisgericht.

---

2. Vorsätzliche, gegen den leiblichen Vater verübte Mißhandlung.

(§. 191 des Strafgesetzbuches.)

Aktenauszug

in der Kriminaluntersuchung wider den Tagearbeiter Gottlieb Ende aus Z. und Genossen.

Der 61jährige Inwohner Johann Gottlieb Ende aus Z., Kreis N., lebt mit seiner Ehefrau und seinen erwachsenen Kindern in häufigem Streite. Am 8. Januar 1859 kam es des Morgens zu einem heftigen Auftritte zwischen Vater und Kindern, welcher damit endete, daß die Letzteren ihren Vater mißhandelten und zum Hause hinauswarfen. Es sind deshalb

1. der Tagearbeiter Gottlieb Ende, 30 Jahre alt, evangelisch, Wehrmann, bisher noch nicht bestraft,
2. der Tagearbeiter Karl Ende, 24 Jahre alt, evangelisch, nicht militairpflichtig,
3. die Christiane geb. Ende, verehelichte Freistellenbesitzer Nauen, 35 Jahre alt, evangelisch, sämmtlich zu Z., Kreis N. wohnhaft,

wegen vorsätzlicher Mißhandlung ihres Vaters auf Grund des §. 191 des Strafgesetzbuchs angeklagt worden.

Im Audienz-Termine hat Johann Gottlieb Ende, der Vater, eidlich ausgesagt: seine Kinder, die Angeklagten, hätten ihn am 8. Januar 1859, weil er ihnen Vorhaltungen gemacht, gefaßt, niedergeworfen und gemißhandelt, die verehelichte Nauen habe ihn in's Gesicht geschlagen.

Es hat ferner der Zeuge, Freigärtner Karl Daber beschworen: er habe gesehen, wie die Angeklagten ihren Vater an den Beinen aus dem Hause geschleppt, ihn auf den Schnee geworfen und darauf die Hausthür verschlossen hätten. Dabei habe die verehelichte Nauen gerufen: „schlagt das Luder todt." Der Vater sei bei diesem Auftritt mangelhaft bekleidet, auch im Gesicht blutig und zerkratzt gewesen.

Der Dr. Goder zu N. hat am 8. Januar an dem alten Ende Wunden im Gesicht und am Halse und eine blutunterlaufene Contusion am Nasenbein vorgefunden.

Das unterzeichnete Kreisgericht erachtete auf Grund dieser Beweise die Angeklagten des ihnen zur Last gelegten Vergehens für überführt, und verurtheilte in Anwendung des §. 191 des Strafgesetzbuchs, welcher lautet:

> Vorsätzliche, gegen leibliche Eltern oder Großeltern verübte Mißhandlung oder Körperverletzung soll Gefängnißstrafe nicht unter drei Monaten nach sich ziehen,

durch Erkenntniß vom 10. Februar c. wegen vorsätzlicher Mißhandlung ihres Vaters einen Jeden von ihnen zu einer sechsmonatlichen Gefängnißstrafe.

Im Urtel wurde ausgeführt, daß der Grund der Mißhandlungen, nämlich der Widerspruch der Angeklagten gegen Vorhaltungen des Vaters und ihr freches Benehmen im Audienz-Termine, ein Ueberschreiten des niedrigsten Strafmaaßes des §. 191 erfordert habe.

Gegen diese Entscheidung haben die Kondemnaten appellirt.

Sie behaupten: von ihrem Vater ohne einen Grund mit Axt und Holzscheit angegriffen worden zu sein und die Grenzen der Nothwehr nicht überschritten zu haben, indem sie ihn nur entwaffnet; daß sie ihn aus dem Hause geworfen, leugnen sie und fechten die Glaubwürdigkeit des Zeugen Goder an.

Der Beweis jener Behauptungen ist ihnen zum Theil gelungen. Ihre Mutter, Ehefrau des Verletzten, hat nämlich bezeugt: daß ihr Ehemann mit ihr am Morgen des 8. Januar cr. beim Frühstück einen Streit begonnen und gewaltig zu schimpfen angefangen habe. Sie habe ihren Schwiegersohn, den Freistellenbesitzer Nauen (in dessen Hause die Familie zur Miethe wohnt), herbeigerufen, um den Vater zur Ruhe zu bringen. Dieser aber habe den Nauen, sowie er eingetreten, sofort unter heftigen Schimpfreden gefaßt, sei auf die verehelichte Nauen mit einem Stück Holz, und auf seine beiden Söhne, die Angeklagten Gottlieb und Karl Ende, welche den Vater und Nauen auseinanderbringen gewollt, sofort mit der Axt losgegangen. Ganz dasselbe hat der Freisteller Nauen in der Audienz am 14. Mai ausgesagt. Er fügt hinzu, der Auftritt habe damit geendet, daß die Söhne dem Vater die Axt entwunden und ihn in den Hof getragen hätten.

Im Audienz-Termine den 29. Juni ist Ende, der Vater, bei seiner früheren Aussage im Wesentlichen stehen geblieben, hat aber zugegeben, daß er bei dem fraglichen Vorfalle eine Axt ergriffen und gesagt habe: „Ihr verdient, daß ich Euch damit Alle todt schlüge." Darauf sei er gefaßt, zu Boden geworfen, geschuppt und hinausgeworfen, von der verehelichten Nauen aber in's Gesicht geschlagen worden.

Der Dr. Goder ist bei seiner in der ersten Instanz abgegebenen Aussage lediglich stehen geblieben, und der Schulz Hahn aus Z. hat Ende, den Vater, sowie die Mutter und die Kinder als heftige Menschen geschildert.

Der Appellationsrichter hat auf Grund der wiederholten, ihm völlig glaubwürdig erscheinenden Zeugenaussagen des Vaters Ende, und des Dr. Goder mit dem ersten Richter für festgestellt erachtet:

daß die drei Angeklagten ihren Vater vorsätzlich gemißhandelt haben,

und deshalb ebenfalls den Thatbestand des angegebenen §. 191 gegen sie für festgestellt angenommen.

Indessen hat er es nach den Auslassungen des Vaters Ende, der Aussage der verehelichten Ende und des Nauen für wahrscheinlich gehalten, daß der Vater durch unbesonnene Hitze seine Kinder gereizt und den Streit herbeigeführt habe, und deshalb die Anwendung des niedrigsten Strafgrades für zulässig erachtet.

Durch Urtel des Appellationsgerichts zu B. vom 29. Juni 1859 ist daher das erste Erkenntniß dahin abgeändert worden:

daß die drei Angeklagten wegen vorsätzlicher Mißhandlung ihres leiblichen Vaters ein Jeder nur mit drei Monaten Gefängniß zu belegen.

Gegen dies Urtel ist kein weiteres Rechtsmittel eingelegt worden.

Karl Ende ist vor Behändigung desselben gestorben. Die beiden andern Angeklagten haben die erkannte Strafe noch nicht angetreten.

N . . ., den 5. Oktober 1859.

Königliches Kreisgericht.
I. Abtheilung.

---

3. Schwerer Diebstahl im Rückfalle.

(§. 215 des Strafgesetzbuches und §. 218 zu 2. ibid. in früherer Fassung.)

Auszug

aus den Akten in der Untersuchungssache wider:

1. den Schuhmachergesellen Friedrich Wilhelm Grod und
2. den Müllerlehrling Gustav Adolph Grod,

Beide aus S., im Regierungsbezirke F.

Der Webermeister Heinrich Stolle hatte im Herbste 1855 von dem Gutsbesitzer Fengel in Ober-Utersdorf dessen Obsterndte gepachtet. Ihm waren in einem, dem p. Fengel gehörigen, von dessen Jägern und einem Schäfer bewohnten Hause zur Aufbewahrung des Obstes eine Stube und eine daneben belegene Kammer überwiesen worden. In die Stube gelangte man vom Hausflur aus durch eine Thür, welche durch Abziehung der am Schlosse befindlichen Klinke, nicht aber durch einen Schlüssel, verschließbar war. Die Kammer hatte nur von der Stube aus einen Zugang.

Am 9. Oktober 1855 fuhr der 20 Jahre alte Sohn des p. Stolle, Vornamens Oswald, welcher die auf die Obsternte bezüglichen Geschäfte vorzugsweise besorgte, von Ober-Utersdorf nach S., nachdem er die Klinke vom Schlosse der erwähnten Stube abgezogen und dieselbe dem Dienstjungen Fielow mit der Weisung: Niemanden in das Zimmer einzulassen, übergeben hatte. Bei seiner Rückkehr nach Ober-Utersdorf vermißte er eine ihm gehörige Geldsumme von 2 Thlrn. 15 Sgr. 6 Pf., welche sich noch zur Zeit seiner Abfahrt nach S. in der Tasche einer, in der oben gedachten Kammer an der Wand aufgehängten Hose befunden hatte. Der Verdacht, diesen Geldbetrag entwendet zu haben, lenkte sich sofort auf:

1. den Schuhmachergesellen Friedrich Wilhelm Grod aus S., 26 Jahre alt, Landwehrmann I. Aufgebots, und bereits:
   a. im Jahre 1852 wegen Desertion kriegsrechtlich zu 9 Monaten Festungs-Arrest,
   b. durch Erkenntniß des Königl. Kreisgerichts zu S. vom 4. Mai 1854 wegen Betruges zu 1 Monat Gefängniß, einer Geldbuße von 50 Thlrn. event. 6 Wochen Gefängniß und der gesetzlichen Ehrenstrafe, sowie
   c. durch Erkenntniß des unterzeichneten Kreisgerichts vom 2. September 1854 wegen einfachen Diebstahl zu 1 Woche Gefängniß

   rechtskräftig verurtheilt, und
2. dessen Bruder, den Müllerlehrling Gustav Adolph Grod aus S., am 23. November 1838 geboren, und bereits durch Erkenntniß des unterzeichneten Kreisgerichts vom 6. Mai 1854 wegen einfachen Diebstahls zu 3 Tagen Gefängniß rechtskräftig verurtheilt.

Die gegen diese Beiden wegen schweren Diebstahls im Rückfalle eingeleitete Untersuchung hat im Wesentlichen Folgendes ergeben:

Friedrich Wilhelm Grod war am 5. Oktober 1855 auf sein Ansuchen vom Weber Stolle zur Hülfsleistung bei der Obsternte des Letzteren in Ober-Utersdorf als Arbeiter angenommen worden, und in Folge dessen am 6. und 7. desselben Monats bei dem p. Stolle beschäftigt gewesen. Am letzterwähnten Tage hatte sich sein Bruder Gustav Adolph Grod in seiner Begleitung ebenfalls in Ober-Utersdorf eingefunden. Am 8. Oktober 1855 lohnte Oswald Stolle den Friedrich Wilhelm Grod ab, indem er ihm mittheilte, daß er, Stolle, am nächstfolgenden Tage nach S. zum Markte fahren wolle.

Wilhelm Grod war im Laufe des 7. Oktober 1855 einmal zugegen gewesen, als Oswald Stolle in Kleidungsstücke, welche in der mehrerwähnten Kammer an der Wand hingen, Geld steckte, und hatte bei dieser Gelegenheit an p. Stolle die Frage gerichtet:

„ob er dort sein Geld aufbewahre?" —

Nachdem Oswald Stolle am 9. Oktober 1855 sich von Ober-Utersdorf entfernt hatte, begab sich Wilhelm Grod zu dem Dienstjungen Fielow, überredete diesen, unter dem Versprechen einer Belohnung, für ihn einen Gang nach der Utersdorfer Mittelmühle zu thun und ließ sich von dem p. Fielow, bevor derselbe fortging, die Thürklinke der Stolle'schen Stube geben, indem er zu ihm sagte:

„er wolle in der Stube Kartoffeln kochen und es sei ja gleich, wer die Klinke habe."

Als Fielow nach etwa einer Stunde in die Stolle'sche Stube zurückkehrte, fand er daselbst den Wilhelm Grod mit Kochen beschäftigt.

An demselben Tage schickte Letzterer den p. Fielow später nochmals fort, um Branntwein zu holen. Bei seiner Rückkehr fand p. Fielow den Wilhelm Grod noch in der Stolle'schen Stube. Grod entfernte sich hierauf, nachdem er den p. Fielow zuvor gebeten hatte, nichts davon zu sagen, daß er, p. Grod, in der fraglichen Stube gewesen sei.

Im Laufe des gedachten Tages traf auch der Tagelöhner Friedrich Wilhelm Thiele, als er im Auftrage des Oswald Stolle Obst von dessen Vorräthen in Ober-Utersdorf holte, den Wilhelm Grod in der Stolle'schen Stube und den Gustav Adolph Grod in der Kammer des p. Stolle. Nachdem er die Stolle'sche Wohnung verlassen hatte, erzählte ihm Wilhelm Grod, welcher ihn eine Strecke Weges begleitete:

„er habe in der Wachtbude ein Zweithalerstück liegen lassen und sich dieses holen wollen."

Auch versprach er dem Thiele Geld und Heringe, wenn er, Thiele, den Oswald Stolle nichts davon sagen würde, daß er ihn, den Wilhelm Grod, in der Stolle'schen Stube gesehen habe.

Am 11. Oktober 1855 traf der Polizei-Sergeant Horn den p. Gustav Adolph Grod bei dem Weber Steide in S. Grod suchte, als Horn in die Wohnung des p. Steide eintrat, einen Gegenstand zu verbergen, welchen er vorher aus der Tasche gezogen hatte. Horn ergriff deshalb den p. Grod sofort und fand bei ihm, nach einigem Widerstand von dessen Seite, ein Portemonnaie mit 2 Thlrn. 15 Sgr. 6 Pf.

Diese Ermittelungen beruhen auf den eidlichen Aussagen des Oswald Stolle, des Dienstjungen Fielow und des Tagelöhners Thiele in Verbindung mit der amtlichen Anzeige des Polizei-Sergeanten Horn.

Friedrich Wilhelm und Gustav Adolph Grod haben im Laufe der Voruntersuchung die Verübung des ihnen zur Last gelegten Diebstahls geleugnet.

Bei der mündlichen Verhandlung der Sache, welche am 24. April 1856 vor dem Schwurgerichtshofe zu S. stattfand, bekannte der p. Friedrich Wilhelm Grod sich für nicht schuldig. Gustav Adolph Grod dagegen bekannte sich für schuldig, und gab auf näheres Befragen an:

„er habe aus den in einer Kammer eines bewohnten Gebäudes des Gutsbesitzers Fengel zu Ober-Utersdorf befindlich gewesenen Beinkleidern des Oswald Stolle im Oktober 1855 fremdes, ihm nicht gehöriges Geld, im Betrage von 2 Thlrn. 15 Sgr. 6 Pf., in der Absicht rechtswidriger Zueignung entwendet. Sein Bruder Wilhelm Grod habe zwar dem Dienstjungen Fielow die Thürklinke, mittelst deren sie in die Stolle'sche Stube gelangt seien, abgefordert, und den p. Fielow zweimal weggeschickt; derselbe habe jedoch keine Kenntniß von dem Diebstahl gehabt, geschweige denn an der Ausführung desselben Theil genommen."

Die Geschworenen haben die ihnen in Betreff eines jeden der beiden Angeklagten vorgelegte Frage:

Ist der Angeklagte schuldig: im Oktober 1855 dem Webergesellen Oswald Stolle aus den in einer zugänglichen Kammer befindlichen Beinkleidern 2 Thlrn. 15 Sgr. 6 Pf. in der Absicht weggenommen zu haben, sich das dem Stolle zugehörige Geld rechtswidrig zuzueignen, und zwar:

a. in Gemeinschaft mit einem Anderen,

b. aus einem bewohnten Gebäude zu Ober-Utersdorf?

dahin beantwortet:

Ja, der Angeklagte ist schuldig, mit allen in der Frage enthaltenen Umständen, mit mehr als sieben Stimmen.

Die in Betreff des Gustav Adolph Grod ihnen vorgelegte Zusatzfrage:

ist anzunehmen, daß mildernde Umstände vorhanden sind?

haben die Geschworenen ebenfalls bejaht.

Auf Grund dieses Verdikts hat der Gerichtshof unter Anwendung des §. 215 des Strafgesetzbuchs, welcher lautet:

§. 215. Einen Diebstahl begeht, wer eine fremde, bewegliche Sache einem Anderen in der Absicht wegnimmt, dieselbe sich rechtswidrig zuzueignen.

und des §. 218 ad 2 ib., welcher zur Zeit der Abfassung des Erkenntnisses lautete:

§. 218. Zuchthausstrafe bis zu zehn Jahren und Stellung unter Polizeiaufsicht tritt in folgenden Fällen ein:

1. ꝛc.
2. wenn der Diebstahl in einem bewohnten Gebäude entweder zur Nachtzeit oder von zwei oder mehreren Personen begangen wird;

ꝛc. ꝛc.

Wird festgestellt, daß mildernde Umstände vorhanden sind, so ist auf Gefängniß nicht unter Einem Jahre, sowie auf zeitige Untersagung der Ausübung der bürgerlichen Ehrenrechte zu erkennen.

für Recht erkannt:

daß

1. der Angeklagte Schuhmachergeselle Friedrich Wilhelm Grod, wegen schweren Diebstahls, nach einmaliger rechtskräftiger Verurtheilung wegen Diebstahls mit 2 Jahren Zuchthaus und Polizei-Aufsicht von gleicher Dauer zu bestrafen;
2. der Angeklagte Müllerlehrling Gustav Adolph Grod, wegen schweren Diebstahls, nach einmaliger rechtskräftiger Verurtheilung wegen Diebstahls, mit 1 Jahre Gefängniß zu bestrafen, derselbe auch nach ausgestandener Strafe noch 1 Jahr unter polizeiliche Aufsicht zu stellen uud ihm die Ausübung der bürgerlichen Ehrenrechte auf 1 Jahr zu untersagen;
3. den beiden Angeklagten die Kosten der Untersuchung zur Last zu legen.

Gegen dieses Erkenntniß ist von keiner Seite die Nichtigkeitsbeschwerde eingelegt worden.

Die Verurtheilten haben die erkannten Freiheitsstrafen am 24. April d. J. in den Gefängnissen des unterzeichneten Kreisgerichts angetreten.

S., den 11. Juni 1856.

Königl. Kreisgericht. Erste Abtheilung.

(Unterschriften.)

4. Wiederholter Betrug.
(§. 241. 242 und 56 des Strafgesetzbuchs.)

Auszug
aus den Akten in der Untersuchungssache wider den Reitknecht Karl Friedrich Wilhelm Albert Lange aus P.

Der Reitknecht Karl Friedrich Wilhelm Albert Lange aus P., 27 Jahre alt, evangelischer Konfession, nicht Soldat und früher noch nicht in Untersuchung gewesen, ist wegen wiederholten Betruges zur Untersuchung gezogen worden.

1. Im November v. J. kam eines Tages der p. Lange, welcher damals bei dem Lieutenant Grafen von A. in P. diente, zu dem Hutfabrikanten Zimmer daselbst und sagte diesem, daß er, Lange, von seinem Dienstherrn beauftragt worden sei, sich auf Rechnung des Letzteren bei ihm, dem p. Zimmer, einen Hut für 2 Thlr. zu kaufen. Zimmer, welchem der p. Lange schon von früher her als Reitknecht des Grafen von A. bekannt war, schenkte dieser Angabe Glauben und händigte auf Grund derselben dem p. Lange einen Hut für 2 Thlr. aus, ohne sofortige Bezahlung zu erhalten. Etwa 14 Tage später forderte ihn Lange auf, den gedachten Hut dem Grafen von A. nicht in Rechnung zu stellen, da er, Lange, ihn selbst bezahlen wolle. Die Zahlung blieb indeß aus. Zimmer setzte deshalb den Hut auf die Rechnung des Grafen von A., welcher demnächst Zahlung leistete. Einige Monate später, im März d. J. übersandte auch Lange dem p. Zimmer 2 Thlr. als den Kaufpreis des qu. Hutes.

Diese Thatsachen sind von dem p. Zimmer eidlich bekundet worden. Außerdem hat sich ergeben, daß dem p. Lange von seinem Dienstherrn nicht der Auftrag ertheilt worden war, auf Rechnung des Letzteren sich einen Hut bei dem p. Zimmer zu kaufen.

Der p. Lange hat bei seiner verantwortlichen Vernehmung in der Voruntersuchung zwar zugestanden, einen Hut für 2 Thlr. bei dem p. Zimmer gekauft zu haben, indeß hat er bestritten: daß er den Hut auf den Namen seines Dienstherrn, des Grafen von A., entnommen, und behauptet:

> „er habe den Hut für eigne Rechnung gekauft, auch denselben dem p. Zimmer bezahlt."

In dem Hauptverhandlungstermine, welcher am 19. April d. J. vor dem unterzeichneten Kreisgerichte stattfand, ist der p. Lange, der gehörig erfolgten Vorladung ungeachtet, nicht erschienen. Es ist deshalb in contumaciam gegen ihn verhandelt worden, und der Gerichtshof hat ihn des Betruges in diesem Falle für überführt erklärt, indem er auf Grund der angegebenen Resultate der Beweisaufnahme als thatsächlich festgestellt ansah:

> daß der Angeklagte im November v. J. hierselbst in gewinnsüchtiger Absicht das Vermögen des p. Zimmer dadurch beschädigt hat, daß er durch das Vorbringen der falschen Thatsache: daß er

von seinem Dienstherrn, dem Grafen von A., beauftragt sei, sich auf Rechnung des p. von A. einen Hut für 2 Thlr. bei dem p. Zimmer zu kaufen, in Letzterem einen Irrthum erregt und ihn dadurch zur unentgeltlichen Verabfolgung eines Hutes veranlaßt hat. —

2. Der Zeuge Zimmer hat ferner eidlich ausgesagt:

„im December v. J. habe ihm der Angeklagte eine Mütze mit dem Bemerken gebracht, daß er von seinem Dienstherrn, dem Grafen von A., beauftragt worden sei, auf Rechnung desselben die Reparatur dieser Mütze durch ihn, den p. Zimmer, vornehmen zu lassen. Er, Zimmer, habe in Folge dessen die Mütze reparirt und dafür dem Grafen von A. 6 Sgr. in Anrechnung gebracht, einen Betrag, welcher von diesem bezahlt worden sei."

Auch in diesem Falle hatte der Graf von A., wie ermittelt worden ist, den Angeklagten nicht beauftragt, sich bei dem p. Zimmer eine Mütze auf seine, des p. von A., Rechnung repariren zu lassen.

Der Angeklagte hat in der Voruntersuchung zwar eingeräumt, daß er ohne Auftrag seines Dienstherrn auf dessen Rechnung eine Mütze bei dem p. Zimmer habe repariren lassen; er hat jedoch den Einwand erhoben:

„jene Mütze sei eine schwarze, mit Wachstuch überzogene Livrée-Mütze gewesen, und er habe deshalb geglaubt, daß der Graf von A. verpflichtet sei, die Reparatur derselben zu bezahlen."

Durch die eidliche Aussage des p. Zimmer ist aber erwiesen worden, daß die ihm vom Angeklagten zur Reparatur übergebene Mütze nicht eine Livrée-Mütze, sondern eine Civil-Mütze und zwar eine Pelz-Mütze war.

Bei dieser Lage der Sache hat der Gerichtshof als thatsächlich festgestellt angesehen:

daß der Angeklagte im December v. J. hierselbst in gewinnsüchtiger Absicht das Vermögen des p. Zimmer dadurch beschädigt hat, daß er durch das Vorgeben der falschen Thatsache: daß er von seinem Dienstherrn, dem Grafen von A., beauftragt sei, eine Mütze auf Rechnung des p. von A. durch den p. Zimmer repariren zu lassen, in Letzterem einen Irrthum erregt und ihn dadurch veranlaßt hat, ihm die Mütze unentgeltlich zu repariren, daß mithin der Angeklagte einen Betrug begangen hat. —

Hiernach ist der Angeklagte wegen wiederholten Betrugs, unter Anwendung der §§. 241. 242 und 56 des Strafgesetzbuches, wörtlich also lautend:

§. 241. Wer in gewinnsüchtiger Absicht das Vermögen eines Anderen dadurch beschädigt, daß er durch Vorbringen falscher oder durch Entstellen oder Unterdrücken wahrer Thatsachen einen Irrthum erregt, begeht einen Betrug.

§. 242. Der Betrug, sowie der Versuch des Betruges wird mit Gefängniß nicht unter Einem Monate und zugleich mit Geldbuße von Fünfzig bis zu Eintausend Thalern, sowie mit zeitiger Untersagung der Ausübung der bürgerlichen Ehrenrechte bestraft.

Wird festgestellt, daß mildernde Umstände vorhanden sind, so kann die Strafe bis auf Eine Woche Gefängniß oder auch auf eine bloße Geldbuße von mindestens fünf Thalern ermäßigt werden.

§. 56. Gegen denjenigen, welcher durch verschiedene selbstständige Handlungen mehrere Verbrechen oder Vergehen begangen hat, ist auf sämmtliche dadurch begründete Strafen vereinigt zu erkennen.

Es kann jedoch, soweit es sich um Freiheitsstrafen handelt, die Dauer derselben bis auf das Maaß der für das schwerste Verbrechen oder Vergehen bestimmten Freiheitsstrafe herabgesetzt werden.

zu einem Monat Gefängnißstrafe, einer Geldbuße von 50 Thlrn. event. 6 Wochen Gefängniß und zur Untersagung der Ausübung der bürgerlichen Ehrenrechte auf ein Jahr, unter Zurlastlegung der Untersuchungskosten, verurtheilt worden.

Dieses Erkenntniß hat die Rechtskraft beschritten.

Die Exekution wegen der Geldbuße von 50 Thlrn. ist gegen den Angeklagten fruchtlos ausgefallen. Derselbe hat die erkannte Freiheitsstrafe noch nicht angetreten.

P., den 29. October 1859.

Königliches Kreisgericht. Abtheilung I.

(Unterschriften.)

---

5. Betrug durch Mißbrauch eines Postscheins.

(§. 243. Nr. 6 des Strafgesetzbuchs.)

Auszug

aus den Untersuchungsakten wider den Kaufmann Samuel Abel in N.

Der Kaufmann Samuel Abel in N., 34 Jahre alt, jüdischen Glaubens, gegen welchen auf Antrag des Kaufmanns David in B. die Mobiliar-Exekution wegen einer rechtskräftigen Forderung desselben von 44 Thlrn. 15 Sgr. 6 Pf. nebst 6 pCt. Zinsen seit dem 3. Februar 1859 und wegen 1 Thlr. 20 Sgr. 6 Pf. Kosten unterm 9. März desselben Jahres verfügt worden war, übergab dem mit Vollstreckung der Exekution beauftragten Exekutor Mons nach dessen am 21. März dess. J. erstatteten Berichte, bei dem an demselben Tage erfolgten Exekutionsantritte zum Ausweis über die Absendung der unter Exekution stehenden Summe an den Gläubiger einen Postschein d. d. N. den 19. März 1859, lautend über die Aufgabe eines Briefes mit 55 Thlrn. Inhalt an David in B., und bewog dadurch den Exekutor, von der Exekutionsvollstreckung Abstand zu nehmen.

Im Verfolg der Sache zeigte der Gläubiger, Kaufmann David unterm 12. April an, daß er noch nicht befriedigt sei, indem der unterm 19. März mit 55 Thlrn. deklarirte Brief nur einen Wechsel resp. eine Anweisung über zusammen 55 Thlr. enthalten, welche Papiere er dem

p. Abel remittirt habe. Es wurde deshalb die Exekution unterm 15. April von Neuem verfügt, worauf Abel die einzutreibende Summe am 10. Mai deſſ. J. an den Gläubiger abſendete.

Auf die ihr gewordene Mittheilung von dieſen Vorgängen erhob die Staatsanwaltſchaft unterm 29. April deſſ. J. gegen den Kaufmann Samuel Abel die Anklage wegen Betrugs.

Im Verhandlungstermin am 24. Mai deſſ. J. geſtand Angeklagter ein, daß er dem mit der Exekutions-Vollſtreckung beauftragten Exekutor Mons, als dieſer am 21. März deſſ. J. zum Exekutions-Antritt bei ihm erſchienen, und auf Erſuchen Nachmittags wiedergekommen ſei, den oben erwähnten, mit 55 Thlrn. deklarirten Poſtſchein vom 19. März deſſ. J. mit der Bemerkung übergeben: „er habe die Sache abgemacht", und daß in dem verſendeten, auf einen Inhalt von 55 Thlrn. deklariirten Brief nicht jene Summe in baarem Gelde, ſondern nur ein Wechſel über 30 Thlr. und eine Anweiſung über 25 Thlr. ſich befunden haben. Zu ſeiner Rechtfertigung behauptete der Angeklagte, daß er die Sache in der That für abgemacht gehalten, weil er die Werthspapiere nicht umgehend, ſondern erſt am 23. März deſſ. J. von dem Gläubiger zurückgeſchickt erhalten habe.

Der Gerichtshof erachtete jedoch den Angeklagten auf Grund ſeiner eigenen Angaben in Verbindung mit der damit im Weſentlichen übereinſtimmenden amtseidlichen Auslaſſung des Exekutors Mons für ſchuldig:

> am 21. März 1859 in der Abſicht, die gegen ihn in der Bagatell-Prozeßſache des Kaufmanns David zu B. wider ihn wegen 46 Thlr. 6 Sgr. und Zinſen verfügte Exekution abzuwenden, von dem Bl. 12 der Prozeßakten D. 514/59 befindlichen, über Abſendung eines Briefes mit 55 Thlrn. lautenden Poſtſchein vom 19. März 1859 Gebrauch gemacht zu haben, obwohl er gewußt, daß der Brief nicht 55 Thlr. enthielt, welche durch Poſtſchein als abgeſendet nachgewieſen werden ſollten;

und verurtheilte deßhalb den rc. Abel wegen Betruges zu einer dreimonatlichen Gefängnißſtrafe, zu einer Geldbuße von 50 Thlr., der für den Unvermögensfall noch ein Monat Gefängniß zu ſubſtituiren, und zur Unterſagung der Ausübung der bürgerlichen Ehrenrechte auf 1 Jahr rc.

Die Verurtheilung beruht auf dem §. 243 Nr. 6 des Strafgeſetzbuchs, welcher zur Zeit der Abfaſſung des Strafurtels lautete:

> Mit Gefängniß nicht unter 3 Monaten und zugleich mit Geldbuße von 50 Thlr. bis zu 1000 Thlr., ſowie mit zeitiger Unterſagung der Ausübung der bürgerlichen Ehrenrechte wird beſtraft: rc.
>
> 6) wer in der Abſicht, eine verhängte Exekution abzuwenden oder hinauszuſchieben, von einem Poſtſcheine über eine Verſendung von Geld oder anderen Werthgegenſtänden Gebrauch macht, obgleich er weiß, daß der verſendete Brief oder das verſendete Paket Dasjenige nicht enthält, was durch den Poſtſchein als abgeſendet nachgewieſen werden ſoll. —

Nach Fällung des Erkenntniſſes vom 24. Mai 1859 trat das Geſetz vom 30. Mai deſſ. Jahres (G.-S. S. 320—23) in Kraft, welches den allegirten §. 243 des Strafgeſetzbuchs durch die nachſtehende zuſätzliche Beſtimmung milderte:

> Wird in dem Falle Nr. 6 feſtgeſtellt, daß mildernde Umſtände vorhanden ſind, ſo kann die Strafe bis auf eine Woche Gefängniß oder auch auf bloße Geldbuße von mindeſtens fünf Thalern ermäßigt werden.

Auf das von dem Angeklagten unter Berufung auf dieses Gesetz ergriffene Rechtsmittel der Appellation hat jedoch das Appellationsgericht zu R. unterm 15. Juli 1859, in Würdigung zwar des Gesetzes vom 30. Mai 1859, aber unter Verneinung des Vorhandenseins mildernder Umstände, das erste Urtel lediglich bestätigt und die gegen die Appellationsentscheidung eingelegte Nichtigkeitsbeschwerde ist von dem Königlichen Obertribunal durch Erkenntniß vom 26. Oktober 1859 zurückgewiesen worden. Die Strafvollstreckung hat noch nicht begonnen.

N., den 2. Januar 1860.

Königl. Kreisgericht. I. Abtheilung.

6. Urkundenfälschung.

(§. 251 früherer Fassung des Strafgesetzbuchs.)

Auszug

aus den Akten in der Untersuchungssache wider den Maurerpolier Johann Gottlieb Beer aus B.

Der Mauerpolier Johann Gottlieb Beer aus B., 42 Jahre alt, evangelischer Konfession, noch nicht bestraft, ist angeklagt worden:

im Dezember 1854 zu B. einen von ihm unterm 20. Dezember 1854 auf den Mauerpolier Friese gezogenen Wechsel über 30 Thlr. in der Absicht, sich Gewinn zu verschaffen, dadurch verfälscht zu haben, daß er auf denselben ohne Wissen und Willen des Bezogenen den schriftlichen Vermerk:

„angenommen Friese"

setzte, und dann von diesem Wechsel zum Zweck der Täuschung Gebrauch gemacht zu haben.

In der Voruntersuchung hatte der ꝛc. Beer eingestanden:

„er habe auf den so eben erwähnten Wechsel das Accept des Bezogenen ꝛc. Friese, ohne Vorwissen desselben, geschrieben und demnächst, durch augenblickliche Geldverlegenheit dazu veranlaßt, den Wechsel dem Partikulier Kolbe für 26 Thlr. verkauft. In Anbetracht der zwischen ihm und dem ꝛc. Friese bestehenden freundschaftlichen Beziehungen habe er nicht geglaubt, sich durch seine Handlungsweise eines strafwürdigen Vergehens schuldig zu machen."

Bei der mündlichen Verhandlung der Sache in der Sitzung des Stadt-Schwurgerichts zu B. vom 6. Juli 1855 bekannte sich jedoch der Angeklagte für nicht schuldig. Er räumte zwar wiederholt ein, daß er auf den qu. Wechsel den schriftlichen Vermerk:

„angenommen Friese"

gesetzt und sodann den Wechsel für 26 Thlr. an den Partikulier Kolbe verkauft habe; er bestritt jedoch, sich hierdurch einer Fälschung schuldig gemacht und bei seinem Verfahren eine gewinnsüchtige Absicht gehabt zu haben.

„Er habe nämlich," so behauptete er nunmehr, „das Accept des ꝛc. Friese mit dessen Vorwissen und Genehmigung auf den Wechsel gesetzt. Ferner habe er dem ꝛc. Kolbe gleich beim Verkaufe des Wechsels gesagt, daß er letzteren zur Verfallzeit einlösen werde, und habe auch, nachdem von dem ꝛc. Kolbe die Wechselklage gegen ihn und den ꝛc. Friese angestellt worden, selbst Zahlung geleistet."

Später gab der ꝛc. Beer an:

„der ꝛc. Friese habe nachträglich, nach Anstellung der Wechselklage, es genehmigt, daß er, ꝛc. Beer, den Vermerk:

„angenommen Friese"

auf den Wechsel geschrieben hatte."

Die eidlich vernommenen Zeugen Friese u. Kolbe bekundeten indeß, u. zwar:

1) der ꝛc. Friese:

„er habe weder dem Angeklagten die Erlaubniß ertheilt, sein, des ꝛc. Friese, Accept auf den in Rede stehenden Wechsel zu setzen, noch habe er die Handlungsweise des ꝛc. Beer nachträglich genehmigt. Auch stehe er zu dem Angeschuldigten keineswegs in einem so freundschaftlichen Verhältnisse, daß Letzterer hätte annehmen können: er, Zeuge, werde ihm seine nachträgliche Genehmigung zum Gebrauche seines Acceptes ertheilen."

2) Der ꝛc. Kolbe:

„Der Angeklagte habe ihm beim Verkaufe des Wechsels nicht versprochen, denselben zur Verfallzeit selbst zu bezahlen. Dagegen sei es richtig, daß ꝛc. Beer den Wechsel nach angestellter Klage bezahlt habe."

Die Geschworenen erklärten den Angeklagten mit mehr als sieben Stimmen des ihm zur Last gelegten Verbrechens für schuldig, worauf der Gerichtshof denselben wegen Urkundenfälschung zu zweijähriger Zuchthausstrafe und 100 Thlr. Geldbuße, event. einmonatlicher Zuchthausstrafe, sowie in die Kosten verurtheilte.

Diese Entscheidung, gegen welche von keiner Seite die Nichtigkeitsbeschwerde eingelegt worden ist, gründet sich auf den §. 251 des Strafgesetzbuchs, welcher zur Zeit der Abfassung des Erkenntnisses lautete:

§. 251. „Die Urkundenfälschung wird mit Zuchthaus bis zu zehn Jahren und zugleich mit Geldbuße von Einhundert bis zu zweitausend Thalern bestraft, wenn das Verbrechen eine der folgenden Arten von Urkunden zum Gegenstande hat: 1 bis 4 ꝛc.

5. Wechsel."

und auf den §. 17 ib., welcher lautet:

§. 17. „Geldbußen können nicht unter dem Betrage Eines Thalers erkannt werden. An die Stelle einer Geldbuße, welche wegen Unvermögens des Verurtheilten nicht beigetrieben werden kann, soll Gefängnißstrafe treten. Die Dauer derselben soll vom Richter so bestimmt werden, daß der Betrag von Einem Thaler bis zu drei Thalern einer Gefängnißstrafe von Einem Tage gleichgeachtet wird; die Dauer der Gefängnißstrafe beträgt mindestens Einen Tag und höchstens vier Jahre.

Wenn eine zu verwandelnde Geldbuße neben Zuchthaus auszusprechen ist, so soll die Geldbuße nicht in Gefängniß, sondern in Zuchthaus, jedoch unter Verkürzung der Dauer (§. 16) verwandelt werden."

Der rc. Beer verbüßt die erkannte Freiheitsstrafe, welche er am 20. Juli 1855 angetreten hat, seit dem 27. desselben Monats in der Strafanstalt zu B. Die Einziehung der ihm auferlegten Geldbuße ist noch nicht erfolgt.

B., den 5. September 1855.

Königliches Stadtgericht.
Abtheilung für Untersuchungssachen.
Deputation I für Schwurgerichtssachen
(Unterschriften.)

---

7. Einfacher Bankerutt.
(§. 261, 2 des Strafgesetzbuchs.)

Aktenauszug
in der Untersuchungssache wider den ehemaligen Kaufmann Johann Friedrich Wilhelm Rolle zu G. I. 341. 1859.

Im Herbste 1857 etablirte der J. F. W. Rolle nach Niederlegung seines Amts als Polizei-Sergeant in G. einen Wein-Ausschank und ein Wein-Verkaufsgeschäft. Die Mittel, mit denen er dies Geschäft anfing, beschränkten sich auf die etwa 300 Thlr. betragende Baarschaft seiner Ehefrau. Im Jahre 1858 erkaufte er ohne eigene Mittel auch noch ein Haus für 9100 Thlr. Da er ohne alle kaufmännische Kenntnisse und Erfahrungen und ohne Betriebsmittel war, so gerieth er bald in Geldverlegenheit und mußte am 17. Mai 1859 dem Gericht die Einstellung seiner Zahlungen anzeigen, wonächst der kaufmännische Konkurs über sein Vermögen eröffnet wurde.

Nach vorangegangener Voruntersuchung wurde er darauf durch Beschluß des Anklagesenats des Appellationsgerichtes zu G. vom 28. Oktober 1859 wegen betrüglichen und einfachen Bankerutts in den Anklagestand versetzt, und die Verhandlung der Sache vor das hiesige Schwurgericht verwiesen.

Der jetzt 41 Jahre alte Angeschuldigte, welcher verheirathet und Vater von vier noch unerzogenen Kindern ist, hat 12 Jahre bei den Pionieren, zuletzt als Unteroffizier, gedient und demnächst beinahe 10 Jahre in G. das Amt eines Polizei-Sergeanten zur Zufriedenheit seiner Vorgesetzten verwaltet. Er ist Inhaber der Hohenzollernschen Medaille und der Militair-Dienstauszeichnung dritter Klasse.

In der wider ihn eingeleiteten Untersuchung ist zunächst durch die von dem Konkurs-Verwalter gezogene Bilance festgestellt worden, daß die Forderungen der nicht bevorzugten Gläubiger des Rolle sich auf 5,799 Thlr. 19 Sgr. 11 Pf. belaufen. Nach dem Gutachten des Verwalters steht für dieselben ein Ausfall von ca. 75 Procent in Aussicht.

Der Angeklagte hat während des Bestehens seines Handelsgeschäft geständlich nur zwei Bücher geführt, von denen das eine seine Passiva nachweisen sollte, das andere die Namen seiner Schuldner enthielt. Die eidlich vernommenen kaufmännischen Sachverständigen, welche darin übereinstimmmen, daß die Führung von Handelsbüchern nach der Beschaffenheit des Geschäfts des Angeklagten erforderlich gewesen sei, haben erklärt, daß jene Bücher ohne jede Sachkenntniß und so mangelhaft geführt seien, daß aus ihnen eine Uebersicht des Vermögenszustandes zu gewinnen, unmöglich sei.

Die Geschwornen, welche den Angeklagten nicht schuldig erklärten, nach Einstellung seiner Zahlungen im Mai 1859 ein zu seinem Vermögen gehöriges Faß mit 60 Quart Laubenheimer verheimlicht zu haben — wie die Anklage ihn beschuldigte — haben ihn dagegen mit 7 gegen 5 Stimmen für schuldig erklärt:

> während seines Geschäftsbetriebes als Handelsmann in den Jahren 1857 bis 1859 seine Handlungsbücher, deren Führung nach der Beschaffenheit seines Geschäfts erforderlich gewesen, dergestalt unordentlich geführt zu haben, daß sie keine Uebersicht seines Vermögenszustandes gewährten, hiernächst aber am 17. Mai 1859 seine Zahlungen eingestellt zu haben.

Der Gerichtshof trat dem letztern verurtheilenden Verdikte bei und verurtheilte den Angeklagten, während er ihn von der Anschuldigung des betrüglichen Bankerutts freisprach, durch Urtel vom 18. Novbr. d. J.

> wegen einfachen Bankerutts zu einer Gefängnißstrafe von sechs Wochen.

Das zur Anwendung gebrachte Strafgesetz ist §. 261 Nr. 2. Str.-G.-B. dahin lautend:

> Handelsleute ꝛc., welche ihre Zahlungen eingestellt haben, werden wegen einfachen Bankerutts mit Gefängniß bis zu zwei Jahren bestraft ꝛc., wenn sie Handlungsbücher zu führen unterlassen haben, obgleich deren Führung gesetzlich vorgeschrieben, oder nach der Beschaffenheit ihres Geschäfts erforderlich war, oder diese Handlungsbücher verheimlicht, oder vernichtet, oder so unordentlich geführt haben, daß dieselben keine Uebersicht des Vermögenszustandes gewähren ꝛc.

Das Erkenntniß ist rechtskräftig geworden, die Strafvollstreckung aber vorläufig ausgesetzt geblieben.

G., den 17. Dezember 1859.

Königl. Kreisgericht. I. Abtheilung.

8. Raub.

§. 233. Nr. 3 des Strafgesetzbuchs.

Auszug
aus den Akten in der Untersuchung wider den Knecht Johann Bodel aus N. im Kreise C.

Der bei dem Bäckermeister Geber zu P. dienende Bäckerknecht Joseph Weil pflegte allwöchentlich mehrmals für seinen Dienstherrn Brod zum Verkauf bei den in den umliegenden Dörfern wohnenden Gastwirthen herumzufahren. Auch am 11. November 1856 früh Morgens war Weil zu diesem Zwecke auf einem zweispännigen sogenannten Planwagen mit einer Quantität Brod ausgeschickt. Erst am 12. November 1856 früh Morgens, etwa um 3 Uhr kehrte das Gefährt nach dem Hause des Geber zurück. Der rc. Weil lag todt, mit durchschnittener Kehle, lang ausgestreckt, auf dem Gesichte im Wagen. Die Leiche, wie auch namentlich das Stroh im hinteren Theile des Wagens, war sehr stark mit Blut besudelt. Ebenso zeigten auch noch einige im Wagen vorhandene Brode frische Blutflecken. Der Erlös des Tages zuvor versandten Brodes, welcher nach Aussage des Verkäufers und der Käufer etwa 19 Thlr. betragen hatte, fand sich nicht vor. Die beiden Hosentaschen des W. namentlich waren leer und das Futter von der auf der rechten Seite befindlichen Hosentasche nach außen gekehrt. Nur in der einen Westentasche fanden sich ein Messer und ein Portemonnaie mit einem Silbergroschen vor.

Geber begab sich nach diesen Wahrnehmungen sofort auf den Weg, um die Spur seines Wagens zu verfolgen. Unmittelbar hinter dem etwa eine halbe Meile von P. entfernten Dorfe B. fand er auf der Straße nach S. zu einzelne Blutspuren und in ihrer Nähe auch die Fußspuren von zwei Personen. Er verfolgte die ersteren, und entdeckte, daß sie zwischen B. und S., an der Gränze von N., in einem mit hohen Bäumen bestandenen Gehölze endeten. Hier befand sich eine größere Blutlache, die nach S. zu in einen Anfangs breiteren, dann schmäleren Blutstrich von etwa 100 Fuß Länge verlief.

Die gerichtliche Obduktion und Sektion der Leiche ergab eine am Halse befindliche, höchst bedeutende Schnittwunde, die einen halben Zoll unterhalb des Winkels des Unterkiefers linker Seits spitz begann, unter dem oberen Rande des Kehlkopfs weg nach dem rechten Zitzenfortsatze zulief, und einen halben Zoll unterhalb des rechten Ohrläppchens mit einer schwachen Krümmung endigte. Die Wunde hatte demnach überhaupt eine Länge von sechs und einem viertel Zoll und eine Breite von einem und einem halben Zoll. Die Ränder derselben waren platt und scharf, und während an der linken Seite nur die Haut, das darunter liegende Gewebe, sowie die oberflächlichen Muskelbündel durschnitten waren, betrug die Tiefe der Wunde an der rechten Seite einen und einen halben Zoll. Auf dieser Seite waren außer der Hautbedeckung und dem darunter liegenden Zellengewebe durchschnitten:

a) die sämmtlichen daselbst liegenden Muskeln,
b) die rechten Jugularvenen, nämlich die äußeren und inneren,
c) die rechte arteria carotis,
d) der rechte 10" Hirnnerv (vagus), dieser war jedoch nicht ganz durchschnitten; es hingen vielmehr die Enden durch einige Nervenbündel aneinander.

Der Schnitt ging darauf zwischen dem Kehlkopf und dem rechten Aste des Zungenbeins und eröffnete an dieser Seite den Kehlkopf, aus dem ein blutiger Schaum hervortrat.

Die obducirenden Aerzte haben ihr Gutachten dahin abgegeben:

daß Denatus an den ihm an seiner rechten Halsseite zugefügten Verletzungen und zwar an Verblutung in Folge der Eröffnung der großen Halsblutgefäße, verstorben, und daß die Verletzung wahrscheinlich Seitens eines Andern durch einen tiefen Schnitt mit einem Messer zugefügt worden sei.

Der Verdacht der Ermordung des Weil fiel alsbald auf den Knecht Johann Bodel zu N. Kreis C., 26 Jahre alt, Landwehrmann ersten Aufgebots, während seiner Militairdienstzeit mehrmals wegen Dienstvergehens disciplinarisch, aber sonst noch nicht bestraft.

Der Johann Bodel wurde durch Beschluß des Anklagesenats des Appellationsgerichts zu M. vom 13. Juni 1857 wegen Mordes in Anklagestand versetzt.

Im Allgemeinen ist in der Untersuchung zunächst soviel festgestellt, daß Bodel mit dem Weil bekannt gewesen, daß beide öfter Branntwein zusammen getrunken, und daß Bodel mehrere Male das Fuhrwerk des Weil benutzend, mit diesem eine Strecke Weges zusammen gefahren ist, daß namentlich einmal kurz vor dem Tode des Weil dieser, als er im betrunkenen Zustande mit dem Bodel zusammen gefahren, einiges von dem Gelde, das er bei sich führte, vermißt haben will.

Im Einzelnen sodann stehen dem Knecht Johann Bodel, Inhalts der Akten, folgende Verdachtsmomente entgegen:

Nach anfänglichem Leugnen ließ er sich am 2. Dezember 1856 aus dem Kreisgefängnisse zu C. dem Königlichen Landrathe vorführen und legte demselben freiwillig und ohne Zögern ein Geständniß folgenden Inhalts ab:

Schon am Tage vor der Ermordung des Weil, am 10. November, sei er von seinem Schwager, dem Arbeiter August Lehr aus N. aufgefordert, am darauf folgenden Abend den Brod-Joseph (Weil) gemeinschaftlich mit ihm zu bestehlen. Nach anfänglicher Weigerung sei er doch Tages darauf, Vormittags, mit dem Lehr dahin einig geworden, daß sie Beide am Abend den Weil, wenn er, wie gewöhnlich, betrunken durch N. fahre, berauben wollten. Am Abend sei er sodann noch nach R. gegangen, um seine Braut Anna Lade zu sprechen, jedoch, da er dieselbe nicht habe sprechen können, alsbald, etwa um 8 Uhr, nach Hause zurückgekehrt. Hier habe er den Lehr auf dem Boden, auf dem er gewöhnlich mit ihm zusammen geschlafen, angetroffen. Derselbe habe ihn schon nach einigen Minuten auf das Rollen eines sich nähernden Wagens aufmerksam gemacht, mit dem Bemerken, daß das wohl der Bäcker sein werde, und sei dann mit der Aufforderung, ihm zu folgen, schleunigst vorangegangen. In der Nähe des Vorwerks R., kurz vor dem Walde, habe Lehr den Wagen, neben demselben einhergehend, eingeholt. Er, Bodel, sei etwa 50 Schritte hinter dem Wagen gefolgt, und habe noch bemerkt, wie Lehr in den Wagen hineingesprungen und dort wohl eine Viertelstunde geblieben sei. Auch habe er die Füße des Weil, und zwar mit den Spitzen nach unten zu, vorne zum Wagen heraushängen gesehen. Sprechen oder schreien habe er nicht gehört. Inzwischen habe der Wagen schon ein gutes Stück Weges im Walde zurückgelegt gehabt, während er selbst, nachdem er etwa 30 Schritte im Walde gegangen sei, gewartet habe. Plötzlich sei Lehr aus dem Wagen herausgesprungen und zu ihm mit den Worten „nun habe ich das Geld" zurückgekehrt. Auf dem Rückwege hätten sie in R. noch Licht bemerkt. Lehr habe daher die Landstraße verlassen und sei um die Gebäude durch die Gärten herumgegangen; er selbst sei auf der Landstraße geblieben und erst hinter den Gebäuden wieder mit Lehr zusammen getroffen. Hier habe er ihn gefragt: „sag mal, August, war er denn ganz still, schlief er denn ganz fest? er lag ja doch auf der Seite, in der er das Geld hatte." Lehr habe erwidert: „Weil sei ganz betrunken und still gewesen, er, Lehr, sei ihm schnell mit der Hand in die Tasche gefahren, und habe ihm das Geld herausgezogen. Ein Stück Weges weiter habe Lehr ein Messer hervorgeholt, dasselbe ein paar Mal an den Hosen abgewischt, und dann von einem aus dem Wagen mitgebrachten Brode ein Stück abgeschnitten, und ihm, dem Bodel, gegeben. Er selbst habe dies Stück Brod in die Tasche gesteckt. Dann hätten sie sich getrennt. Anderen Morgens habe er auf Lehr's Aufforderung, der ein Gleiches gethan, sein Messer geputzt, dann in Gemeinschaft mit seiner Mutter, der er hierbei ein Stück von dem Abends zuvor von Lehr empfangenen Brode abgegeben, gefrühstückt, und ihr auf Befragen erzählt, daß er das Brod von seiner Braut Anna in R. erhalten habe. Nach dem Frühstück sei er von Lehr hinter das Haus gerufen, und hier habe dieser ihm 3 harte Thaler und 1 Papierthaler, welcher letzterer von graulich blauer Farbe und überhaupt nicht ein gewöhnlicher Papierthaler gewesen sei, übergeben. Etwa um 9 Uhr sodann sei seine Schwester Pauline mit der Nachricht nach Hause gekommen, daß man den Brod-Joseph erstochen habe, und jetzt erst habe er gemerkt, wovon er bis dahin keine Ahnung gehabt: daß Lehr den Weil ermordet habe. Er sei zur Schmiede gegangen und habe dort erzählt, was er soeben vernommen.

Es ist hier noch zu bemerken, daß demnächst auch gegen Lehr die Voruntersuchung geführt worden ist, daß dieselbe jedoch gegen ihn keinen Verdachtsgrund ergeben hat, und Lehr daher ohne Erhebung der Anklage wieder auf freien Fuß gesetzt wurde.

Nachdem nun Bodel obiges Geständniß nochmals am 4. Dezbr. 1856 in unveränderter Fassung vor dem Landrath des Kreises C. und demnächst mehrere Male vor besetztem Gericht wiederholt hatte, widerrief er es plötzlich im Laufe der Voruntersuchung, nahm insbesondere die früher gegen den Lehr vorgebrachte Bezüchtigung zurück und stellte auch seinerseits jede Theilnahme und Mitwissenschaft an dem verübten Verbrechen in Abrede. Er gab vor, zu seinem früheren Geständniß durch den Eigenthümer Johann Fetten aus N., mit dem er gemeinschaftlich während einer Nacht im Kreisgefängniß zu C. gesessen, beredet zu sein; derselbe habe ihm gesagt, er würde auf diese Weise frei kommen. Auch sei es Fetten gewesen, der ihm damals Geld schuldig gewesen und auf diese Schuld die 3 harte Thaler und den 1 Papierthaler zurückgezahlt habe. Ersteres hat der von dem Angeklagten vorgeschlagene Zeuge Joseph Corn nicht bestätigt; Letzteres hat Fetten eidlich in Abrede gestellt.

Im Termin zum mündlichen und öffentlichen Verfahren endlich ist Bodel im Wesentlichen bei dem Widerruf seines frühern Geständnisses verblieben und hat den Verdacht der That auf den Johann Fetten hinzulenken versucht. In letzterer Beziehung hob er namentlich hervor, daß eine Frau einem gewissen Martin Mahls erzählt habe, sie habe den Fetten am Abend des 11. November 1856 in der Nähe des Ortes der That gesehen, und bemerkt, daß er eine blutige Hand habe. Mahls weiß dagegen nach seinem eidlichen Zeugnisse nichts davon.

Die ferneren Verdachtsmomente, welche dem Johann Bodel entgegenstehen, sind folgende:

Das Verbrechen ist etwa 10 Uhr Abends verübt. Wenigstens hat kurz vor dieser Stunde die verehelichte Hahn zu R. an ihrer Wohnung, die nur etwa 500 Schritte von der Stelle, an welcher die große Blutlache gefunden ist, sich befindet, den ihr bekannten Bäckerwagen vorüberfahren gesehen. Ungefähr um 9 Uhr Abends hat nun der Kutscher Karl Fersch aus R. in eben jener Gegend des S.'er Waldes den Bodel getroffen. Derselbe ging anfangs mitten im Wege, bog aber dann plötzlich, nachdem er dem Fersch bis auf etwa 12 Schritte entgegen gekommen war, vom Wege ab und ging in den Wald hinein. Der Zeuge hat mit der größten Bestimmtheit und zu wiederholten Malen den Bodel rekognoscirt und sogar die Kleider, mit denen derselbe damals bekleidet gewesen, wieder erkannt. Letzterer stellt seine Anwesenheit im S.'er Walde an jenem Abende in Abrede.

Die schon oben erwähnte Zeugin Hahn bemerkte am Abend des 11. November 1856, und zwar etwa eine Viertelstunde, nachdem sie an ihrer Wohnung den Bäckerwagen vorüberfahren gesehen, von ihrer Stube aus zwei Männer auf der Straße. Von dem einen derselben konnte sie nur den Schatten sehen; den Andern dagegen hat sie zwar auch nicht erkannt, wohl aber bemerkte sie, von welcher Größe und wie er gekleidet war. Als sie andern Tages vor der Schmiede zu N. mit dem Johann Bodel zusammentraf, kam ihr derselbe nach Größe und Kleidung so vor, wie der Abends zuvor von ihr gesehene Mann. Es hatte übrigens derselbe die Richtung nach N. zu verfolgt.

Ferner hat Bodel nicht nachzuweisen vermocht, woher anders als aus dem Wagen des Weil er das Bäckerbrod erhalten, welches er am 12. November 1856 früh Morgens an seine Mutter und Geschwister vertheilt hat.

Sodann ist von mehreren glaubwürdigen Zeugen, deren Aussagen nur die Angaben der nächsten Verwandten des Angeklagten entgegenstehen, bekundet worden: daß Bodel am Morgen des 12. November im Dorfe N. schon von der Ermordung des Weil in der Kolbeschen Schmiede erzählt hat, bevor die Nachricht von jenem Ereignisse auf anderem Wege dorthin gekommen war.

Während ferner vor der Zeit der Ermordung des Weil der Bodel sich in Geldverlegenheit befand, war er nach jenem Zeitpunkte im Besitze einer für seine Verhältnisse bedeutenden Quantität Geldes. Bodel hat namentlich, als er am 23. November in D. Stiefeln kaufte, dem Verkäufer einen Breslauer Bankschein à 1 Thlr in Zahlung gegeben. Einen eben solchen Bankschein hatte aber Weil am 11. November für verkauftes Brod von einem Gastwirth Erbe vereinnahmt.

Hierzu kommt, daß Bodel sich zur Zeit der Ermordung des Weil im Besitze eines Messers befunden hat, welches nach dem Gutachten des Gerichtsarztes zur Herstellung der dem Ermordeten zugefügten Halswunde an sich wohl geeignet ist. Doch haben freilich Blutspuren sich weder an diesem Messer, noch an den Kleidern des Bodel wahrnehmen lassen, obschon alle diese Gegenstände chemisch und mikroskopisch untersucht sind.

Endlich hat Bodel im Laufe der Voruntersuchung und noch vor dem Widerrufe seines früheren Geständnisses im Beisein des Richters an den Ort der That geführt, eine genaue Kenntniß der Lokalität an den Tag gelegt, und insbesondere die Punkte, an welchen nach seiner früheren Angabe Lehr in den Bäckerwagen hinein und aus demselben wieder herausgestiegen sein sollte, genau bezeichnet. In unmittelbarer Nähe dieser beiden Punkte sind früher gleich nach der Ermordung des Weil die Blutspuren aufgefunden worden.

In der Sitzung des Schwurgerichtshofes zu D. vom 13. u. 14 Oktober 1857 wurde der Bodel durch den Spruch der Geschworenen für nicht schuldig erachtet:

in der Nacht vom 11. zum 12. November 1856 den Bäckerknecht Joseph Weil vorsätzlich getödtet zu haben,

dagegen mit mehr als 7 Stimmen für schuldig erklärt:

während ein Anderer in der Nacht vom 11. zum 12. November 1856 dem Bäckerknechte Joseph Weil mit Gewalt gegen dessen Person auf einem öffentlichen Wege dessen Geld in der Absicht rechtswidriger Zueignung weggenommen und hierbei den Tod des Weil durch Körperverletzung verursacht habe, in Handlungen, welche die That erleichtert haben, wissentlich Hülfe geleistet zu haben.

Zugleich haben die Geschworenen mit mehr als 7 Stimmen für nicht festgestellt angenommen, daß die Theilnahme des Johann Bodel nicht eine wesentliche gewesen.

Auf Grund dieses Spruches der Geschworenen und auf Grund der §§. 34. 35. 230. 233 ad 3 des St.-G.-B. vom 14. April 1851 und des §. 178 der Verordnung vom 3. Januar 1849 hat das Schwurgericht zu D. in seiner Sitzung vom 14. Oktober 1857 dahin erkannt:

daß der Angeklagte Knecht Johann Bodel aus N. des Mordes eines Menschen nicht schuldig, dagegen der Theilnahme eines an dem Bäckerknecht Joseph Weil verübten Raubes schuldig, dafür mit lebenslänglichem Zuchthause zu bestrafen, und ihm die Kosten des Verfahrens aufzuerlegen.

Die diesem Erkenntniß zu Grunde gelegten gesetzlichen Bestimmungen des Strafgesetzbuchs lauten wörtlich:

§. 230. Einen Raub begeht, wer mit Gewalt gegen eine Person oder unter Anwendung von Drohungen mit gegenwärtiger Gefahr für Leib oder Leben eine fremde bewegliche Sache einem Andern in der Absicht wegnimmt, sich dieselbe rechtswidrig zuzueignen.

§. 233. Der Raub wird mit lebenslänglichem Zuchthaus bestraft, wenn

3) bei dem Raube der Tod eines Menschen durch Mißhandlung oder Körperverletzung verursacht ist.

§. 34 Als Theilnehmer eines Verbrechens oder Vergehens wird bestraft:

1) wer den Thäter durch Geschenke oder Versprechen, durch Drohungen, Mißbrauch des Ansehens oder der Gewalt, durch absichtliche Herbeiführung oder Beförderung eines Irrthums oder durch andere Mittel zur Begehung des Verbrechens oder Vergehens angereizt, verleitet oder bestimmt hat;

2) wer dem Thäter zur Begehung des Verbrechens oder Vergehens Anleitung gegeben hat, imgleichen wer Waffen, Werkzeuge oder

andere Mittel, welche zu der That gedient haben, wissend, daß sie dazu dienen sollten, verschafft hat, oder wer in den Handlungen, welche die That vorbereitet, erleichtert oder vollendet haben, dem Thäter wissentlich Hülfe geleistet hat.

§. 35. Auf den Theilnehmer an einem Verbrechen oder Vergehen, oder an einem strafbaren Versuche eines Vergehens oder Verbrechens ist dasselbe Strafgesetz anzuwenden, welches auf den Thäter Anwendung findet. Wird festgestellt, daß im Falle des §. 34 Nr. 2 die Theilnahme keine wesentliche war, so tritt statt der Todesstrafe oder lebenslänglichen Zuchthausstrafe zeitige Zuchthausstrafe, und, wenn außerdem festgestellt wird, daß mildernde Umstände vorhanden sind, Gefängniß von zwei bis zu zehn Jahren ein.

Nach erfolgter Verurtheilung ließ der ꝛc. Bodel sich aus dem Gefängnisse vorführen, und legte nunmehr zu den Verhandlungen vom 16. und 23. Oktober a. pr. unter der Angabe, daß er nicht ohne Schuld sei, allein eine so harte Strafe nicht verdient zu haben glaube, ein im Wesentlichsten dahin gehendes Geständniß ab:

Der Eigenthümer Johann Fetten habe ihm schon lange zugeredet gehabt, dem Bäckerknechte Joseph (Weil) auf seiner Fahrt sein Geld abzunehmen, wobei er, der ꝛc. Bodel, nichts weiter zu thun haben solle, als mit dem Fetten zu kommen. Eines Abends habe ihn Fetten eilends aus seinem elterlichen Hause abgerufen, mit dem Bemerken, daß der Joseph so eben durch N. nach R. gefahren sei, und daß er mitkommen möge um ihm das Geld wegzunehmen. Nach anfänglichem Zögern sei er dem Fetten gefolgt, und hätten sie einen Planwagen eingeholt. Fetten habe ihn schon vorher gefragt, ob er ein Messer habe, und als er dies verneint, und den Fetten gefragt, wozu er das Messer haben wolle, habe dieser geantwortet: „wenn es noch kommt, zum Stechen." Fetten, der ihm etwa 15 Schritte voraus gewesen, sei in den fahrenden Wagen hineingestiegen; der Plan des Wagens habe sich bewegt, und demnächst habe er, Bodel, einen Schrei: „Herr Gott" und bald darauf einen zweiten dumpfen Schrei gehört. Nach dem ersten Schrei habe er aus Angst Kehrt gemacht, bald darauf sei Fetten hinter ihm her gekommen, habe in der linken Hand ein blutiges Messer gehabt und sei im Gesicht, an der Jacke, der Brust und den Händen blutig gewesen. An einem Graben habe sich Fetten das Blut abgewaschen, das Messer habe er später nicht gesehen. Beim Waschen habe Fetten gesagt: „das Geld ist unser." Auf die Frage des Bodel: „Du hast ihn wohl gestochen, denn er schrie so," habe Fetten geantwortet: „Ja ich habe ihm einen Schnitt gegeben," und auf die fernere Bemerkung des Bodel, daß er ja kein Messer gehabt, erwiedert: „Nun hatte ich eins." Einige Tage darauf habe ihm Fetten drei Silberthaler und einen Papierthaler mit dem Bemerken gegeben, daß dies Geld von dem Gelde sei, welches er dem Joseph abgenommen habe.

Fetten habe ihm noch mehr versprochen, und ihm eingeschärft von der Sache zu schweigen.

Die Staatsanwaltschaft hat zu einem Einschreiten gegen den Einwohner Fetten keine Veranlassung gefunden, da sich sonst nichts Verdächtiges ermittelt hat.

E., den 2. März 1858.

Das Stadt- und Kreisgericht, Abtheilung für Untersuchungssachen.

9. Mord (Vergiftung).

(§. 175 des Strafgesetzbuchs.)

Auszug

aus den Untersuchungsakten wider die Arbeitsmann Schulze'schen Eheleute in N.

Der Gärtner Wilhelm Vogel besaß hierselbst vor dem Steinthore einen Garten nebst einem von ihm bewohnten Hause. Seit vielen Jahren wohnte bei ihm sein Bruder Ferdinand Vogel, mit welchem er in sehr friedlichen Verhältnissen lebte, welcher die Arbeit mit ihm theilte und welcher für sie Beide die tägliche Speise bereitete. Am 12. Februar 1856 verstarb der Letztere plötzlich, und der Erstere wohnte seitdem allein in dem Hause ohne häusliche Hülfe und Bedienung; nur die verehelichte Schulze, Karoline Friederike geb. Klein, ein Schwesterkind seiner Mutter, und deren Ehemann, den Arbeitsmann Karl August Schulze, sah man viel um ihn. Sie hatten nach dem Tode des Ferdinand Vogel den Garten gepachtet und wohnten seit dem 1. Juli 1856 ganz in seiner Nähe.

Schon im Frühjahre 1856 klagte Wilhelm Vogel öfters gegen den Gärtner Mende, einen entfernteren Verwandten, der ihn hin und wieder besuchte, über heftige Schmerzen in der Gegend des Magens und im Unterleibe. Etwa am 9. Juli fand Mende ihn krank im Bette liegend. Seine Gesichtsfarbe war grau und er gab an, in der Nacht heftiges Erbrechen gehabt zu haben. Auf seinen Wunsch schickte ihm Mende noch am nämlichen Tage Pfeffermünzthee und Thee von Semesblättern, sowie geschmorte gebackene Pflaumen. Danach trat Besserung ein, denn man sah ihn mehrere Tage wieder im Garten und am 16. Juli noch auf der Straße. Am 17. Juli fand Mende ihn wieder krank. Er war sehr angegriffen und seine Farbe noch grauer. In der Nacht hatte er, wie er sagte, ein fürchterliches Erbrechen gehabt und litt wieder an heftigem Brennen in der Magengegend. Mende erbot sich, ihm wiederum Thee zu schicken. Vogel lehnte dies jedoch mit dem Bemerken ab, daß die verehelichte Schulze ihm schon Thee gereicht, derselbe ihm jedoch schlecht bekommen sei, er hätte ihn wieder ausbrechen müssen. — Sein Zustand verschlimmerte sich schnell. Der am 18. Juli Abends von dem Arbeitsmann Schulze herbeigeholte Dr. Bock fand das Gesicht stark geröthet und die Augen injicirt. Er klagte über Schmerzen im Kopfe und in der Magengegend, sowie über Reißen in den Beinen. Die verehelichte Schulze theilte dem Arzte auf Befragen am Krankenbette mit, daß er in den letzten Tagen Hitze und Erbrechen gehabt habe. — Am 19. Juli Morgens war der Gärtner Vogel verschieden.

Bei mehreren Personen, die das Verhältniß der Schulze'schen Eheleute zu dem Verstorbenen kannten, regte sich der Verdacht, daß Wilhelm Vogel keines natürlichen Todes gestorben sei und daß Jene seinen Tod künstlich herbeigeführt haben möchten. Das Verhalten der Schulze'schen Eheleute unmittelbar nach dem Tode schien ihnen die Richtigkeit ihres Verdachts zu bestätigen, und Einer von ihnen, der Gärtner Runge, machte der Polizeibehörde von seinen Vermuthungen Anzeige.

Am 21. Juli wurde in Folge dessen die Leiche des Wilhelm Vogel von den Gerichtsärzten im Beisein des Gerichtspersonals vorschriftsmäßig obducirt. Die Obduction zeigte verschiedene Krankheitserscheinungen, die für sich allein die Todesursache nicht erkennen ließen. In Berücksichtigung des Verdachts, daß der Verstorbene durch Gift um's Leben gekommen sei, wurde dem Leichnam der Magen und ein Theil des Darmkanals entnommen, um die darin befindlichen Substanzen nach chemischen Grundsätzen zu prüfen. Vorsorglich sichergestellt gegen jede Verwechselung, sind diese Substanzen durch den Physikus unter Zuziehung des Apothekers Schur chemisch untersucht worden. Die Untersuchung hat sowohl in dem Magen, als in dem Darmkanal Phosphorsäure und phosphorige Säure festgestellt, und die Analyse und Berechnung des Phosphorgehalts weist nach,

a. daß in dem vierten Theile des Magens zwei Gran phosphorsaure Magnesia, in dem ganzen Magen mithin, bei anzunehmender gleichmäßiger Vertheilung, acht Gran enthalten waren, welche einem Phosphorgehalte von $2^{23}/_{100}$ Gran in Substanz entsprechen;
b. daß in dem achten Theile des Darmkanals $11^{1}/_{2}$ Gran phosphorsaure Magnesia zu einem Phosphorgehalte von $3^{29}/_{100}$ Gran enthalten waren.

Auch ergab die mit dem Darmkanal auf Pflanzengift vorgenommene Untersuchung, daß in demselben Solanin enthalten war, ein Gift, welches aus den, zum Geschlechte der Solaneen gehörigen Pflanzen, z. B. Nachtschatten, durch Abkochung gezogen wird.

Hiernach und mit Berücksichtigung der Krankheitsgeschichte und des Leichenbefundes haben die Gerichtsärzte in ihrem logisch begründeten Gutachten sich dahin ausgesprochen, daß das Solanin eine vorübergehende Krankheit des Wilhelm Vogel herbeigeführt, auf den Tod desselben aber als Ursache nicht gewirkt hat, dieser vielmehr die unmittelbare Folge einer Vergiftung durch Phosphor in Substanz gewesen ist.

Sogleich am Tage der Obduction der Vogel'schen Leiche wurden auch die Schulze'schen Eheleute, als verdächtig, den Tod des Vogel verursacht zu haben, verhaftet, und sie sind hiernächst wegen Giftmordes unter Anklage gestellt worden.

Beide, sowohl der Arbeitsmann Karl August Schulze, den 11. Februar 1823 hierselbst geboren, evangelischer Konfession, nicht Soldat, als die verehelichte Schulze, Karoline Friederike geb. Klein, am 6. Januar 1819 hierselbst geboren, evangelischer Konfession, mit einander seit acht Jahren durch die Ehe verbunden, aus welcher drei Kinder (eins im Laufe der Untersuchung) geboren sind, haben das ihnen zur Last gelegte Verbrechen fortdauernd geleugnet und in der Schwurgerichtssitzung sich nicht schuldig erklärt. Dessenungeachtet sind sie durch den Ausspruch der Geschworenen schuldig befunden worden:

1. die verehelichte Schulze zu N., im Juli 1856 den Gärtner Wilhelm Vogel vorsätzlich und mit Ueberlegung getödtet zu haben;
2. der Ehemann Schulze zu N., im Jahre 1856 zur Begehung des unter 1 aufgeführten Verbrechens
   a. die Thäterin durch Verabredung bestimmt zu haben,

b. der Thäterin das Gift, welches zu der That gedient hat, wissend, daß es dazu dienen sollte, verschafft zu haben;

beide auch:

die That unter besonders erschwerenden Umständen begangen zu haben;

wogegen die Geschworenen

3. den außerdem, als der Theilnahme an diesem Morde verdächtig, unter Anklage gestellten Arbeitsmann Hecht sowohl dieses Verbrechens, als des event. ihm zur Last gelegten Vergehens, die Anzeige des ihm glaubhaft bekannt gewordenen mörderischen Vorhabens der Schulze'schen Eheleute unterlassen zu haben, für nicht schuldig erachteten.

Die mannigfachen Ueberführungsmomente, welche die Untersuchung gegen die Schulze'schen Eheleute vorgeführt hat, konzentriren sich wesentlich in den drei inhaltsschweren Indicien: des Interesses zur That, der Gelegenheit zu derselben, und des Besitzes der Mittel zu deren Ausführung.

I. Der Arbeitsmann Schulze hatte zuerst die Gärtnerei gelernt und dann das Schiffbauhandwerk betrieben. Im Jahre 1853 gab er auch dieses auf, kaufte einen Kahn und nährte sich als Frachtschiffer. Im Jahre 1854 betrog er den Schiffseigner Sect in B. um 55 Thlr., und wurde deswegen zu einer neunmonatlichen Gefängnißstrafe verurtheilt, welche er bis zum 23. November 1855 verbüßte. Um seine Schulden zu bezahlen, sah er nach seiner Entlassung aus dem Gefängnisse sich genöthigt, den Kahn zu verkaufen, und es blieb ihm nach Bestreitung seiner Ausgaben, welche eine Krankheit seiner Frau verursachte, von dem Kaufgelde nichts übrig. Er arbeitete nun als Tagelöhner.

Der Gärtner Wilhelm Vogel befand sich in einer günstigen Vermögenslage. Er besaß das schon Eingangs erwähnte Gartengrundstück und hatte außerdem aus dem Verkaufe eines Hauses im Jahre 1854 die Summe von 849 Thlr. gelöst. Von dieser hatte er zwar 511 Thlr. zur Bezahlung von Hypothekenschulden des verkauften Hauses verwandt; dies war aber nicht bekannt, man glaubte, daß er Schulden gar nicht gehabt habe, und da er für sehr sparsam galt, so war man der Meinung, daß er eine nicht unbedeutende Summe an baarem Gelde besitzen müsse. Dieser Meinung waren — es geht dies aus bekundeten Aeußerungen derselben zu dritten Personen hervor — auch die Schulze'schen Eheleute.

Schon im Sommer 1855 hatten sie, um ihre Lebenslage zu verbessern, ihr Augenmerk auf Wilhelm Vogel gerichtet. Sie hatten demselben damals, wie dieser dem Gärtner Mende erzählte, den Vorschlag gemacht, ihnen sein Grundstück abzutreten, wogegen sie für alle seine Lebensbedürfnisse sorgen wollten; waren jedoch mit diesem Vorschlage von Wilhelm Vogel zurückgewiesen worden, weil dieser, wie er zu Mende äußerte, befürchtete, Schulze, der bereits das Vermögen seiner Frau durchgebracht, möchte das Grundstück auch noch durchbringen. Auch mochte Wilhelm Vogel damals noch um so weniger Veranlassung finden, auf solchen Vorschlag, wäre er auch von anderer Seite gekommen, einzugehen, als ja sein jüngerer Bruder Ferdinand bei ihm wohnte, der das Nöthigste in der häuslichen Wirthschaft besorgte.

Nun aber verstarb am 12. Februar 1856 Ferdinand Vogel plötzlich — wie man damals nicht bezweifelte — eines natürlichen Todes. Als jedoch die Schulze'schen Eheleute nach dem Tode des Wilhelm

Vogel der Vergiftung desselben verdächtig geworden waren, erinnerte man sich mancher besonderen Umstände, die den Tod des Ferdinand Vogel begleitet hatten. Sein Grab wurde geöffnet und die chemische Untersuchung der aus seiner Leiche genommenen Verdauungsorgane erwies, daß er an Gift gestorben sei; es wurde eine so bedeutende Menge Phosphor in diesen nachgewiesen, daß vermöge derselben mehrere Menschen hätten vergiftet werden können.

Es steht fest, daß die Schulze'schen Eheleute schon zur Zeit des Todes des Ferdinand Vogel und kurz vor dieser Zeit um denselben sich zu schaffen gemacht haben, und schwer mag man sich, wenn man die Ergebnisse der Untersuchung in Beziehung auf den Tod des Ferdinand Vogel zusammenfaßt, des Verdachts erwehren, daß nicht schon er von den Schulze'schen Eheleuten hingemordet worden ist. Wie dem indeß auch sei — und zur Erhebung einer Anklage gegen dieselben wegen dieses Mordes sind die Beweise nicht genügend erschienen — der Tod des Ferdinand Vogel durfte, indem er den Wilhelm Vogel vereinsamte und in eine hülflosere Lage versetzte, den Schulze'schen Eheleuten die Hoffnung erwecken, diesen nun leichter für die Eingehung in ihren Plan zu gewinnen, sich gegen Abtretung seines Grundstückes bei ihnen in Pflege und Kost zu geben; zugleich eröffnete dieser Tod aber auch, indem er die verehelichte Schulze nebst dreien anderen Verwandten des Wilhelm Vogel zu dessen nächsten gesetzlichen Erben machte, den Schulze'schen Eheleuten die Aussicht, nach dessen Ableben in den Besitz des vierten Theils seines durch den Tod des Bruders noch um Einiges vergrößerten Vermögens zu gelangen, wenn es nicht gar vielleicht gelang, denselben zu einer, ihnen noch günstigeren letztwilligen Disposition zu bestimmen.

Die Untersuchung hat ergeben, daß die Schulze'schen Eheleute von solchen Gedanken bewegt wurden, unter lieblosem Empfinden für Wilhelm Vogel, während sie sich äußerlich demselben und seinem Wohlergehen völlig ergeben zeigten.

Nachdem sie nämlich aus dem Tode des Ferdinand Vogel Veranlassung genommen hatten, dem Wilhelm Vogel zu jedem Dienste gewärtig zu sein, und Schulze in seiner Aufmerksamkeit sogar so weit ging, daß er in dem Hause seines Vetters nächtigte, damit diesem kein Unglück zustoße, suchte er alsbald — es mochten nur etwa 14 Tage seit dem Tode des jüngeren Vogel verflossen sein — die Vermittelung des Gärtners Hempel bei Wilhelm Vogel nach, daß dieser ihn in seine Wohnung aufnehme.

Auch mag es um dieselbe Zeit gewesen sein, wo Schulze eine gleiche Vermittelung bei der Ehefrau des Gärtners Richter mit dem Versprechen nachsuchte: daß er dafür sorgen werde, daß sie miterbte, und nicht minder bei deren Ehemann unter dem Bemerken:

„wenn ihn (den Vogel) nur erst der Teufel geholt hätte, dann kriegte er Etwas in Händen und könne damit Etwas anfangen."

Gleicherweise wandten sich endlich etwa vier Wochen nach Ferdinand Vogel's Tode die Schulze'schen Eheleute an den Gärtner Mende mit der Bitte, ein gutes Wort für sie bei Wilhelm Vogel einzulegen. Vogel mochte jedoch dem Anliegen der Schulze'schen Eheleute nicht entsprechen. Obwohl jetzt dem Gedanken, sich einem Dritten in lebenslängliche Verpflegung zu geben, im Allgemeinen nicht mehr abgeneigt, hatte er doch fortdauernd zu Schulze kein Zutrauen, wie er dem Hempel sowohl, als dem Mende, als diese sich ihres Auftrages von Schulze entledigten, erklärte, und Alles, was die Schulze'schen Eheleute erreichten, bestand darin, daß Vogel ihnen im März 1856 seinen Garten auf ein Jahr verpachtete, weil — wie Vogel zu Mende äußerte — sie mit Bitten nicht nachgelassen hätten.

Hiermit schien nur wenig erreicht, zugleich aber auch nach der Art, wie Vogel sich über Schulze gegen Hempel geäußert und dieser dem Schulze wieder mitgetheilt hatte, keine Hoffnung zu sein, im Wege der Güte ein Mehreres zu erreichen. —

Nach den Angaben, welche der Arbeitsmann Buch, ein im Jahre 1847 wegen Diebstahls zu 4½ Jahr Zuchthaus verurtheilter Mensch, bereits am Tage der Verhaftung des Schulze aus eigener Bewegung der Polizeibehörde machte und am folgenden Tage zu gerichtlichem Protokoll eidlich bestätigte, hat Schulze alsdann gegen Ende Juni v. J. einen anderen Plan entworfen, um die Abtretung des Grundstücks zu erlangen und sich nebenbei des Geldes des Vogel zu bemächtigen. Wie nämlich Buch bekundet, suchte Schulze um jene Zeit ihn, mit dem er seit vielen Jahren bekannt war, zur Ausführung eines Diebstahls bei Vogel zu gewinnen, an welchem Schulze selbst Theil nehmen wollte. Er unterrichtete ihn in mehreren Unterredungen von der Gelegenheit, theilte ihm seine Entwürfe, wie der Diebstahl auf verschiedene Weise ausgeführt werden könnte, mit, und welchen Zweck er damit erreichen wollte. Vogel wäre, wie er sagte, niederträchtig gegen ihn, er wolle ihn klug machen. Buch solle demselben, wo möglich, die Augen ausschlagen. Wenn ihm ein solches Unglück widerführe, und er sich überzeugte, daß er allein nicht sicher sei, dann werde Vogel sich dazu verstehen, ihm das Grundstück abzutreten. Als Belohnung versprach er Buch außer den Vortheilen des Diebstahls 24 Thlr., wovon er 10 Thlr. im Voraus zahlen wollte, und er erwähnte hierbei, daß im Koffer 50 Thlr. lägen. Bei einer späteren Unterredung theilte er demselben mit, daß 600 Thlr. im Koffer wären. Auch fragte er, ob Buch kein anderes Mittel wüßte, Vogel blind zu machen. An dem Tode desselben liege ihm nichts; dann käme das Gericht und die Miterben dazwischen. Es läge ihm nur daran, Jenen blind zu machen, damit er das Grundstück bekomme. —

So wenig Glaubwürdigkeit die Persönlichkeit des Buch ansprechen kann, der nach seinem eigenen Zugeständnisse schwankend gewesen, ob er sich an dem projectirten Diebstahle betheiligen solle oder nicht, so steht der Inhalt seiner Aussage doch sowohl in Ansehung vieler, zumeist nur den Schulze'schen Eheleuten bekannter häuslicher Verhältnisse des Vogel, als in Ansehung der ihm von Schulze gemachten Mittheilungen über Grund und Zweck des verbrecherischen Vorhabens, mit anderweitigen thatsächlichen Ermittelungen ganz im Einklange.

Nachdem auch dieser Plan gleichfalls nicht zur Ausführung gelangte und die Mittel erschöpft gewesen zu sein scheinen, durch welche sie in den Besitz des Grundstücks des Vogel bei dessen Lebzeiten zu kommen hoffen durften, mag es den Schulze'schen Eheleuten als das Wünschenswertheste erschienen sein, wenn Vogel bald stürbe, jedoch möglichst nicht, ohne ihnen letztwillig seine ganze Verlassenschaft zugewandt zu haben. Daß sie sich mit solchen Gedanken beschäftigt haben, erhellt aus der eidlichen Aussage des Arbeitsmanns Seger, nach welcher die verehelichte Schulze keine acht Tage vor dem Tode des Vogel dem Zeugen erzählt hat, Vogel hätte sein Grundstück für 900 Thlr. verkauft und sie ihn gebeten, er möchte das Geld entweder ihr oder ihren Kindern vermachen oder ihr wenigstens sagen, wo er es habe, damit, wenn er einmal „plötzlich" stürbe, es nicht den Gerichten in die Hände fiele; und erhellt ferner aus dem Umstande, daß Schulze noch in der Nacht vor dem hereinbrechenden Tode des Vogel eine Deputation des Gerichts zur Aufnahme eines Testaments desselben und Zeugen herbeigeholt, und im Verein mit seiner Frau sich eifrigst bemüht hat, den Todtkranken zu einer ihnen günstigen letztwilligen Erklärung zu bestimmen. Als dieser Wunsch an dem Umstande scheiterte, daß Vogel keine Erklärung mehr abgab oder abgeben mochte, haben sie schließlich die Nacht bis zum Morgen, wo Vogel verschied, dazu benutzt, einen Theil, und wie erhellt, den werthvollsten Theil seiner transportablen Sachen aus seinem Hause zu schaffen, und bei deren Auffindung die nach Lage der näheren Umstände wahrheitswidrig erscheinende Behauptung aufgestellt, daß ihnen solche von Vogel geschenkt worden seien. An baarem Gelde ist aber in der Behausung des Vogel nach dessen Tode nichts vorgefunden, auch nicht ermittelt worden, wo dasselbe geblieben ist. —

Wenn alle vorangegebenen Umstände sonach wohl geeignet erscheinen dürfen, den Beweggrund der Schulze'schen Eheleute zu der ihnen zur Last gelegten That zu erklären, während die Untersuchung andererseits auch nicht entfernt irgend eine dritte Person mit dem Verdachte zu belasten vermocht hat, sich mit dem Wunsche getragen zu haben, das Leben des Vogel verkürzt zu sehen, so erwächst

II. ein weiterer und erheblicherer Verdachtsgrund gegen die Schulzeschen Eheleute aus dem Umstaude, daß sie, wie Niemand anders, ja daß sie gewissermaßen ausschließlich die Gelegenheit hatten, die verbrecherische That zu vollführen.

Schon seit dem Tode des Ferdinand Vogel waren sie täglich um ihn, unterstützten ihn in seinem Geschäft und die verehelichte Schulze sorgte für seine Speisung. Sie wollten, wie es schien, allein für ihn sorgen, ohne diese Sorge mit Jemand anders zu theilen. So verscheuchten sie die Ehefrau des Gärtners Richter, als diese dem Wilhelm Vogel nach seines Bruders Tode eine Suppe brachte, durch höhnische Worte und Blicke, und die verehelichte Schulze fand es für gut, derselben einige Tage darauf noch ausdrücklich zu bemerken:

„Du denkst wohl, was Ihr ihm bringt, ißt er, das giebt er Alles seinen Katzen."

Die Pachtung des Gartens im März 1856, die Veränderung ihrer Wohnung zu Anfang Juli 1856, die sie nun ganz in der Nähe des Vogel'schen Hauses aufschlugen, machten es vollends möglich, ihn ganz unter ihren Händen zu halten, und ungeachtet der Abneigung, die Vogel gegen Schulze gehabt zu haben scheint, mag es nicht befremden, daß er, der hülflos und verlassen dastand, die ihm von der Frau desselben, seiner nächsten Verwandtin, entgegenkommende Sorge und Pflege sich gern und rückhaltslos gefallen ließ. Der Einzige, wie es scheint, der noch außer den Schulze'schen Eheleuten öfters bei Vogel aus- und einging, war sein Nachbar, der Gärtner Mende, mit welchem Vogel, ein redseliger Mann, sich gern unterhalten mochte, und gerade noch in den letzten Wochen vor dem Tode Vogel's fand Mende, wie überhaupt in der Sommerzeit, Gelegenheit, ihn öfter zu sprechen. Er sah sich aber auch noch um deshalb veranlaßt, sich jetzt mehr um Vogel zu bekümmern, weil in ihm der Verdacht auftauchte, daß damit umgegangen werde, Vogel zu vergiften. Denn bald nachdem Vogel zum ersten Male — im Frühjahr v. J. — an heftigen Schmerzen im Leibe gelitten, hatte derselbe ihm — Anfangs Juni 1856 — erzählt, daß seine beiden Hunde nach einander gestorben seien, der Spitz habe plötzlich Zuckungen bekommen und sei bald darauf gestorben; dann acht Tage später, daß auch seine Katze verschwunden sei, sie habe nicht fressen wollen, sehr kläglich gethan und sich verkrochen, sie müsse gestorben sein. Wenn in diesen Fällen die Anzeichen des Gifttodes vorzuliegen schienen, so erinnerte sich Mende, wie die Schulze'schen Eheleute nach dem Besitze des Vogel'schen Grundstücks strebten und wie, als zwischen ihnen und ihm selbst hierauf die Rede gekommen, die verehelichte Schulze bemerkt hatte, man könnte vielleicht glauben, „sie würden ihm (dem Vogel) etwas eingeben." Mende unterließ es deshalb auch nicht, gegen Vogel einmal seinen Verdacht zu äußern, es möge ihm vielleicht Gift beigebracht sein; es fand jedoch diese Meinung bei Vogel keinen Glauben.

Wie Mende selbst angiebt, hat er auch, als Vogel am 9. Juli zuerst ernstlich erkrankte, demselben Pfeffermünzthee und Thee von Semesblättern, sowie geschmorte gebackene Pflaumen zugehen lassen, ihm auch einmal eine kleine Flasche Weißbier mitgebracht. Vogel war demnächst wieder gesundet. Als Mende aber kurz vor seinem Tode ihn stöhnend auf dem Bette liegend fand und von ihm hörte, daß er die ganze Nacht gebrochen, und Mende deshalb wiederum sich veranlaßt sah, ihm Pfeffermünzthee anzubieten, da lehnte er es ab und bemerkte, daß ihm die Schulze schon etwas Wasser, auch Thee gebracht habe, dies ihm aber schlecht bekommen sei.

Die Schulze'schen Eheleute haben es denn auch nicht in Abrede zu stellen vermocht, daß sie fortdauernd in der letzten Zeit vor Vogel's Tode um ihn gewesen und daß derselbe von ihnen mit Speise und Trank versehen worden ist; insbesondere hat die verehelichte Schulze zugestehen müssen, daß er Suppen und Thee von ihr erhalten. Zur Widerlegung des hieraus gegen sie erwachsenden Verdachts sind sie nur bemüht gewesen, darauf hinzuweisen, daß Vogel auch von Andern hin und wieder Speisen und Getränke erhalten, und daß namentlich auch Mende ihn mit dergleichen versehen habe. Sie haben indeß dieser Verdächtigung Anderer keine weitere Begründung zu geben vermocht, und Mende's Vergangenheit steht — wenigstens ist nichts vom Gegentheil bekannt geworden — als eine völlig vorwurfsfreie da. Dagegen weisen alle Ergebnisse der Untersuchung, nämlich: Ferdinand Vogel's durch Gift herbeigeführter Tod, ferner der durch Gift herbeigeführte Tod der Vogel'schen Hausthiere — welcher in Ansehung eines der später aufgefundenen Hunde und eines von Vogel gehaltenen Meerschweins ärztlich dahin konstatirt ist, daß er durch den Genuß von Phosphor erfolgte — ferner die successiven, bereits im Juni beginnenden, durch Gift herbeigeführten Krankheitsanfälle des Wilhelm Vogel — welche schließlich mit dessen Tode endigten — auf die Urheberschaft der Schulze'schen Eheleute als derjenigen hin, die bereits zu Ferdinand Vogel's Tode und fortdauernd von da ab bis zum Tode des Wilhelm Vogel ihr unheimliches Wesen im Vogel'schen Hause trieben.

III. Es ist aber auch weiter erwiesen, daß die Schulze'schen Eheleute sich im Besitze solcher Mittel befunden haben, welche die Krankheit und den Tod des Wilhelm Vogel herbeizuführen vermochten; daß sie, und zwar insbesondere der Ehemann Schulze, sich diese Mittel heimlich zu verschaffen gewußt, und der Letztere endlich, nachdem der Verdacht des Mordes auf ihn gefallen, sich derselben verstohlenerweise zu entäußern gesucht hat.

Sogleich am 21. Juli 1856 wurde in der Schulze'schen Wohnung eine Düte mit einem vertrockneten grünen Kraute aufgefunden, welches von den sachverständigen Medicinalpersonen für das anscheinend schon aufgebrüht gewesene Kraut einer zu der Familie der Solaneen gehörigen Pflanze erkannt worden ist, aus welcher das Gift Solanin gezogen wird; und einige Tage später wurde dem Eingange der Schulze'schen Wohnung gegenüber an der Mauer des Burdach'schen Gehöftes ein leinener Lappen aufgefunden, welcher, wie die Form und Färbung erkennen ließ, zum Durchfiltriren einer Pflanzenbrühe gebraucht worden war, deren darin verbliebener Rückstand vermöge chemischer Untersuchung einen Körper zu Tage beförderte, welcher von den Sachverständigen für Solanin gehalten wurde. Es ist sehr wahrscheinlich, daß Schulze in den Besitz solcher Pflanzen durch den Mitangeklagten Hecht gesetzt und von diesem darin unterrichtet worden ist, daß und wie ein Gift aus diesen Pflanzen gewonnen werden könne; denn es ist erwiesen, daß Schulze seit dem Winter 1855—1856 mit dem Hecht, der geständlich und notorisch Medicinalpfuscherei treibt und bereits wegen Fälschung von Privatschriften bestraft ist, bis acht oder vierzehn Tage vor Vogel's Tode ohne Ohrenzeugen Unterredungen gepflogen und häufiger mit demselben verkehrt hat, als Schulze überhaupt und nur zögernd zugegeben hat; und es ist ferner erwiesen, nicht nur, daß Hecht mehrere Wochen vor Vogel's Tode sich Gift aus hiesigen Apotheken zu verschaffen und sich über die Beschaffenheit von Giftpflanzen unterrichten zu lassen bemüht gewesen ist, sondern auch kurze Zeit nach Schulze's Verhaftung einigen Personen erzählt hat, daß Schulze von ihm habe Gift haben wollen; wie denn endlich Hecht auch zugestanden hat, daß Schulze ihn um ein Giftkraut gebeten und er ihm ein solches — Nachtschatten — etwa drei Wochen vor Vogel's Tode gegeben, wie er freilich hinzusetzt, nachdem er zuvor halbtaube Nesseln dazwischen gemischt, damit der Nachtschatten keinem Menschen habe schaden können. Schulze hat dies bestritten und von dem in seiner Wohnung in der Düte ermittelten Nachtschatten, dessen Besitz er nicht ableugnen konnte, angegeben, daß er sich desselben gegen Rheumatismus bedient und solchen in seinem Garten gepflückt habe, während an der Stelle des Gartens, wo er das Kraut gepflückt haben wollte, ein solches nicht zu entdecken war.

In jedem Falle ist Schulze im Besitze von Nachtschatten gewesen, aus diesem aber unter Anderem wird das Gift Solanin gezogen und die Spuren von Solanin sind in dem Körper des Wilhelm Vogel vorgefunden worden.

Es ist aber auch ferner einige Tage nach Schulze's Einziehung bei der in der Schulze'schen Wohnung und in deren Nähe fortgesetzten Nachsuchung nach verdächtigen Gegenständen von dem Seitens der Polizeibeamten hierbei zugezogenen Gärtner Bär, gegenüber dem Eingange der Schulze'schen Wohnung an der Mauer des Burdach'schen Grundstücks unter einem Fliederbusch eine hölzerne Schwefelholzbüchse gefunden, bei deren von diesem in Gegenwart eines Polizeibeamten vorgenommener Eröffnung sich ein heller dicker Qualm und ein Geruch wie von Streichhölzern entfaltete. Diese Streichholzbüchse hat zufolge der chemischen Untersuchung zwei mit Phosphorbrei bestrichene Speckstückchen enthalten. Dieselbe ist von dem 11 Jahr alten Knaben Gotter und dem 12 Jahr alten Knaben Wendel als diejenige mit Bestimmtheit rekognoscirt worden, welche von ihnen auf dem Hofe des von Schulze bewohnten Hauses auf dem Mist unter Kartoffelkraut aufgefunden und am nämlichen Tage von ihnen an der Burdach'schen Mauer unter Gebüsch geworfen worden ist. Veranlassung hierzu aber hatte Schulze gegeben. Als nämlich am 21. Juli das Gerichtspersonal in der Schulze'schen Wohnung anwesend war, beauftragte Schulze den Knaben Gotter, auf dem Hofe nach einer Schachtel zu suchen und ihm solche heimlich zuzustecken, und als Gotter sie gefunden und mit derselben in der Tasche in Gemeinschaft mit dem Knaben Wendel zurückkehrte, schüttelte Schulze, bei welchem die Gerichtspersonen sich befanden, mit dem Kopfe, was der Gotter sich dahin auslegte, daß er weggehen solle, worauf sich Beide entfernten und Wendel die von Gotter erhaltene Schachtel oder Büchse in das Gebüsch an der Burdach'schen Mauer warf. — Schulze hat einfach bestritten, sich mit Gotter in Beziehung auf die Schachtel in's Einvernehmen gesetzt zu haben.

Wenn nun aber dessenungeachtet nach Vorstehendem nicht zu bezweifeln ist, daß Schulze sich im Besitze von Phosphor befunden, so wird der hieraus gegen ihn erwachsende Verdachtsgrund noch durch die Art und Weise geschärft, wie er sich in den Besitz des Phosphors zu setzen gewußt hat. Bei der Durchsicht der Giftscheine in den hiesigen Apotheken nämlich wurde ein, über den Empfang von Phosphorbrei zur Vertilgung von Ratten am 9. Juni 1856 ausgestellter Giftschein, unterzeichnet: „der Schiffseigenthümer Streber“ in der Apotheke zu N. aufgefunden, auf welchen 4 Loth Phosphorbrei am genannten Tage verabfolgt worden sind, die nach der Angabe des Besitzers der Apotheke einen Phosphorgehalt von 40 Gran haben. Der Schiffseigenthümer Streber, ein Schwager des Schulze, hat — dies ist erwiesen — Datum und Unterschrift unter dem Giftscheine nicht geschrieben und denselben auch nicht untersiegelt. Derselbe hat dies nicht nur beschworen, sondern es stimmt auch seine Handschrift nicht mit jener überein, und es entspricht auch nicht sein Siegel dem auf dem Scheine befindlichen Siegelabdrucke. Es ist nun zwar nicht festzustellen gewesen, wer persönlich das Gift von dem damals in der Apotheke conditionirenden jetzigen Apotheker Poetel ausgehändigt erhalten, und es ist namentlich nach der Aussage des Letzteren anzunehmen, daß Schulze, dessen Frau oder Hecht, die ihm dieserhalb vorgestellt worden sind, dasselbe von ihm nicht ausgehändigt erhalten haben; dagegen ist aber ermittelt, und zwar durch Vergleichung der Handschriften, daß nach höchster Wahrscheinlichkeit Schulze den Schein unterschrieben hat und daß, gleicher Wahrscheinlichkeit nach, auch der unter dem Scheine befindliche Siegelabdruck von ihm herrührt, da bei der Haussuchung ein Petschaft bei ihm vorgefunden ist, dessen Abdruck mit dem unter dem Scheine befindlichen genau übereinstimmt und dessen Besitz den Schulze um so mehr verdächtigt, als derselbe vermöge der darin befindlichen Buchstaben St. seinem eigenen Namen nicht entspricht. Endlich ist auch bei Schulze eine derartige kleine Kruke aufgefunden worden, in welcher der Phosphorbrei aus der Apotheke verabreicht wird. Schulze hat, allen diesen Beweisen gegenüber, sich rein bestreitend verhalten, insbesondere bestritten, das Petschaft jemals besessen zu haben, welches vor seiner Verhaftung irgend Jemand in seiner Wohnung niedergelegt haben müsse, und behauptet, die Kruke am Tage nach Vogel's Tode gefunden zu haben.

Zu allen diesen, für die Schuld der Schulze'schen Eheleute sprechenden Beweisen gesellt sich endlich

IV. noch deren Bezüchtigung durch ihre eigene Tochter, ein damals 7 Jahr altes Mädchen. Dieselbe hat am 27. September 1856 gerichtlich angegeben: ihre Mutter habe kurz vor Vogel's Tode Kaffee gekocht, um ihn dem Vogel zu bringen. Sie habe dem Vater den Topf mit Kaffee hingehalten und ihm gesagt, er solle einmal daran riechen; dieser habe es auch gethan und gesagt, daß der Kaffee wie Schwefel röche, worauf die Mutter erwiedert: „so wie es riecht, so schmeckt es auch.“ Sie und ihr kleiner Bruder hätten nun auch an den Topf riechen wollen, die Mutter habe ihnen denselben hingehalten und sie habe nun bemerkt, daß der Geruch so gewesen, als wenn man eine Schwefelholzschachtel öffne oder ein Schwefelholz anstecke.

Bei ihrer Vernehmung vor dem Schwurgerichte hat das Kind sich freilich nicht mehr so der einzelnen Umstände zu erinnern vermocht, nur das ist ihr in Erinnerung geblieben, daß der Kaffee einen besondern Geruch gehabt und daß die Mutter die Worte: „so wie es riecht, so schmeckt es auch,“ gesprochen hat. Es gewinnt aber die Aussage des Kindes dadurch Bestätigung und Bedeutung, daß dasselbe vor seiner ersten gerichtlichen Vernehmung seiner Tante, verehelichten Bär, die es in Pflege genommen, eine, mit seiner ersten Aussage übereinstimmende Mittheilung gemacht hat. Als diese nämlich, wie sie angiebt, dem Kinde erzählt hatte, daß Hecht auch gefänglich eingezogen sei, weil er ihren Eltern das Gift zugebracht hätte, das diese in die Suppe gethan hätten, ist ihr das Kind gleich in's Wort gefallen und hat gesagt:

> „Ach Tante, in die Suppe ist es ja nicht gewesen, es war ja Kaffee, ich weiß es zu gewiß, es war ein ganzer Topf voll; er war recht schön weiß; den brachte meine Mutter herein und zeigte ihn Vatern und sagte: riech einmal, wie es riecht, so schmeckt es auch,“

und ihr dann weiter erzählt, sie und das andere Kind hätten darauf auch daran gerochen, und es hätte wie Schwefel gerochen; es sei dies aber einige Tage vor Vogel's Tode gewesen.

Die verehelichte Schulze hat den, von ihrem Kinde bekundeten Vorgang bestritten und zur Entkräftigung der Angabe des Kindes nichts weiter anzugeben vermocht, als daß dasselbe von Anderen aufgeredet sein müsse.

Dies sind die wesentlichsten Umstände, welche die Untersuchung zur Ueberführung der Schulze'schen Eheleute ermittelt hat und welche die Geschworenen zur Abgabe des im Eingange gedachten Verdicts bestimmt haben dürften.

Auf Grund dieses Ausspruchs hat der Königl. Schwurgerichtshof zu N. unter dem 9. April 1857 dahin erkannt:

1. daß die verehelichte Schulze, Karoline Friederike geb. Klein, des Mordes schuldig und deshalb mit dem Tode zu bestrafen, auch der bürgerlichen Ehrenrechte für verlustig zu erklären;
2. daß der Arbeitsmann Karl August Schulze der Theilnahme am Morde schuldig und deshalb mit dem Tode zu bestrafen, auch der bürgerlichen Ehrenrechte für verlustig zu erklären.

Die, diesem Erkenntnisse zu Grunde liegenden Gesetzesstellen sind die folgenden:

1. in Betreff der verehelichten Schulze der §. 175 und §. 7 des Strafgesetzbuchs.

§. 175, Absatz 1:

Wer vorsätzlich und mit Ueberlegung einen Menschen tödtet, begeht einen Mord und wird mit dem Tode bestraft.

§. 7, Absatz 2:

Mit der Todesstrafe ist zugleich auf den Verlust der bürgerlichen Ehre zu erkennen, wenn dies entweder für einzelne Fälle im Gesetz ausdrücklich bestimmt ist oder wenn festgestellt wird, daß das mit der Todesstrafe bedrohte Verbrechen unter besonders erschwerenden Umständen begangen worden ist.

2. In Betreff des Arbeitsmanns Schulze die nämlichen Bestimmungen und außerdem die §. 34 Nr. 1 und 2 und §. 35 des Strafgesetzbuchs.

§. 34 Nr. 1 und 2:

Als Theilnehmer eines Verbrechens oder Vergehens wird bestraft:

1. wer den Thäter durch Geschenke oder Versprechen, durch Drohungen, Mißbrauch des Ansehens oder der Gewalt, durch absichtliche Herbeiführung oder Beförderung eines Irrthums oder durch andere Mittel zur Begehung des Verbrechens oder Vergehens angereizt, verleitet oder bestimmt hat;
2. wer dem Thäter zur Begehung des Verbrechens oder Vergehens Anleitung gegeben hat, ingleichen wer Waffen, Werkzeuge oder andere Mittel, welche zu der That gedient haben, wissend, daß sie dazu dienen sollten, verschafft hat, oder wer in den Handlungen, welche die That vorbereitet, erleichtert oder vollendet haben, dem Thäter wissentlich Hülfe geleistet hat.

§. 35.

Auf den Theilnehmer an einem Verbrechen oder Vergehen oder an einem strafbaren Versuche eines Verbrechens oder Vergehens ist dasselbe Strafgesetz anzuwenden, welches auf den Thäter Anwendung findet.

Wird festgestellt, daß im Falle des §. 34 Nr. 2 die Theilnahme keine wesentliche war, so tritt statt der Todesstrafe oder lebenslänglichen Zuchthausstrafe zeitige Zuchthausstrafe und, wenn außerdem festgestellt wird, daß mildernde Umstände vorhanden sind, Gefängniß von zwei bis zu zehn Jahren ein.

Die von den Schulze'schen Eheleuten gegen dieses Erkenntniß eingelegte Nichtigkeitsbeschwerde ist von dem Königl. Obertribunal durch Erkenntniß vom 8. Juni 1857 zurückgewiesen worden.

N., den 23. Juli 1857.

Das Königl. Kreisgericht, I. Abtheilung.
(Unterschriften.)

Druck von J. Blumenthal in Berlin, Adlerstr. 9

FSC
www.fsc.org
MIX
Papier | Fördert
gute Waldnutzung
FSC® C083411

Kolibri 360 GmbH
Ferdinand-Jühlke-Straße 7
99095 Erfurt, Deutschland
produktsicherheit@kolibri360.de